普通高等教育经管类专业系列教材

文化产业创意与策划
（第2版）

袁连升　　王元伦　　主　编

张育齐　王胜男　王禹心　高　雅　副主编

清华大学出版社
北　京

内 容 简 介

本书首先介绍了文化产业创意与策划的基础理论，包括创意与策划的内涵、文化产业创意理论、文化产业策划理论以及文化产业创意与策划的原则和程序等，在此基础上，分别讲解了不同文化产业创意与策划内容，主要包括纸质传媒产业创意与策划、网络文化产业创意与策划、出版产业创意与策划、演艺产业创意与策划、影视产业创意与策划、动漫产业创意与策划、短视频产业创意与策划、网络音乐产业创意与策划、广告产业创意与策划、文化旅游产业创意与策划、会展业创意与策划，最后进行文化产业创意与策划典型案例解读。每章设置章前引例、思考题和章末案例，部分章、节穿插知识链接和案例链接。

本书可供文化产业管理专业师生及致力于培养文化产业管理或创意专业技能的相关专业师生使用，也适合企业营销人员、管理人员以及对文化产业创意与策划感兴趣的读者阅读。

本书提供课件，请读者扫描封底二维码获取。

图书在版编目 (CIP) 数据

文化产业创意与策划 / 袁连升，王元伦主编 .

2 版 . -- 北京：清华大学出版社，2025. 7. -- (普通高等教育经管类专业系列教材). -- ISBN 978-7-302

-69644-5

Ⅰ . G114

中国国家版本馆 CIP 数据核字第 2025F6P095 号

责任编辑：施　猛　王　欢
封面设计：马筱琨
版式设计：方加青
责任校对：马遥遥
责任印制：杨　艳

出版发行：清华大学出版社
　　　　网　　　址：https://www.tup.com.cn，https://www.wqxuetang.com
　　　　地　　　址：北京清华大学学研大厦 A 座　　　邮　　　编：100084
　　　　社 总 机：010-83470000　　　　邮　　　购：010-62786544
　　　　投稿与读者服务：010-62776969，c-service@tup.tsinghua.edu.cn
　　　　质 量 反 馈：010-62772015，zhiliang@tup.tsinghua.edu.cn
印 装 者：三河市人民印务有限公司
经　　销：全国新华书店
开　　本：185mm×260mm　　　印　　张：19.5　　字　　数：439 千字
版　　次：2016 年 12 月第 1 版　2025 年 8 月第 2 版　　印　　次：2025 年 8 月第 1 次印刷
定　　价：68.00 元

产品编号：109053-01

前　言

党的二十大报告指出，"繁荣发展文化事业和文化产业""健全现代文化产业体系和市场体系，实施重大文化产业项目带动战略""推进文化自信自强，铸就社会主义文化新辉煌"。从"自信"到"自信自强"的转变，是对我国文化产业高质量发展更深刻、更高远的时代定位。高质量发展是中国式现代化的题中之义，而文化产业高质量发展具有突出的异质性特征，它与经济、政治、文化和生态等诸多方面的关联性较强，是实现文化强国战略的重要路径。诚然，文化产业高质量发展必须重点解决"短缺与过剩并存"这一难题，这就需要转变文化产业发展模式以及推动文化产业发展动能升级。在这一背景下，凸显出文化产业创意与策划在发展文化产业、弘扬中华优秀传统文化、提升人民文化素养、实现文化强国中的重要作用。

本次修订坚持系统、实用的原则，在保持原有体系和内容的基础上，做出了以下几方面调整。首先，随着社会经济文化的发展，人们的文化生活方式、文化消费形式以及文化产业发展趋势也在不断变化，本次修订对第1版教材中的发展数据进行了更新和完善，选取了更为新颖和经典的案例充实教材内容。其次，删除了"手机媒体产业创意与策划"和"娱乐业创意与策划"两章内容，增加了"演艺产业创意与策划"和"短视频产业创意与策划"两章内容，以适应文化产业发展的新形势，从而提高教材的适用性。最后，对第1版教材中存在的几处错误进行了改正，并对一些章节进行了完善。

文化产业创意与策划作为文化产业生产过程中的核心环节，在文化产业管理专业的教学中处于灵魂地位。文化产业不是一种单纯的文化现象，也不同于一般的经济产业，它是一个跨学科的新兴领域，涉及文学、艺术学、政治学、经济学、传播学、管理学、法学、国际关系等学科领域。因此，在编写本教材的过程中，我们尽量以不同的思维习惯，运用不同的研究方法，选择不同的切入角度，结合大量实践案例，来阐述文化产业各个门类的创意与策划内容，希望能为文化产业管理的教材建设提供一种极具包容性的参照。

本书由袁连升、王元伦担任主编，张育齐、王胜男、王禹心、高雅担任副主编。具体分工：袁连升编写第4章、第9章、第11章、第12章、第13章；王元伦编写第1章、第3章、第6章；张育齐编写第10章；王胜男编写第2章、第7章；王禹心编写第8章；高雅编写第5章；最后由袁连升、王元伦对全书进行修改和总纂。感谢清华大学出版社对本书出版的大力支持，感谢责任编辑施猛为本书出版付出的辛勤劳动！

　　编者在编写本书过程中，参阅、引用了大量文献著作和网络资源，在此特向相关作者表示衷心感谢！由于我们是一支年轻的团队，才疏学浅，加之编写时间仓促，书中难免存在疏漏和错误，敬请读者海涵并提出宝贵意见，帮助我们不断改进。反馈邮箱：shim@tup.tsinghua.edu.cn。

编　者

2025年5月

目　　录

第3章
网络文化产业
创意与策划

第1章

文化产业
创意与策划概述

→ 章前引例

"长安十二时辰"主题街区：邂逅盛唐市井烟火

"长安十二时辰"主题街区于2022年开园，其创意策划以影视IP实体化、盛唐市井文化活化、动态沉浸叙事为核心，实现了从文化符号到可感、可触、可参与的多维体验升级。

首先，以市井烟火取代宫廷叙事。"长安十二时辰"主题街区突破传统唐文化展示对"帝王将相"的聚焦，以长安西市为缩影，再现商人、胡姬、工匠、仕女的日常生活。酒肆食铺、乐坊百戏等场景还原《唐六典》记载的"坊市制度"，传递盛唐开放包容、市井繁荣的精神内核。

其次，践行"活态博物馆"理念。街区陈列的2000余件道具均按唐代文物1:1复刻(如唐三彩、铜官窑瓷器)，但拒绝静态展览，而是让器物成为商贩叫卖的商品、酒客手中的餐具，实现"文物在场景中呼吸"。

最后，实现丝路文明的共生表达。波斯珠宝店、粟特酒肆、吐蕃马帮等元素，将长安作为"世界都会"的多元文化交融具象化，呼应"一带一路"的当代价值。

"长安十二时辰"主题街区的创意策划本质是以游戏化思维再造文化空间，将"盛唐"从历史概念转化为可参与的生存体验，为传统文化IP的实体化运营树立了新标尺。

资料来源：长安十二时辰主题街区升级：打造"数字丝绸之路"展区，吸引游客[EB/OL]. (2025-04-26)[2025-06-05]. https://baijiahao.baidu.com/s?id=1830450699746471122&wfr=spider&for=pc. 有删改

在全球化和后工业时代，世界资源和社会要素在全球范围内重组着一个国家的未来，国际竞争不再仅仅是经济或者军事实力的角逐，更体现为基于社会能力的综合实力的博弈。文化产业作为一种新的经济发展形态，之所以受到世界各国的重视，一方面是因为它改变了原有的以资源消耗型和环境污染型产业为主要财富增长方式的经济发展模式，并且逐渐形成一种以发展文化经济为经济社会发展方向的新的财富创造形态；另一方面是因为它改变了人们精神生产和精神消费的方式，人们在购买文化产品与服务的精神消费过程中实现了财富创造。文化产业兼具经济和文化的双重属性，这使得它成为现代国家调整产业结构和转变经济发展方式的重要选择。

自然资源枯竭之后，人类靠什么来继续发展已成为全人类共同面临的问题。纵观人类发展历史，不难发现，每次度过危机的胜利者都具有一个共同特征，即拥有革新和创意能力。对文化产业来说，创意与策划是整个产业发展的灵魂所在，贯穿文化产业链条的各个环节，如果缺乏优秀的创意与策划，文化产业的市场战略就很难实现，文化产品也很难受到受众的青睐。如果说科学创造直接改变了物质世界的存在方式和生命形态，那么文化创意与策划将同时改变人类的物质世界和精神世界。

1.1 创意与策划的内涵

1.1.1 创意的内涵

世界"创意产业之父"、经济学家约翰·霍金斯(John Hawkins)在《创意经济：如何点石成金》一书中指出，创意经济将成为21世纪的主导经济形式，这在一定意义上向世界宣告了创意时代的到来。经济学家、社会科学家约瑟夫·熊彼特(Joseph Schumpeter)在《经济发展理论》一书中指出，现代经济发展的根本动力是创新，而不再是传统的资本和劳动力，只有在实现了"创新"和"发展"的情况下，才会存在企业家，才会产生利润，才会有资本和利息。在以知识和信息为主要特征的新经济时代，创意贯穿生产经营的全过程，优秀的创意既存在于生产阶段并赋予产品独特的个性，又存在于市场经营策略中，同时也渗透到管理的方方面面。

创意是创造意识或者创新意识的简称，它是一种复杂的思维活动，是一种超脱于物质世界的精神运动现象。"创意"一词最早对应的英文单词是"creative"，在《21世纪大英汉词典》中，该词被翻译为"创造的、创作的"。"造"的观念最早产生于古希腊时期，它所蕴含和表达的是与客观世界、万物实存不同的，关于人类精神与思维能力的另一类含义和意蕴。早在古希腊时期，先人就已经意识到物质世界是客观存在的，而"创造"则是一种与人类精神和思维密切相关的人类独有的能力，这种能力不仅能作用于客观世界，还能让人类在此基础之上有所发明和创造。古希腊时期著名的思想家柏拉图(Plato)认为，创造的意义是极广泛的。无论什么东西，在从无到有的过程中所借助的手段都是创作。意大利哲学家维柯(Vico)在建立历史发展观点的过程中指出，诗人能凭想象来创造，"诗人"在希腊文中就是"创造者"。在我国的传统文化中，"创意"主要与艺术作品的意境、风格有关，这在一定意义上与维柯的观点有异曲同工之处。汉王充《论衡·超奇篇》："孔子得史记以作《春秋》，及其立义创意，褒贬赏诛，不复因史记者，眇思自出于胸中也。"宋程大昌《演繁露·纳粟拜爵》："秦始皇四年，令民纳粟千石拜爵一级，按此即晁错之所祖效，非错刱意也。"近代著名学者王国维认为："美成深远之致不及欧、秦。唯言情体物，穷极工巧，故不失为第一流之作者。但恨创调之才多，创意之才少耳。"

约翰·霍金斯认为，创意就是催生某种新事物的能力，这种能力要求创意必须是个人原创的，且具有深远意义。在他看来，创意无时不在、无处不在，它属于那些拥有才能和智慧的人，这些人比只懂得操纵机器的人更强大，而且在多数情况下也比那些仅拥有机器的人更具实力与影响力。简而言之，"创意"是个人的、独创的、有意义的和有用的"新点子"或者"新主意"。广告创意大师詹姆斯·韦伯·扬(James Webb Young)在《生产意念的技巧》一书中指出："创意是指将一些司空见惯的元素以常人意想不到的方式展现给消费者，从而令消费者与品牌之间建立某种关系。"在他看来，创意的产生过程和福特汽车的生产过程颇为相似,两者都通过流水线生产出来,创意思维是可以被学习与掌握的,只要符合具体条件或者实际要求,创意就可以发挥作用。我国学者陈放在《创意学》中指出:"创意源于人类的创造力、技能和才华,创意源于社会又指导着社会发展。人类是在创意、创新中诞生的,也要在创意、创新中发展。"

综上所述,创意是人类独有的创造性思维活动,通过创造力、技能和才华作用于个体活动和社会实践,进而产生巨大的经济价值和社会效益,它具有以下几个特点。

(1) 反常规的抽象性。与传统的形式逻辑思维相比,创意既具有反常规的抽象性特点,又具有突破常规思路的开拓性。由于常规的线性思维方式是在传统思路的束缚下展开的,往往可靠性较高,但是在遇到需要突破传统观念的问题时,就不得不让位于非线性的、灵活的创意方式。创意性思维所要解决的问题是没有现成答案的,也不能用常规、传统的方式加以解决,它要求重新组织观念,以便产生某种新的甚至以前在思维者头脑中不存在的东西。因此,创意往往是对客观事物或者常规思维的打破,在其思维活跃的过程中却又是合乎逻辑的。这就导致创意来无影去无踪,无法确切预料,常常是非预期状态下突然迸发出来的。创意者在无意当中,由自己所见、所听、所感的客观事物诱发出灵感,进而进入一种富有创造性的突发思维状态,通过意识与潜意识的相互作用,往往能够产生抽象性的、反常规的、合乎逻辑的"好点子"或"好主意"。

(2) 广泛的愉悦性。正如约翰·霍金斯认为的那样,"我们都是有创意的"。创意的群体是广泛的,每一个智商、情商健全的个体都可能成为一个创意者。一方面,创意所涵盖的内容是广泛的,它不仅仅存在于文化创意产业的理论与实践当中,在其他与人类生产生活相关的领域当中也随处可见;另一方面,创意者的创意思维活动过程本身又是富有愉悦感的,它是人们在经过复杂艰苦的思索和探寻后,产生新发明或新发现的快乐过程。通过创意,我们能够展现个性特质,实现人生价值。在创意思维活动的过程中,这种快乐是深刻而持久的,这种愉悦感是无法用语言表达的。

(3) 敏锐的组合性。许多优秀的创意往往产生于一些不引人注意的细节中,这些细节常常稍纵即逝,要想抓住这些细节并产生创意,就必须具备敏锐的洞察力和捕捉细节的能力。当然,仅仅具备洞察力和敏锐捕捉细节的能力还是远远不够的。在此基础上,将各种学科知识进行叠加、组合,从不同的学科角度、理论维度反复斟酌和思考,才可能产生新的认识和发现。

(4) 超前的深刻性。创意是一种突破常规的思维方式,其思维活动往往具有一定的超前性。这种超前性,很多时候不能被人们所接受,因为其结果带有一定的风险性。这就要求创意者在实践创意结果的时候采取恰当的方式方法,尽可能地将创意风险降到最低。创意说起来简单,但在其实践过程中往往困难重重。倘若只是简单地观察事物的表面,往往难有作为,只有深刻地把握事物的本质和规律,才能产生具有内涵的创意。

■ 1.1.2　策划的内涵

奥美广告公司创始人奥格威曾有过这样的论断:"我们的目的是销售,否则便不是做广告。"由奥格威的论断来看策划，我们可以得出类似的结论："我们的目的是解决问题，如果不能解决问题，那么我们就不谈策划。或者说，我们的目标是实现目的，如果不能实现目的，那么我们就不谈策划。"

"策划"的思想由来已久，最早可以追溯到我国西汉时期。在《礼记·中庸》中有"凡事豫(预)则立，不豫(预)则废。言前定则不跲，事前定则不困，行前定则不疚，道前定则不穷"的说法，这里说的就是策划的作用。在《后汉书·隗嚣传》中，有"是以功名终申，策画复得"的说法，这里的"策画"等同于"策划"。"策"原指古代编好的记录文字的竹简，后来成为一种考试形式，称为"策问""对策"。在现代社会中，"策"的含义被进一步引申为计划、计谋、策略。"划"主要是指设计、出谋划策。在清代魏源《再上陆制府论下河水利书》中有"前此种种策画，皆题目过大，旷日无成，均可束之高阁"的说法。

关于"策划"一词存在多种解释，本书主要选取中西方比较典型且具有代表性的解释。第一个定义来自哈佛大学，该定义把策划看成一种流程，具体表述为："策划在本质上是一种运用脑力的理性行为，是针对未来要发生的事情做出的当前的决策。换言之，策划是找出事物的因果关系，衡量未来可采取的措施，即策划可解决决定做什么、何时做、谁来做的问题。策划如同一座桥，它连接着我们目前所在的地方和我们要抵达的地方。"第二个定义来自我国学者的观点，这种观点认为"策划是整合科学"，具体表述为："策划是通过全新的理念和思路，对生产力的各种要素、资源重新整合，使之产生1+1>2的效果，甚至产生类似原子裂变式的市场效应或者经济效益。策划是全部生产力要素的整合，甚至是经济因素与政治因素、社会因素以及其他多种因素的整合。"通过比较上述两种观点可以发现，西方观点主要侧重于流程和程序。策划在许多西方资本主义国家也具有企划的含义，流程和程序设计就是他们惯用的企划方法；而我国学者的观点则侧重于策划的谋略性，强调如何通过创意来达到"1+1>2"的效果。由于侧重点不同，"策划"在东西方体现为不同的内容，西方的策划更加注重企业的可持续发展和战略目标的实现，而我国的策划则更多地强调通过造势和营销实现目标。

结合东西方诸多观点，可以将策划定义为根据内外部环境因素，在收集整理信息的基础之上，理性地推断客观事物的发展变化趋势，以此制定切实可行的目标，设计缜密的行动方式和手段，通过资源的优化配置，最终形成决策计划的复杂思维过程。一个成功的策划，必须有准确的预测、有效的实施方案、周密详细的运作计划和脚踏实地的执行能力。与创意一样，策划本身也具有一些鲜明的特点。

(1) 预测性。对将要实现的目标进行预测，是策划成功的关键，预测不等同漫无边际地猜想，猜想是无科学依据的盲目行为，而预测则是对整个运作过程中的随机现象及可能产生的直接或间接效益进行定量或者定性分析，从中找出最大的比较值并据此判定整体运作的价值系数，以此作为决策的依据。策划在本质上是领先一步的超前行为，它是在整体运作尚未开展之前，先在头脑中对运作过程进行模拟预演，分析实践过程中可能出现的问题，并周密地筹划实践过程中每一个环节之间的衔接及多个相关要素之间的融合，将整体运行建立在科学组合的基础上。策划能有效避免盲目性带来的损失，具有一定的超前性。

(2) 时机性。准确把握时机,是策划成功的关键。所谓时机,是指在某一特定的时空,在社会政治、经济生活中发生或产生了重大事件,引起社会公众的广泛关注,由此产生新的优势需求,形成对策划极为有利的环境。善于捕捉策划时机的工作者,其感知触角时刻处于快速反应状态,他们能从各种渠道捕捉到与策划相关的信息,一旦发现潜在机会,便会紧紧把握,挖掘并利用资源,通过一定的形式,使策划巧妙地产生,并将其推动到受众的感知世界。

(3) 独特性。独特是策划的灵魂,是策划成功的内在动力,是策划的价值内涵。独特性要求策划具有全新的思路,运用全新的理念,给人以全新的生理和心理体验。为了使策划取得预期的效果,应在准确把握内外部环境因素的基础上,收集各种资料和信息,构建具有轰动效应的策划思路,并将这一策划思路放到一定的文化层面上进行观照,赋予策划主题以不同寻常的意义,制造情理之中、意料之外的戏剧性冲突。

■ 1.1.3 创意与策划的区别与联系

一方面,创意不等同策划,它与策划有着本质上的区别。从一定意义上来讲,创意更具抽象性,它是指创造出新的思想点或意义点,它更加强调创新思维和灵感的瞬间迸发,往往处于策划的前端,它是策划的萌芽阶段。而策划更有具象性,它是人们为了实现某一特定目标而进行的构思、规划、设计、论证、比较等一系列具体行为过程,它更加强调思维的缜密性和逻辑性,往往伴随于创意之后,它是对创意的贯彻和实践。

另一方面,创意与策划紧密相关,策划活动是由众多优秀的创意组成的,人们依据某些客观规律和原则,采用相应的手段和科学方法,将这些创意组织起来,以实现某一目标。如果没有优秀的创意,策划活动往往缺乏实践的可行性,难以实现预期的目标和效果;而离开了策划提供的科学严谨的事实和架构,创意也就无法体现自身的价值。

⋮ 1.2 文化产业创意

"文化产业"(culture industry)这一术语产生于20世纪初,最初出现在霍克海默和阿多诺合著的《启蒙辩证法》一书中。文化产业作为一种特殊的文化形态和特殊的经济形态,影响了人民对文化产业的本质把握,不同国家从不同角度对文化产业有不同的理解。联合国教科文组织将文化产业定义为"按照工业标准,生产、再生产、储存以及分配文化产品和服务的一系列活动"。为深化文化体制改革和持续推进社会主义文化强国建设提供统计保障,建立科学可行的文化及相关产业统计制度,国家统计局于2018年4月2日颁布了新修订的《文化及相关产业分类(2018)》,本分类规定的文化产业是指为社会公众提供文化产品和文化相关产品的生产活动的集合。

■ 1.2.1　文化创意与文化产业创意

从通俗的意义来看，文化创意就是与文化相关的创意，它主要是指为了满足人类的精神需求，以文化为基本生产资料和核心内涵，以创意创新为手段，优化配置文化资源，运用多学科、多种载体创新再造文化产品、文化服务和文化活动的创意行为。在文化创意的过程中，不仅需要发挥个人自身的思想创造、技术技巧、智慧才华等创意才能，而且需要综合考虑市场、资本、政府、品牌、营销等多种因素。此外，社会语境的变迁和现实环境的变化也对创意对象的文化表达提出了诸多要求。当然，缺乏新意的文化表达，根本谈不上创意，也就不可能达到创意者的预期效果；即使创意达到了新颖的要求，但如果与现实语境不符，也会淡化文化主体的内涵，同样无法达到预期的目标。

文化是智慧和创造精神积聚而成的一种资本。这种特殊的资本既是人类成就和历史的宝藏，也是人类创造力和创新精神的源泉。文化作为基础性生产资料可以产业化，作为生产手段的创意也可以产业化，两者结合在一起自然地形成了文化产业创意。文化产业创意是对文化生产和文化服务所进行的思维创新和观念创新。文化产业作为一种区别于传统的资源消耗型和环境污染型的新的产业形态，它是以向公众提供体验性内容为核心的产业，创意或者创造力无疑是内容的灵魂所在，文化产业创意是整个文化产业发展的关键动力。文化产业创意既包括文化产品的构思与设计，又包括文化产品的生产与发行；既存在于文化项目的开发与实施中，又深入到文化内容或者文化服务的创新层面；既涵盖文化产品和文化服务的生产流通，又牵涉文化产业的宏观与微观管理。

文化创意与文化产业创意处于辩证统一的系统当中，优秀的文化创意是产业化的前提和先导，直接决定了创意者预期目标的实现；同时，文化创意产业化又为文化创意提供了市场信息和资金支持，两者在相互影响的过程中，实现了互补与融合。

■ 1.2.2　创意产业与文化产业创意

创意产业的概念最早是在1998年的《英国创意产业路径文件》中明确提出的，该文件指出，"所谓创意产业，就是指那些从个人的创造力、技能和天分中获取发展动力的企业，以及那些通过开发知识产权来创造潜在财富和就业机会的活动"。

一方面，创意产业强调创意在总体经济活动中的核心地位，它具有多学科、多门类、多行业交叉的性质。也就是说，创意产业涉及的行业和门类更为宽泛，而文化产业创意只是创意产业所涵盖的众多门类中的一种形态，这是两者的区别。

另一方面，创意产业与文化产业创意存在千丝万缕的联系。创意产业与文化产业创意是种属关系，前者是种概念，后者是属概念，后者是前者的重要组成部分之一。创意是两者的核心所在，文化产业创意的最终目标是向大众提供关于文化、艺术、精神、心理等诸多内容的文化产品和服务，它是文化产业的高端部分。

1.2.3 文化产业创意的特征

1. 内容为王,创意为本

随着科学技术的发展和社会环境的变化,文化产业的竞争越发表现为内容的竞争,具体表现为:一是内容能够满足或引领观众的某些或某一方面的需求;二是内容要和资源、品牌相结合,传播内容应与传播载体定位相契合;三是超越,也就是打造精品、引领创新,成为规模化的优质内容生产基地。内容是文化产业竞争的核心,创意则是内容的灵魂,将新颖的创意融入具有抽象性内涵的文化当中,才能创造出具有高度经济价值的产业形态,改变传统的经济发展模式,从而调整当前的经济发展结构。传统产业往往是以资源消耗和环境污染为代价来生产和制造物质产品的,而文化产业通过创意手段,既可以生产和制造有形的文化产品和服务,也可以生产和制造无形的产品和服务,其特殊的生产方式不仅改变了过去必须依托实体产品的财富增值方式,而且也为那些具有文化内涵的传统行业提供了转型升级的途径与可能。

2. 上游产业,价值保证

文化创意与文化产业创意处于辩证统一的系统当中,优秀的文化创意是产业化的前提和先导,直接决定了创意者预期目标的实现。文化产业创意优秀与否,直接决定了创意源头质量的高低,从而影响文化产品和文化服务的经济价值能否实现。创意贯穿文化产业生产经营的产业链条中,它首先存在于产业生产的前端,后续的经营管理都是围绕最初的创意展开的,这也就导致了产业的经济价值直接由文化创意的价值来决定。

3. 学科交叉,跨界融合

文化产业之所以能够引起世界各国的关注与重视,很重要的原因就在于它能将原本属于不同产业类别的各个行业融合在一起。在其他产业门类中,都能找到创意产业的踪迹。文化产业创意将文化产业与创意产业的概念集于一身,这样既扩大了创意对象的范畴,又实现了不同学科的交叉,将经济学、工学、理学、管理学等学科知识交叉融合在一起。此外,文化产业创意以丰富的文化资源为依托,以飞速发展的科学技术为支撑手段,这使得文化产业在创意的过程中,能够更轻松地跨越不同行业之间的界限,促成不同产业门类、不同产业领域之间的重组与合作。

4. 强化知识产权保护,实现品牌化优势

文化产业是体验型经济,这里的体验更加强调知识和信息的独一性。通常情况下,知识和信息的创意性开发是一个创意者付出大量脑力劳动、刻苦钻研的结果,甚至是多个创意者共同努力的结果,一旦创意成果被他人轻而易举地窃取,其损失是无法估量的,这也是"文化产业"被称为"版权产业"的原因之一。因此,文化产业创意的成功与否,与知识产权保护体系的完善息息相关,缺乏强有力的知识产权保护,文化产业创意也就失去了发展的动力。正是众多优秀的创意组合在一起,最终形成了特有的品牌,成功的品牌往往意味着特定的消费群体和市场,同时也意味着更多的经济财富的创造。因此,只有建立完

善的知识产权保护体系，才能促使文化产业创意不断涌现，才能更有效地保护品牌特性。

5. 市场先导，消费推动

文化产业竞争的本质在于满足消费者的生理和心理需求，这就要求在创意的初始阶段应以市场需求为第一导向，准确把握消费者的精神需求，改变过去僵化的文化生产模式，关注社会大众的消费习惯和消费趋势的市场变化，进而推动文化产业创意创造文化消费习惯，提高文化消费人群的审美趣味，引导文化消费的时尚潮流。

1.3　文化产业策划

从根本上讲，文化产业创意的目的是确保企业在激烈的市场竞争中立于不败之地，实现经济价值最大化。但是，市场是瞬息万变的，这就使得文化产业创意过程充满风险，任何一个环节出现问题，都可能产生无法弥补的损失。这就要求在实践创意之前，必须进行严谨周密的策划。此外，文化产业运作是一项极其复杂的系统工程，从运作动机的产生，到项目的构思设计、建成投产、发行营销、经营管理，每一个环节都伴随着挑战与风险。只有在运作之前，完成严谨周密的策划，才能保障每一个环节的顺利实施，从而实现预期的效果和目标。

1.3.1　文化策划与文化产业策划

在经济全球化的今天，策划已经渗透到我们生活的方方面面，与各项事业的成功和发展紧密地联系在一起。文化策划是策划者在对策划对象进行充分调查、研究、分析的基础上，通过新颖的创意、先进的技术、专业的视角，运用相关的文化背景资料，科学、合理、有效地推动文化活动的进程。文化策划以取得经济效益和社会效益的双赢为目标，涵盖图书报刊、影视作品、演艺活动、文化旅游等领域。

文化产业策划是在充分把握产业内外部环境的基础上，收集并整理相关资料和信息，制定出的针对文化产业运作过程的整体计划，它是为了达到预期效果和目标而预先进行的统筹规划，也是为提出、实施及评定文化产业策略而进行的前期研讨和规划。文化产业策划是文化产业运作的设计蓝图，是文化产业运作之前的整体把握，是文化产业投资的前提和依据。离开了完善的文化产业策划，往往会导致策划主体丧失良好的市场机会，增加投资风险，自然也就无法取得理想的社会效益和经济效益。

文化产业策划的基本要素包括策划的主体(策划人或决策者)、策划的客体(策划过程中的客观环境和主要竞争者)、策划的资源和条件(策划人或决策者的优势和条件)、策划的思维方法(策划人或决策者的创新手法和手段)、策划的对象和目标(策划的具体对象和想要达到的目的)。

　　具体来看，对文化产业策划，可以从两个层面来剖析它的深刻内涵。首先，文化产业策划是一个指导文化产业活动得以实施的全盘谋划，它需要执行人员进行具体的操作和实施。文化产业策划并不完全等同文化产品的生产、销售等文化产业运营步骤，它是这些步骤在具体实施前的总体规划和统筹安排，是一份具体的操作指南。同时，文化产业策划并不是高高在上的"天书"，而是具有可操作性的具体实施手段，真正具有价值的策划，不仅能够高屋建瓴地提出策略和目标，而且具有较强的可操作性和切实可行性，它能够让具体的操作人员一目了然，按照要求井然有序地开展工作。其次，文化产业策划与营销策划在激烈的市场竞争中越来越多地处于相互交织、难以分割的情境中。在当前的文化产业运营中已经很难清晰地将生产和营销区分开来，两者越来越多地融合在一起。因此，文化产业策划不仅需要准确地反映和配合营销策划的总体构思、战略意图和具体安排，而且要为营销策划的具体展开提供策略性的帮助和战略性的服务。

1.3.2　文化产业策划的类型

　　根据文化产业运作范围、对象、业务、性质、需求、频度等不同的标准，可将文化产业策划划分为以下类型。

1. 按文化产业策划的范围划分

(1) 文化产业全程策划，即解决文化企业或文化行业总体发展的系统策划。

(2) 文化产业领域策划，即解决文化企业或文化行业某个领域的策划。

(3) 文化产业专项或专题策划，即解决文化企业或文化行业某个环节或某个专题的策划。

2. 按文化产业策划的对象划分

(1) 文化产业战略策划，即关于文化企业或文化行业"做什么"的策划。

(2) 文化产业战术策划，即关于文化企业或文化行业"怎么做"的策划。

(3) 文化产业实施策划，即关于文化企业或文化行业"怎么做好"的策划。

3. 按文化产业策划的业务划分

(1) 文化产业调查类业务策划，即针对市场现状调查、主题调查、可能性调查等所做的策划。

(2) 文化产业分析、判断类业务策划，即针对现状分析、问题分析、假设分析等所做的策划。

(3) 文化产业实施类业务策划，即针对实施计划、方案组合等所做的策划。

4. 按文化产业策划的性质划分

(1) 文化产业处方性策划，即解决已产生问题的策划。

(2) 文化产业改善性策划，即针对现状寻求改善或提高的策划。

(3) 文化产业预防性策划，即预防可能发生的问题的策划。

5. 按文化产业策划的需求划分

(1) 文化产业委托性策划，即由文化企业或相关的文化组织委托进行的策划。

(2) 文化产业自主性策划，即策划人预见性的可交易的策划。

6. 按文化产业策划的频度划分

(1) 文化产业周期性策划，即具有一定周期性的策划。

(2) 文化产业重复性策划，即面向政府、公众、社会等不同对象重复进行的策划。

(3) 文化产业一次性策划，即针对特定的对象所进行的一次性策划。

1.3.3　文化产业策划的特征

从本质上讲，策划的最终目的是指导实践活动。因此，文化产业策划是一项将特定的文化产业项目、活动、产品等内容，与科学严谨的策划流程相结合的文化产业实践活动。它在文化产业的生产实践中具有较强的指导意义，是整个实践活动的纲领性文件，通常具备以下几个特征。

1. 策划主体的组织化

文化产业实现了不同产业门类的跨界融合，涵盖诸多学科门类的知识，这就使得文化产业策划的内容越来越庞大，所针对的问题越来越复杂。随着文化产业策划的复杂化发展，这一原本属于个人的智慧活动逐步演变为一种有组织的团队整体协作活动。尤其是一些大型的文化产业项目策划，不仅涉及政治、经济等因素，还要顾全经济效益与社会效益的平衡，更要综合考虑科学技术的操作水平，仅仅依靠个人或者少数几个人的能力是很难完成的，只有依靠团队整体这一"智囊团"的群策群力，才能完成这一庞大的策划工程。

2. 策划活动的目的性

文化产业策划的目的主要是针对特定的问题，提出具有实践性的解决方案。客观事物是复杂多变的，有真相、有假象，有本质、有表象，如果没有对文化产业策划对象的深入调查和周密策划，难以高质量地解决问题。同时，策划具有很强的主观色彩，策划主体必须先明确策划的目的性，然后经过精心策划，使策划与客观事物相吻合，从而准确地把握问题的本质。如果策划主体没有明确的策划目的，主观能动作用便很难发挥出来，也就难以做出优秀的策划。因此，对于文化产业策划主体来说，明确策划目的性，是整个策划活动的根本和动力所在。

3. 策划过程的系统化

由相互联系、相互作用的因素组成具有特定功能的总体，即为系统。系统不是组成因素的简单相加，系统的总体功能之和应大于各因素属性之和。文化产业策划是个系统工程，它包括整体构思、确定方案、制订计划、协调实施、检验效果、反馈评价等内容。策划主体应在科学理论的指导下，按照严谨的逻辑推理和科学的运作程序，并结合自身的经验和智慧，以系统化的思维统筹思考和谋划，才能保证策划的科学性和合理性，从而降低策划风险，保证策划方案顺利执行，进而达到策划的预期效果。

4. 策划手段的科学化

策划主体在进行文化产业策划之前，通常需要全面收集整理大量的信息资料，对这些信息资料，单纯依靠人脑进行储存和分析是不可能完成的。电子计算机和互联网的迅速发展为文化产业策划提供了科学化的分析手段，同时，科学技术的发展以及系统论、控制论、信息论等理论的进步为文化产业策划的定量分析提供了无限可能。运用科学化手段进行数理统计和运筹分析，可以保证策划的科学准确性，从而有助于预期效果的达成。

5. 策划内容的可操作化

在文化产业策划及实施过程中，策划者和操作者往往是一体的，其目的是更好地进行文化产业实践。在明确了策划目标和规模之后，还要制定实施方案。文化产业实践活动存在于社会中并会影响社会，其影响范围甚至远远超过活动所在地，这就决定了文化产业活动所具有的社会性。因此，在文化产业策划过程中，既要综合分析、考虑其对社会环境和公众的影响，确定环境可行性；又要顾及财力和物质水平，确定经济可行性。只有满足这两点要求，才能保证策划的可操作性，从而实现策划目标。

1.3.4 文化产业策划的功能

从万里长城到颐和园，从天坛到故宫，从金字塔到埃菲尔铁塔，到处都是文化策划的丰碑。文化产业的发展离不开策划，成功的策划能够推动文化产业的发展。文化产业越发展，越依赖文化产业策划。文化产业策划的功能主要体现在以下几个方面。

1. 文化产业策划能够促进文化产业目标的实现

文化产业运作是针对特定的文化产业目标展开的，强调投入产出的产业效益。这里的产业效益，既包括产品销售实现的财富增长的经济效益，也包括企业形象等方面的潜在社会效益。文化产业策划将经济学、管理学、营销学、传播学等学科的内容交叉运用到具体的产业运作中，以保证产业目标的实现，并随着目标的变化及时做出相应的调整。如果策划内容偏离了产业运作目标，所得出的策划文案也只是一纸空谈，既无法解决问题，又距离目标的实现越来越远，正所谓"差之毫厘，谬以千里"。

2. 文化产业策划能够保证产业运作的实效

文化产业策划将企业的长远计划和短期计划相衔接，使文化产业运作更富实效。成功的文化产业策划，不仅可以保证文化产业活动的合理运行，使文化产品和服务的特性得以凸显，而且能够充分发挥市场调节的功能，优化资源配置，降低产业运作的成本，减少资源损耗，形成市场规模效应和累积效应，确保文化产业活动以最低的投入获得最高的经济效益和社会效益。科学策划可以使文化产业活动自发地沿着一条更为简捷、顺利、高效的途径运作，真正提高产业运作的时效性。

3. 文化产业策划能够提高文化企业的市场竞争力

现代企业家必须清醒地认识到，在现代市场经济条件下，竞争越来越激烈，文化产业策划越来越重要，文化产业策划已经成为文化企业参与市场竞争的有力手段。现代文化企业之间的竞争不仅仅是财力、物力的竞争，更主要是智力的竞争，是企业策划能力及水平的竞争。一些知名文化企业具有较强的市场竞争力，其所生产的产品能够抢占市场，不仅是因为这些企业拥有先进的科学技术和先进的设备，更主要是因为它们拥有较强的策划能力。对现代文化企业而言，策划已成为企业的经营之魂、管理之魂，对企业的发展起着举足轻重的作用。文化产业策划既能准确地把握文化企业参与市场竞争的优势与劣势，充分研究市场现状，又能为企业的生产经营提供行之有效的市场策略，提高文化企业的市场竞争力。

4. 文化产业策划有利于促进社会精神文明建设

文化产业的生存离不开社会这个大环境，因此，文化产业策划直接或间接影响着社会，优秀的文化产业策划必然促进社会主义精神文明建设。一方面，文化产业通过开展各种贴近大众、贴近生活、健康向上、积极活泼的文化活动，可推动文化产业自身的发展；另一方面，文化产业策划能够弘扬中华民族文化，增强全世界中华儿女的民族自豪感，有利于中华民族的稳定与团结，有利于促进全社会的精神文明建设。

1.4　文化产业创意与策划的原则与程序

文化产业策划既是指导性的策略计划，又是具体实践的操作方案，突出地表现出应用性、操作性的特征。在文化产业实践过程中，文化产业创意和文化产业策划始终是息息相关、密不可分的整体。因此，在具体的运作过程中，两者具有很多共同的原则。文化产业创意主要表现为思维意识活动，存在于文化产业运作的前端，并且具有突发性和灵活性的特征，这就使得文化产业创意不可能遵循既定的原则和程序，所以本节重点阐述文化产业策划的程序。

1.4.1　文化产业创意与文化产业策划的关系

文化产业创意和文化产业策划是不可分割的整体，两者之间是辩证统一的关系。唐代李翱在《答朱载言书》中有"创意造言，皆不相师"的论述。李翱所谓的"创意造言"可以简单解释为"立意遣词"，"立意"也就是我们现在所说的"创意"，两者在本质上是一致的；"造言"是遣词造句、谋划全篇的过程，也就是我们所说的"策划"。

在文化产业实践过程中，文化产业创意和文化产业策划居于核心地位，前者是内容，后者是手段和方法。如果文化产业活动仅有计划谋略，而没有优秀的创意，将失去灵魂；

反之，仅有独特新颖的创意，而缺乏专业的策划方案，也将无法付诸实践。只有将文化产业创意与文化产业策划有机地结合在一起，才能创造出富有特色的文化产品和文化服务，才能产生规模效应，从而实现经济效益和社会效益的双丰收。同时，文化产业创意与文化产业策划贯穿于产业发展的全过程，既包括文化项目的开发、文化活动的构想、文化产品的设计，又涵盖文化内容、文化服务、文化产业经营方式的创新以及文化产业管理的变革等内容。文化产业创意与文化产业策划已经成为文化产业发展的先导，不仅是文化产业发展的动力所在，而且是文化企业竞争的核心。

文化产业创意是文化产业策划的灵魂，文化产业策划是文化产业创意得以实现的设计蓝图。文化产业创意只是一个点子，是创意者脑海中的概念，它要求创意者在结合自身智慧、经验的基础上，突破传统思维认识的束缚，以新的方式和视角寻求思维、构思的创新与突破；而文化产业策划则是一个系统，是将文化产业创意具体化并付诸实践的方案，它要求逻辑严谨，强调方案的科学合理。

▌1.4.2 文化产业策划的原则

文化产业策划的原则是策划主体对文化产业项目或者活动的判断和理解，是对其本质的把握，同时，也是策划主体在进行文化产业策划过程中必须遵循的标准与要求。

1. 特色化原则

特色化原则强调创新。在文化产业策划中，应做到有创意、有创造力，让人耳目一新，如此才能吸引人们的关注，从而实现策划目标。具体来说，策划要不断出新、求变、求异，涉足别人未涉足的领域；要善于独辟蹊径，不拾人牙慧，不拘泥于陈规。总之，只有在内容、形式、策划手法方面不断创新，有独特的视角，有新奇的创意，才能在竞争中立于不败之地，取得最佳的社会效益和经济效益。策划的特色化原则就是要做到"唯一性、权威性、排他性"，要做到人无我有，人有我先，人先我变；要找准定位，明确并突出自己的优势，这样才能以最少的投入，获得最多的回报。

2. 需求创造原则

需求创造原则的中心内容是需求并非固定或有一定限度，而是可以通过企业的努力去扩大和创造。文化产业策划主体需要认识到，一方面，公众的需求具有多样性、发展性和层次性等特点，而且它会随社会和科技的进步及经济的发展而变化；另一方面，公众的有些需求实际存在，但没被企业发现或者企业对其不予关注，甚至有时候连公众自己也意识不到自身存在的需求。因此，文化产业策划主体应懂得如何创造需求，即发现、创造、提供什么样的文化价值。只有真正解决公众的问题并满足公众的需求，才能达成预期的策划目标。

3. 可行性原则

策划的初始状态是人脑中虚幻的设想或简单的图文组合，是未经检验的假设，所以很难判断在具体实践过程中成功与否。可行性原则要求策划主体实事求是，对策划主题进行深入、客观、全面调查，并在真实材料基础上构思，提高策划的准确性。在实施方案前，必须细致审视，周密策划，进行可行性分析。文化产业策划既要综合考虑政府的政策法规、社会的道德规范、公众的文化意识、受众的接受能力和消费水平等因素，又要与客观实际相结合，既不能滞后也不能过于超前。当然，文化产业策划所讲的可行性并不是被动消极、按部就班地等待，而是可以按照具体的流程进行处理。一方面，可以在进行可行性分析的基础上选择最优方案，进行小范围的可行性实验；另一方面，在文化产业策划方案的实践过程中，优化配置资源，以提高成功率。

4. 整体联动原则

文化产业策划应立足于全局，密切关注某个因素的变化可能引发的连锁反应及其产生的影响。同时各因素之间应当相互协调，彼此联系，环环相扣，承上启下，既有阶段性，又有连续性。在文化产业策划过程中，如果没有整体的配套措施，仅依靠一两个点子，策划将会夭折。文化产业策划的联动效应是指在一个系统中，某个因素的变化会引起其他相关因素相应地发生变化，从而产生一系列连锁反应。这种效应在文化产业中表现为不同文化产品和服务之间的相互影响和促进，形成整体效应。只有优化资源配置，集中优势力量，以整体带动局部，内外结合，重视长期效益，才能实现文化产业策划的预期目标。

5. 文化把握原则

一方面，文化产业与传统的农业、工业相比，最大的不同在于其所提供的文化产品和文化服务具有明显的意识形态特征，蕴含丰富的文化内涵。这就要求文化产业策划必须遵循公众的利益并以此为出发点和归宿，在此基础之上，努力寻求社会、公众、产业之间的利益平衡点，提出有助于文化产品有效传播的策划方案。另一方面，文化产业策划的本质是对文化的巧妙运用，同时也是对文化价值和文化神韵的把握。这就要求策划者在进行文化产业策划时，应全面收集、整理相关资料，准确地把握策划对象的文化内涵和本质，结合社会公众的精神文化需求，策划出具有深刻文化内涵、符合公众审美情趣、与时代相符的方案。

6. 时效性原则

尽管文化产业策划方案是产业实践的指导性文件，但这并不意味着方案是一成不变的。策划者应准确地把握策划时机，同时也应根据内外部环境因素的变化做出相应的调整。一方面，策划者应在有效的时间内完成策划方案，在最佳的时间内实施策划方案；另一方面，策划者应以发展的眼光看策划，在活动策划中，初创期侧重产品基本信息宣传，发展期侧重产品的差异比较，成熟期侧重品牌的建设和维护，衰退期则注重对活动策划本身的评估和总结。图1-1为文化产业活动的生命周期，呈现了各个阶段的主要工作。在通常情况下，经过精心策划的方案是不能轻易改变的，但一个活动的寿命周期短则数月，长则数年，在此期间，活动环境常处于变化之中，这就要求活动计划应有动态性。因此，策划者应考虑制定灵活的应变对策，使方案具有一定的灵活性，同时还需要随着环境和条件的变化而不断调整和修改对策，以保障完成预期目标。

组织建立	项目目标	项目实施	跟踪分析

```
┌──────────┐      ┌──────────┐      ┌──────────┐      ┌──────────┐
│了解策划组 │      │客户需要   │      │项目计划，  │      │项目评估，  │
│织内部任务 │      │分析      │      │撰写具体的  │      │分析项目   │
│和外部环境 │      │          │      │行动方案   │      │价值、效益  │
└──────────┘      └──────────┘      └──────────┘      └──────────┘
                   ┌──────────┐
┌──────────┐      │确定策划项 │
│明确策划组织│      │目的目标   │
│发展战略、方│      └──────────┘      ┌──────────┐      ┌──────────┐
│向、服务领域│      ┌──────────┐      │实施计划，包│      │项目处置决策│
│、设施     │      │项目设计，  │      │括人力资源组│      ├──┬──┬──┤
│          │      │完成项目   │      │织项目监控及│      │继续│修改│废弃│
│          │      │的各个组   │      │各项活动实施│      └──┴──┴──┘
│          │      │成部分     │      │细节      │
└──────────┘      └──────────┘      └──────────┘

  组织              项目              项目            ┌──────┐
  方向              设计              计划            │任务   │
  修改              修改              修改            │终止   │
                                                    └──────┘
```

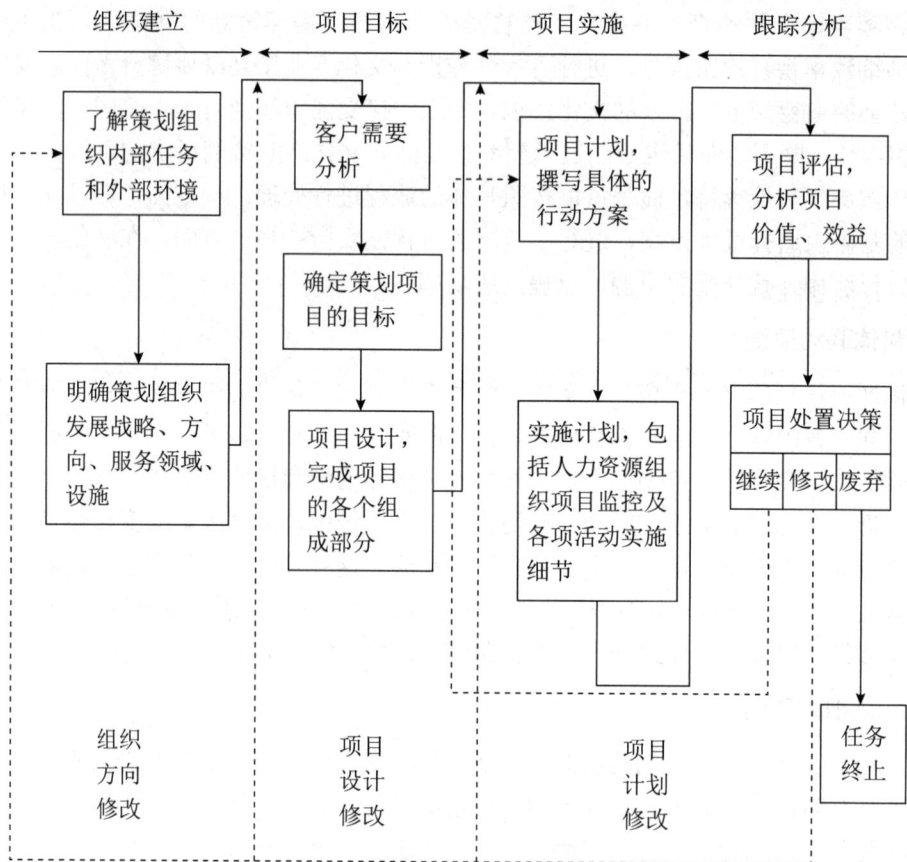

图1-1　文化产业活动的生命周期

1.4.3　文化产业策划的程序

　　文化产业运作是一项复杂的系统性工程，按照科学合理的程序进行策划是其成功的必要条件。在整个策划实践的链条中，任何一个环节的失败，都会对全局产生毁灭性的影响。这就要求策划者必须明确文化产业策划先做什么、后做什么，并按照一定的步骤、章法去思考问题，在符合客观规律的前提下发挥想象力。一般来说，文化产业策划的程序(见图1-2)大体上包括制定目标、设计方案、选择方案、实施方案4个环节。

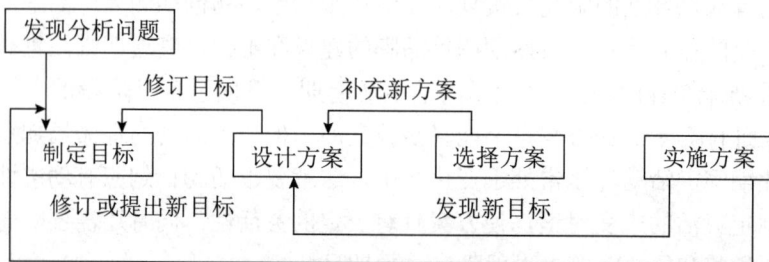

```
        ┌──────────┐
        │发现分析问题│
        └──────────┘
                 修订目标        补充新方案
        ┌──────┐  ┌──────┐  ┌──────┐  ┌──────┐
        │制定目标│  │设计方案│  │选择方案│  │实施方案│
        └──────┘  └──────┘  └──────┘  └──────┘
        修订或提出新目标        发现新目标
```

图1-2　文化产业策划的程序

1. 制定目标

策划目标是策划行动方向的指明灯，只有根据实际情况制定科学合理的目标，才能开展后续的策划活动。制定策划目标是整个策划过程的起点，并且制定目标本身也是策划过程。

(1) 明确策划主题。策划者要善于抓重点，应先明确重要的问题，然后细分主要问题，以探寻问题的本质所在，更好地选择解决问题的切入点。此外，策划者还需要学会换位思考，打破思维定式，开阔自己的思维领域，多问"为什么"，从而使问题明确化、浅显化、重要化。

(2) 做好策划准备工作。明确策划主题后，策划者需要认真分析企业的策划动机，根据现实状况、策划人员的素质和经费等方面的因素，明确课题对象。策划者在着手进行策划构想，并确定策划框架前，应当充分调查研究策划对象，以准确把握策划对象。

(3) 收集策划资料。策划资料的来源有两种：一是直接来源，即策划者个人的经验、智慧、阅历等；二是间接来源，即通过图书、报刊、互联网等途径获取资料信息。对直接资料，应进行选择、加工、变形、组合，整理出具有使用价值的信息；对间接资料，应加以借鉴和参考，有选择地应用于策划之中。

(4) 制定策划目标。制定策划目标，即确定策划活动将要达到的直接目标和最终目标。首先，策划者应从整体上构建一个框架，并在策划过程中逐步进行调整和具体化；其次，策划者应设定一个策划目标，尽可能将其量化，以便后续反馈和评价。各个策划目标应科学合理、均衡发展，并明确实施的先后顺序。

2. 设计方案

设计方案是文化产业策划过程中的关键环节。实现策划者的既定目标是制定设计方案的目标，这就要求策划者在设计方案时，始终围绕实现目标的各种途径来展开，设计具体行动的手段、途径和方法。

(1) 设计的创新。策划者在策划过程中应引入新的创意、思维、技术或方法，以突破传统框架，解决现有问题或满足新需求，从而实现功能、形式或体验上的突破。这就要求策划者积极参与实践活动，多观察、多思考，培养敏锐的洞察力和丰富的想象力，捕捉瞬间产生的灵感，将其转化为创意性思维。

(2) 方案周全且具有独立性。文化产业策划具有较强的团队群体化特征，每个策划者思考问题的出发点不同，加之思维方式的差异，就会导致最终形成多个不同版本的策划方案。尽管这在一定程度上增加了策划活动的工作量，但从长远的角度来看，确保了策划方案的周全，为企业选择策划方案提供了更多的可能性，更利于全面综合地解决问题。

(3) 编写策划书。在策划书中需要罗列每个方案的各项内容，以供企业后续选择方案时作为参考。策划书内容应简明扼要，逻辑顺序合理清晰，主题鲜明，同时辅以必要的视觉化说明，如图表、实物照片、设计模型等。一般来看，策划书主要由以下13个部分构成。

① 封面。封面应注明策划书名称、策划形式、策划者、日期、编号。策划书名称应简单明确，立意新颖。策划者的姓名、工作单位、职务均应一一写明。如果是集体策

划，应写出所有相关人员的姓名、工作单位、职务。

② 序文。序文围绕策划目标，对内容做整体概论，同时应尽可能地将策划效应体现出来。

③ 目录。目录的作用是让人了解策划的全貌。

④ 策划宗旨。策划宗旨包括对策划的必要性、社会性、可能性等问题的具体说明。

⑤ 策划方案完成时间。依照策划书完成的日期填写。如果策划书经过修订之后才定案，除了填写完成时间，还要加上修订时间。

⑥ 内容。此项是策划书的重要组成部分，包括策划缘由、背景资料、问题点、创意关键等方面的内容。具体内容因策划种类的不同而有所变化，但必须以"让读者一目了然"为原则，切忌过分详尽，否则会令读者感到枯燥乏味。另外，内容必须具有可操作性。

⑦ 预算表。策划是一项复杂的系统工程，需要花费一定的人力、物力和财力。因此，必须进行周密预算，尽量降低各种花费，以获得最优的经济效益。为方便起见，最好绘制表格，列出总目和分目的支出内容，既方便核算，又便于以后查对。

⑧ 进度表。进度表能反映策划活动的全过程，便于进度检查。

⑨ 有关人员职务分配表。此项是人事安排所必需的，用于明确有关人员的具体责任。

⑩ 策划所需物品及场地。在策划案实施过程中，需要提供哪些场地、何种场地，以及需提供何种方式的协助等，均要加以说明。

⑪ 预测效果。根据掌握的情报，预测策划案实施后的效果。一个优秀的策划案，其效果应是可期待、可预测的，而且实施效果应与预测效果相接近。

⑫ 策划相关资料。相关参考资料，包括报纸、杂志、书籍、演讲稿、企业内部资料、政府统计资料、调查报告等，均应一一列出。既可以表明策划者负责的态度，又可以增加策划方案的可信度。

⑬ 其他重要事项。为使策划顺利进行，其他重要事项也应附在策划方案中，包括执行策划案应具备的条件、必须取得其他部门的支持协作、希望企业领导向全体员工说明本案的重要意义等。

(4) 推介策划方案。首先，在激烈的市场竞争条件下，一家企业往往会和多家策划公司接洽，以选择最优的策划方案；也可以在同一家策划公司中，针对同一项目组成两到三个策划小组。因此，策划书能否通过审议会，被上级及有关部门接受，或被委托方采纳，就成为策划方案能否确立的关键。首先，策划者应做好提案的准备工作，以提高策划书被采用的概率。其次，需要充分了解决策者，运用语言技巧将"说明力"提升为"说服力"。最后，在正式提案过程中，策划者需要注意仪容仪表，还需要注意声调及语速的变化，对于重要的内容需要反复强调，尤其需要注意审核者的反应，以便及时调整提案内容。

3. 选择方案

提案审核后，各个策划小组的策划书已经完全呈现出来，接下来就是策划方案的选择，策划方案将直接决定最终的实施效果。通常利用类比判断法、经验判断法、专家论证法和方案实行法等方法对众多方案进行可行性论证。同时，也可以结合文化产业策划的原则，选择最终的实施方案。

4. 实施方案

确定了策划方案后，还应当制定具体的实施细则，保障策划方案的各项工作能够顺利展开。这就要求在实施方案的过程中，制定相应的监督保障措施、防范措施、评估措施等。

(1) 实施方案。通过制定相应的实施细则，可以明确组织保障、人员保障、财务保障、措施保障等方面的内容，从而将策划书中的实施流程和规则进行细化和明确，保障实施过程的顺利进行。

(2) 效果评价与信息反馈。在实施文化产业策划方案的过程中，往往会因为受到内外部环境变化、工作人员素质等因素的影响，实施效果出现偏差。因此需要对实施效果及时做出评价，迅速形成反馈，以便及时对方案做出必要的调整。

思考题

1. 什么是创意？什么是策划？
2. 什么是文化产业策划？
3. 简述文化产业创意的特征。
4. 文化策划与文化产业策划的区别是什么？
5. 文化产业策划程序包括哪些方面的内容？

章末案例

中国戏剧现代化改编的典范
——以"只有河南·戏剧幻城"为例

"只有河南·戏剧幻城"位于郑州，占地622亩，城内拥有21个大小不一的剧场、近千名演员，分为3大主剧和18个小剧，是目前世界上规模最大的戏剧聚落群。

"只有河南·戏剧幻城"是河南省A类重点项目，由建业集团联袂王潮歌导演历时四年共同打造而成，是王潮歌继"印象""又见"系列之后的全新文化作品——"只有"系列的扛鼎之作。整个戏剧聚落群以黄河文明为创作根基，以沉浸式戏剧艺术为手法，以独特的戏剧"幻城"为载体，着重强调"大棋盘"的设计理念，把622亩地方格化和戏剧化。这个聚落群集成了目前中国最大规模的戏剧表演场地和剧目，为文旅融合项目的发展开辟了创新路径。

"只有河南·戏剧幻城"中的剧目采用创新的诗意空间来呈现，不仅涵盖对物质空间的表达，而且蕴含超越主客二分的审美意识，使观众在空间呈现中体会到由"有"转化为

"无"、由"无"转化为"有"的动态审美含义。例如,小剧目《下沉岁月》,全剧没有台词、没有剧情,却展现了丰富的情感。该剧目采用舞蹈和黑白画面来呈现,观众以俯瞰的视角置身于这一诗意空间之中,基于自身的审美基础和知识储备,体会整个宇宙的无始无终,体会全人类摆脱混沌的状态,体会自身的纷飞思绪。这种诗意空间的呈现,以一种内容与形式平衡的方式,极大地增强了剧目所承载的深刻情感对观众内心的冲击,凸显了戏剧的审美价值。这种以"有尽"表现"无穷"、以"无"包含"有"的诗意表达,是基于中国传统美学思想对空间呈现的创新路径。

"只有河南·戏剧幻城"的剧目打破了"第四堵墙",在给观众带来互动性和沉浸式的体验之下,构成了观演合一的关系,在调动观众参与性和积极性的同时,使戏剧具备了一定的开放性。这种开放性促使观众参与到戏剧创作之中,使戏剧创作具备更为丰富的人的痕迹和社会的踪迹,这种戏剧的社会化过程同样也是中国戏剧走向现代化的有效路径。例如,小剧目《红庙学校》,观众在进入"学校"这个空间之后,其身份转变为剧目的演员,在一间教室里演绎着高中生的所思、所感、所做。作为高中生的观众需要认真听课,但是往往有观众会做出交头接耳、传小纸条、上课吃东西等行为,而作为老师的演员,会将这些调皮的观众"提溜"到教室前面罚站,也会拿粉笔头砸向表现调皮的观众。此外,作为学生的观众还会被老师点名提问。这些互动形式,一方面,将观众转变为剧目中的演员,还原高中教室的上课情境,丰富剧目的内容;另一方面,扮演老师的演员在互动中会受到观众反馈的影响,激发出表演灵感,从而丰富表演内容,推动剧目内容独特性的形成。

"只有河南·戏剧幻城"的价值支点,由"美美与共"转向"和而不同"。这两种价值支点,依托于费孝通所提出的文化自觉观,在其基础上发展至中国戏剧关于东方与西方、传统与现代的对立关系中,发展至戏剧创作者关于内容和形式的创作观念之中,促使中国戏剧不断成熟,推动中国戏剧走向现代化进程。例如,小剧目《乾台》,基于"和而不同"的价值支点,在呈现过程中采用多台具有现代属性的定制灯具,灯具与"棋盘"空间的结合,使明与灭、阴与阳、进与退、虚拟与现实、灯光和太极相结合。又如,大型剧目《幻城》,以宏大而玄幻的叙述,展现出浩瀚历史长河中璀璨的中华文明。在内容层面,通过对数个朝代的历史文化进行一定程度的萃取,形成点状的符号指代内核。在技术层面,墙壁上的L形电子屏幕、多个可升降地下舞台以及地上舞台共同构成L形舞台。随着剧情的推进,结合数字投影、灯光效果、舞台装置和角色扮演等技术形式,将数位古人置于36个变幻的投影空格之中,或置于升降舞台的某个区域,将不同时期的人物、事件、事物汇聚于同一个意象空间之中,让古代人与现代人进行古今对话,使观众在宏大而不赘余的空间中感受中华文化。这种在"和而不同"价值支点之下进行的中国戏剧创作,一方面发挥了现代技术的优势,另一方面将现代技术与中华优秀传统文化相结合,规避了过度追求技术化形式的弊端,同时也避免了纯粹传统文化宣教的晦涩枯燥之感,可以说是推动中国戏剧走向现代化进程的一个突出范例。

资料来源:王帅,王东帛.呈现、关系和价值:"只有河南·戏剧幻城"的现代化路径[J].四川戏剧,2023(10):70-72.

思考题: "只有河南·戏剧幻城"是如何将中国传统文化进行创新性表现的?

纸质传媒产业
创意与策划

《读者》：中国人的心灵读本

在广受中国人欢迎的杂志之中，肯定不会少了《读者》。一本《读者》可以反复阅读很多次，其凭借精致的内容和丰富的内涵成为人们的心灵鸡汤、精神支柱。

《读者》(原名《读者文摘》)自1981年创刊迄今，历经44年的发展，累计发行量已超过22亿册，走出了一条中国期刊发展的成功之路。以情感人，是《读者》的创刊特色。《读者》通过带给读者心灵上的震撼，建立了良好的群众基础。首先，《读者》实现了与大众的良好沟通。《读者》在创办之初就树立了为读者摘文、由读者自己摘文的办刊理念，这种理念最大限度地拉近了广大读者与编辑部的距离，使《读者》拥有了平民化的气质。其次，《读者》在多年的发展历程中始终如一，在"俗"与"雅"中找到平衡。健康的内容、丰富的知识、耐人寻味的可读性是《读者》一贯的风格。这种风格使《读者》做到了雅俗共融，为不同文化程度的读者所接受。最后，《读者》遵循出版精品和服务读者这两项原则，一方面极力保持内容的高品质；另一方面积极与微博、微信、喜马拉雅、人民号、头条号、百家号、"学习强国"等线上平台相结合，搭建传统期刊与新媒体融合的全媒体矩阵，为读者提供完善的服务，从各个方面体现了读者本位的思想，并制定了符合市场特点的广告和推广策略，满足了读者的消费、娱乐和阅读需求。这些特色，使《读者》保持着不朽的生命力。

资料来源：刘欢. 夯实主业积极探索多元化布局，读者传媒年报及一季报业绩双增长[EB/OL]. (2023-04-26)[2025-03-01]. https://www.qq.com.

2.1 纸质传媒产业概况

欧阳友权认为，纸质传媒产业主要指报业、期刊业和出版业，此外依托报纸、期刊和出版的平面广告、发行和其他相关服务等也可并入这一产业范围。纸质传媒产业是建立在传播技术基础上，以提供精神食粮和传播信息为主要任务，以纸质媒介为载体的传播活动和文化产业类型。纸质传媒产业与广泛兴起的互联网产业以及广播电视产业相比，表现出更强的区域特性。但是，纸质传媒的时效性无法与互联网新媒体相比。如今，纸质传媒产业受到网络新媒体的冲击，广告收入增幅趋缓，经营形势严峻。面对困局，纸质传媒不再视新媒体为洪水猛兽，自觉与新媒体跨界整合，以寻求新的发展机遇。但是大部分纸质传媒的经营状况依然堪忧，曾作为人类最为重要的信息传播媒介之一的纸质传媒如今已陷入困局，衰落不可避免。

进入21世纪以来，世界经济、政治、文化、科学技术和国际关系不断发生变化，我国进入了一个重要的战略机遇期。在这一背景下，我国纸质传媒产业如何面对世界各种文化相互激荡、竞争发展的局面？如何深化改革，在市场经济条件下生存和发展？如何适应新媒体对传统媒介的挑战？如何满足受众日益提高的文化需求？这些问题的提出，都让我们深感任重道远。

据《中国文化产业发展报告(2023年)》的统计结果，截至2023年，我国整体图书市码洋达到1240.70亿元，同比2022年下降1.51%。动销品种数达145.41万种，较2022年同期下降7.18%。平均定价46.49元，较2022年同期降低3.77%。文教和少儿大类码洋同比呈上升态势，且文教类码洋占比近30%，较2022年同期增加4个点。其余各类均有所下降，科学技术类图书降幅最大，达到14.78%。网络零售渠道(传统电商+短视频电商)仍是图书市场销售主阵地，总占比在78%左右，较2022年同期略有所上升。其中短视频电商占比稳定，维持在24.51%，已然成为第二大销售渠道。传统电商和实体渠道销售均同比下降，其中实体渠道中各渠道降幅都超过10%。而短视频电商渠道是唯一正增长渠道，码洋同比上升51.27%。新书方面整体均呈下降态势，降幅21.91%，主要是由于政治、历史类新书销售大幅下滑；但新书中文艺类图书表现突出，成为唯一正增长新书类别，涨幅为5.07%，主要由部分市场热门图书拉动，如《第七天(精装)》《如果历史是一群喵12：元末明初篇》和《狂飙》等。

2.1.1　中国期刊业

1. 中国期刊业发展概况

2023年，中国期刊出版实现较好增长，共有4596种期刊出版了202.87亿册。其中综合类、哲学类、文化类期刊的品种和总印数均实现了正增长，但平均期印数有所下降。在新媒体时代，期刊业积极求变，通过深度融合和转型，实现了连续4年的正增长。截至2023年底，新媒体综合覆盖用户已超过7000万人，全平台实现盈利。数字期刊市场蓬勃发展，2023年数字期刊收入约为1.03亿元，同比增长2.9%。

期刊数字化阅读方式逐渐普及，越来越多的读者选择通过电子设备阅读期刊。一些期刊出版单位也积极推出数字版期刊，以满足读者的需求。从地区分布来看，北京、上海、江苏、湖北和广东是期刊数量最多的五个省(市)，占全国总数的51.11%。其中，北京的期刊数量最多，达到339种；其次是上海，有321种。从学科分布来看，医药卫生、工业技术、经济、大学学报和哲学社会科学类期刊的数量较多，这五类期刊的数量之和占到全国期刊总数的64.95%。

期刊业积极探索与新媒体、新技术的融合发展之路。例如，一些期刊利用大数据、人工智能等技术手段优化选题策划、编辑审校、市场营销等环节，提高出版效率和质量。同时，期刊业也注重与其他行业的跨界融合，例如与影视、游戏、文创等行业进行合作，实现IP资源的共享与增值。尽管期刊业取得了一定的发展，但仍面临一些挑战。例如，纸媒市场持续低迷，传统期刊发行量下降；数字化阅读的冲击使得期刊的市场竞争更加激烈；此外，期刊的国际化程度还有待提高。

2. 中国期刊业发展的主要问题

从我国期刊业目前的运作情况来看，我们仍然面临许多亟待解决的问题。

(1) 出版体系结构性问题。具体表现为：规模化程度低，期刊出版分散，难以形成集群效应；同质化严重，综合性期刊占比过高，专业期刊发展不足，尤其高校学报等综合刊难以满足学科细分需求，国际对话能力弱；资源分配失衡，财政投入集中于少数刊物，多数期刊依赖主办单位资金，市场化造血能力欠缺。

(2) 数字化转型困境。具体表现为：平台建设滞后，仍以单刊网站为主，缺乏整合资源的数字出版平台，导致学术传播效率低下，知识服务能力不足；技术应用不足，人工智能、开放获取(OA)等新技术应用缓慢，仅有3.3%的中文科技期刊实现OA出版，远落后于国际水平；用户体验薄弱，线上互动、数据驱动决策等新型服务模式尚未普及，难以适应数字时代需求。

(3) 人才与运营短板。具体表现为：人才结构失衡，编辑普遍身兼数职，缺乏战略型出版人才，制约数字技术研发和标准制定；运营模式单一，依赖印刷、发行、广告收入的传统模式失效，在新媒体转型中尚未形成有效盈利路径；评价机制局限，过度重视国际期刊发表，导致优质稿源外流，中文期刊学术话语权缺失。

在人工智能大模型时代，期刊出版面临新变局。2023年初，ChatGPT引领并开启了大模型时代，全球各行业领域迅速掀起了一股技术创新热潮。2024年4月，DeepSeek大语言模型算法上线。众多人工智能大模型在信息检索和分析方面表现优异，被广泛应用于学术创作和科技出版领域。虽然人工智能对期刊行业造成了较大冲击，但科技为人类社会进步和各行业领域转型发展的重要力量，我们不应排斥，而应该主动拥抱并全面把握技术契机。基于此，期刊业既要及时迎接发展新变，抓住新技术带来的全新机遇，进一步拓展和开发服务新场景，同时也要时刻保持技术警惕性，对人工智能大模型的负效应和不足之处做出必要反思，确保其合理、科学、高效地应用于期刊出版领域，充分发挥科技的正效应。

2.1.2 中国报业

1. 中国报业发展概况

据《中国报业创新发展报告(2023年度)》(以下简称《报告》)的统计结果，2023年全国报纸总印数达到260.1亿份，总发行量为258.4亿份(含电子报发行量)，营业总收入为616.6亿元，利润总额达66.4亿元。其中，全国报业新媒体年度利润总额为9.3亿元，同比增长7.3%，新媒体收入成为拉动报业经济增长的重要支点。

此外，人工智能技术在报业领域的应用极为广泛，已超20家报业单位推出虚拟数字人业务，拓展短视频、直播等新兴传播形态，构建海外传播矩阵。截至2023年底，中国报业单位建设国际传播中心或国际传播平台已超20个。

近年来，新媒体在报业中的作用日益凸显，成为拉动报业经济增长的重要力量。从过往趋势来看，这一态势有望继续保持。随着互联网技术的不断发展，传统报业正加速向数字化转型。越来越多的报纸媒体开始推出电子版、移动客户端等数字化产品，以满足读者多样化的阅读需求。

为了吸引读者，提高竞争力，报业在内容上不断创新，推出更多具有深度、广度和独特视角的报道。同时，报业也在探索多元化的内容形式，如短视频、直播、音频等，从而丰富读者的阅读体验。相较于互联网平台海量化、个性化的内容生产模式，报业在内容数量、话语表达、传播模式等方面存在一定差距。

技术创新在我国报业系统内仍然存在浅表化等问题，不同级别、不同类别的报业单位在技术运用中也存在差距，报业单位数字平台的功能开发依然不够完备，用户运营策略不够健全，整体建设效能存在不足。尽管我国媒体融合已经从传媒行动转向了国家战略，顶层设计与具体政策也在不断助推报业融合实践，但在真正执行过程中，仍然存在体制束缚、科层问题和固化思维。

中国报业在面临挑战的同时，也迎来了诸多发展机遇。未来，中国报业需要继续深化改革创新，加强内容生产和技术创新，推动数字化转型和多元化发展，以适应不断变化的市场环境和读者需求。

2. 中国报业发展的主要问题及应对措施

1) 存在问题

中国报业经济存在不平衡发展的问题，即不同地区和行业在发展过程中的资源分配、财富积累、经济收入、权力运用与参与等方面的不平等、不均衡的现象愈来愈显著。报业所在地区的经济发展水平、报业规模以及报业性质等，都会影响报业产业化发展的速度和程度，这是导致报业经济发展不平衡的一个重要原因，此种不平衡表现在以下几个方面。

(1) 经济发达地区报业经济活跃，欠发达地区报业经济起步艰难。

(2) 行业内呈现一种被称为经济效益的现象，即几家规模大、实力雄厚的传媒机构获取了极大比例的市场利益。

(3) 报业非均衡发展表现明显，城市性报纸和非城市性报纸在产业化过程中呈现彼此相反的发展态势。城市性报纸是指集中发行于特定城市的报纸，如《北京日报》《广州日报》等；非城市性报纸是指发行范围不局限于某一特定城市的报纸，如《光明日报》等。随着报业产业化进程的加快，曾在报业中占据主导地位的非城市性报纸逐渐让位于城市性报纸。

2) 应对措施

针对上述问题，可以采取以下几项措施。

(1) 非城市性报纸可利用自身独特的政治优势积极进行产业布局。我国的报业集团大多是以各级机关报为旗舰进行组建，在服务当地党和政府的工作中尽职尽责，因此具有显著的政治优势。报业应充分利用这种优势积极进行布局，为自己未来的转型争取最大的"势能"。

(2) 积极开拓新兴城镇的报业市场。城镇化是报业发展的前提，我国随着城镇化进程的加快，将会出现一些新的报业市场，这就要求报业深刻分析这些市场的特点，采取有效措施来激活报业市场。

(3) 积极把握新兴的行业。互联网技术带来的第三次工业革命促使我国诸多行业发生颠覆性的变化。例如,蓬勃发展的互联网金融业、电子商务业、养老业和旅游业等,这就要求报业深刻分析这些行业变化,并及时抓住这些机会。

(4) 将报业作为"现金牛",提升效益。从长远来看,报业无疑是衰落的;但从近期来看,很多报纸还拥有不错的现金流和利润来源,报业可以充分利用报纸的这种特点,提高管理水平,尽可能多地获取利润,为未来转型积累基金。

(5) 积极向新媒体转型。报业在转型中应积极采纳先进的传播技术,并将其应用于新闻采写、编辑、分发等多个方面,以提高新闻业务效率。随着5G、VR、AR等技术的发展,直播、虚拟演播室等多种形式成为新闻生产中常用的技术形式。2022年两会期间,新华社新闻客户端推出沉浸式报道《XR看报告:绘景未来》,通过XR拍摄和VR绘画技术,将现实场景与虚拟场景相融合,针对两会议题内容,生动解读了2022年政府工作报告中的重要目标,提升了主流媒体的传播效能。

除了专业内容,渠道对于报业的创新发展也至关重要。如今,媒体内容分发、传播的渠道多样,总体来说呈现创新合作、多元联动的特点。报业的创新合作主要体现在报纸和其他形态媒介密切协作,比如报纸与广电的"跨媒体"融合、报纸与平台型媒体的合作。此外,作为报业行动者网络中的重要环节,中央级报刊和地方报刊实现纵向联动,进一步健全了现代传播体系。

(6) 建立适应新媒体、投资业等行业的新机制、新规则。无论是新媒体行业还是投资业,对于报业而言都是全新的领域,尤其是这些高风险、高收益的新兴行业,已经建立起一整套成熟的机制与规则并形成了高度竞争的企业文化,如管理层持股制度、市场化的竞争和薪酬机制等,这和报业现有的机制、规则和企业文化都极其不兼容。新媒体行业和投资业等领域,采取的是事前制定出责、权、利清晰的方式和方法,而传统报业通常采取"做成了再论功行赏"的做法,这无疑难以吸引到高素质的人才,更难以建立起一整套有利于报业成功转型的体制和机制。

2.2 纸质传媒产业创意与策划概述

2.2.1 纸质传媒产业经营

作为文化产业的一个重要组成部分,纸质传媒产业建立在传播技术的基础上,以提供精神食粮和传播信息为主要任务。纸质媒介体现了传统的大众传播学特征,向范围较广的受众传递数量庞大的信息,即个体对个体的单向、直线性传播,根据有限的、不精准的信息反馈和传播者对公众需要的估测,传递被媒介组织认为是适合大多数受众需要的信息。与数字媒介相比,纸质媒介的互动性较差,属于单向传播,但纸质媒介更符合传统阅读习惯，纸质媒介没有时间限制。纸质媒介也正因受限于纸张载体，而受到纸价和印刷费用的影响，但在内容上，纸媒可以进行深度挖掘。

纸质媒介的生产具有相对统一的标准化流程，报纸出版流程为"确立新闻采访任务—采访—校稿—定稿—印刷出版"。图书出版流程为"新书策划—审阅—会议决定—签约—编辑—封面设计—印务制作—出书—仓管"。杂志出版流程为"报选题—准备稿件—采访—拍片—编辑—主编看稿—总编改稿—美编排版—艺术总监定版—第一次样稿—修改—第二次样稿—修改—定稿—校稿—出版"。报纸、杂志、图书的出版流程大多如此格式化，其工作流程基本不变，只是内容编排存在差异。报纸对时效性有较高要求，时刻需要应对新鲜的信息；而图书出版则因内容不同而情况各异。报纸按照主营单位性质划分，可以分为党报、晚报、生活服务类报纸、行业专业类报纸。随着市场化改革的深入，纸质传媒产业的管理模式趋于企业化，逐渐建立起横向的组织机构，从而提升媒体的综合竞争力。

纸质媒介的发行与销售采用了传统的商品推广销售模式，包含自办发行、销售代理、批发经销、委托寄销等模式，需要投入大量的资源进行发行管理。发行网络意图触及与覆盖目标读者，就需要广泛开发世界范围内的销售网点，配合杂志订阅与邮局发行，其程序相对繁琐。当前，国内印刷媒介主要面向全国发行，国外订户的邮寄成本昂贵，限制了发行范围的延伸。

虽然报业、期刊业、图书业同属于纸质传媒产业，但各自获取利润的方式并不相同。图书业主要依靠版权获利，报业和期刊业除依靠发行量获利以外，还依赖广告收入。如今，市场化已经成为我国传媒产业发展的必然趋势，专业化、区域化市场格局是未来市场竞争的基础。

▍2.2.2 纸质传媒产业的优势

数字媒介以其丰富多彩的内容、灵活多变的形式和富有个性化的服务，吸引了大众的关注，但这并不意味着大众放弃了对报刊等传统媒介的依赖和喜好。在数字媒介的冲击下，传统纸媒应顺应趋势、积极改变，同时把握自身优势，在激烈的市场竞争中争取更大的生存空间。

进入网络时代后，知识的传播速度得到极大提升，传播途径已从传统媒体向自媒体转变，传播内容更为简单。相比之下，纸媒不仅具有更多的原创性空间，还可体现报道的深度和广度。一篇优秀的深度报道通常包括事件、背景、有关资料、说明、原因、意义、过程、分析、前景、时效、时态和建设性意见等方面。深度报道以其追求报道的深度、广度和逻辑性的特点在各类新闻媒体中占据越来越重要的地位，《中国新闻周刊》《中国青年报》《南方周末》等媒体甚至将深度报道作为主打作品和办刊的立足之路。深度报道以多角度、多层次、多侧面探索事物发展的原因，它不仅能满足信息的传播需要，还能分析事物的发展原因，克服动态新闻肤浅和表面化的缺点，极大地丰富了新闻的内涵。

纸媒的优势还体现在独家策划方面。当前，以互联网、移动媒体等为代表的新媒体形成了跨媒介、跨产业融合的全球传播新格局。通过手机、电脑、电子阅读器等平台,受众可以实现即时信息的阅读。数字媒体给受众带来的是具有高时效性资讯的服务体验,而纸媒在时效性方面显然处于弱势地位,但纸媒带给受众的是一种可以与纸张和文字近距离接触的阅读环境。在日本银座的铃木大楼有一间名为"一室一册·森冈书店"的书店,在这间书店里只有一个房间,只有一本书。森冈书店每周只卖一本书,在这里读者没有挑选的余地,他们只能买或不买,但通常情况下,那些踏入书店的人,离开时都会带走这本书。这不是一个噱头,而是森冈督行在电子书盛行、网络购书成为主流、实体书店纷纷倒闭的当下,为读者做出的新选择。森冈督行和他的团队每周会精心挑选一本好书在店内售卖,再根据这本书构建一个相关主题,并策划一系列与之相关的展览、活动和对话,而这些体验,是读者在网络平台上无法获得的。为了提升读者的体验,森冈督行组建了一支"搜索"团队,团队成员每天阅读大量的书籍,同时收集出版信息、销售信息、读者信息等,据此罗列读者可能最感兴趣的书籍和他们认为最值得推荐的书籍。现在森冈书店的读者越来越多,影响力越来越大,仅开业半年,书店就已经开始盈利。

2.2.3　纸质传媒产业策划的原则

纸质传媒产业策划是一项系统性工程,在一定意义上决定着报业、期刊业、出版业未来的生存和发展。纸质传媒产业策划的目的,就是最大限度地开发资源价值,提升媒介自身的含金量。媒介组织在考虑报道的内容和报道的方式的同时,还应追求创意和良谋,着眼于优化报道效果对传媒产业全局性的影响,从而有利于传媒产业掌握主动权。此外,还应提高媒介产品质量,如提高新闻报道的有序性和有效性。下面我们将从宏观、中观和微观三个层次来考量纸质传媒产业策划的原则问题。

1. 宏观上整体定位

宏观策划是对媒体整体定位和长远打算的思考,同时也是为了使媒介能够在市场竞争中获得可持续发展而寻找的理念支撑。宏观整体定位包括对受众的明确定位和与其他媒介的差异性分析两个方面。明确宏观整体定位,有助于纸媒确定媒介理念的核心,找到核心竞争力。

2. 中观上彰显风格

理念是媒介的灵魂,栏目、版面就是媒介的骨架。理念作为一种媒介精神而存在,具有纲领性的指导意义。但仅有媒介理念是远远不够的,只有当理念可以转换为某种外在形式的时候,理念才是务实的。中观策划所要完成的工作是通过媒介运作的具体环节,比如板块调度、版面设计、栏目编排、广告控制等,以及各环节之间的组合关联,在感性形态上彰显媒介的理念风格,即令其宏观策划最终以品牌形象展示在受众面前。

3. 微观上出奇制胜

微观策划是基础的创意和策划,决定了受众对纸质媒体的第一直观感受。出色的微观策划不仅能实现宏观策划和中观策划的意图,丰满媒介的形象,而且能够给受众带来一定的冲击力。同时，新闻价值的多重性，也为微观策划的差异性突破提供了可能。对于纸质传媒来说，这是挑战，更是机遇。纸质媒体在进行微观策划时，应同中求异，而不是人云亦云，制造无效传播。例如，纸质媒体可以调整信息采集与传播功能，另辟蹊径，加强与读者的互动与沟通，提升读者的参与感。

2.2.4 纸质传媒产业的创意创新

随着科学技术的发展，信息传播方式不断更新，特别是网络媒体的突起和发展，给以报纸为代表的纸质媒体带来了巨大的挑战。对纸质媒体而言，应对挑战、走出困境的关键在于推动自身主体发展的创意创新。

1. 纸质媒体产品和副产品的创意设计

纸质媒体产品和副产品的创意设计是一种蓝图式、规划式的设计，从某种程度上可以把纸质媒体产品和副产品的创意设计看成产品规划与论证的过程。符合受众需求、创新设计思路，是纸质传媒创意发展一以贯之的核心内容。纸质媒体产品如果不符合受众需求，将会失去受众和市场；如果缺乏创新活力，整个产业都会走向枯竭和衰落。纸质媒体产品和副产品的创意设计应实事求是，结合产品自身情况和市场情况确定发展方向。比如，报纸的老年读者居多，而青年读者较少，为了改善这一现状，在进行产品创意设计时，就要考虑到年轻读者群体的阅读偏好。

2. 报纸营销方式和发行方式的创意设计

报纸营销方式和发行方式的创意设计的核心在于品牌设计与推广，即利用报纸现有品牌，进行品牌经营与扩张。对传统纸质媒体而言，营销创新非常重要，有助于其在与新媒体的竞争中赢得生存空间。

3. 内容供应商的创意设计

作为内容供应商的纸质媒体，有两个关键问题需要解决，一是如何通过原创新闻、本地新闻在各种媒体的立体竞争中赢得生存空间；二是如何提升自主创新能力，提高原创新闻的创意水平。从内容创意设计的角度而言，纸质媒体可以采取以下创新措施。

(1) 寻求具有垄断性、不可复制的策划题材。比如，山东某市一家媒体与市文明办联合举办"邻居节"，由于没有其他媒体介入，举办方所策划的这一活动成为其他同类媒体难以复制的资源，进而限制了其他媒体对此新闻资源的共享。这种活动的创意策划是同城媒体难以效仿的。

(2) 与读者积极互动，增强读者的话语权。如何体现读者的话语权，防止媒体"语言"暴力，也是纸质媒体内容供应商应努力的方向。

(3) 报道内容的创新。纸质媒体可以将资源循环利用，不仅要提升信息资源采集与传播的质量，而且要善于对传播过的资源进行分类整理。例如，纸质媒体可以对已获取的重要信息进行保密处理，当其他媒体打算进一步深入挖掘时，就只能再次利用纸媒这条渠道。

2.3 报业创意与策划

近几年来，全球报业发展普遍陷入困境，表现为日报发行量大幅下降，报纸种类减少，日报广告额下降，大型报业集团经营困难，被兼并甚至破产，年轻人日益疏远报纸而钟情各种新媒体。因此，发达国家出现了很多报业衰退甚至衰亡的言论。面对数字新媒体的冲击，报业痛定思痛，开始探索新的出路，并制订新媒体发展计划，积极与新媒体融合，加快数字化转型的步伐。

2.3.1 报业创意与策划的主要影响因素

1. 数字技术

以数字技术为代表的新一代技术的发展是媒介融合形成的根源和直接诱因，同时也为传统报业的媒介环境带来了深刻变化。这一变化主要体现在其高效整合特性打破了传统报业行业间的界限，使得传统报业在信息的采集、加工、存储和输出等环节发生了翻天覆地的改变，同时报业的新闻传播理念也发生了一定程度的更新和转变。

如今，社交媒体成为新闻传播的重要渠道，报业可以通过微博、微信、Facebook、Twitter等平台发布新闻并与读者互动，从而扩大影响力和传播范围。一些突发新闻事件或热点话题往往先在社交媒体上迅速传播，然后才被报纸等传统媒体深入报道。对报业而言，报业对话语权"独领风骚"的时代一去不复返，取而代之的是受众意见表达多样化的"碎片化"时代的到来。在数字化传播时代，作为主流传统媒体，报业必须转变观念，向多元、开放、以用户为中心的方向努力，从而适应技术环境的变化带来的媒介变革。除了传统的广告和订阅收入，报业还可以通过数字技术开展其他业务，如内容定制、数据服务、线上线下活动等，增加收入渠道。例如，一些媒体会根据企业的需求定制行业报告或市场分析，为企业提供有价值的信息。

2. 受众资源

在媒介融合下，原本点对面的大众传播模式发生了改变，呈现"碎片化"的趋势，这意味着大众传播时代落下帷幕，自媒体时代已然来临。在自媒体时代，受众不再是被动的、共性化的，而是呈现出主动的、个性化等特点。信息传播方式从点对面的单一线性传播发展到点对点的复合式传播，导致受众的多元化和个性化需求更加难以被满足。近年来，报纸读者的流失，特别是青睐新媒体的年轻读者的流失十分严重。读者群体是一个复杂多变的因素，读者的数量、年龄结构、职业分布、文化程度、收入水平以及读者对报纸的消费心理和行为等，都是制约报纸定位的要素，从而影响报业的发展。因此，报业在创意与策划的过程中，必须重视并分析细化读者群的个性特征以及心理需求，综合利用各种媒介手段和传输渠道，为读者提供更加贴合其个性化需求的定制化资讯与内容服务。

数字技术为报纸与读者之间的互动提供了便利的渠道，读者可以通过留言、评论、分享等方式表达自己的观点和意见，参与到新闻传播中。媒体可以根据读者的反馈及时调整报道内容和方向，提高新闻的质量和吸引力。例如，一些媒体会在网站上设置读者调查问卷，了解读者对新闻报道的满意度并收集改进建议。通过对读者在数字平台上的行为数据进行分析，媒体可以了解读者的兴趣偏好、阅读习惯等信息，从而进行精准的内容推荐，提供个性化服务。又如，根据读者的浏览历史和点击行为，为其推荐相关的新闻文章或专题。

3. 媒介制度和政策的变化

国家出台了一系列政策文件，以推动传统纸媒与新媒体的融合发展。例如，2023年8月，中宣部印发相关通知，鼓励传统媒体加快与新兴媒体的深度融合，拓展传播渠道和扩大影响力。各地政府积极响应国家政策，制定具体的实施方案和扶持措施，为纸媒的转型提供政策支持和资金保障。在政策的引导下，众多纸媒机构积极探索"新闻+政务服务+商务"的运营模式，将新闻内容与本地政务、商业服务相结合，实现多元化发展。比如，一些地方报纸通过搭建政务服务平台，为市民提供便捷的在线办事服务，同时也增加了用户黏性和收入来源。

随着数字化时代的到来，纸媒的内容在网络上被大量复制和传播，版权问题日益突出。为了保护纸媒的合法权益，国家不断完善版权法律法规，加大对侵权行为的打击力度。同时，相关部门也加强了对网络平台的监管，要求其对上传的内容进行严格审核，防止未经授权的转载和使用。纸媒机构自身也更加重视版权保护，通过建立专业的版权管理部门，以及采用数字水印等技术手段，加强对原创内容的管理和保护。一些纸媒还积极开展版权合作，与其他媒体或企业共享版权资源，实现互利共赢。

针对纸媒行业面临的新情况和新问题，政府对行业监管进行了相应的调整和规范。一方面，加强对纸媒广告市场的监管，严厉打击虚假违法广告，维护良好的市场秩序；另一方面，对纸媒的发行、印刷等环节也提出了更高的要求，确保报纸的质量和安全。例如，一些地区出台了关于报纸发行的管理规定，对报纸的投递时效、投递质量等提出了明确要求，以保障读者的合法权益。同时，对印刷企业的环保要求也在不断提高，促使纸媒在印刷过程中更加注重节能减排和环境保护。

人才是纸媒转型发展的关键因素之一。为了培养适应新媒体时代的复合型人才，国家加大了对新闻教育的支持力度，推动高校新闻专业课程的改革和创新。鼓励学校与企业合作，开展实习实训项目，让学生在实践中提高专业技能和综合素质。同时，纸媒机构也积极参与人才培养工作，通过内部培训及外部引进等方式，不断提升员工的业务能力和创新能力。一些大型纸媒集团还建立了培训学院或培训基地，为员工提供系统的培训和学习机会。

▌2.3.2　报业创意与策划的途径

随着新媒体的发展，传统媒体不再是提供信息和资讯的唯一平台，但在新一轮媒介分工和空间拓展竞争中，报纸作为新闻媒体的核心能力非但没有减弱，反而成为新闻媒体的内容供应商。一方面，信息内容的采集、加工、分析和整合制作，凸显了报纸特有的优势——报纸拥有更多的原创新闻采访、发布权和远优于新媒体的专业化采编队伍；另一方面，尽管电视、新媒体具有形象生动和速度快的优势，但报纸深度报道的长处是其他媒体难以企及的。如何充分挖掘并有效运用这些优势实现信息传播的创新，对报业走出困局至关重要。

1. 以内容融合实现内容增值

以内容融合实现内容增值，提升报业核心竞争力。传媒业作为文化创意产业，内容生产十分重要，对内容进行拓展是报业提升创意核心竞争力的重要途径。通过我国报业网络化发展的历程可以看到，在从纸质载体向网络载体转移的过程中，报业的主体地位发生了转变，以往通畅的信息传播通道因网络化转型发生了变迁。此前，报业对信息内容传播通道不够重视，其生产的信息产品只能在报纸这一种介质上一次性使用，长此以往，报业内容生产优势逐渐丧失，还造成了报业资源的浪费以及生产成本的居高不下。数字内容更容易发送到各个终端上，有利于渠道扩展。因此，为读者提供信息、观点、服务，并通过互联网、手机、报纸、杂志等将信息传递到读者手中将是报业未来的发展方向。在媒介融合成为现实的背景下，报业应重新对内容优势进行定义，报社要成为报业产业链上的内容生产商和内容提供商，通过内容产业形成大规模生产，以降低生产成本，再通过建立报业数据库等方式将信息在多个终端多次使用，以提高信息的资源利用率，从而实现信息内容产品的增值。

在新一轮格局重构中，报业加速与新媒体的融合。首先，利用新技术打造多样化产品。例如，运用虚拟现实(VR)、增强现实(AR)等技术，为读者提供沉浸式阅读体验。比如《纽约时报》就推出VR新闻，让读者身临其境地感受新闻事件。也可以借助人工智能技术，根据读者的阅读习惯和兴趣偏好自动生成个性化的内容推荐，提高内容的针对性和吸引力。还可以利用大数据分析，挖掘读者的潜在需求，为内容创作提供新的方向和灵感。其次，丰富内容呈现方式。除了传统的文字报道，还可以增加图片、视频、音频、动画等多种媒体形式。比如在新闻报道中，搭配高质量的现场图片、精彩的短视频或生动的图表，能够更直观地展示新闻信息，增强内容的可读性和趣味性。对于一些复杂的主题或深度报道，可以制作系列专题，通过多种形式的组合，全面、深入地呈现问题，从而吸引读者持续关注。

在数字时代，单一的平面媒体形态早已被打破，媒体边界日益模糊化。传媒领域的广播电视、出版与电信三部门之间的产业融合正在成为现实。对传统报业而言，唯有积极进入数字市场，把握媒介融合这一发展机遇，才能找到一片属于自己的广阔"蓝海"。为此，传统报业要突破平面媒体的限制，整合媒介渠道，建立报业立体渠道，以各种数字平台为纽带创新业务组合，从而实现数字化生存。

2. 内容生产流程再造

报业内容生产流程再造是传统报业在新媒体时代实现战略转型的关键举措。传统报业主要通过改变传统的生产方式、运行方式和传播方式来完成自我转型，以最大限度地整合资源，提升信息传播和媒介经营的效能。以下介绍一些常见的报业内容生产流程再造方法。

1) 建立中央厨房式全媒体平台

(1) 统一指挥调度。设立中央厨房式全媒体指挥调度中心，对收集新闻线索、执行采访任务、编辑制作、发布传播等环节进行统一指挥和协调。例如，《人民日报》设立全媒体指挥调度中心"中央厨房"，为全媒体生产分发提供平台支持，实现了全媒体生产、全流程调度、全平台共享。通过这种方式，可以打破各部门之间的壁垒，提高协同作业效率，确保新闻内容的及时性和准确性。

(2) 资源整合与共享。将原本分散在不同部门、不同媒体形态的人力、物力、技术等资源进行整合，实现资源的共享和优化配置。例如，可以将记者采集的素材用于报纸、网站、客户端、社交媒体等多个平台，从而避免重复劳动，提高资源利用率。同时，建立统一的素材库，方便编辑和记者随时调用，以提高内容生产的效率和质量。

2) 重构采编流程

(1) 移动优先策略。在内容生产方面，优先考虑移动端读者的需求和阅读习惯，以移动客户端为内容生产和发布的主阵地。例如，澎湃新闻在设计产品时优先考虑移动客户端，不断进行迭代更新，保证读者在手机端获得舒适体验。同时要求采编人员强化互联网思维，创新表达方式和报道形式，使内容更适合在移动终端上传播。

(2) 小组栏目制。实行小组栏目制，一个小组可以在多个栏目发布内容，内容更加垂直化、队伍更加专业化、考核更加科学化、管理更加高效化。例如，澎湃时事新闻中心分为法制小组、政治小组、教育小组等，后来根据业务发展需要进行调整，合并为纪实新闻组和调查组，以便更好地适应市场变化和读者需求。

(3) 24小时采编发机制。建立符合互联网传播规律的24小时采编发机制，确保新闻内容的及时发布和更新。例如，澎湃新闻实行小组栏目制，每个小组都有明确的工作职责和新闻内容发布时间要求，以保证新闻的时效性。

3) 推动全员转型

(1) 技能培训与提升。对采编人员进行新媒体技能培训，包括数据分析、多媒体制作、社交媒体运营等方面的知识和技能，以提高他们的综合素质和业务能力。例如，澎湃新闻要求全员强化互联网思维，采编人员不仅会写稿，还要学会利用新媒体平台进行内容传播和推广。

(2) 角色转变与职责拓展。传统报业的记者和编辑需要从单纯的文字工作者向多媒体内容创作者转变，不仅要会写稿，还要会拍摄照片和视频以及直播等。同时，他们的职责也从单纯的内容生产扩展到内容运营和推广，还要参与到社交媒体互动中，与读者建立良好的沟通和互动关系。

4) 引入先进技术

(1) 大数据分析。利用大数据技术对读者的阅读行为、兴趣爱好、信息需求等进行分析，为内容生产提供精准的数据支持。例如，根据读者的点击量、阅读时长、评论和分享等数据，了解读者的偏好，从而制订更有针对性的内容生产计划，提高内容的质量和传播效果。

(2) 人工智能辅助创作。引入人工智能技术，辅助记者和编辑收集、整理、分析新闻素材和写作。例如，可以利用自然语言处理技术对大量的文本资料进行快速梳理和分析，生成新闻摘要或初步的报道框架，以提高内容生产效率。同时，人工智能还可以用于图片和视频的编辑处理，为内容增添更多的视觉效果。

5) 拓展内容领域与形式

(1) 深耕垂直领域。在特定的行业或领域进行深入挖掘，提供专业的资讯和分析。例如，财经媒体可以针对金融市场、投资理财、企业管理等领域，提供深度的报道和专业的解读；科技媒体可以聚焦人工智能、大数据、区块链等前沿技术领域，为科技爱好者和从业者提供最新的资讯和趋势分析。通过深耕垂直领域，可以吸引特定的读者群体，提高读者的黏性和忠诚度。

(2) 丰富内容形式。除了传统的文字报道，还可以增加图片、视频、音频、动画、图表等多种媒体形式，使内容更加生动、形象、直观。例如，在新闻报道中搭配高质量的现场图片、精彩的短视频或生动的图表，能够更直观地展示新闻信息，增强内容的可读性和趣味性。同时，制作系列专题、互动问答、线上直播等多样化的内容产品，以满足读者的不同需求。

6) 优化读者体验

(1) 提升平台功能。打造读者友好的内容平台，优化网站的界面设计和布局，加快页面的加载速度和响应速度，使读者能够快速找到自己感兴趣的内容。开发移动应用程序，满足读者随时随地阅读的需求，并提供个性化的设置和推送服务。例如，澎湃新闻不断进行产品迭代更新，保证读者在手机端获得舒适的体验。

(2) 增强互动性。鼓励读者参与内容评论和讨论，设置评论区、论坛或社交媒体账号，与读者进行互动交流。对于读者的反馈和建议，要及时回应和处理，以不断改进内容的质量和服务。还可以开展线上投票、问卷调查等活动，了解读者的需求和意见，为内容创作提供参考。

2.3.3 报业经营创意与策划

市场结构是指产业市场内卖方之间、买方之间、买卖双方集团之间以及已有的卖方(或买方)与潜在进入的卖方(或买方)之间关系的状况及特征。

形成稳定和可持续的盈利模式是一个产业持续发展的基础，只有形成稳定的盈利模式，产业中的企业才能实现价值补偿与增值，否则产业的后续发展无从谈起。因此可以说，盈利模式问题始终是一个关系产业发展的战略性问题，报业也不例外。传统报业形成了非常成熟的二次售卖盈利模式，这种盈利模式能够保证报业的持续发展。

1. 传统模式：内容为王，广告变现

传统的"二次售卖"模式，即卖内容、卖广告，将内容、发行、广告三个主要经营环节连接起来。精品内容是报业经营的逻辑起点，在数字时代，"内容为王"仍未改变，报业可通过流程再造、技术赋能激活传统模式，通过内容优势不断提升广告效果。

(1) 实施内容生态升级策略，以数据驱动内容生产。首先，建立读者画像系统，通过分析阅读时长、分享路径等数据挖掘读者的偏好；其次，开发热点预测模型，结合舆情监测系统实现选题的预判；最后，采取多媒体叙事创新的模式，开发数据新闻可视化产品，尝试将经营类游戏嵌入新闻报道，创新经营策略。

(2) 实施广告运营体系重构。首先，搭建DMP(data management platform，数据管理平台)，整合线下发行数据与线上行为数据；其次，开发程序化广告交易平台，建立广告效果追踪系统，实现精准化营销系统建设；最后，积极尝试利用AI辅助写作工具，自动生成财报快讯等内容，实现报业采编系统的智能化运营。

2. 延伸模式：服务为要，拓展业态

媒体作为专业的内容机构，其生产能力可以进一步向内容运营与泛内容生产延伸，加之新型技术与平台不断为传统媒体赋能，这种延伸模式也日益成为媒体经营的重要形态。

(1) 政务服务。各级各类政府部门逐渐将政务微博、公众号等在线媒体平台作为发布信息、提供服务、体察民情的重要渠道。一些报业媒体还设立专门部门，承接政府新媒体业务，提供平台搭建、内容运营、日常维护等服务。例如，深圳《晶报》参与运营政务新媒体上百家；南方报业"南方+"客户端、厦门日报社客户端等媒体在自有平台开设专门政务栏目或频道，与政府达成深度合作，提供政务传播服务等。

(2) 媒体服务。传统报业媒体通过成立新型记者站、搭建工作室机制，为各类读者提供个性化媒体服务。例如，沈阳日报社建立全媒体工作室模式，依托全媒体矩阵联动传播优势，提供媒体运营、舆情监测、智库建设、视频直播等多类型宣传服务，已与沈阳市30多家单位达成深度合作。

(3) 生活服务。不断发挥媒体在地性优势，深耕本地、下沉服务，增强读者黏性，切实惠及民众。例如，苏州日报报业集团打造"家在苏州"客户端，依托智慧社区平台为读者提供家庭生活服务；萧山日报社围绕区域读者需求，打造教育、养老、公益等线上社群，并针对每个板块或行业建立公司，提供相应产品和服务。

3. 跨界模式：多元为主，整合资源

为进一步应对互联网媒体平台带来的冲击，各地报业集团制定多元经营战略，通过多种方式整合经营资源，尝试推动经营跨界发展。例如，浙江日报报业集团通过收购杭州边锋、上海浩方两家游戏公司打造数字娱乐产业，此外还投资了红鲤鱼院线，以及收购了移动阅读平台爱阅读、直播平台战旗TV等，将产业链延伸到网络文学、游戏、影视等多个领域。集团打通内部资源，比如在游戏主页开设新闻专区，通过新闻弹窗为网站及客户端引流，打造"新闻+娱乐+社区化"的全媒体平台，形成内容产业闭环，为集团贡献可观利润。

■ 2.3.4 报业品牌定位创意与策划

报纸品牌信息传播的信源是报纸品牌的经营者。这里的"经营者"是一个整体的概

念。在市场经济化的社会条件下，作为上层建筑的报纸，不可避免地打上经济规律的烙印。报纸所宣扬的意识形态、价值取向和报纸所秉持的经营宗旨、经营策略融合成特有的报纸品牌价值准绳，将报社工作人员凝聚成一个整体——报纸品牌的经营者，一切工作都围绕并以实现品牌价值而展开。

作为品牌传播的起点，报纸品牌经营者同时也是报纸品牌信息的"制造者"，因为品牌信息丰富的内涵和明确的目的性和竞争性，都源自品牌信息经营者在传播过程中强烈的主观能动性。这种"主观"是建立在严格的"客观"的基础之上的，即品牌经营者要通过对目标对象的分析把握和对自身软硬件条件的整合协调，实现主客观因素的高效整合，将品牌信息顺利"生产"出来。

在这一环节，品牌经营者首先要考虑的客观因素是消费者的需求信息。报纸和市场经济中的其他产品一样，需要获得消费者认同，才能得到稳定的市场份额和利润回报，从而保障自身正常运营，技术水平不断革新，进而拓展良性的持续发展空间。同时，报纸作为一种传播信息的大众媒介，因其自身条件的局限，要完全满足受众的需求是不可能的。消费者实现信息消费的门槛将随着传媒技术的进步而越来越低，媒体间的激烈竞争也会让消费者有更多的选择机会，品牌不再是消费者忠诚度的保证。

报纸品牌信息因消费者的需求而产生。在广告界有个著名的观点："你是什么并不重要，重要的是消费者认为你是什么。"但消费者怎样产生认知？还是要通过品牌经营者富有技巧地制造信息、传播信息。因为任何品牌信息，无论它的形式多么完美、内容多么丰富，如果消费者不需要，就不可能发挥传播的作用，更不可能促进消费者产生购买行为。例如，《南方都市报》将关注民生作为贴近读者的切入点，其读者构成为普通市民。为适应读者，《南方都市报》关注人情冷暖、世态炎凉、浮生百态，留意民众的生存状况、生活状态。在进行新闻报道时，完全用百姓的语言讲述百姓故事，用百姓的眼光观察百姓生活，追求报道的原汁原味，追求新闻的鲜活有力。该报的实际表现完全印证了其"传播信息，提供资讯，引导消费，服务生活"的办报理念，它提出的"办中国最好的报纸"也鲜明地昭示了其区别于其他报纸品牌的特质。

2.4　期刊业创意与策划

在互联网技术和数字化浪潮的冲击下，传统期刊业面临生死存亡的挑战，同时也面临前所未有的机遇。如今，期刊业呈现纸刊整体平均零售量下滑、"去纸化"转型初露端倪、期刊社会责任意识凸显、利用新媒体开展营销活动、探索"编营分离"的六大特点。与此同时，期刊业数字化转型成为潮流，期刊业开始重视读者体验，提供精准化、个性化服务，推行数字化营销等，这些举措逐渐形成期刊业发展的新趋势。

期刊是一种有自身特色的纸质媒体，其创意和策划的基础包括期刊的理念、封面、栏目、内容、编辑、经营、管理等各个方面，它们是期刊生存和发展的依托。只有对这些构成期刊的要素进行精心策划与创新，才能打造出优质的期刊品牌。

■ 2.4.1　期刊封面创意与策划

期刊封面是指期刊的外表部分。广义的封面包括封一、封二、封三、封四和脊封；狭义的封面仅指封一。这里我们将着重探讨读者目光首先聚焦的那一面，即封一。从视觉表现的角度来看，期刊封面由图片、文字和色彩三大要素组成。从功能表现的角度来看，期刊封面包括期刊刊名、期刊出版年月、期刊卷期、刊号刊徽、期刊条码、封面标题、图片及广告语等众多元素。

期刊的封面体现出期刊的个性和品位，也体现出办刊人的办刊风格和水平。期刊封面设计不仅仅是期刊刊名、期刊出版年月、期刊卷期、刊号刊徽、期刊条码、封面标题、图片及广告语等众多设计元素的简单相加，每一本期刊的封面都是编辑工作的延续，也是封面设计者艺术构思的结晶，体现了期刊封面设计者的才气和办刊人的智慧。

1. 期刊封面的作用与功能

(1) 标识期刊。期刊封面上的刊名、刊标、刊期与分类号等都是期刊的标识信息，同时也是一本期刊区别于其他期刊和出版物的重要特征信息。卷期号表明期刊自身所形成的序列和连贯性，它是期刊生命期的记录。标识信息是读者区别、认定和选择期刊的依据，也是无可替代的检索入口。期刊通过封面的刊名、主要目录、图像、色彩等给予读者提示，表明本刊的类别、性质、内涵等，这是期刊封面的首要功能。

(2) 吸引读者。封面刊名通过对内容的高度概括，可以吸引对其相关内容感兴趣的读者，汉语拼音刊名和外文刊名有利于扩大交流范围和读者面；美术图片、新闻图片分别通过艺术美感和新闻效应给读者以视觉上的冲击，并产生强烈的吸引力；要目等直接揭示期刊的中心思想和主要内容，增加了读者通过封面了解期刊的深度。总之，封面信息可以从不同角度吸引读者的注意力，从而增加读者量。

(3) 展现特色。刊物的个性、特色是区别于他刊的重要标志，也是衡量刊物质量的重要标准之一。封面是最能展示期刊特色的要素，在期刊众多、百花齐放、竞争激烈的市场中，期刊的特色功能尤为重要。倘若各家期刊的封面千篇一律、大同小异，封面就完全失去了其本身应有的作用，从而使该期刊淹没在千百万报刊的汪洋大海之中。

(4) 包装和保护内芯页。期刊封面的包装和保护内芯页的功能是不言而喻的。精美的设计和优质的封面不仅能激发读者的喜爱之情，还能增强其长期保留期刊的意愿，从而有利于提升期刊的阅读率。

2. 期刊封面的创意和策划理念

(1) 传统理念与现代思维的冲突与调和。在挑战与机遇并存的当下，期刊业必须及时转变经营理念。然而万变不离其宗，一切改变都应围绕文章内容来展开。美学家王朝闻先生在《美化书籍》一文中说过："任何强调独立思考的美术家都不能脱离文学内容的约束。"只不过在一些传统纸媒的设计形式上，我们看到这一相对的约束已经变成了完全的桎梏。纸媒的劣势一部分源于网络媒体等新兴媒体的崛起，另一部分原因则在其自身。多数刊物简单而固执地强调文字内容的重要性，而忽略了形式美感。19世纪末，欧洲一些作家对文学作品是否要装帧设计或配上插图曾有过争执，一派认为不需要装饰，认为这是作者与读者之间的交流，不需要设计师这个第三者来插足；另一派则认为很有必要，好的装帧设计是对文学作品的补充与强化。这样的争议，是由装帧设计相对于刊物的从属性引起的。现代设计强调思想的开放性、构思的创意性、表现的丰富性、形式的独特性和文化的传承性，这与传统纸媒的改版思路具有某种意义上的共通，摈弃了传统刊物保守的设计形态，将两种开放创新的理念有效地结合在一起，强调内容和形式的统一。

(2) 以视觉语言精确反映媒体的文化内涵。创意是一种能够用各种不同的角度解读人生和世界的智慧。当我们的心中有了"这样是不是会更好"的念头时，便是创意闪现、活动的时候。然而这仅仅只是创意设计的开始，以视觉语言精确体现所诉求的媒体文化内涵，是创意设计活动的最高准则。

创意是对传统的叛逆，是打破常规的哲学，是超越自我、超越常规的导引，更是一种文化底蕴的视觉体现。创意设计人员在具备高超艺术设计能力和美学素养的同时，还必须有开阔的眼界、广泛的学识，多学科的知识储备做后盾，否则，只能是雾里看花，无法达到创意设计的思想深度和艺术高度。

(3) 多种艺术表现形式的运用。不同时代的期刊，在一定程度上体现着一个民族在一个时期的生活方式、科技水准、审美心理和审美风尚。一直以来，国内期刊的封面内容以两种素材为主：一是大头照或美人图，二是风光片或静物照，基本都是采用现成的照片或对照片进行简单的编排处理。而《长江文艺》在封面设计上独辟蹊径，在充分把握杂志深刻文化内涵的前提下，把每一期的封面都作为一个相对独立的艺术作品来创作设计。特别是《长江文艺》的封面及题图设计，采用多样化的艺术设计手法，从古典到现代，从象征主义的象征表现，到后现代主义的分离解构，各种风格流派的表现手法都可以在刊物创意设计上找到踪迹，多样化的艺术设计风格直接提升了杂志的视觉品位和美学价值。此外，还根据不同的文字风格，确立不同的插图表现形式，以不同的艺术形式表现不同的文字主题。

3. 期刊封面设计的理念和总体构思要点

(1) 突出刊名。对于期刊而言，刊名是封面不可或缺的内容，因此，从设计的角度来看，刊名应当醒目、大气且富有个性；而从客观性的角度来看，中国汉字具有很强的图案功能，能给设计者以较大的创意空间。期刊的刊名必须居于十分显要的位置，以便使读者一眼就能识别。有些期刊将刊名放在封面左下角或右下角或整个版面的下方，因为不够明显，往往无法吸引读者的注意力，特别是将期刊放在报刊架上时，刊名还可能会被报刊架板或其他刊物挡住。有些期刊刊名字号太小，加之封面上印了主要文章的目录，往往会使读者感到视觉混乱，甚至难以辨认刊名和目录内容。此外，还应将期刊的出版年月和期数置于显眼的位置，以方便读者选择和阅读。

(2) 删繁就简。对于读者而言，欲多予之，必简之。期刊封面设计应追求"以少胜多""以小见大"，并以简洁、精练、概括的艺术语汇，反映丰富的内涵。有些设计者想通过封面将更多的内容传递给读者，并将封面上的图、文塞得满满的，其结果却往往适得其反。但是,"简洁、精练"并不等于简单,而应基于反复的深思熟虑和周密的酝酿构思。

(3) 明确定位。所谓定位就是确定办刊的宗旨和阅读的对象、层次和范围。在对期刊封面的形式、色彩、刊名、字体字号等进行设计定位时,应从刊物的内容、读者对象出发,设计出与之相一致的表现形式。一本期刊的创立需要考虑定位问题,只有定位准,才能赢得市场。我们平时所说的定位,往往指内容定位、价格定位、目标读者定位,而忽略了封面的定位。封面是为内容服务的,它必须紧紧和内容相契合。但是,封面自身也应有明确的定位。刊物内容和封面定位,两者并驾齐驱,为期刊走向市场注入了强大的动力。

(4) 符合读者审美心理。期刊封面直观展现文字、图片、色彩等因素,可使读者对期刊产生美的情感。因此,封面设计非常重要,它会直接影响期刊在读者心目中的形象,但期刊封面设计无法迎合所有读者。期刊种类繁多,每个门类的期刊都有特定的读者群,了解读者的喜好,精心设计符合读者审美趣味、欣赏习惯的封面,有助于提升期刊的竞争力,从而赢得一定的市场份额。需要注意的是,形式服从内容,反过来又作用于内容。因此,期刊封面设计必须与期刊的内容、性质、内涵、风格相一致。

(5) 色彩的注目性。封面设计以图文、色彩组合来传达信息,图文是信息传达的主要内容,但对视觉冲击力最大的是色彩,色彩使用得当,不仅能吸引人们的注意力,还能取得事半功倍的传播效果。由于色彩最容易产生视觉效应,在现代生活中,色彩已成为传达信息的载体。人们对色彩感觉最敏锐的是红色,其次是橙色,较迟钝的是灰色,注目性较差的是深蓝色和紫色,黑色是介于红与灰之间的颜色。从近、中、远的视觉感受来看,白色是版面上的近景,黑色是中景,灰色是远景。人的视线往往会被对比强烈的色彩所吸引,对比越强烈,注视率越高,注目性就越强。只要面色与底色搭配适当,便可增加色彩的注目性。在日常生活中,黑、白、灰三色经久不衰,能够给人以快意而含蓄的美感,如果能准确地把握三者之间的比例关系,版面将会获得意想不到的视觉冲击力。此外,还可以在底色与图片的边缘处理上运用对比来产生注目性效果。

(6) 编排时的注目性。编排工作不是单纯地排列图片与文字的技术工作,它不仅是内容与形式、思想性与艺术性融为一体的必要步骤,还是体现作者表现手法与突出注目性的重要手段,也是一组专题从素材到成品的最后一道工序。为此,在编排时应注意以下几点:突出主题;集中内容;逻辑性要强;统一格调;注意空白。实际上空白可以调节版面结构,给读者以视觉休息的空间,并能产生版面均衡的感觉,同时空白也是一种装饰性很强的编排语言。在编排时尤其要吸收中国传统的美学原理,空白的形式、大小、比例,决定着版面主题内容的注目性,同时也决定着版面的整体编排效果。

2.4.2　不同类型期刊创意与策划

1. 科技类期刊

相对于报纸、广播、电视和网络等媒体而言,大多数期刊属于小众型媒体,尤其以科技期刊更为明显。作为小众媒体的科技期刊,最大的卖点是"见识",即力求有深刻独到的见解,这就注定了期刊的编辑出版经营对创意与策划的要求更高,对其依赖程度也更深。科技期刊是发表自然科学及技术的媒介，由其性质决定，不太可能覆盖广泛通俗的读者市场，如果想要真正做到在所属学科领域内具有不可替代的地位，不仅要在学术上有创新和见解，在出版经营中也要有独特的办刊理念和"见识"。

(1) 赢得受众市场的选题策划。针对期刊编辑出版内容而言，期刊选题策划是科技期刊的灵魂。全媒体时代的科技期刊仍要坚持以内容为王，任何形式的媒体运作都是围绕期刊的精神实质为内容服务的。

我国大多数科技期刊专业性较强，特别专注于某个行业及其连带产业，因此读者群分得较细，针对性也较强。这对于科技期刊的受众定位恰是一件好事，国外不少小众期刊最终成功打造出具有广泛影响力的品牌，其出版效果反而比那些广而不精、采用撒网式传播的期刊要好得多。

(2) 彰显品牌个性的选题策划。我国科技期刊需要通过选题策划的新奇独特充分展现个性魅力，塑造和培育鲜明的出版形象，体现深刻的阅读价值。期刊的品牌优势关键在于其与竞争对手的不同，展现出较强的专业竞争优势，做到人无我有、人有我新、人新我变。

同样是地理类杂志，同样为吸引高端旅游消费者的目光，《中国国家地理》就大为不同，其在传统策划的基础上另辟蹊径，运用重构常识的方式开展选题策划，即以新的观念创造性地替代既有的常识地位。如在传统观念中，中国的大西北是荒凉的戈壁，但该刊在2007年推出的"圈点大西北"专辑中，以荒凉中的色彩、绿洲上的生命为主线，展现西北的生机勃勃、异彩纷呈和悠久深远的人文历史。该刊用干旱和半干旱区的地理概念带领国人重新认识西北，打破了传统的公众知识体系架构，以颠覆常识的战术更新了公众固有的思维模式，从而吸引公众的广泛关注。

(3) 期刊平台策划。期刊平台策划信息资源的融合离不开数字化技术平台的支持，这也是全媒体出版运行机制的基本需求。科技期刊的平台策略是从出版产品丰富度和多样性的角度进行全面的研发和建设，为出版提供全方位的信息传播方式。全媒体期刊出版平台并非传统投稿系统，更不是普通的网页，它是出版单位在期刊运营中通过全方位、个性化的精心打造，建立起的用于信息呈现、用户参与和互动交流的综合平台。期刊平台策划应从媒体整合策划、产品延伸策划、刊网联动策划三个维度进行考量。

(4) 期刊商业策划。期刊商业策划是全媒体为科技期刊的出版经营开启的一道具有划时代突破意义的大门。商业策划具有裂变效应，一个看似微小的创意能够带来巨大的商业利益和商业奇迹。国外很多文化创意产业就是靠对核心产品的多层次开发而获益的。

在全媒体时代，科技期刊的编辑策划应从有形产品、无形服务、增值产品三条路径来规划。其中，有形产品即期刊本身，是市场的核心需求和刚性需求；无形服务即期刊提供的信息服务，可满足读者体验性的需求，从而增加阅读的持续性；增值产品即服务的可见效益，是读者的潜在需求，可使期刊获得广泛的增值收益。在出版经营中，科技期刊应实现三次售卖，并尽可能争取第三次售卖的价值。这就要求科技期刊出版单位能够以内容产品为中心点，同时提供能够满足专业读者群其他附加需求的增值服务和产品，紧紧抓住读者群体，构建盈利模式。

2. 消费类期刊

消费类期刊(consumer magazine)又称为"B to C 期刊"(商业对消费者)，是指以满足广大消费者个人兴趣爱好为主要内容的各类期刊。消费类期刊主要是以大众为出版对象，其内容涉及大众感兴趣的方方面面，一般来说，它的收入主要靠广告。几乎所有的消费类期刊，都使用付费发行方式，即订阅或者零售。如果对消费类期刊进行细分，可以分为娱乐休闲类、生活服务类、文化艺术类和时政社会类四个二级分类。

1) 消费类期刊策划的原则

在进行媒体策划时，不能盲目无序，应该坚持一定的原则。消费类期刊的策划应该遵循以下五项原则。

(1) 与时俱进原则。时新性是新闻的一大要素。任何媒体，其内容和形式都应随着社会的发展变化而变化。消费类期刊也应随着时代、客体和环境的变化而不断调整策划思想、思路和方案，使策划者的思想行为符合变化的客观实际。只有坚持与时俱进的原则，才能使期刊始终保持先进性，迎合社会形势，不断发展壮大。

(2) "三贴近"原则。"三贴近"原则也是所有媒体在策划时必须遵循的原则。所谓"三贴近"就是要贴近实际、贴近生活、贴近群众。"三贴近"原则是期刊生存和发展的重要条件，因为只有深入实际、深入生活、扎根群众，期刊的发展才不会沦为无本之木、无源之水。

(3) 可读性、实用性原则。每份消费类期刊都有特定的读者群，读者阅读期刊就是为了寻找有用的信息，所以消费类期刊的稿件要有可读性，稿件的信息要有实用性。

(4) 创新性原则。创新是一切策划的灵魂，没有创新性，期刊的策划就无法打破传统思维的束缚。消费类期刊的策划只有以超凡的气势和独特的视角来刷新读者的视野，才能出奇制胜，才能吸引读者。

(5) 统一性、专门性原则。消费类期刊都有固定的内容，必须依据期刊的性质统一用稿标准、统一版面风格，在一定程度上体现期刊的性质。此外，消费类期刊的策划还应遵循审美性、效益性等原则。

2) 消费类期刊的策划战略

(1) 期刊形态的策划。期刊形态的策划是指对期刊的封面装帧、栏目设置、版式设计等要素进行精心的谋划，使期刊形成独特而精美的样式，从而对读者产生强烈的感染力，赢得读者的喜欢。不少期刊编辑在探讨如何提升媒体竞争力时，总是提到策划，这说明策划在期刊发展中有着极其重要的作用。然而，如今太多泛滥的"策划"，渐渐让读者感到厌恶。消费类期刊要跳出"策划"的困境，可以从以下几个方面去尝试。

① 刊面精美、刊内精彩。消费类期刊的策划要做到期刊形态精美，期刊内容扣人心弦，正如人们所说的那样，做到"精品店里幌子多"。美国的《生活》月刊为消费类期刊的策划发展起到了表率作用。《生活》月刊凭借其独到的形态和内容策划，在创刊很短的时间里成为期刊中的一个名牌，并进入世界期刊联盟发布的世界期刊发行量50强的行列，策划成为它的主要卖点。《生活》月刊让读者在阅读时，有一种逛精品店的感觉，它时尚

的设计、精美的包装总能让人情不自禁地想进去看个究竟。进入《生活》这家"店"中，但见美女仪态万千，打扮得极为醒目耀眼，期刊中的那些极具煽动性、诱惑性的标题，就像店里千奇百怪的幌子一样跃入读者的眼中，让人久久不愿离去。

② 量大刊厚，提高可读性。消费类期刊最撩拨人心的地方在于，以大版面、大标题、大图片来形成强烈的视觉冲击力，在最短的时间内抓住读者的眼球。很多时尚类期刊拿起来感觉很厚，但是阅读起来很省时间，原因在于它是通过视觉冲击来吸引读者的，在大版面、大图片、大标题的牵引下配上少量的文字，使读者在感受美的同时受到教育和熏陶，思想不由自主地被期刊所俘获。在阅读《世界时装之苑》时，读者便能找到上述感觉。有人说《北京青年报》不是卖报而是卖纸，也是因为它大版面、大图片、大标题而少文字的特征，然而其策划无疑是成功的。

③ 时尚与古韵并存。中华文化源远流长，传统文化的影响广泛而深远。随着改革开放的深入，具有大众性、时尚性特征的消费文化冲击着我国的年轻人。在这种背景下，消费类期刊可以抓住"时尚"和"古韵"大做文章。例如，养生类期刊可以在时尚的内容中加入一些古朴的图片和内容，这样既能让读者感觉期刊时尚而有古韵，也让读者深信期刊所刊登的内容确实对养生很有帮助。

④ 刊内附赠现金代用券。消费类期刊一方面能够传播消费理念，对读者的消费行为进行引导和教育；另一方面与广大企业保持着密切的联系。基于这一特质，消费类期刊可以与企业加强沟通，为读者争取消费代金券福利。这样既能促进期刊发行、增加期刊销量，又能扩大企业知名度，实现双赢。

(2) 期刊内容的策划。期刊内容的策划是指对期刊所刊登的内容进行选择和组合，使其更加适合期刊的目标读者，引起目标读者的共鸣，从而达到增加销量、提升影响力的目的。期刊的内容策划也是很有讲究的，我们可以从以下三个方面去努力。

① 抓住反映社会生活发展趋势的信息。消费类期刊的内容与社会生活是密切相关的，而社会生活是不断发展变化的。在对消费类期刊的内容进行策划时，应该保持高度敏锐的洞察力，紧紧抓住消费热点，跟进社会发展趋势，从社会的发展变化中寻求期刊的新内容，使其刊登的内容保持旺盛的生命力。

② 找到能够凝聚消费者共同兴趣的信息。在对消费类期刊进行市场定位时，应以目标读者数量最大化为目标，因而消费类期刊必须适应广大读者的兴趣，否则，读者就会流失。由于读者在性别、年龄、文化程度、经济水平、职业、专业、社会地位与社会阶层等方面存在差异，他们的兴奋点和兴趣点也各不相同。在策划消费类期刊内容时，应该从不同读者的兴奋点和兴趣点中寻找共性，以形成读者的共同兴趣。这样一来，期刊就能通过与广大读者息息相关的内容，吸引并保持数量众多的读者。

③ 注意期刊内容的导向性。消费类期刊的内容虽然不属于新闻报道，但是同样肩负着舆论引导的责任。消费类期刊的内容对人们的生活观念、生活态度、价值观念和道德观念都有着重大的引导和影响作用。因此，消费类期刊内容的策划不能一味追求猎奇和时尚，要牢记期刊的社会责任，坚持党性原则，坚持为人民服务、为社会主义服务的方针，确保为广大民众提供健康、文明、正确的价值导向和生活导向。

▌2.4.3　期刊经营创意与策划

期刊市场复杂多变，营销也是一个动态的过程，所以在对消费类期刊进行营销时，必须掌握一定的策略。

1. 明确营销对象

营销的目的是使观念、商品或服务到达消费者或者用户手中，其功能是引导消费。因此，在进行消费类期刊营销时，必须明确营销对象。期刊的营销对象主要有两大群体：首先是读者，期刊的读者群体通常分为报摊读者和期刊订户，期刊社可以在报摊读者经常经过的公共场所附近的广告牌上做广告，也可以向期刊订户直接邮寄广告(直邮广告)；其次是广告客户，期刊社需要向广告客户展示期刊有能力联系到广告客户的目标群体。

2. 寻求合适的销售渠道

我国传统的期刊销售主要是通过邮局发行来实现的。在邮局征订销售中，期刊处于被动地位，难以得到读者的信息和反馈。为了扩大发行量，很多期刊成立发行部，走自办发行的道路。自办发行加强了读者对期刊的感性认识，对期刊扩大发行量有较大帮助，但由于整体发行市场的不规范，以及专业发行人才的匮乏，期刊社很容易陷入铺货难、回款难、收集读者信息难等各个环节的困境中。

3. 重视品牌建设

期刊的售卖已经不仅仅是"内容"和"读者"的二次售卖，它还增加了品牌以及服务提供商的售卖，这种四次售卖模式上文已有陈述。品牌是期刊生存的核心因素。英美出版商非常重视期刊品牌的建立和延伸，以实现品牌的商业化和广告收益的最大化。例如，美国赫斯特期刊出版公司的《大都会》，充分利用品牌资源，在欧美市场开发以"Cosmo"为品牌的女性服饰、家居、手表和首饰等衍生专卖产品，形成了核心品牌的产业链。而随着品牌在市场上的扩张和影响力的加强，其广告价值也得以提升，从而拉动了刊物广告销售的收入。

4. 进行网络营销

1) 建立官方网站

(1) 展示期刊信息。详细介绍期刊的定位、特色、栏目设置、投稿要求等基本信息，让读者对期刊有全面的了解。例如，可以在网站上设置"关于我们""栏目介绍""投稿指南"等板块，清晰明了地呈现相关信息。

(2) 提供在线阅读和下载服务。对于部分期刊文章或往期内容，可以提供在线阅读或免费下载的服务，吸引读者阅读和关注。这不仅能为读者提供方便，也能增加期刊的曝光度和影响力。

(3) 设计用户注册和登录功能。通过用户注册和登录，可以收集用户的基本信息和阅读偏好，为后续的个性化推荐和精准营销提供数据支持。同时，注册用户也可以享受更多的会员权益，如优先阅读、专属优惠等。

2) 开展社交媒体营销

(1) 选择适合的平台。根据期刊的目标读者和定位,选择合适的社交媒体平台进行营销推广。例如,学术类期刊可以选择在微博、知乎等平台上发布学术资讯、研究成果等内容;时尚类期刊可以选择在抖音、小红书等平台上分享时尚潮流、美妆护肤等信息。

(2) 发布有价值的内容。在社交媒体上发布的内容要有价值、有趣、有吸引力,能够引起读者的兴趣和共鸣。这些内容可以是期刊的精彩文章摘要、作者访谈、行业动态等,也可以是与读者互动的话题、问答等。

(3) 与读者互动。积极回复读者的评论和留言,与读者建立良好的互动关系。可以通过举办线上活动、设计问答环节、举办投票活动等方式,提升读者的参与度和黏性。

■ 2.4.4　期刊管理创意与策划

随着中国中产阶层的迅速崛起与生活方式的日益多元化,期刊业迎来了广阔的发展空间,催生了大量细分市场。但与此同时,作为传统媒介的期刊业也面临着前所未有的激烈竞争。因此,经营管理起着十分重要的作用,它是期刊发挥核心竞争力的发动机。有效的经营管理可使期刊从容面对市场竞争;反之,缺乏策略的经营管理会导致期刊在市场竞争中节节败退,因此期刊管理的创意策划便成为我们需要着重探讨的内容。

1. 确立期刊的目标

在信息时代,确立各类期刊的目标,就如同为期刊竖起一面旗帜,这旗帜既是指明了期刊发展的方向,也彰显了期刊的形象。只有精准把握方向,以鲜明的定位在期刊市场中稳步前行,才是取胜之道。

2. 争取消费类期刊的自主权

我国对期刊业采取控制总量、调整结构、转变机制、管办分离等措施,推动一大批期刊逐渐与行政部门脱钩,逐步转制为企业,也让少部分定性为“事业单位性质、企业化管理”的期刊能够进入市场并有所表现。但是由于这种体制处于“前不挨,后不靠”的尴尬境地,其性质难以界定,这类期刊没有自主权,在人、财、物等方面由主管部门主导,在市场化进程中举步维艰,发展陷入瓶颈。所以各类期刊应在遵守国家方针政策的情况下,加快摆脱计划经济体制的束缚,积极争取期刊的自主权,加快发展的步伐。

3. 采取编辑和经营相分离的方法

美国《财富》期刊设有两个独立平行、互不干涉的系统,即以总编辑为首的编辑系统和以总裁为首的经营系统。总编辑无须考虑经营,只负责按照他们的原则和理念创办出一本能够赢得读者信任的期刊。总裁负责市场推广,但无权对总编辑施加影响,也不得干涉期刊的报道内容。在这种编辑和经营相分离的制度下,《财富》期刊内容不受广告商和经营环节的影响,长期恪守职业道德,能够较为真实与公正地报道和评论工商界的人物和活动。《财富》的质量因此得到保证,威望极高,深受读者欢迎。

4. 实行多媒体跨国经营

多媒体跨国经营是期刊发展的必然趋势。通过多媒体整合，期刊得以跨出国门，进而拥有了更广阔的发展天地。法国阿歇特集团之所以会成为世界最大的期刊出版商，主要原因之一就是实施了多媒体跨国经营。实施多媒体跨国经营，能够优势互补，共同发展。阿歇特集团最初只是经营一些儿童教育类和旅游指南类图书，但在1945年，它开始出版著名的娱乐性期刊——《她》(Elle)，此后陆续拓展自己的经营范围，在图书、期刊、发行、广告、广播、影视、互联网等多个领域都取得了不菲的业绩，尤其在期刊出版方面更为出色。2022年出版新书1.5万种，具有代表性的有《她》《巴黎竞赛画报》《旅行假日》《划船》《汽车与驾驶》《妇女生活》《大众摄影》等，影响着全世界读者。

5. 充分利用高新技术，积极开发新型媒体

20世纪20年代以来，高新技术的推广和应用为传媒产业的发展带来了新的增长点。很多期刊纷纷利用新兴电子技术来推动期刊的发展，其中尤以《时代》最为典型。《时代》开创了自己的门户网站，在网上发布信息更全面、角度更新颖、分析更透彻的报道；同时它还采用滚动发布、连续报道、追踪采访等方式，最大限度地发挥网络内容时效性强、内容丰富的优势。

思考题

1. 纸质传媒产业策划的原则有哪些？
2. 纸质传媒产业创意与策划有什么特点？
3. 传统报业的盈利模式有什么特点？
4. 期刊管理创意与策划的注意事项有哪些？

章末案例

声景引流：传统期刊融媒体转型新路径

2022年，中共中央办公厅、国务院办公厅印发《"十四五"文化发展规划》，提出要加快推进媒体深度融合发展，建立全媒体传播体系，创新媒体业态、传播方式和运营模式。在此背景下，传统媒体不断探索创新，积极寻求突围破圈。综合新闻类期刊《三联生活周刊》也在探索新时代的融媒体转型新路径。

一、声景建构：《Talk三联》的母媒互文

丹麦传播学家克劳斯·布鲁恩·延森提出："在媒介和传播研究领域，一个常见的术语是'再媒介化'(remediation)，它通常指新媒介从旧媒介中获得部分的形式和内容，有

时也继承了后者中一种具体的理论特征和意识形态特征。"在再媒介化语境下，《三联生活周刊》从2021年开始为每期数字版杂志配备一期播客节目，此系列播客被收录进《Talk三联》中。《Talk三联》是由《三联生活周刊》出品的一档"软硬皆有"的泛文化类播客栏目。该栏目立足杂志的封面故事和重大报道，邀请当期撰稿记者和相关嘉宾进行对谈，以播客的形式对期刊上的图文内容进行从视觉到听觉的再媒介化改写，用音轨延展《三联生活周刊》的媒体融合之路。

(一) 听读一体的衍生音频节目

虽然许多传统媒体在寻求融媒体转型之路上都瞄准了听觉赛道，并先后建立起播客账号，但多数传统媒体并没有将播客作为一种内容增量工具，而仅仅是将原有内容平移至音频节目中。

《Talk三联》并不只是将杂志的图文内容机械地音频化，虽然其节目内容脱胎于《三联生活周刊》，但它是以杂志的封面故事和重大报道为背景，以主播和嘉宾的对谈声音为幕布，为听众展现一场图文无法触及的听觉演绎。作为《三联生活周刊》杂志数字刊的一部分，《Talk三联》通过播客形式的再媒介化生产，丰富了杂志内容形式，拓宽了杂志的内容边界，完成了播客内容与母媒内容的互文，有效地帮助《三联生活周刊》实现了听读一体的数字化转型。

在数字化转型中，《三联生活周刊》并没有放弃自己的定位与坚守，而是在播客领域借水行舟，延续并升级了知识服务，为读者打造更多场景的产品体验。JustPod《2022中文播客新观察》报告调查显示，播客的受众主要分布在一线和新一线城市，本科及以上学历占89.5%，月平均收入在2022年已达到14 808元，具有极大的消费潜力。这与《三联生活周刊》高学历、高收入、高消费能力的读者画像相符。同时，《Talk三联》的诞生有效提高了《三联生活周刊》原始资源的利用率。作为一档老牌杂志刊物，《三联生活周刊》具有海量的一手图文内容资源，同时也具有从图文内容向音频内容再媒介化生产的天然优势。

(二) 对谈声波的"老友"式情感空间

播客能够很好地发挥声音的陪伴感，加之互联网平台为用户设计了点赞、评论、转发等互动机制，于是在声波的牵引下，主播和用户在网络空间发展出"准社会交往"关系。《Talk三联》以主播与嘉宾对谈作为主要形式，不同于新闻广播的严肃与硬核，它更像老友之间闲聊，节目内容更具亲密感与感染力，能够在轻松的氛围中建构起与听众之间的情感空间。播客通过营造"肉身缺席、情感在场的新式社交"，将听众变为听友，使听众对主播和节目产生情感上的认同与信任。同时，主播与嘉宾口语化、生活化的交流也是对编辑室的祛魅，解构了记者与编辑的神秘形象，让主播与听众彼此间更亲密。

《Talk三联》从每期杂志的封面故事或重大报道出发，邀请当期撰稿主笔和嘉宾开展主题性谈话。由主创人员讲述创作背后的故事，充盈稿件中的细节，旨在使听众对当期主题形成更为立体的认知。例如，第53期节目《沿着黄河行走，我们都发现了什么?》围绕当期杂志封面故事"最美黄河"展开，邀请了当期封面故事的主笔和摄影作为嘉宾，从在黄河边的亲身见闻讨论到黄河对社会的影响，带领听众真切地感受黄河的生命力。《Talk

三联》就如同一条联系文字稿件与真实世界的纽带，在声谱中为听众塑造起一个有温度、有态度的杂志形象。

有研究认为，播客不会替代传统媒体，而是作为品牌整合营销的补充手段，长期对品牌进行形象塑造。当如老友般的主播与嘉宾获得了听众的信任，当精彩真实的声景演绎抓住了听众的耳朵，《Talk三联》便完成了它为母媒引流的任务。虽然《Talk三联》是《三联生活周刊》数字刊内容的一部分，但听众可以在各大音频平台免费收听该节目。播客会先带领听众了解当期的杂志主题，在亲切的对谈氛围中获得听众的信赖。每期播客下方都提供二维码，如果听众感到意犹未尽，可通过二维码进入数字刊购买页面，获得更全面的资料，从而完成对当期主题的深入阅读。如此，《Talk三联》便充当起整合营销中的一环，具有为母媒《三联生活周刊》塑造品牌形象和引流的双重价值。

二、声景导流：《Talk三联》的平台拓展

(一) 渠道：多平台并行，扩大传播版图

基于RSS技术分发的播客，具有上传与收听的便利性。《Talk三联》利用这一特点，积极在各大音频平台布局传播版图，以求达到更高的内容触达率。在外部平台方面，《Talk三联》选择流量大、资历深的喜马拉雅、苹果播客和网易云音乐，同时入驻新兴的具有更强社交属性的小宇宙。在内部平台方面，《Talk三联》在《三联生活周刊》官方App"三联中读"上线。内部外部联动的传播模式，既照顾到了官方平台的原生粉丝，也拓展了分散在其他平台的新流量。"三联中读"的定位是知识付费平台，音频课程是其主打业务，恰好符合播客用户对于音频的媒介使用偏好。因此，《Talk三联》还承担着打通平台间的流量壁垒，将其他平台的听众引流到"三联中读"的作用。

例如，以《三联生活周刊》资深主笔袁越(土摩托)所做的5期封面报道为主要内容的专题策划"Talk三联·土摩托看天下"，就在"三联中读"设置了包括播客内容、杂志数字刊、衍生阅读以及评论等板块的专题页面。由于该专题下的5期播客节目上线时间并不连续，想全面、深入了解该专题内容的听众可以通过播客节目下方的二维码进入专题页面进行拓展阅读。《Talk三联》在此过程中扮演的是《三联生活周刊》在播客领域由"借船"走向"造船"的中间角色，以自身节目流量反哺官方平台。

(二) 内容：垂类资源聚合，提升内容影响力

播客在"三联中读"App中占有一个独立的板块，其中包含《三联生活周刊》官方出品的自有播客和平台引进的其他播客。

在自有节目方面，推出了《Talk三联》与《中场时间》两档播客节目。《Talk三联》与《三联生活周刊》杂志内容相关联，为杂志开辟了声音空间；《中场时间》则致力于通过畅聊新鲜话题与热点来抓住听众的耳朵，并时常邀请"三联中读"的课程主讲人作为嘉宾，从而提高课程曝光度。由此《Talk三联》和《中场时间》的声音内容便覆盖了《三联生活周刊》的"杂志"和"付费音频课程"两大核心业务。

在外部引进方面，"三联中读"邀请了如《声东击西》《跳岛FM》《日谈公园》等知名播客节目入驻，通过引进具有一定知名度和粉丝数量的播客品牌为自有平台吸引人气，同时为平台积极寻找潜在的目标用户。通过聚合内部与外部的垂类资源，《三联生活周刊》构建起包括《Talk三联》在内的播客网络,试图在"三联中读"上打造属于自己的播客生态体系。

(三)运营:跨界合作,实现流量共享

《Talk三联》以声为媒,瞄准播客这一窄播市场,将声波传向其他播客节目,积极促成播客节目间的合作,连通播客与播客间的音轨,以求达成播客厂牌间资源整合、互通有无的目的。在《三联生活周刊》1200期,《Talk三联》与包括《日谈公园》《声东击西》《跳岛FM》《忽左忽右》在内的7个知名播客栏目进行了"播客大串台"活动。在2022年11月记者节前后,《Talk三联》发起"记者请回答·播客大串台"记者节特别活动,分别与《电聊》《壮游者》《蜜獾吃书》《东腔西调》以及《日知路》5个电台进行合作。本次活动根据合作播客厂牌的节目调性,联合出品了5期特别节目,每期节目都派出一位《三联生活周刊》的记者与各大播客的主播对谈,为听众送去记者节的特别声音。《Talk三联》通过与其他播客联名的节目形式,加强了播客厂牌间的友好互动与紧密合作,实现了风格的碰撞与流量的共享。

三、传统期刊声景再造的困境与出路

以声音为主要介质的播客成为传统期刊进行声景再造的转型手段,在快节奏的视觉文化浪潮下回归慢节奏的聆听习惯,既满足了传统期刊的数字化生存需求,又保证了用户对内容的深度体验。但从《Talk三联》来看,传统期刊在声景搭建中仍然存在内容生产、节目形式、产品运营等方面的问题,这些问题掣肘着传统期刊在声音赛道上的进一步发展。

(一)节目内容的互文与创新

作为《三联生活周刊》的数字版内容,《Talk三联》在节目话题方面与杂志捆绑得太深,选题与创作受到杂志主题限制。而由《智族GQ》杂志的报道团队制作的播客节目《GQTalk》与《Talk三联》不同,虽然同样脱胎于传统期刊杂志,但《GQTalk》的节目内容与杂志内容并非完全同步,其节目选题经常参考当下热点话题。诞生于互联网时代的播客无法完全回避对于热点的追逐,敏锐地洞悉社会情绪也是新闻行业应该具有的特质。《三联生活周刊》虽以新闻起家,但周刊的性质让杂志本身不得不在内容安排上重深度而轻速度。《Talk三联》以更轻量化和便捷式的播客形式生产,可以适当增加对热点话题的讨论,以弥补周刊杂志在时效上的缺憾。同时,《Talk三联》承担着为杂志引流的任务,在内容上不拘泥于杂志主题,而向当下热门话题靠拢,更容易吸引到用户,从而更好地完成引导流量的任务。

(二)节目形式的衍生与锻造

当前,双人或多人对谈是播客采用的主要节目形式之一,《Talk三联》也多以主播和嘉宾对谈作为节目内容,在节目形式上并未有更大胆的探索与尝试,不免让节目略显单调。而与《Talk三联》同生态位的《时尚先生》杂志旗下的播客节目《噪音开始了》,避开了常见的对谈形式,而是采用旁白加当事人讲述的形式来呈现节目内容。这样的"声音纪录片"形式更强调音频节目的整体设计和剪辑节奏,因此对技术和专业要求比较高。相较于清谈类播客,以"声音纪录片"形式制作的播客更为精致与细腻,适合需要深度报道的重大内容。《三联生活周刊》官方App"三联中读"在付费音频课程业务实践中积累的经验，可以为《Talk三联》在节目形式上的创新提供技术支持。同时，以综合性新闻为主要内容的《三联生活周刊》，完全能够在跑新闻的过程中提供播客节目所需的声音素材。基于母媒的技术和原始音频素材的加持，《Talk三联》可以根据不同内容的特质选择更合适的创作形式，打造更细分的声音节目形态，做精播客产品。也许在大胆突破之后，《Talk三联》能够进一步扩大其节目声量。

(三) 情感链条的延伸与变现

《三联生活周刊》将触角从纸媒延伸到播客，从图文跨越至声音，其目的是提升盈利水平，以保证品牌的持久运行，因此商业变现能力是产品运营中无法回避的问题。市场调研机构eMarketer预测，未来中国在播客市场的消费增长速度将处于全球领先水平。可见国内播客市场的商业潜力不可小觑，所以《Talk三联》需进一步挖掘自身的商业价值，迭代自身功能，从引流升级为造血。一方面，《Talk三联》可以深度挖掘节目本身的广告商业价值，在节目中进行广告植入；另一方面，可以尝试发展粉丝经济。《2020—2021年中国移动播客市场发展报告》的统计数据显示，54.8%的听众认为节目应该配套公众号；40.7%的听众认为节目应该配套粉丝群。但《Talk三联》既没有建立属于节目的单独微信公众号或者粉丝群，也没有在官方公众号"三联杂志周刊"和"三联中读"中对每期播客的节目内容进行预告或宣传。反观中文播客圈的头部播客品牌，几乎都有自己的公众号和社群，比如《日谈公园》就在简介中列明官方公众号、官方微博以及加入听友群的方式，以便将公域流量转化为联系更密切的私域流量。《Talk三联》可以充分利用社交媒体渠道完善节目的配套设施，提高内容的触达效率，增强听众的归属感与黏性，打造更精细化的运营模式，化流量为存量，建设更完善的品牌生态。

四、结语

《三联生活周刊》顺应媒体融合的时代特征，瞄准数字音频市场，以《Talk三联》为起点入局播客。《Talk三联》作为一档泛人文社科类播客，契合当下播客领域的热点，符合其母媒《三联生活周刊》温度与深度并存的产品调性，拓展了传统期刊数字化转型的新路径。虽然《Talk三联》在节目选题、节目形式和商业能力等方面还有进步空间，但其在播客领域的大胆尝试，在一定程度上为正在寻求转型之路的传统期刊提供了可借鉴的经验。

资料来源：赖黎捷，胥悦.声景引流：传统期刊融媒体转型新路径[J].新闻论坛，2023(2).

第3章

网络文化产业
创意与策划

⊙ **章前引例**

黑神话经济学

以中国神魔小说《西游记》为背景的中国国产单机游戏《黑神话：悟空》于2024年8月20日在全球同步上线，引发全球游戏迷的追捧。截至2024年8月30日，《黑神话：悟空》Steam平台全球销量已超过1600万份，多家机构预估首月销量有望突破2000万份。

据悉，《黑神话：悟空》游戏共四个发售版本，分别是售价268元的数字标准版、328元的数字豪华版、820元的实体豪华版和1998元的实体收藏版。即便开售前十天卖出的1600万份都是数字标准版，这款游戏的销售额也已突破42亿元，成为2024年现象级的游戏产品。《黑神话：悟空》的联名产品都得以大分一杯羹，各地文旅以及蹭热点的概念股也久旱逢甘霖，这一现象被戏称为"黑神话经济学"。

资料来源：金姬. 黑神话经济学[J]. 新民周刊，2024(34)：60-63.

3.1 网络文化产业概述

文化产业化体现了文化在现代社会的发展趋势。在欧美国家，文化在其社会文明的发展进程中发挥的作用越来越明显，文化产业已经取得了合法地位，并且逐渐获得各国政府的重视。当前，全球文化产业发展的一个重要趋势就是文化与科技相融合，即文化的科技化趋势和科技的文化化趋势。高新科技在文化领域的广泛应用，造就了众多新的文化形态，为传统的文化地图开拓了大片领土，推动着人类文明不断迈向更高的境界，通达更远的边疆。多数文化产品属于内容产品，天生具有虚拟特性，被认为最适合于在网上生产、流通和消费。这些文化产品可以在网上完成从生产、交易直到消费的全部过程，网络文化市场应运而生。

相对于传统文化业态而言，我们把网络文化产业界定为新兴文化产业门类或新兴文化业态。新兴文化业态的网络文化产业是伴随着传播技术、传播介质以及传播形态的发展而发展起来的。网络文化产业，一方面体现了科技与传统产业形态的高度融合性，另一方面其产业发展速度也是有目共睹的。从总体上来考量网络文化产业，它不仅改变了人类社会的文化生产方式，而且改变了人类社会的精神生活方式。

3.1.1 网络文化的内涵与特征

1. 网格文化的内涵

随着信息技术的发展以及信息内容产业的崛起，网络文化正日渐引起人们的关注。它是互联网与文化艺术相结合的一种全新的社会文化现象，它集中体现在文化内容、表现形式和传播手段的全方位创新上。网络文化的江湖性、实时性、跨地域性及个性化等特征使网络文化与传统文化有着本质的不同。因其信息量丰富的特点，故又称"网络信息文化"或"信息文化"。

网络文化是一种蕴涵特殊内容和表现手段的文化形式，也是人们在社会活动中依赖以文本、网络技术及网络资源为支点的网络活动而创造的物质财富和精神财富的总和。对于网络文化深层内涵的理解与把握，可以从两个方面着手：一方面，网络文化体现为传统文化的集成。在传统文化的发展过程中，受制于科学技术的发展程度，那些带有明显的、物理的、模拟的信息特征的信息内容，很难实现与文化的相互转化、交流和利用。互联网技术的出现，开启了数字化信息集成的新纪元，将各种数据、文本、图像有机地整合在一起，利用信息技术的先进性进行转化、加工、传播，从而实现传统文化形态的集成化、网络化和信息化。另一方面，网络文化在实现传统文化集成化的同时，也在不断地衍生新的文化形态。在企业管理内容中，信息资源正逐渐成为继人、财、物之后的第四对象。人类在利用互联网生活、学习、工作的过程中，也开始对自身的价值观、思维方式、行为举止等进行深刻反思，在这一过程中不断地创造出新的文化形态。由此可见，网络文化是以网络技术为支点，以产业化的方式提供文化产品和服务的过程中所创造的物质财富和精神财富的总和。

2. 网络文化的特征

作为一种崭新的文化形态，网络文化具有以下几个特征。

(1) 网络文化体系的开放性。在人类文明发展和交流的历史长河中，不同文明形态下的文化都带有突出的区域性特征。交流是实现文化形成和发展的根本途径。受制于时空限制、语言障碍、科技差异等因素，不同地域之间的文明难以进行文化交流，这就使得农耕文明时期甚至工业文明初期的文化呈现出独立性、封闭性的特征。互联网超越了传统跨地域信息交流中存在的政治、经济、文化和语言障碍，减少了不同种族、国家、宗教信仰的人们进行交流的障碍，促使网络文化的开放性交流与传播，呈现出无疆界全球流动的开放性特征。网络文化在实现了跨地域交流传播的同时，也完成了现实文化与虚拟文化的时空融合，真正达到了文化信息全球一体化与个体文化多元化的有机统一，超越了以前的文化形态传播的单一性。由此可见，网络文化体系的开放性特征，不仅实现了历史时空与现实时空的交融，而且直接促成了网络文化的全球性。

(2) 网络文化参与的大众性。依托于互联网技术发展起来的网络文化，尽管其科技因素较为复杂，但是其对应用者的科学技术水平要求却很低，这在很大程度上促进了网络文化的传播。各国政府相继颁布关于网络文化的法律法规，但是这并没有破坏网络文化的"自由"原则，它对于参与者没有民族、政党、级别等身份的限制，每个网民都可以通过网络各取所需，都可以充分享受进出网络世界的自由、选择身份角色的自由、发表言论的自由、选择网络信息的自由等。此外，网民还可以平等、自由地浏览自己喜欢的网页和购买自己喜欢的网络文化产品，如欣赏网络音乐、观看网络电影、与网友视频聊天等。网络文化的平等参与性，使得外界对网络文化的制约呈现松散状态，从而形成了网络文化参与的大众性特征。

(3) 网络文化的数字虚拟性。网络文化以互联网技术为基础,以数字化为核心。数字技术革命为信息技术与文化资源之间的互渗创造了可能,它引发了一场波及全球的信息传输手段汇流的浪潮,即传媒汇流与媒体转移,并为文化产业与数字技术之间的融合嫁接提供了前提条件。此外,数字化技术革命在实现技术革命的同时,也创设了新的时空世界。在网络这个新的时空世界中,互联网营造出一个与现实物理空间相对应的虚拟世界,它不仅建造了诸如图书馆、商店、医院等现实时空的物质实体,而且创设了虚拟的爱情和家庭等情感内容。当然,虚拟并不等同于虚假,也不等同于虚无,它是现实世界与计算机技术的结合,是创造性的时空建设,它在很大程度上改变了我们认识世界的方式。

(4) 网络文化内容的交互动态性。在互联网技术出现之前,除了人与人之间可以面对面地进行交流外,其余传播交流方式在一定的时空范围内都是单向的。网络文化借助互联网技术,克服了传统交流方式的局限性,开辟了人类文化交流传播的新途径,实现了人类交流的互动性。在互联网构筑的网络空间中,每一个参与者既是文化的传播者,又是文化的接受者,在任何时空范围内,都可以进行实时、无限量的交流互动。网络文化交互性的核心在于参与,内容的动态性是公众参与其中的动力所在。网络文化以互联网为传播载体,它通过二进制的数字0和1的排列与组合传递数据,塑造了一个绚丽多彩的网络空间,并动态地传递大量数字、符号、声音、图像等数据与信息,实现了文字、声音、图画等的同步接收、交流与再分配,使文化传播行为脱离时区限制和现代性的领域关系,提供了即时、高效的全球接触,将现代、后现代主体置入网络性的器械之中,实现了文化消费与网络文化生产的共时性。同时,网络文化的互动交流,又实现了内容的个性化动态变化。在网络世界中,每个网站、每个网页和每个网络社区通过参与者的动态交流,逐渐形成了自身的独特文化内容和风格。

(5) 网络文化的两面性。互联网自诞生之日起就饱受争议,正如法兰克福学派的本雅明对"文化工业"的认知一样,互联网在一定程度上带来了一些消极的影响,但是,从总体上来看,它所带来的积极影响更为重要和引人注目。网络文化具有发展经济与繁荣文化市场的功能、文化传播与互动娱乐的功能以及教育的功能等。互联网技术既为网络文化创造了新的载体,提供了新的传播媒介,又发明了新的文化符号,培育了新的文化意义;既改变了人类的精神生活方式和内容,也激发了人类的创造力,为文化的创新提供了诸多可能。当然,网络文化在为社会的进步与发展带来积极影响的同时,也带来诸多新的社会问题。

① 网络文化改变了固有的文化生存语境,形成了新的文化生态环境。在新生的文化环境中,一方面,由于极为迅速的文化变更频率,势必造成强势文化对弱势文化的侵蚀,成为强势文化入侵不同种族、不同国家的平台;另一方面,由于网络的便捷性,即使是一条不健康的网络信息,或是一张不健康的视频图片,或是一个变异的网络病毒都可能在整个网络生态场域里兴风作浪的局面,极易造成巨大的网络文化事故,给社会精神文明建设带来危害,也同样增加了网络治理的难度。

② 网络文化变异更迭过快，会形成强势文化对弱势文化的侵略。无论从任何角度来看，网络文化形成和发展的积极影响远大于消极影响，只不过在发展的过程中，我们需要注意网络文化的双重导向选择——既要充分利用和发展网络文化带来的优秀文明成果，又要积极摒除网络糟粕，保持和发扬民族特色文化，维护国家网络文化安全。

3.1.2 网络文化产业的内涵与特征

1. 网络文化产业的内涵

网络文化的发展，使得网络文化的产业化趋向逐渐明朗，最终促使网络文化产业蓬勃发展。网络文化产业是一个外延比较广泛的概念，在国际上又被称为"数字内容产业"或"数字娱乐产业"。关于"数字内容产业"的概念最早出现在1996年欧盟提出的"信息2000"计划中，并把数字内容产业明确为"那些制造、开发、包装和销售信息产品及服务的产业"。而后，诸如日本、韩国、澳大利亚、爱尔兰等发达资本主义国家相继出台了关于发展数字内容产业的规章制度，在这些国家产业实践的过程中，数字内容产业的概念逐步得到明确。数字化内容产业是指将文字、影像、语音等内容，运用数字化高新技术手段进行整合运用的产品或服务，包括互联网信息服务、网络游戏、网络动漫、网络电影、网络音乐、数字出版等多个领域。

网络文化产业是一种借助现代高新科技，通过网络化、数字化方式提供精神文化消费产品和服务的新型产业形态。关于网络文化产业的概念，较为流行的观点主要有以下几种。

(1) 信息说。网络文化产业是指以网络技术为依托，以产业化的方式提供文化产品和服务的新经济。

(2) 内容说。网络文化产业是在信息产业与文化产业、网络产业与内容产业的跨越和融合发展中崛起的一个新产业，国际上又称为"数字内容产业"或"数字娱乐产业"。

(3) 服务说。网络文化产业是利用计算机网络为社会提供各种服务，并从中获得一定服务费用的服务性行业。

(4) 融合说。网络文化产业是以网络技术为依托，以产业化的方式提供文化产品和服务的行业，包括网络出版、网络新闻、网络广告、网络教育、网络旅游等诸多网络与文化相结合的产业。

由此可见，学术界在界定网络文化产业的过程中，站在不同的角度给出不同的定义，这在一定程度上也为我们界定它的含义提供了诸多参考价值。网络文化产业是以计算机网络技术为基础，以网络与文化的融合为形式，提供以数字化为核心的文化产品和服务的经营性产业。

2. 网络文化产业的特征

作为与新经济形态和技术形态相适应的新型文化产业形态，网络文化产业也必然有着与生俱来的特征。

(1) 网络文化产业的科技特征。网络文化产业的发展进程也是一段科技发展史,它以计算机技术为基础,通过信息高速公路的建设将世界联系成一个整体,最终促成了全球化趋势下的开放性。网络文化产业的迅速发展,不仅改变了人类的生存状态和精神生活方式,而且改变了各国的经济生活方式。传统经济活动往往受制于各国时区的差异,无法在同一时间展开,网络文化产业则突破了这一限制,成为一种24小时全天候的经济形态。同时,网络文化产业不仅缩短了经济运行周期,而且在全球化趋势的推动下呈现出不同于其他经济形态的开放性。一方面,网络文化产业满足了消费者个性化的精神诉求,极大地鼓舞了消费者的自主性,消费者可以基于极为透明的网络信息,根据自己的喜好选择订购符合自己精神需要的产品;另一方面,互联网技术的全球化进一步加快了地球村的进程,在一定程度上消解了种族观念,从而使公众对文化产品的需求越来越趋向于一致化,进而使网络文化产业所面向的消费市场更为广阔,这是其他传统产业门类无法比拟的。

(2) 网络文化产业的经济特征。网络文化产业既实现了文化产业与信息产业的融合,又实现了内容生产与网络运作的有机整合,具有明显的经济联动性。一方面,网络文化产业依托科学技术的强大支撑力和渗透力,使异质文化产业之间的联系更为紧密,延伸了各文化产业的产业链条,扩大了市场覆盖面,实现了产业的增值和再发展;另一方面,网络文化产业的经济特征体现出强大的交互性优势。在互联网技术构筑的多元结构中,网络用户可以用自己的方式控制获取信息的顺序,并可以成为网络文化产品的主体,强化了信息内容生产者与消费者之间日益增长的交互关系,实现了网络信息内容影响下的动态双向交流。以阿里巴巴旗下的淘宝网为例,消费者在选择自己想要购买的产品时,可以自主地按照价格高低、店铺信用、产品品牌等内容排序,然后挑选自己心仪的产品,这在现实社会中不仅需要耗费大量的人力和时间,而且也很难真正实现。此外,网络文化产业在运行过程中的经济特征还体现为高风险与高收益并存。

(3) 网络文化产业的产品特征。网络文化产品具有知识密集程度高的特征,网络文化产业是基于互联网这个平台进行文化内容创造和商业化运作的产业,它包括网络出版、网络新闻、网络广告、网络教育、网络旅游等诸多网络与文化结合的产业。网络文化产业在生产经营过程中,创造出许多新产品和新服务,这些新产品和新服务越来越知识化、智能化、数字化、人性化。网络文化产品具有高度的知识密集性特征,这使其具有非排他性。传统的物质产品包括部分以实体物质为载体的文化产品都具有明显的排他性,消费者一旦付出金钱便占有此产品,而网络文化产品以互联网为依托,不同的消费者可以同时使用,不仅不会因使用人数的增多和时间的交叉而受到影响,反而还会因使用人数的增多扩大该产品的受众群体,提高产品的边际效用。此外,与传统物质产品不同,网络文化产品和服务具有高流动性,互联网是一个24小时全天候运行的动态经济网络,它突破了时空限制,消费者随时需要随时获得,这就使得产品和服务一直处于流动的过程中。

(4) 网络文化产业的社会性特征。网络文化产业的功能伴随其边界的扩展而日趋多样化,也就使得其社会性特征日趋明显。一方面,网络文化产业的发展为人们提供越来越多的新颖、便捷的网上娱乐方式——网民借助网络文化产业的各种形态可以进行网上聊天、传递信息、网上购物、网上休闲娱乐等活动,有利于缓解人们的工作和生活压力,并提供相应的综合性、导向性的大众教化功能；另一方面，网络使人类以更便捷的方式获得并传递人类创造的一切文明成果，它在与传统文化产业融合的过程中，不断塑造新的产业形态和多元化的文化形态，创造着当代社会的文明。此外，网络文化产业为所有公众提供了一个平等的交流平台，在这个平台中，公众不仅可以便捷地浏览各大学术、图书网站，而且可以自由地表达自己的思想。也就是说，网络文化产品正在用一种完全不同的方式重新诠释生活，解构传统金字塔权力控制模式的文化价值观，培育和强化了关注个体、尊重平等的文化形态。

3.1.3 网络文化产业发展概况

网络文化产业是通过计算机技术将传统文化产业与信息产业融合在一起的新兴文化产业形态，其涵盖的行业门类众多，具有多样化的产业分类标准。不同的网络文化产业分类标准反映了不同的理论切入点，但并非界限分明、相互独立。总体来看，学术界对网络文化产业的分类依据主要有产业来源、产业功能、产业性质、产业产品类别、物理载体、产业链位置、产业生命周期阶段等。虽然分类标准不同，但这些不同类别之间有时也呈现出相互交叉的特点。本节在论述网络文化产业发展概况时，将选取当前发展势头比较迅猛、发展状况较好的行业门类，主要涵盖网络视频产业、网络游戏产业、网络音乐产业、网络出版产业。

1. 网络视频产业发展现状

网络视频产业以其多元化的内容形态——短视频、直播、在线影视等，迅速占据数字文化消费的核心地位。这些内容形态不仅满足了用户碎片化娱乐的需求，还促进了信息的快速传播与文化的广泛交流。其中，短视频以其短小精悍、易于分享的特点，成为大众日常互动的重要媒介；直播平台通过实时互动，拉近了观众与内容创作者之间的距离，开辟了全新的社交方式；在线影视则为用户提供丰富多样的影视资源，满足了不同层次用户的观影需求。随着技术的发展，网络视频产业还呈现出跨平台融合、个性化推荐等特征，更加便捷和个性化，提升了用户体验。此外，网络视频产业还积极融入教育、电商等领域，形成了多元化的应用场景，进一步拓展了边界并扩大了影响力。

如今，网络视频产业已成为数字文化消费的核心场景。2023年，短视频平台深度融入文旅生活，传统文化类内容占比达34%，短视频平台成为文化传播的重要载体。艾媒咨询数据显示，2024年前三季度，数字文化新业态营收达4.16万亿元，其中云演艺、云展览等新兴视频业态增长显著。在技术层面，5G、8K、XR等技术推动沉浸式体验发展。例如，故宫通过三维建模和全息投影打造数字孪生体，实现文化遗产的数字化呈现。但网络视频产业仍面临内容同质化、版权保护等挑战，需通过AI内容审核和区块链技术提升其规范性。

网络视频产业的盈利模式多样且不断创新，广告收入是其主要来源之一，包括品牌植入、开屏广告、信息流广告等多种形式。这些广告精准触达目标用户，为广告主带来了可观的回报。同时，会员模式也日益成熟，用户通过购买会员可享受无广告、高清画质等特权，成为平台稳定的收入来源。电商带货、打赏分成等也是网络视频产业重要的盈利渠道。随着技术的进步和用户需求的变化，平台还在探索如虚拟现实体验付费、互动剧付费等新的盈利模式，以期在激烈的市场竞争中保持领先地位。同时，用户还可以通过付费点播模式购买或租赁观看最新上映的电影，进一步拓展了平台的收入来源。IP衍生产品销售也是重要的一环，比如热门网剧或动漫的角色周边等，都可以带来额外的经济收益。

尽管网络视频产业发展迅猛，但仍面临一些亟待解决的问题，其中较为突出的是内容同质化严重，大量相似的内容充斥市场，导致用户体验下降，也影响了优质内容的传播。版权保护问题同样不容忽视，由于互联网的开放性，未经授权的复制和分发行为频发，严重影响了原创者的权益。此外，随着用户生成内容(user-generated content，UGC)的增加，如何有效审核内容确保其符合法律法规和社会道德标准也是一个挑战。针对这些问题，行业内正在探索利用AI技术进行智能内容审核，并借助区块链技术实现更加透明高效的版权管理，以此提升行业的规范性和健康发展。

2. 网络游戏产业发展现状

网络游戏产业是数字技术与文化融合的典型代表。2025年实施的《网络游戏分类》团体标准虽非强制性，但头部企业普遍遵循，推动市场规范化和IP多元化开发。网络游戏产业的沉浸式特性成为传播传统文化的重要途径，例如融合传统美术、音乐元素的国风游戏。在政策层面，国家推动游戏与影视、动漫产业联动，例如阅文集团等企业通过AI辅助创作工具提升内容质量。

网络游戏产业的特征体现在多维度交织的复杂生态中。首先，技术驱动与市场集中化是其核心特征。2023年，全球移动游戏市场规模突破6062.7亿元，其中中国移动游戏占比高达83.8%，头部企业如腾讯通过《王者荣耀》《和平精英》等产品占据主导地位。在技术层面，4G、Wi-Fi的普及和VR、元宇宙技术的应用推动沉浸式体验升级，例如《燕云十六声》通过多端互通技术实现客户端与移动端数据同步，增强用户黏性。其次，文化属性日益凸显，国风游戏通过传统美术、音乐元素与玩法相结合，例如《原神》中的璃月地区以中国山水为蓝本，游戏成为文化输出的重要载体。最后，产业联动趋势显著，在政策推动下，阅文集团等企业利用AI辅助创作工具实现游戏与文学、影视IP的深度融合，形成"影游联动"生态。

网络游戏产业的盈利模式呈现多元化特征，主要有以下几种。第一，免费+道具付费。该类收入占据主体地位，例如《穿越火线》通过销售皮肤和武器实现高流水，但需持续运营活动以维持用户付费意愿。其次，订阅制与会员服务。例如腾讯推出"SVIP"特权体系，覆盖游戏加速、专属道具等增值服务。第二，IP授权与跨界合作。例如，《阴阳师》与肯德基联名推出主题餐厅，拓展线下消费场景。第三，广告植入(in-game advertising，IGA)。受限于技术壁垒和创意不足，多数广告仍停留在游戏场景贴片阶段。值得注意的是，海外市场成为网络游戏产业的新增长极，2023年中国游戏出海规模达1497亿元，但高度依赖东南亚和欧美市场，本地化不足导致文化适配问题频发。

网络游戏产业的发展也面临多重挑战。首先，内容同质化问题。2021年，在全球

77.4%的移动游戏市场份额中，大量产品沿用"卡牌+回合制"框架，创新乏力。其次，付费模式可持续性存疑。免费模式虽降低了门槛，但过度依赖"鲸鱼用户"(高付费玩家)，导致收入结构失衡，中小厂商资金链脆弱。再次，技术与社会责任矛盾突出。元宇宙和VR的应用虽能提升用户体验，但未成年人防沉迷机制仍需完善，2025年实施的《网络游戏分类》团体标准虽推动年龄分级，但非强制性使其执行效果有限。最后，在国际化过程中文化冲突问题显著。例如，《崩坏3》海外版本因角色设计引发争议，凸显跨文化叙事能力不足。针对以上问题，未来需通过政策引导、技术创新与产业链协同发力，共同构建健康生态。

3. 网络音乐产业发展现状

网络音乐产业以流媒体平台和数字版权为核心，逐渐构建起一个"内容+社交+衍生"的多元化生态。在这一生态体系中，内容创作与传播是基础，流媒体平台作为桥梁连接着音乐创作者与广大用户，通过提供丰富的音乐库和个性化的推荐服务，满足用户多样化的音乐需求。同时，社交元素的融入使得音乐不再仅仅是听觉的享受，更成为一种社交语言和情感交流的方式。用户可以在平台上分享自己的音乐喜好，参与音乐社区的讨论，甚至与音乐创作者进行互动。此外，网络音乐产业还积极拓展衍生业务，如音乐周边商品、线下音乐活动、音乐教育等，进一步拓宽了产业的边界和盈利空间。这种"内容+社交+衍生"的生态模式，使得网络音乐产业呈现高度的融合性和创新性。数据显示，2024年，中国声音经济市场规模达5688.2亿元，用户付费习惯的养成推动产业增长，预计2029年将突破7400亿元。

技术驱动的全场景生态与多元化内容布局，是网络音乐产业的典型特征。在内容层面，平台通过整合头部版权(例如周杰伦、Taylor Swift等)与扶持原创音乐人(例如腾讯音乐"新势力计划"覆盖3000多位音乐人)形成差异化曲库。在社交功能层面，网易云音乐的"云村社区"和QQ音乐的"扑通小组"通过UGC互动增强用户黏性，华为音乐则借助鸿蒙系统的跨设备无缝流转技术实现全场景覆盖(例如车机、智能音箱等)。在衍生领域，虚拟偶像演出(例如初音未来)和AI生成音乐(artificial intelligence generated content，AIGC)成为新增长点，腾讯音乐通过AI优化推荐算法，将用户日均使用时长提升至90分钟甚至更长。此外，行业呈现"超级明星效应"，头部1%的艺人贡献超60%的播放量，推动平台强化粉丝经济与D2C(direct-to-consumer，直接面向消费者)策略，例如黑胶唱片订阅和专属粉丝社区。

当前，网络音乐产业的盈利模式主要体现为订阅主导的多元变现与跨界融合。用户付费已成为核心收入来源。2023年，中国在线音乐付费用户突破1亿，ARPPU(average revenue per paying user，付费用户的平均收益)为9.7元。除付费模式外，广告收入(如品牌联名音乐节)、版权运营(如跨平台授权)及衍生品(如数字专辑、NFT)形成补充。例如，TME与同程旅行合作打造"音乐+文旅"营销案例，华为音乐通过空间音频专区吸引高端用户付费。跨界融合进一步拓宽盈利渠道，短视频平台(例如抖音)与音乐流媒体合作，将热门BGM转化为流量入口，同时反哺原创音乐传播。值得注意的是，实体唱片收入逆势增长(2023年增速为13.4%)，表明粉丝经济与收藏需求仍是重要变现路径。

版权争议与商业模式的可持续性，是网络音乐产业面临的主要挑战。尽管正版化率已提升至96%，但盗版问题与版权分配机制不完善仍是网络音乐产业主要的发展障碍。AI生成音乐引发新争议，例如环球音乐(UMG)要求Spotify删除未经授权的AI曲目，而AI训练数据来源的合法性尚存争议。此外，流媒体平台盈利模式脆弱，Spotify连续亏损，腾讯音乐虽通过提价与用户"提纯"实现利润增长，但ARPU(average revenue per user，每用户平均收入)天花板明显(10～12元)，难以匹配视频平台定价。在版权分配层面，独立音乐人分成比例低(通常不足15%)，而平台与唱片公司的博弈加剧了利益分配不均。在技术层面，区块链虽被寄望于强化版权确权，但实际落地仍面临标准不统一与成本高昂的挑战。

4. 网络出版产业发展现状

网络出版产业以网络文学为核心，逐步形成覆盖数字阅读、影视改编、游戏开发、动漫衍生等领域的泛娱乐生态。2023年，网络文学用户规模达5.37亿，市场规模达404.3亿元，IP衍生市场规模超2605亿元，其IP转化能力已超越传统出版，成为"讲好中国故事"的文化输出主力。例如，阅文集团的《庆余年》《诡秘之主》等作品通过影视、动漫、游戏多维度开发，实现全产业链价值挖掘。在技术层面，AI辅助创作工具(例如阅文集团的AI写作助手)显著提升内容生产效率，缩短创作周期；数字阅读市场在AI推荐算法和沉浸式阅读技术的推动下，2023年同比增长24.9%，达567亿元，用户日均阅读时长突破90分钟。在政策层面，2024年国家启动优秀现实题材作品扶持计划，推动《大江大河》《山海情》等反映时代精神的IP孵化，强化内容的社会价值导向。

网络出版产业的盈利模式已从单一订阅付费转向"内容付费+版权运营+跨界融合"的多元化结构。在内容付费层面，2023年网络文学付费用户占比超30%，VIP章节订阅和打赏机制贡献主要收入；版权运营成为核心增长点，头部IP的影视改编权售价可达千万级别，例如晋江文学城《偷偷藏不住》版权交易带动平台年收入增长40%。在跨界融合层面，阅文与腾讯影业、新丽传媒的"三驾马车"模式打通内容生产与影视制作链路，例如《斗罗大陆》通过动画、手游、周边衍生实现百亿级营收。此外，广告植入、政府文化基金补贴(例如北京市网络文学精品创作扶持项目)及海外市场付费订阅(例如起点国际WebNovel覆盖全球200多个国家和地区)进一步拓宽收入来源。

尽管网络出版产业高速发展，但仍面临多重结构性矛盾。首先，内容质量参差。低门槛创作导致同质化严重，2023年网络文学平台新书中仅5%达到精品标准，大量"小白文""套路文"充斥市场，降低用户长期黏性。其次，版权保护困境。盗版损失率高达60%，盛大文学曾因盗版年损失超10亿元，区块链技术虽被用于确权，但跨平台维权成本高、效率低。再次，出海瓶颈。文化差异与翻译标准化不足制约IP全球化，例如《诡秘之主》英文版需要进行本土化改写，以适配西方读者，而东南亚市场因翻译质量差导致用户流失率超40%。最后，盈利模式单一化风险。过度依赖头部IP衍生，中小创作者分成比例不足15%，平台与作者利益分配机制亟待优化。

3.2　网络文化产业创意特点与策划方法

网络文化产业是文化产业与科学技术交融发展的结果，是信息产业与知识经济背景下的新兴产业形态。由于科学技术一直处在更新变化中，文化产业与多种产业形态的融合也在不断磨合中，这就使得网络文化产业仍然处在一个不成熟的初级发展阶段。不断追求创新是网络文化在激烈的市场竞争中生存壮大并在繁多的文化产业门类中确立产业地位的核心动力。创意是创新的源泉，在AIGC迅猛发展的时代背景下，网络文化产业创意的特点也呈现出不断变化的趋势，表现出许多新的特点。

3.2.1　网络文化产业创意特点

1. 以产品为基础，以服务为先导

传统的文化产业形态主要是向消费者提供文化产品，网络文化产业形成之初也主要是提供网络产品，所以，初期的网络文化产业创意的对象主要集中于产品层面。但是，伴随着互联网技术的不断更新发展，用户文化需求的不断持续变化，网络文化产业的创意逐步开始由产品层面向服务层面转化，特别是经济危机的深层蔓延，许多主导产品创新的网络文化企业业绩持续下降，而主导服务创新的新兴网络文化企业则逐渐站稳脚跟。在AIGC蓬勃发展的时代背景下，网络文化产业创意呈现产品与服务并重的明显趋势。

以虚拟现实音乐会为例，利用先进的VR技术和AIGC能力，一家名为"MetaConcert"的公司推出了全新的虚拟现实音乐会平台。与传统的音乐产品销售不同，该平台不仅提供高质量的音乐产品，还为用户提供定制化的虚拟音乐会体验服务。在该平台，用户可以根据自己的喜好选择演出场景、互动方式，并且还能与艺术家进行实时交流，极大地提升了用户的参与感和体验感。

与"MetaConcert"的互动性不同，"ReadSmart"更注重陪伴特性，它是一款基于AI技术开发的智能阅读伴侣应用，通过分析用户的阅读习惯、兴趣爱好等数据，为用户提供个性化的书籍推荐和服务。除了提供电子书产品外，"ReadSmart"更注重于构建一个围绕阅读的服务生态系统，包括但不限于读书俱乐部在线组织、作家见面会虚拟参与以及根据读者反馈动态调整内容更新服务。

AIGC不仅改变了文化娱乐产品的创新模式，而且深入到文化教育领域。"EduTailor"是一个利用AIGC技术为学生和教育工作者提供定制化学习资源的平台。不同于以往单一的教育资源售卖模式，"EduTailor"聚焦于提供高度个性化、针对性强的教学服务。教师可以通过平台提供的工具快速创建符合特定教学目标的学习材料，而学生则能获取到最适合其学习进度和符合其个人兴趣的学习内容，真正实现以服务为导向的教学创新。

2. 以互联网为平台，以用户参与为核心动力

网络文化产业是一种双向性的产业形态，在具体的买卖关系中，更加注重用户的深度

参与性。例如，麦当劳联合粉丝"@土豆人"推出由AI生成的"千年前文物"系列创意，将巨无霸青铜器汉堡、青花瓷可乐等现代快餐元素与传统文化符号相融合。这一项目不仅通过AIGC技术实现视觉创新，更通过用户UGC与品牌联动的模式，激发粉丝参与创作。用户主动生成的创意被品牌采纳后，进一步推动社群的二次传播，形成"创作—反馈—传播"的闭环。这种"用户即创作者"的模式，体现了AIGC技术如何降低创意门槛，并将用户从被动接受者转变为内容生产的核心驱动力。

钟薛高通过AI技术完成从口味选择、命名到包装设计的全流程创新。用户需求与AI生成能力深度结合，品牌通过分析用户偏好数据，由AI推荐牛奶、红豆等年轻化口味，并生成"Sa'Saa"这一兼具趣味性与传播性的名称。此外，钟薛高还通过AIGC工具生成包装设计方案，供用户投票选择。此案例中，AIGC不仅缩短了产品开发周期，更通过用户参与决策链(如口味测试、设计反馈)，实现从生产到消费的全程互动，强化了品牌与消费者的情感连接。

淘宝造物节推出全AI制作的短片，围绕"未来生命容器""海底人类居所"等脑洞问题，通过用户提问驱动AI生成视觉化答案。例如，用户提出"未来人还需要动物园吗"，AI结合算法生成"人类被围观"的反转场景，引发社会讨论。这一项目以AIGC技术为媒介，将用户的好奇心转化为内容生产的核心素材，通过"提问—生成—传播"的链条，构建了"用户定义议题、AI具象表达"的双向创作生态。可见，技术不仅服务于创意呈现，更成为用户参与文化叙事的重要工具。

3. 以内容整合为重点，兼顾互联网长尾效应

与Web1.0时代信息共享主要体现为静态信息之间的交叉链接不同，Web2.0时代将信息共享的方式从静态信息转向了内容整合。以当前互联网浪潮中如雨后春笋般崛起的搜索引擎为例，如何有效地共享信息、整合相关的内容是其进行持续创新的主要目标，也是其吸引用户的关键所在。好搜百科之所以能够在较短的时间内迅速崛起，就是因为其秉承"让求知更简单"的理念，通过与好搜搜索的结合以及同专业网站的合作，大规模地整合信息资源，从而帮助用户更加及时、便捷地获得最为准确、权威的知识与信息。此外，与Web1.0时代只顾社会上层群体不同，Web2.0时代下的网络文化产业创意开始有意识地减少对所谓"顶层用户"的关注，转而面向普通大众，这一点在互联网金融领域体现得尤为明显。由于普通大众个人所拥有、能够支配的资产数量较小，旨在满足普通大众的互联网金融企业为了吸引了这一群体，开发了以"余额宝"为代表的互联网"宝宝"系列产品，旨在满足普通大众的理财需求。

▌3.2.2 网络文化产业策划方法

网络文化产业作为新兴的文化产业形态，还处在一个不成熟的初级发展阶段，尽管知识经济时代的到来为网络文化产业提供了巨大的发展空间和市场潜力，但作为一种全新的产业经济形态和文化形态，网络文化产业在生产、分配、消费等环节还面临诸多挑战，因此网络文化产业项目应有成熟完善的策划实施方案，在实施方案的过程中还要遵循一定的原则与方法。

1. 整合文化资源，挖掘文化内涵

文化资源的利用和转化是实现文化资源产业化的重要途径，更是文化产业得以持续发展的本质所在。网络文化产业依托互联网技术，将物质世界的文化资源转移到网络平台中，这就降低了文化传播的成本，加快了文化交流的速度，为网络文化资源的整合和利用提供了无限的可能性。因此，对于网络文化产业的策划而言，不能仅仅将文化资源简单地转移到网络平台之上，单纯的"旧酒新瓶"反而会失去品尝的韵味，只有依托互联网平台，整合优化文化资源，通过文化内容的交叉融合，才能充分挖掘文化内涵，建设全新的网络文化平台，创造出更多的具有深刻文化内涵的、符合消费者精神需求的网络文化产品和服务。以豆瓣网推出的阅读器为例，尽管它是一款比较小众的软件，但是其准确把握了"读书"的文化内涵，在设计的过程中有意识地创设与现实世界"读书"相吻合的场景、环境、纸张，所以，软件一经推出就获得了较好的社会反响。

2. 把握消费需求，有效细分市场

中国庞大的人口基数，无疑为网络文化产业的发展提供了巨大的市场空间，但同时，也为网络文化产业带来了市场选择的困惑。因此，如何准确地把握消费者的文化需求，有效地细分网络文化市场，针对特定的消费群体提供网络文化产品和服务，就成为当前创意与策划的关键。所谓网络文化市场细分，就是以网络文化产品和服务的消费者需求的异质性为基础，根据消费者文化需求的不同，把整个网络文化市场划分成不同的消费群体的过程。当然，当前的网络文化产品和服务呈现出多样化、多种类的特点，如果一个网络文化企业想要在网络文化领域全面开花，容易陷入顾此失彼的困境，这就要求企业集中自身的优势资源，专注于某一领域或某一群体研究开发产品或服务。

如果从网络文化产品和服务的角度来细分，网络文化产品(服务)可以细分为三种市场，即初级产品(服务)市场、中级产品(服务)市场、高端产品(服务)市场(见表3-1)。这就要求网络文化产业在创意与策划的过程中，针对不同的生产方式，提供差异化的产品或服务，投向不同的网络文化市场。此外，在网络文化产业创意与策划的过程中，还可以针对不同的消费群体，利用互联网技术生产创造不同的产品或服务。以上文提到的豆瓣阅读器为例，这款软件就很好地把握了当下想要潜心于读书的群体的心态，尽管这一群体比较小众化，但是豆瓣网针对这一群体的消费需求，准确地定位了产品的市场角色，成功地吸引了这一群体的目光。

表3-1 网络文化产品和服务的三种细分市场

市场等级	生产方式	典型产品(服务)
初级产品(服务)市场	文化资源的数字化商业利用与开发	数字音乐、数字出版等
中级产品(服务)市场	文化资源的工业化再生产和创造	博客、搜索引擎等
高端产品(服务)市场	文化资源的网络化、数字化再生产和创造	网络游戏等

3. 保护知识产权，走民族化产业道路

互联网技术为网络文化产品的传播插上了翅膀，在急速的传播过程中，网络文化产品的保护变得极为困难。在网络文化产业创意与策划的过程中，既不能越界以抄袭、模仿的方式侵犯他人的知识产权，又要学会对自我知识产权的保护，一旦出现他人侵犯自身利益的情况，要拿起法律武器维护自身的合法权利。

此外，在经济、政治全球化的背景下，互联网技术进一步加速了文化的全球化。不同国家、地区、民族生产的网络文化产品，正在源源不断地通过互联网这一全新的传播媒介，被世界各地的用户消费。尽管各种网络文化产品基本上都是依托于相同的科学技术，但是技术的全球化、同质化，并不能也不应该掩盖网络文化产品内容的民族化、差异化。网络文化产业的发展，正是得益于不同国家、地区、民族生产的具有本民族特色的网络文化产品，这极大地满足了世界各地的消费者。所以，网络文化产业的创意与策划应注意知识产权的保护，没有知识产权保护的网络文化产品是危险的；同时，还应坚持走民族产业化的道路，没有民族特色的内容必然陷入"同质化"的窘境。

4. 重视文化建设，注重网络内容创造

对于"网络文化产业"一词，有多种不同的解读，"网络文化"是"产业"的基础，"网络"又是对"文化"的界定和分类，也就是说，"网络文化"本质上是一种文化形态，同时也是产业的基础生产资料。因此，网络文化产业要想获得更为持续健康的发展，就必须不断地营造出全社会的"网络文化"氛围。在网络文化产业创意与策划的过程中，既要注重产品的商业属性，也要兼顾社会效应，更要致力于营造积极健康的文化氛围。

此外，在"内容为王"的传媒时代，在网络文化产业创意与策划的过程中，还应该注重网络内容的创新与创造。从产业链运行的角度来看，网络文化企业在生产、销售网络文化产品或服务的过程中，首先为"内容提供商"，其次才是"渠道运营商"。只有将技术、艺术、文化、产业四者融为一体，才能生产出既符合消费者需求又有文化内涵、既有实用性又有娱乐性的网络文化产品或服务。伴随着互联网技术的发展，网络视频服务成为当前各大网站竞争的重要领域。

例如，哔哩哔哩(B站)推出的《二十四节气•七十二候》系列高清短视频项目以传统文化为核心，通过现代视听语言重新诠释二十四节气与七十二候的智慧，将传统农耕文明转化为兼具诗意美感和人文深度的视觉艺术。B站联合8KRAW工作室，运用4K/8K超高清拍摄技术，结合动态影像与国风音乐，打造沉浸式文化体验，既满足了年轻用户对高品质视频的审美需求，又通过弹幕互动、二次创作等功能强化了用户参与感，形成"观看—互动—再创作"的闭环生态。项目上线后，不仅成为站内现象级文化IP，还通过跨平台传播覆盖数亿用户，推动传统文化从"小众兴趣"向"大众潮流"转变，展现了技术赋能下文化内容从生产到传播的全链条创新。

3.3 网络视频产业创意与策划

互联网的普及，带动新媒体产业迅猛发展。作为最受欢迎的新媒体应用之一，网络视频深刻地影响并改变着传媒产业的市场格局，其产业化发展前景良好，市场前景广阔。同时，作为新兴产业，我国的网络视频产业链还不完善，无论是网络视频内容的制作生产，还是后期的宣传营销，都尚处在摸索阶段，这就要求网络视频产业的精英制作者在创意与策划方面做足功夫，唯有如此，才能保证在未来的网络视频市场竞争中占得先机。

3.3.1 视频网站与网络视频

2005年2月，一个名为YouTube的视频网站在国外兴起，这个网站的初衷是为用户提供一个可上传、搜索、观看视频文件的平台，使全世界的用户都能分享他们的经历与知识。随着YouTube视频网站的迅速走红，全球掀起了一阵分享热潮，人们开始热衷于上传自己的原创视频内容，同时也从共享平台下载、评论别人上传到网络上的视频，分享别人的经历与知识。这股热潮很快感染到中国，以优酷、爱奇艺、腾讯视频等为代表的网络视频网站开始大规模出现，并迅速席卷全国，占领网络视频市场。

视频网站是指以互联网技术为基础，将文字、图像、声音、影像等内容结合在一起，利用新媒体技术发布、管理和分享视频内容的网站。随着互联网技术的迅猛发展，传统视频网站的受众逐渐由单纯的消费者转变为生产者，一批短视频平台迅速发展壮大起来。短视频平台通过技术创新和内容生态重构迅速崛起，成为全球互联网文化的重要载体。抖音(TikTok)等平台采用AI算法推荐精准匹配用户兴趣，并利用视频压缩技术，例如H.265编码、实时特效处理，如AR滤镜和美颜算法，大幅降低了高质量视频制作门槛，再加上5G网络普及带来的上传与分发效率提升，使得普通用户的创作也能获得高曝光，激发全民参与内容生产的热情。短视频平台的崛起不仅体现了技术驱动的力量，更彰显了内容生产民主化与商业模式创新的价值，其持续演进的动力源自对用户需求的深刻理解和技术应用的不断进步。

短视频平台与视频网站在内容形态、用户行为及商业模式上呈现显著差异。在内容方面，短视频平台(如抖音、快手)以15秒至3分钟的碎片化UGC内容为主，侧重娱乐性与即时创意，例如音乐挑战、生活记录；而视频网站(如B站、优酷)则聚焦20分钟以上的长视频，涵盖影视剧、综艺等PGC/OGC内容，强调叙事深度与专业性。在用户互动方面，短视频用户通过高频点赞、评论参与社交裂变，但也易引发恶意举报等问题；而视频网站用户则更倾向弹幕互动、影评创作，黏性高但互动节奏较慢。在生产与分发机制方面，短视频依赖算法推荐与低门槛工具(如模板剪辑)，推动内容快速传播；而视频网站则结合算法与主动搜索，侧重版权运营与IP开发，同时需要专业团队的支持。在商业模式方面，短视频以广告、直播打赏及电商变现为核心，面临虚假流量挑战；而视频网站依赖会员订阅与版权分销，需要平衡UP主生态与独家内容吸引力。在社会影响方面，短视频易滋生低俗内容与网络暴力，需要强化算法审核；而视频网站则受版权纠纷与合规风险制约，需要应对内容同质化问题。

3.3.2 网络视频产业内容创意与策划

尽管视频网站与短视频平台在内容形态与传播逻辑上存在显著差异，但两者均围绕用户需求与数据驱动优化展开布局。首先，两者均需通过精准的受众定位构建用户画像，结合年龄、兴趣、消费习惯等维度细分市场，确保内容策划贴合目标群体的核心诉求；其次，在内容创新层面，无论是短视频平台针对不同场景(如抖音的潮流热点、快手的乡土文化)的风格适配，还是视频网站围绕IP开发(如B站知识区、优酷独播剧)的垂直深耕，均需在差异化内容中保持品牌调性的统一性；再次，数据驱动的动态优化成为共同抓手，短视频平台通过即时互动率(点赞、分享)调整话题热度，视频网站则基于完播率、续订率优化长线内容排播，两者均依赖用户行为数据实现策划迭代；最后，互动性设计作为底层逻辑贯穿始终，短视频的挑战赛、话题标签与视频网站的弹幕、影评功能虽形式不同，但本质目标一致——通过增强用户参与感提升平台黏性。这些一致性原则共同构成了数字内容生态中创意策划的通用方法论，为跨平台协同提供底层支撑。

1. 用户需求导向的精准定位与分层策划

网络视频创意策划的核心在于对用户需求的深度洞察与精准分层。通过市场调研构建用户画像，从年龄、性别、兴趣、消费习惯等维度细分目标群体，并针对不同层级用户设计差异化的内容策略。例如，针对年轻用户(16~24岁)，内容要强调娱乐性、潮流感和视觉冲击力，如通过剧情类短视频植入高颜值产品；而面向成熟用户(25~45岁)，则要突出实用价值与情感共鸣，如通过知识科普或生活技巧类视频传递产品功能。

在具体创意策划的过程中，首先，结合平台数据(如观看时长、互动行为)与问卷调查，明确用户核心需求与痛点；其次，根据用户层级定制内容形式(如娱乐化短剧、知识科普)、情感诉求(如情感共鸣、实用价值)；最后，通过测试验证内容效果，持续调整选题与呈现方式。例如，某母婴品牌推出一款儿童营养产品时，通过用户调研发现"孩子主动要求食用"是家长的核心需求。策划团队围绕"孩子爱吃"这一核心点，设计了一系列亲子互动短视频，如《营养早餐大挑战》《萌娃零食测评》，通过真实场景展示儿童对产品的喜爱，最终实现90%家长反馈"孩子主动要求食用"，显著提升产品转化率。另一零食品牌针对不同年龄层用户，将产品定位拆解为"颜值吸引年轻人"与"功能满足职场人群"，通过剧情类视频(如情侣吵架后以零食和解)和测评类视频(如竞品口感对比)分层触达目标用户，成功实现精准营销。

2. 内容差异化与IP化运营

在高度同质化的视频生态中，差异化内容与IP化运营是突围关键。差异化不仅体现在题材创新(如融合地域文化或小众领域)，还需通过视觉风格、叙事节奏、互动设计形成独特标签。例如，短视频平台ReelShort在北美市场主打"狼人""吸血鬼"等奇幻题材，结合本地化叙事，与竞争对手形成鲜明区隔。

在具体的创意策划过程中，首先，挖掘垂直领域或文化符号(如传统节日、地域特色)，避免泛娱乐化竞争；其次，固定片头动画、色调风格，强化品牌识别度；最后，围绕核心IP推出系列内容(如分集短剧)、周边商品或线下活动，延长生命周期。例如，知识类短视频《1分钟量子力学》通过动画与通俗化解说，将复杂科学知识转化为趣味内容，在抖音平台单条视频播放量破千万，形成"科普IP"效应。美妆品牌C咖的短剧不仅展示产品功能，更将剧中道具(如玩偶)与直播带货相结合，打造"内容+电商"闭环，用户因剧情产生情感代入后，直接通过直播间购买剧中同款，实现品牌曝光与销售转化双赢。

3. 数据驱动的动态优化与算法适配

数据是视频策划的"导航仪"，需要从用户行为数据(完播率、点赞率)、内容表现数据(播放量、分享率)及商业数据(ROI、转化成本)多维度优化策略。例如，短视频平台通过算法推荐形成"信息茧房"，策划者需要利用数据工具(如XMP智能投放系统)实时监测广告效果，自动调整预算与出价策略，提升投放效率。

在具体的创意策划过程中，首先，建立涵盖内容质量、用户行为、商业转化的指标体系；其次，根据平台推荐逻辑(如抖音的"黄金3秒"规则)设计开头悬念或高能画面；最后，引入AI剪辑工具生成多版本素材，通过测试筛选最优方案。例如，某短剧平台通过XMP工具分析素材标签，发现"豪门恩怨"类内容在东南亚市场转化率下降，迅速调整策略，推出"家族权谋"题材并融入本地文化元素，使ROI提升40%。B站知识区UP主通过分析用户完播率数据，将视频时长从15分钟压缩至8分钟，并增加弹幕互动节点，使平均观看时长提高30%。

4. 多平台协同与矩阵化分发

不同视频平台的用户生态差异显著，需要根据平台特性制定分发策略。例如，抖音用户偏好强节奏、高反转内容，适合15秒内快速吸睛；B站用户注重深度互动，可通过弹幕文化增强参与感；小红书则以"种草"为核心，可通过精致画面与实用测评打动用户。

在具体的创意策划过程中，首先，明确各平台用户画像、内容偏好与互动模式；其次，同一主题拆解为不同形式(如抖音短剧、B站长视频、小红书图文)；最后，通过主页链接、评论区引导实现跨平台引流，构建私域流量池。例如，某零食品牌在抖音发布剧情类短视频(如《办公室零食大作战》)，利用话题挑战赛引发模仿；在B站推出"零食实验室"系列，通过科普式测评展示产品成分；在小红书则聚焦"高颜值包装拍摄教程"，吸引女性用户自发分享。在多平台协同下，品牌曝光量增长300%，电商转化率提升25%。短剧平台ReelShort通过XMP工具批量生成本地化素材，在Facebook侧重社交传播，在TikTok强调节奏冲击，实现跨渠道精准触达。

5. 技术赋能与智能化工具应用

AI与智能工具正在重塑视频策划全流程。从创意生成(如AI剧本写作)、内容制作(如数字人主播)到投放优化(如程序化广告),技术可以显著提升效率,同时降低成本。例如,XMP智能投放系统支持批量创建广告策略,自动调整预算与出价,使ReelShort投放效率提升30%。

在具体的创意策划过程中,首先,利用自然语言处理生成脚本框架,或通过图像识别优化画面构图;其次,借助工具实现广告批量上传、跨渠道分发与实时调优;最后,将用户反馈数据反向输入AI模型,实现内容与产品的协同迭代。例如,某教育品牌利用AI生成虚拟讲师,结合大数据分析用户学习痛点,推出《5分钟攻克微积分》系列短视频,单月吸粉50万。美妆品牌C咖通过AI分析用户评论关键词,自动生成"用户共创"产品改进方案,并快速迭代短剧内容,使复购率提升20%。

3.3.3 网络视频产业营销创意与策划

网络视频营销属于网络营销的范畴,而网络营销又属于"营销"的一种形式,营销其实是一种营销方与消费者的沟通,也是一种传播方式。在网络视频构筑的传播世界中,得网民注意力者得天下。在网络上因为有"关注限制法"的存在,注意力资源成为一种宝贵的存在。在纷繁复杂、包罗万象的赛博空间里,网民很难长时间停留在某个个体上,注意力极易被分散。所以从这个角度来看,如何更好地将营销与传播相结合,实现有效传播,策略至关重要,而策略就来自创意与策划的过程中。

1. 用户生成内容(UGC)驱动营销

用户生成内容(UGC)已成为短视频营销的核心策略,其核心逻辑在于通过激发用户的创造力,将品牌信息融入用户自发的传播中,形成"用户即创作者、传播者"的双重角色。这种模式不仅能降低企业的内容生产成本,还能通过真实用户的视角提升内容的可信度并增强传播力。

首先,设计互动机制。通过话题挑战赛、创意征集等形式,降低用户参与门槛。例如,设定与品牌关联的主题(如"品牌+场景"),并提供模板、音乐或特效工具,简化创作流程。平台可结合算法推荐机制,将优质内容推送给更多潜在用户。

其次,资源整合与流量扶持。选择UGC生态成熟的平台(如抖音、快手),并利用平台的流量倾斜政策(如热门标签、首页推荐)扩大传播范围。此外,还可联合跨平台资源(如社交媒体、贴吧)形成传播矩阵,实现全网覆盖。

最后,形成激励与反馈闭环。通过物质奖励(抽奖、积分兑换)或精神激励(作品展示、官方认证)提升用户参与动力,如设置"周度创作之星"评选,以增强用户黏性。

例如,加多宝在2025年春节推出"开箱见宝"营销活动,以"宝文化"为核心,鼓励用户通过短视频记录拆解新春礼盒的过程,并扫码参与抽奖(如金元宝、宝运珠等福利)。活动结合国潮元素,邀请书法家朱敬一设计礼盒,并联动热门游戏《崩坏:星穹铁道》推出联名"星运礼盒",吸引年轻用户创作融合传统文化与潮流文化的短视频。在快手平台,活动通过"五路送宝"挑战赛覆盖全国年俗场景,用户生成内容播放量达71.4亿次;

抖音平台"招财进宝"挑战赛吸引超31.4万人次参与，话题播放量突破11.7亿次。这一策略不仅实现了用户从"文化共鸣"到"物质回馈"的闭环，还通过UGC裂变形成全民参与的春节狂欢。

2. 情感共鸣与故事化叙事

情感共鸣是短视频传播的核心驱动力，通过故事化叙事传递品牌价值观，能够建立用户与品牌的情感连接，其成功的关键在于真实性与共情点的挖掘。

首先，挖掘品牌故事。从企业历史、用户案例或社会责任中提炼主题。例如，围绕"匠人精神"展现产品制作过程，或通过用户成长故事传递品牌陪伴价值。

其次，创新内容与形式。采用微电影、纪录片或动画等多元形式，结合音乐、画面与台词营造情感氛围。

最后，优化传播策略。短视频首发后，将内容拆解为片段投放至社交媒体(如微信、微博)，形成二次传播。同时，引导用户分享自身故事，增强UGC与PGC的内容联动。

例如，某母婴品牌推出的《妈妈的一天》系列短视频，通过记录普通母亲的日常生活(如清晨喂奶、制作辅食)，巧妙融入便捷辅食机等产品功能。视频在抖音和小红书发布后，因真实感引发广泛共鸣，单条播放量超500万。评论区涌现大量用户分享育儿经历，品牌亲和力显著提升。后续，品牌将用户故事剪辑成合集进行二次传播，进一步扩大影响力。

3. 技术驱动的沉浸式体验营销

随着AR、VR技术的普及，沉浸式体验成为短视频营销的新趋势，此类策划需要结合技术工具与创意内容。

首先，重视技术整合与应用。利用平台的AR滤镜、3D特效等功能，设计互动游戏或虚拟试用场景。例如，美妆品牌可开发"虚拟试色"滤镜，用户通过短视频实时体验不同口红色号。

其次，注重数据驱动的迭代优化。通过用户行为数据(如停留时长、互动率)调整技术应用。例如，某家居品牌发现用户更关注"虚拟家具摆放"功能后，优化3D模型精度以提升体验。

最后，强化跨界合作与IP联动。通过与技术公司或热门IP合作开发定制化内容，如与动漫IP联名推出AR贴纸，吸引特定圈层用户。

例如，某国际美妆品牌联合抖音推出"虚拟试妆"滤镜，用户可通过短视频实时预览不同色号的口红上妆效果。活动期间，品牌话题播放量增长300%，后台数据显示"正红色"试色率最高，品牌据此调整线下库存，实现精准营销。此外，用户生成的试妆视频在社交平台二次传播，形成"技术+UGC"的双重效应。

4. 跨平台整合与矩阵化运营

单一平台难以覆盖多元用户群体，跨平台矩阵化运营可最大化内容触达效率，提升营销效果。

首先，强化平台特性适配。根据平台用户画像调整内容形式。例如，抖音侧重15秒快节奏娱乐内容，B站则适合深度评测或科普视频，小红书聚焦生活方式种草。

其次，重视内容差异化设计。同一主题需要根据不同平台的调性调整呈现方式。例如，美食教程在抖音以快剪的形式呈现，在B站则扩展为5分钟详细解说，并加入幕后花絮。

最后，推动流量互通与私域沉淀。通过主页链接、二维码引导用户跨平台关注，并利用微信社群、会员体系构建私域流量池。2025年，亚马逊广告通过流媒体平台Prime Video、Twitch及社交媒体构建跨区域传播矩阵，助力品牌出海。

例如，某智能家居品牌在Prime Video投放可购物互动广告，用户点击遥控器即可跳转至产品页完成购买；在Twitch直播中联合游戏主播演示产品使用场景，吸引Z世代用户；同时，在TikTok发布"科技生活创意短片"，展示产品与日常场景的融合。通过亚马逊营销云的跨渠道数据分析，品牌精准触达北美、欧洲及亚洲用户，广告转化率提升40%。

5. 热点借势与实时营销

短视频的即时性使其成为热点营销的最佳载体，成功关键在于快速响应与风险管控。

首先，热点监测与筛选。建立舆情监控团队或使用工具(如百度指数、新榜)，实时捕捉社会热点、文化趋势或网络热词，筛选与品牌调性的契合的话题。

其次，敏捷内容生产。采用模板化创作流程，确保从热点出现到内容上线不超过24小时。例如，预制多种视频模板(如字幕排版、背景音乐)，快速替换核心元素。

最后，传播与风险平衡。避免涉及敏感话题，确保内容价值观与品牌一致。

例如，某文旅局借势"蓝瘦香菇"热词时，巧妙关联地方景点，规避低俗化风险。"蓝瘦香菇"事件发酵48小时内，某地方文旅局推出短视频《蓝瘦香菇游广西》，将网络热词与桂林山水、北海银滩等景点相结合，通过方言配音和趣味剧情吸引关注。视频在抖音和微信裂变传播，一周内播放量突破2000万，带动当地游客量增长15%。后续，品牌将热点内容整合至官网和线下宣传物料，形成长效传播。

3.4　网络游戏产业创意与策划

游戏是人类文化发展历史中出现较早的传播方式之一，也是较为重要的文化传承方式。早在古希腊时期，柏拉图就认为游戏源于人类身体活动的需要，亚里士多德把游戏当作人类休息和消遣的手段，而康德认为游戏的本质在于自由。因此，游戏是一种以追求身心愉悦为目标的活动。人的自然属性和社会属性决定了游戏既有生物功能又有社会功能。特别是随着社会的进步与科技的发展，人类的游戏又逐渐发展成为一种媒介传播活动。而网络这种媒体更是让游戏有了质的飞跃，它以互联网技术为基础，以其强大的交流性、艺术性、逼真性等特点迅速发展成为网络服务的重要载体之一。

■ 3.4.1 网络游戏与网络游戏产业

根据国际数据公司(IDC)的定义:"网络游戏是利用TCP/IP协议,以Internet为依托,可以多人同时参与的游戏项目。"按此定义,1978年英国埃塞克斯大学的罗伊·特鲁布肖编写的MUD(Multiple User Dimension)游戏,是第一款真正意义上的多人交互式网络游戏。当然,受当时科学技术发展水平的制约,这款游戏还停留在纯文字的形态,时至今日,网络游戏不仅具有逼真的图像,而且还出现了3D游戏,这极大地丰富了网络游戏的类型。同时需要注意的是,网络游戏和传统的单机电脑游戏相比具有很大的区别,它强调游戏玩家必须通过互联网载入游戏当中,按照游戏中对游戏角色、场景及任务的要求来进行多人的游戏互动。

业界关于网络游戏的分类有多种讨论,通常把网络游戏按照使用形式、产品种类、游戏模式三个标准来分类。按使用形式进行分类,可将网络游戏分为客户端游戏、网页游戏和移动端游戏。其中,客户端游戏需要下载安装专用程序运行,例如《穿越火线》;网页游戏依托浏览器直接操作,例如早期流行的《农场物语》;移动端游戏凭借智能手机普及快速发展,例如《和平精英》。近年来,多端互通模式逐渐兴起,例如《燕云十六声》支持跨平台数据同步。从产品种类来看,角色扮演类(MMORPG)、射击类、策略类和休闲益智类是主流类型,其中《剑网3》《率土之滨》等作品各具特色;IP跨界融合趋势也催生了艺术化创新类型,例如影视改编的《纪念碑谷》。从游戏模式来看,竞技型游戏强调玩家对抗(如《英雄联盟》),社交型游戏注重互动体验(如《动物森友会》),剧情驱动型游戏则以叙事为核心(如《黑神话:悟空》)。随着技术的不断进步,虚拟现实(VR)和增强现实(AR)等新兴技术正逐步拓展游戏形态的边界。

中国网络游戏产业已成为全球规模最大、增长最快的市场,呈现多维发展特征。在市场规模方面,2020年行业总收入达2781亿元,同比增长20.73%,至2025年1月单月市场规模突破310.77亿元,同比增速达27.65%。其中移动游戏贡献74%的份额,单月收入达229.7亿元。移动端成为核心增长引擎,《和平精英》《原神》等头部产品持续刷新流水纪录,多款新游月收入超亿元。与此同时,电子竞技产业快速崛起,中国战队在《英雄联盟》全球总决赛等国际赛事中屡获佳绩;人工智能、虚拟现实等技术深度融入游戏开发,如《暗影火炬城》通过语音交互技术提升沉浸感。在政策方面,2024年国务院发布文件支持游戏产业高质量发展,版号审批常态化释放市场活力,而未成年人防沉迷系统的完善则平衡了产业扩张与社会责任。

尽管发展势头强劲,但中国网络游戏产业仍面临多重结构性挑战。青少年游戏成瘾问题首当其冲,部分玩家因自制力不足导致学业荒废、健康受损,引发社会对"电子鸦片"的批评,现有防沉迷机制需要进一步强化技术与家庭协同管理。在内容创新方面,同质化现象严重,许多厂商依赖"换皮"模式复制成功产品,原创能力薄弱,仅有《黑神话:悟空》等少数3A级作品具备国际竞争力。海外市场拓展亦遇瓶颈,国产游戏因文化差异、运营经验不足导致用户接受度低,2024年Steam平台中国游戏收入仍高度依赖国内市场,占比达70%。此外,核心技术受制于国外引擎(如Unity、Unreal),自主研发能力滞后,中小团队因资金与经验短缺难以支撑长周期的开发,进一步制约行业整体的创新突破。未来,中国网络游戏产业需要通过政策引导、技术攻坚与全球化布局,实现在文化输出方面与技术自主领域的双轨突破。

3.4.2 网络游戏产业内容创意与策划

创意与策划贯穿网络游戏生产制作的整个过程,离开了成功的策划,网络游戏就失去了生气和活力,也就失去了参与市场竞争的实力。网络游戏产业内容创意与策划的过程,就是对网络游戏资源认识、开发、挖掘、利用的过程。创意与策划的水平越高,创意的思路越新奇,策划的空间就越广阔,游戏资源的利用率也就越高。当然,网络游戏产业内容的创意与策划并不是即兴之作,更不可能是灵机一动的产物,而是有着丰富的内涵,它是人类的创造性思维的成果,不仅体现了人类对网络游戏产业发展规律的认识,也体现了人类对游戏资源的认识和了解的程度。如今,中国网络游戏产业这块巨大的蛋糕引起了众多投资者的兴趣,广大游戏制造商蜂拥而至,尽管在大浪淘沙的过程中成功的例子随处可见,但是失败的例子也比比皆是。究其原因,我们可以轻而易举地发现:缺乏吸引玩家的创意点,没有完整成功的策划,往往会导致游戏一经投入市场就陷入无人问津的境地。网络游戏产业内容的创意与策划是伴随网络游戏生命全部周期的过程,只有不断地产生新的游戏创意,不断地策划更新,网络游戏产业才能获得发展。

1. 重视市场调查,把握受众的分层

对于网络游戏产业内容的创意与策划而言,只有进行深入的市场调查,在综合分析数据信息的基础之上,才能使创意与策划的游戏内容更加符合各阶层受众的心理需求。对于网络游戏运营商而言,最重要的不是运营能够生产的网络游戏,而是运营能够出售的网络游戏,由此可见,研究网络游戏玩家的欲望和心理需求尤其重要。与传统的物质产品不同,网络游戏属于精神产品,而且属于长期持续面对受众的精神产品,这不仅需要维系老的网络游戏玩家,而且需要不断地吸引新的网络游戏玩家。所以说,在网络游戏产业内容创意与策划的过程中,应不断地进行市场调查,根据受众的反馈信息,及时调整更新创意与策划的结构和思路。

同时,在网络游戏产业内容创意与策划的过程中,还要考虑到不同受众的心理需求特点。按照网络游戏玩家花费在游戏当中的时间和金钱的不同,可以把他们划分为核心市场、中间市场和大众市场三个群体,他们所占的比重分别为10%、20%和70%。仅占网络游戏玩家10%的核心市场,通常会花费大量的金钱和时间;处于中间市场的网络游戏玩家往往会投入大量的时间但是很少愿意花钱;剩下的庞大的大众市场,在金钱和时间方面都不愿意投入得过多。所以说,网络游戏开发商在游戏内容创意与策划的过程中,需要进行充分的市场调查,只有把握不同的网络游戏玩家的心理需求,才能获得老玩家的信赖,进而吸引新玩家加入到网络游戏产业中。

《万国觉醒》的案例深刻体现了市场调查与受众分层的重要性。该游戏开发公司在策划阶段通过多维度的用户调研,发现不同玩家群体的核心需求差异显著:年轻玩家偏好策

略对抗与即时操作(成就动机)，中年用户更注重联盟协作与社交互动(社交动机)，而硬核玩家则追求历史沉浸感与探索自由度(代入感动机)。基于此，开发团队设计了"多文明策略体系"，既包含快节奏的PVP玩法吸引竞技型用户，又构建了复杂的联盟外交系统以满足社交需求，同时通过历史事件还原和开放地图探索增强代入感。此外，游戏还根据地区文化差异调整内容，例如在亚洲市场强化三国元素，在欧美市场突出罗马与维京主题，实现精准分层运营。《万国觉醒》上线后，通过持续的数据监测与用户反馈来优化内容。例如，初期发现中年玩家流失率较高，调研显示其对社交功能深度不满，遂推出"跨服联盟战"和"实时语音指挥"功能，使社交型用户黏性提升40%。这一案例验证了"运营能出售的游戏"而非"能生产的游戏"的核心逻辑——唯有以动态市场调查为基石，分层满足心理需求，才能实现用户生态的长期繁荣。

2. 运用戏剧手法，强化游戏的故事背景

对于网络游戏玩家而言，玩网络游戏是为了创造属于自己的传说和描述自己的故事，因此，在网络游戏产业创意与策划的过程中，应融入戏剧化的元素，这样才能设计出扣人心弦的游戏剧情，不断吸引新的游戏玩家加入。当开始创意与策划网络游戏时，首先，要确定游戏的主题，主题可以是能够引起游戏玩家共识与共鸣的爱情主题、战争主题等，也可以基于传统的游戏主题在游戏的体裁、观念等方面进行创新，达到"旧瓶装新酒"或者"新瓶装旧酒"的效果，让游戏玩家在不同的方面领略到新意。其次，在网络游戏创意与策划的过程中，要恰当地为游戏玩家设置障碍和冲突，促使游戏玩家不断地产生克服困难、奋勇向前的动力，从而带动故事情节向前发展。在玩游戏的过程中，玩家需要把障碍变成需要解决的难题，为冲突找到有效的解决办法，这些都需要设计者创造出一个成功的游戏主人公。游戏中的主人公不一定非要是一名善良、优秀的人，也可以是邪恶的，或者是介于正邪之间的，主人公的设计不要脸谱化、原形化，更不要落入俗套。如果主人公没有独特的个性和形象，就无法引起游戏者的兴趣。

为了使网络游戏足够精彩，需要运用情感因素并精心设计悬念。游戏中的情感因素非常重要，丰富的情感因素能够触及玩家的内心深处，增强游戏对玩家的吸引力。游戏设计者在运用情感因素时，首先应能感动自己，这样才有可能感动玩家。悬念主要用于营造紧张气氛，是吸引玩家不断探索游戏的动力所在。游戏设计者需要注意，悬念的价值不在于其本身，而在于其能给玩家带来的解脱感，悬念解除过程实际上也是玩家释放焦虑的过程。

此外，设计者还需要注意以下两点。一是尽量让玩家控制游戏节奏，即使设计者因为剧情需要不得不控制游戏节奏，也要做到尽量让玩家难以察觉。二是不要设计过于完整的游戏剧情，应该为玩家营造具有吸引力的游戏环境，在完成设计剧情开端、提供道具、分派后续任务后，即可让玩家来主导游戏，完成属于他们自己的剧情。

纵观中国网络游戏发展史，不得不提到《仙剑奇侠传》，它是大宇资讯的代表作，也是众多玩家满心期待的网络游戏，然而，游戏上线后却令玩家大失所望。究其失败的原因，可能有外挂横行、画面粗糙等，但最重要的原因是剧情设计缺乏新意。《仙剑奇侠传Online》与单机版的剧情挂钩，并且有很多雷同之处，这就导致游戏缺乏悬念，失去了对

玩家的吸引力。由此可见，在网络游戏内容创意与策划的过程中，如何更好地运用戏剧化的创作手法、策划更为精彩的游戏剧情，就成为设计者需要解决的关键问题。

3. 尝试性地运用影视语言，增强网络游戏的视听效果

在网络游戏发展初期，游戏画面与声音效果都不够考究。随着科学技术的发展，以及玩家审美水平的提高，网络游戏产业内容创意与策划不得不重视视听效果的设计。

首先，设计者需要注意画面构图设计，在贴合游戏剧情需要的同时，尽量达到美观的效果，比如对平衡构图、三角形构图、多画面构图的运用。同时，需要注意第一人称视点和第三人称视点的交叉切换，比如在剧情发展和展示游戏背景时采用较为全景化的、客观的第三人称视点，而在打斗的过程中则注意第一视点的运用，以增强玩家的代入感，使其产生身临其境的感觉。

其次，设计者需要提高网络游戏画面剪辑的专业度。很多原本从事影视创作的游戏设计者喜欢利用剪辑的手法来衔接游戏中的各个场景。但其实在游戏中，除了特殊需要，剪辑手法很少应用。因为游戏情节是围绕主人公的遭遇来发展的，很少有数线并行的情况。不过对于交代剧情和展示全局，剪辑是不错的选择。

最后，设计者需要注意对游戏人物对话的设计。很多设计者往往更注重对剧情悬念和画面效果的设计，忽略了游戏人物对话设计。事实上，游戏人物对话非常重要，对于体现游戏人物的个性起着至关重要的作用。设计者在设计游戏人物对话时，应注意凸显不同人物的言语风格和特色，以此展现其性格特点，同时隐形地表现游戏主题。当然，即便对话是体现游戏人物性格特点的最佳途径，也不意味着游戏人物的对话必须拘泥于现实生活，人物对话可以夸张一些，或者增加一些幽默元素。游戏毕竟是娱乐产品，让玩家得到享受和放松才是它最突出的功能。如果游戏题材没有限制，可以适当地放松人物对话尺度，这样能够给玩家带来更好的体验。

4. 强化网络游戏的交流性功能，注重交互性设计

对于很多网络游戏玩家而言，他们在体验游戏的过程中不仅想要追求游戏等级提升的快感，也想要获得精神上的满足，这种精神上的满足一方面体现为其他玩家对该玩家的认可，另一方面体现为游戏角色在游戏中地位的提高。与传统的单机游戏相比，网络游戏的玩家需要与其他玩家交流合作。如果没有交流，没有互动关系，网络游戏的魅力会大打折扣。因此，设计出好的团队功能是大大有利于游戏发展的。玩家加入团队，认识朋友，并和战友一起在游戏里生活、娱乐，这会成为吸引玩家的重要元素。完整的团队功能应包括创建公会、命名公会、邀请会员加入、同意会员申请、拒绝会员申请、开除会员、设立会员等级和头衔、离开公会、解散公会、变更领导权、创建聊天频道和公会仓库等。在此基础之上，还可以增加其他特色功能，以此满足玩家的需求。设计者需要注意，团队功能和聊天功能是很重要的，不能把它们当作游戏基础设计来看待，要把它们和游戏内容、游戏操作等看成同等重要的核心项目来做。

团队功能随着游戏的发展而不断创新，形式也五花八门，比较成功的案例当属腾讯运营的对战类游戏《穿越火线》，在游戏过程中，玩家可以互相添加好友，一起参与游戏，

也可以在"爆破模式""挑战模式""生化模式""团队模式"中组成战队，要想取得最终的胜利，团队成员之间在游戏过程中需不断地通过语音或者文字消息相互交流，在此过程中不仅可以体会到游戏的乐趣，也可以结交新朋友。当前几乎所有的网络游戏都可以实现玩家之间的交流，但是在游戏的交互性设计方面，还暂时看不到显著成果。所谓交互性，是指游戏对玩家在游戏中所做的动作或选择有反应。例如，当一名玩家通过完成各种任务，由平民百姓或"游戏菜鸟"逐渐成为"英雄"时，游戏角色所在的城镇中的民众对于他的前后变化没有丝毫反应，不会因为他帮助城镇消灭了"怪兽"而在见面时产生尊敬之感。这种情况与现实不符，原因在于缺乏交互性设计。又如，当游戏角色帮助了一名NPC后，这名NPC会因为难题得以解决而在以后见到这个角色时改变态度，这就是交互设计的体现。当然，更加完善的创意与策划应该是给游戏角色加上某个参数，使他一系列的所作所为影响游戏的进程和结局。

5. 尊重游戏玩家，注重人性化的后台服务

网络游戏产业内容创意与策划的人性化是指协调技术和人的关系，即强调每位游戏玩家的个人价值，尊重玩家"人"的属性，让技术的发展围绕人的需求来展开。在中国的网络游戏市场，《魔兽世界》通过与网易的深度合作重振活力。尽管《魔兽世界》曾因运营权变动导致用户波动，但2025年其国服活跃玩家规模已恢复至历史高位，核心玩家社群稳定增长。《魔兽世界》长盛不衰的关键在于其在创意与策划的过程中注重为玩家提供人性化服务。

首先，如果同时登录游戏的玩家过载，会造成服务器人员满额，那么再登录的玩家只能获得类似于"服务器已满，请稍候登录"的信息，不明所以的玩家则要不断地重启游戏客户端登录才能挤进游戏。为了解决这一问题《魔兽世界》设计了排队登录的方式，让玩家登录游戏变得井井有条，如果登录服务器的人数已满，系统就会像很多公司的互联网客服系统那样，提示当前有多少人在尝试登录此服务器，告知你排在第几位，并预计你何时能够进入游戏。当排在你前面的玩家都依次进入游戏后，你就可以顺利地进入游戏了。如此人性化的设计，玩家无须为登录而手忙脚乱，游戏创意策划商暴雪公司对玩家的体贴和理解，可见一斑。

其次，任何一款网络游戏内部都会有虚拟物品交易，这是虚拟环境必需的产物，也是游戏策划商获得利益的手段。所以，在很多网络游戏中，可以看到大批的游戏玩家大喊"出售×××、收购×××"的消息。《魔兽世界》的买卖系统充分考虑玩家的感受，为了让玩家有更多的时间出去探险，游戏设计者为玩家提供了"拍卖行"，也就是国内玩家俗称的"寄卖系统"。玩家不仅可以通过拍卖NPC来出售自己的物品，还可以设定起拍价或一口价、拍卖时间。此外，玩家需要为委托NPC拍卖的物品交纳一定的保险金，保证金在物品卖出后将退还给该玩家，但如果到设定的拍卖时间该物品还未出售，保证金将不会退回。这个设定其实是在鼓励玩家尽可能地出售其他玩家需要的物品，而不是一些"垃圾"。买方玩家只要在游戏里找到拍卖NPC，就可以看到分类列出的各类待售物品，并且可以像常用的搜索引擎一样，按自己的选择条件对此类物品进行搜索筛选。当选到中意的

物品时,直接一口价买进来。当买方玩家成功购买拍卖物品后,物品将会通过游戏里的内部邮件系统直接邮寄给玩家,一种最现代化的送货上门服务在游戏中体现得淋漓尽致。

最后,作为一款客户端高达10G以上的超级大型RPG网络游戏,玩家的数量无疑是巨大的,这就导致游戏里有限的游戏资源很难满足所有玩家的需要,于是,《魔兽世界》的设计公司暴雪设计出网络游戏产业历史上的里程碑作品——副本。《魔兽世界》中文官方网站对副本的解释为:副本,俗称"私房",玩家可以在副本这个独有的私人地下城中体验、探索、冒险或完成任务,也可以邀请其他人加入自己的副本区域。这样可以解决许多问题,诸如蹲点、盗猎、垄断Boss装备等问题。副本中的怪物通常更强大,因此玩家必须组队才能进入副本中。副本就是针对一个团队的特殊拷贝,此副本里的玩家仅仅是玩家自己和队友,其他任何人都不能进入此副本。这样可以让玩家在探索私人地下城时不会受到外来的任何干扰。

通过以上分析,我们可以发现,网络游戏《魔兽世界》的创意与策划非常注重游戏玩家的游戏体验,尊重每一位玩家的心理感受,以人性化的服务赢得玩家的认可。

6. 深入挖掘文化资源,注重网络游戏的文化性

从本质意义上来说,网络游戏是一种特殊的文化产品,网络游戏产业内容创意与策划应尝试性地从文化资源的深入挖掘与开发入手,寻求能够吸引游戏玩家的深刻文化内涵,将文化与游戏、技术与文化内涵融合在一起,这样才能策划出真正吸引游戏玩家的网络游戏。我国拥有上下五千年的古老而神秘的各种文化形态,其文化内涵也是丰富多样的,从中选取一些适合用于网络游戏剧情故事创作的形态进行创意和策划,也是有益的尝试。当前我国自主原创策划的很多网络游戏在技术能力方面还无法与游戏强国相抗衡,我们可以在游戏内涵上下足功夫,还可以探索性地深度挖掘民族文化,以游戏内容的深刻性来弥补与国外游戏创意策划商之间的技术差距,这也是我国本土化网络游戏产业发展壮大的关键。

《黑神话:悟空》作为中国游戏出海的标志性作品,通过深度挖掘《西游记》与东方神话体系的文化内核,并结合现代技术实现了文化性与游戏性的深度融合,在2024年全球游戏颁奖典礼(TGA)中荣获"最佳动作游戏"和"玩家之声"两项大奖,成为中国首款获此殊荣的3A级游戏,全球销量突破2000万份,海外市场收入占比达35%,直接推动了2024年中国自研游戏海外收入增长至185.57亿美元。游戏利用虚幻引擎技术还原了36处中国古建筑场景,并通过高精度扫描敦煌莫高窟壁画,将"飞天""九色鹿"等元素融入角色设计与关卡画卷,创造了一种独特的"数字考古"式文化体验。例如,"黄风岭"关卡以敦煌壁画风格为基调,结合《西游记》原著中的故事情节,通过光影技术和粒子特效再现沙暴与佛光交织的奇观,获得了高达78%的玩家互动率。此外,《黑神话:悟空》采用碎片化剧情与多结局设计,巧妙地将道教"因果轮回"、佛教"众生平等"等哲学命题嵌入战斗系统中,击败Boss后触发的独特机制,如"业火"净化被海外玩家誉为"东方哲学的游戏化表达",吸引了大量因文化独特性而购买的海外玩家。

尽管在图形引擎开发等核心技术领域仍落后于欧美厂商,但《黑神话:悟空》通过内容深度替代技术堆砌的方式实现弯道超车,专注于主线剧情浓缩精华并通过电影化叙事

提升沉浸感。同时，与敦煌美术研究所合作开发的"岩彩着色"技术，使游戏场景呈现历史厚重感，相关技术已申请多项专利。该游戏的成功不仅带动了《西游记》原著销量增长240%，还促使含有传统文化元素的游戏用户留存率比普通游戏高出32%，付费意愿提升了41%，成为展示中国文化的重要窗口，从而证明了文化资源的深度开发可以成为国产游戏的差异化竞争力。

3.4.3　网络游戏产业营销创意与策划

网络游戏产业随着行业自身的成熟、从业人员的努力，已进入新的发展阶段，行业形态和各方博弈形态都有了重大转变。中国网络游戏市场已进入成熟期，竞争趋向激烈，如今，采用暴力等营销方式，或是抄袭、复制等手段，已很难获得较大的市场份额和较高的营业收入。因此，一个成功的网络游戏不仅需要在生产制作阶段融入创意与策划的意识，在营销过程中也需要持续进行创意与策划。

1. 网络游戏产业的产品生命周期策略营销创意与策划

产品生命周期理论是由美国经济学家雷蒙德·弗农在1966年的著作《产品生命周期中的国际投资与国际贸易》中首次提出的。在这本著作中，他指出经济社会的所有产品和自然界的生物一样都在经历着"生老病死"的生命周期，他将自然界生物的生命周期划分为出生、成长、成熟、死亡4个不同的阶段，与此相对应，经济社会的产品先后也要经历相同的几个阶段，即引入、成长、成熟和衰退。网络游戏产品属于经济、科技、文化等多种元素融合的产物，必然也在经历着引入期、成长期、成熟期和衰退期4个阶段。在生命周期的不同阶段，网络游戏产品也呈现出不同的形态，因此，也就要求网络游戏运营商在不同的营销阶段，采取差异化的营销创意与策划。

在网络游戏的引入期，网络游戏厂商可采取"免费试玩"或者"免费公测"的营销噱头，玩家通过登录Web或客户端可以免费体验游戏。一方面，网络游戏厂商可以利用玩家测试并收集游戏的改进建议，以此清除游戏产品的程序和策划漏洞，试图将游戏做到尽善尽美；另一方面，利用免费体验游戏的方式，不仅可以吸引大量的网络游戏玩家加入游戏，为游戏积攒大量的人气，还可以扩大网络游戏的知名度和美誉度，进而获得后续市场规模和增加玩家数量。

在网络游戏的成长期，网络游戏已经度过修改和调试阶段，各个方面的运营也应趋于完善。所以，网络游戏厂商在这一时期的营销重点是扩大用户群，并提高游戏玩家的体验度。一方面，通过开设新的服务区，满足新、老玩家顺利登录游戏的需求，并在在线人数爆棚的情况下，保持服务器的稳定；另一方面，在网络游戏玩家规模扩大后，网络游戏厂商可在游戏玩家可承受的价格基础上开启部分收费功能，但需要注意的是，切不可为了短期利益定价过高，造成初期刚刚积累的游戏玩家流失的状况。

在网络游戏的成熟期，网络游戏厂商一方面需要不断地投放新的升级补丁，以及提供新的内容与玩法来留住玩家，同时将盈利模式从计时模式转变为免费模式，以尽可能地延长游戏的生命周期，降低玩家的流失率；另一方面，网络游戏运营商还可以利用成熟期游戏玩家数量最大、忠诚度最高的特点，吸引广告主的加入，通过网络游戏内嵌式广告的发布，获得广告利润。

在网络游戏的衰退期，由于网络游戏本身的特性与玩家高额的转换成本，网络游戏的衰退期较为缓慢，此阶段的营销重点是降低玩家的流失率，而非拓展新的玩家。在这一时期，网络游戏厂商可以延长游戏的产业链，开发游戏周边市场的潜力，如玩偶、服饰、生活用品等兑现游戏价值。

2. 网络游戏产业的差异化营销创意与策划

伴随着我国网络游戏产业的迅猛发展，众多投资商将资本投向了网络游戏产业，各种网络游戏类型的研发团队数不胜数，在无形当中加剧了行业内部的竞争压力。从一定意义上来说，一些大型网络游戏制作公司可以凭借其雄厚的经济实力和日渐壮大的品牌优势，迅速抢占网络游戏市场。但不可否认的是，在当前我国网络游戏市场中，大型公司屈指可数，还是以中小型公司为主导。对于这些中小型网络游戏公司而言，它们自身既不具备与大公司相抗衡的品牌优势，又缺乏雄厚的资本基础，所以在与大公司的竞争中往往处于不战而败的境地。当然，这并不意味着中小型网络游戏公司就没有生存的可能，如何更好地避免网络游戏的同质化，以低成本高创意的差异化方式暗度陈仓，不失为一种取胜的策略选择。

根据网络游戏产业的特性与相关数据的分析，我国的网络游戏厂商可以在游戏类型、游戏题材、收费模式和游戏品牌等方面尝试采用差异化策略。在本节的第一部分，我们已经论述过，当前我国网络游戏的类型非常多样。综合分析来看，角色扮演仍然是网络游戏的主流类型，特别是那些创意灵感来自金庸、梁羽生等作家所创作的武侠小说的网络游戏，更是深得广大游戏玩家的喜爱，从《仙剑奇侠传》到《大话西游》，游戏中的快意恩仇、行侠仗义、英雄不问出处等情节一直吸引着游戏玩家沉迷其中。此外，音乐、体育类型的网络游戏也拥有一定的玩家群体，《劲舞团》厂商久游网正是凭借这类游戏取得了成功。射击类游戏越来越受玩家喜爱，尤其是《穿越火线》不断刷新玩家规模纪录。当然，这些游戏类型在深得玩家喜爱的同时，也不可避免地造成了很多游戏制作商的疯狂复制甚至抄袭，所以，在营销的创意策划阶段，如何巧妙地宣传自身的差异化，就成为市场竞争的关键。

同时，在网络游戏产业营销的创意与策划中，还可以利用企业品牌的差异化特点进行宣传和推广。纵观我国当前的网络游戏市场，欧美老牌厂商研发力量较强，所制作的游戏品质较高，具备强大的市场号召力，而这也正是国内众多厂商所欠缺且渴望拥有的优势。当前，我国国内比较知名的游戏制作运营商，大多是在涉足互联网领域取得一定的市场地位和社会认可度之后，才踏入网络游戏的市场领域。与传统的欧美游戏品牌相比，我们可能在画面制作、游戏关卡、角色设计等方面存在各种不同。所以，在网络游戏营销的创意与策划中，我们要有意识地避开这些局限性，转而以自身已经形成的企业品牌为营销突破口。《王者荣耀》这款MOBA类型的手游就是腾讯游戏平台巧妙运用品牌差异化的典范之作。《王者荣耀》不仅在中国市场取得了巨大的商业成功，而且在海外市场也获得了不错的反响。这款游戏通过与各种知名IP合作，如《圣斗士星矢》《火影忍者》等，不断推出限定角色皮肤，吸引了大量粉丝的关注。此外，《王者荣耀》还与中国传统文化元素相结合，推出了诸如"五虎上将"系列皮肤，这不仅丰富了游戏内容，也增强了玩家的文化认同感和自豪感。

3. 网络游戏产业的创新盈利模式营销创意与策划

随着我国网络游戏产业的不断发展，单纯的"免费体验"的游戏营销模式，在具体产业实践过程中暴露出诸多问题，更为关键的是已经很难成为吸引游戏玩家的法宝。这就要求我国的网络游戏制作运营商要摆脱传统的营销模式，调整产业盈利模式，转变网游产业的颓势，扩大营收，引导潮流。

一方面，网络游戏制作运营商可以尝试性地内置一些商业广告，以内嵌式广告的模式，获取经济收益。在具体的创意与策划的过程中，网络游戏制作运营商要深入挖掘游戏的广告资源，比如游戏人物的穿衣打扮、游戏场景的布置、虚拟物品的名词等，都可以成为广告商投放广告的载体。《星际征途》作为一款科幻题材的网络游戏，在盈利模式上提供了创新思路。这款游戏不再局限于传统营销模式，而是通过内置广告和增值服务来实现营收增长。在游戏内，玩家可以驾驶带有现实汽车品牌标志的宇宙飞船，或是穿戴知名运动品牌的宇航服，这些元素不仅融入到游戏背景中，而且为品牌商提供了独特的宣传平台。此外，游戏中的虚拟城市中还设有电子屏幕和广告牌，展示最新的电子产品、电影预告等内容，巧妙地将现实生活中的商业广告与游戏环境相结合，既增加了游戏的真实感，也为运营商带来了额外收入。

另一方面，网络游戏制作运营商也可以延伸网络游戏的价值产业链，开发售卖网络游戏周边产品。如果网络游戏制作运营商拥有游戏的版权，可授权一些制造型企业或自己独立开发与网络游戏相关的产品，比如，以游戏人物为原型的玩具、服装、小说、生活用品等多系列商品，从而获得销售收入。当前，在我国网络游戏制作运营商中，腾讯游戏平台在周边产品开发做得比较好。腾讯游戏平台利用其即时通信软件打造的平台优势和大规模的用户数量，顺势在动漫、文具、鞋帽、衣服等领域制造周边产品。在周边产品被购买的过程中，不仅带来了收益，也加深了市场对腾讯的接受度与美誉度，产生了良好的相互促进作用。此外，还可以利用网络游戏的市场知名度，开展跨行业合作。例如，《完美世界》游戏运营商投资3300万元人民币拍摄电影《非常完美》，并在影片中植入网游《热舞派对》，事后公布的数据显示，《热舞派对》的在线玩家数量在电影放映后同比增长了10%。当前的网络游戏市场游戏类型多样，各大游戏运营商都面临着营销的困境，所以，在营销创意与策划过程中，不能仅仅固步于传统的盈利模式，而应大胆创新，并采用多种盈利模式，从而取得营销的最终胜利。以《幻想之旅》为例，这款成功的MMORPG游戏展示了如何通过扩展价值产业链来增加盈利。该游戏不仅在其虚拟世界内为玩家提供了丰富的体验，还开发了多种周边产品。基于游戏中深受玩家喜爱的角色，推出了精美的手办、玩具以及官方小说和漫画书，这些产品不仅增加了游戏的深度和广度，也提升了玩家的参与感。此外,《幻想之旅》还推出了主题服装系列,包括印有游戏角色图案的T恤、帽子等,还有联名款的生活用品,如鼠标垫、水杯等,巧妙地将游戏元素融入日常生活。这不仅丰富了商品种类,也提升了玩家的忠诚度。与腾讯游戏相似,《幻想之旅》利用其品牌影响力,在动漫、文具、鞋帽、衣服等多个领域推出周边产品。通过销售这些周边产品,《幻想之旅》不仅增加了额外收入来源,还进一步加强了品牌形象,提升了市场接受度与美誉度。

4. 网络游戏产业的整合营销创意与策划

整合营销是指在统一营销目标的前提下,分析各种营销工具和手段的优劣势,根据市场环境,有选择性地选择和综合运用这些工具和手段,从而加强各方在交互中的优势,减少劣势,进而产生"1+1>2"的协同作用。这些独立的营销工具和手段包括广告、平台、公关事件、销售促进等。

一方面,在网络游戏产业的营销创意与策划中,要注重广告的投入。尽管与其他的营销手段相比,广告的资金投入最大,但也是效果最好的营销手段之一。尤其是在当前"娱乐至死"的文化背景下,越来越多的游戏运营商选用娱乐明星来代言自己的网络游戏,往往都会取得不错的效果。比如,歌手张杰代言《逆战》,演员Angelababy代言《大战神》,演员杨紫代言《蛋仔派对》等。通过娱乐明星的号召力,可以吸引他们的粉丝加入游戏玩家的行列,甚至很多网络游戏打着"和明星一起玩游戏"的噱头来提高游戏玩家的忠诚度。

另一方面,在网络游戏产业的营销创意与策划的过程中,还要注意多种营销渠道的整合运用。当前,线下网吧联盟和线上销售系统是网络游戏最主要的两个营销渠道。网吧一直被网络游戏运营商作为产品的推广平台,因为其汇聚终端用户资源的特性,在网络游戏产业链中,运营商与网吧的合作是双赢典范。网络游戏运营商通过与网吧形成联盟,加大线下推广力度,可夯实用户基础。随着网络技术的发展和宽带的普及,网络游戏运营商可以通过搭建在线销售平台直接接触网络游戏玩家,以电子商务的形式销售游戏点卡、游戏道具等虚拟商品,不仅更加方便游戏玩家,而且可以大幅度降低成本,提高利润。以腾讯运营的大型网络游戏《穿越火线》为例,它在线下与全国各地的网吧进行合作,陆续推出了CF百城联赛、CF全民联赛等线下比赛,同时,在游戏的官方网站也开展了各种游戏装备和道具的线上销售,这样多渠道的整合营销,不仅提高了经济收益,而且也间接地扩大了游戏品牌影响力,获得了经济效益和社会效益的双丰收。

5. 网络游戏产业的海外营销创意与策划

在网络游戏产业链中,网络游戏运营商通过营销等增值服务能够获得利润30%的收益,由此可见营销的重要性。有实力的运营商为了扩展产品线,会同时代理数款产品。而营销资源的合理投放应与市场走向相一致,这样代理商必然会根据产品的优劣来决定资源投入的力度。可是在当前网络游戏行业激烈竞争的环境下,如果不加大对游戏的营销力度,就不能吸引足够多的玩家,也就无法扩大游戏的知名度,更无法实现良性的运营循环,因此在选择游戏和控制营销力度方面需要慎重。

《State of Survival》作为一款成功的策略生存SLG手游，在全球市场中，展示了如何通过创新的海外营销策略脱颖而出。游戏利用联名英雄、抽奖赠送豪车等吸引眼球的活动，显著提升了用户活跃度。同时，通过与顶级YouTube博主合作进行KOL宣传，覆盖了广泛的潜在用户群体，确保信息的有效传播。此外，定制原创动画短片、周年庆翻糖蛋糕等创意内容，结合多位KOL录制的祝贺视频，提高了社区互动和用户留存率。在内容创作方面，《State of Survival》采用真人剧情素材和角色cosplay视频，并进行全程本地化处理，有效提高了用户获取效率。多渠道的品牌推广策略，包括TVC电视投放、KOL合作及PR发布等，帮助该游戏实现了显著的用户增长，日活跃用户数(DAU)提升了20%，月活跃用户数(MAU)也增长了15%。这些数据表明，精准的市场定位和有效的营销资源分配再加上富有创意的推广手段，能够极大地促进游戏的成功，为其他寻求海外市场扩展的游戏提供了宝贵的经验。

在网络游戏出口方面，随着游戏产品供大于求的问题日益突出、产品同质化与市场竞争的加剧，以及政府机构对"走出去"战略的支持，国内网游厂商开始加速推进国际化进程。在此进程中，国内网游厂商会面临如何在不同的产业环境下打造新的运营模式、把握玩家心态、实现游戏本土化、与当地其他环节厂商进行合作的挑战。为了提升网络游戏出口能力，首先应做好产品研发，从当地玩家的消费行为和消费心理出发设计游戏，并留下足够的空间，以便后期进行调整和本土化。其次应依据市场规模、市场成熟度、玩家的消费水平对目标市场进行细分，采取不同的研发运营策略。例如，对北美市场，由于市场规模增幅大，可在当地建立子公司负责游戏独立运营；对日韩市场，可采取合资或自主运营的经营方式；对东南亚和欧洲市场，可采用授权或合资的方式进入。需要注意，在网络游戏出口时，应了解当地的法律法规，尊重当地的风俗，做好本土化工作，不仅要在游戏人物形象设计上参照当地文化推崇的审美标准，在世界观、游戏准则设计上更要尊重当地主流价值观。

3.5　网络文学产业创意与策划

在数字时代的浪潮中，中国网络文学以其独特的魅力和蓬勃的生命力，经历了从边缘到主流的华丽蜕变。自21世纪初以来，这一新兴的文化现象不仅深刻改变了人们的阅读习惯，更是在满足广大读者精神追求的同时，构建起一个丰富多彩、充满无限可能的故事世界。经过多年的持续发展，中国网络文学由小众走向大众，凭借其旺盛的生命力、丰富的想象力和强大的感染力，正在成为满足人民群众精神文化需求的食粮、构建数字阅读服务体系的重要支撑，同时也是新时期增强文化自信、推动社会主义文化强国建设的重要力量。网络文学凭借丰富多元的题材类型、天马行空的创作灵感以及能够引起读者强烈情感共鸣的能力，吸引了不同年龄层次及背景的海量粉丝群体，促进了中华优秀传统文化与现代价值观之间的融合与交流，为塑造积极向上的社会氛围提供了新的载体。同时，在国家层面积极推进社会主义文化建设的大背景下，网络文学也承担着更加重要的使命——作为提升全民数字素养、优化公共数字阅读服务体系的关键组成部分之一，激发年轻人对于文学艺术的兴趣与爱好，鼓励他们投身于原创作品的创作之中，从而为中国乃至全球范围内的文化交流搭建起一座桥梁。

3.5.1 网络文学与网络文学产业

1. 网络文学的兴起

中国网络文学是在信息技术革命和社会文化变迁的双重背景下逐渐兴起和发展的。20世纪末，随着互联网技术的发展和普及，美国留学生开始使用电脑和网络在BBS上抒发情感，这标志着网络文学的萌芽。1998年，中国台湾地区的蔡智恒(笔名痞子蔡)在网络上连载《第一次的亲密接触》，被视为中国网络文学正式诞生的标志。此后，随着移动互联网技术的迅猛发展，特别是4G和5G通信技术的应用，为网络文学提供了更便捷的传播渠道，用户可以随时随地通过手机等移动设备进行阅读和创作。在线阅读平台迅速崛起，如起点中文网、晋江文学城等，这些网站不仅为作者提供了一个展示作品的舞台，还通过各种激励机制促进了高质量内容的产生。同时，政府也出台了一系列政策措施来支持网络文学产业的发展。2016年，国家新闻出版广电总局(现为国家广播电视总局)、工业和信息化部发布《网络出版服务管理规定》，规范了网络出版活动，保护了创作者的权益。网络文学的市场规模持续扩大，注册作者和读者数量迅速增长，并且呈现年轻化的特征。

2. 网络文学的概念和类型

网络文学是指借助互联网进行创作、发布，并通过网络传播的文学作品。它突破了传统纸质媒体的限制，实现了创作、传播和消费的一体化。

网络文学内容丰富，根据不同的标准，可进行不同的分类。本书根据题材和内容，将网络文学分为仙侠玄幻、都市言情、历史穿越、科幻探险等大类。其中，仙侠玄幻类网文以中国古代神话传说为基础，结合现代幻想元素，构建出一个充满奇幻色彩的世界，代表作品有唐家三少的《斗罗大陆》系列，该作品以丰富的想象力和精彩的故事情节吸引了大量读者。都市言情类网文主要以现代都市生活中的爱情故事为题材，反映了当代年轻人的情感追求和社会现实，代表作品有顾漫的《何以笙箫默》，该作品讲述了一段感人又曲折的爱情故事，深受年轻女性读者的喜爱。历史穿越类网文通常将主人公置于某个特定的历史时期或虚构的历史场景中，通过他们的经历展现对历史事件的独特解读，代表作品有桐华的《步步惊心》，该作品通过独具风格的历史演义和凄美绝伦的爱情故事，吸引了无数读者粉丝。科幻探险类网络小说借助未来科技或外星文明设定来探讨人类命运及宇宙奥秘，代表作品有刘慈欣的《三体》系列，该作品不仅在国内引起了广泛关注，还在国际上赢得了高度评价。

3. 网络文学的特征

网络文学作为一种新兴的文学形式，凭借其特点和优势正在逐渐改变传统文学的创作和传播方式。网络文学具有以下几个核心特征，这些特征共同塑造了网络文学的现代面貌。

(1) 广泛的参与性和低门槛性。网络文学打破了传统文学创作的高门槛限制，任何人都有可能成为作家。例如，痞子蔡最初只是利用业余时间在网上写作，但他的作品《第一次的亲密接触》却开创了网络文学变现的先河。又如，唐家三少通过持续的在线创作积累了庞大的粉丝基础，最终成为"大神"级别的存在。

(2) 高度的互动性和即时反馈机制。网络文学注重与读者之间的互动交流，许多网站设置了评论区，允许读者直接对作品发表意见。这种即时反馈机制有助于提高作品质量，同时也增强了作者与读者之间的情感联系。以起点中文网为例，该网站设有专门的书评区，读者可以在阅读更新章节后立即留言，作者可以根据这些反馈调整后续情节，从而更好地满足读者的需求。

(3) 快速迭代与连载形式。网络平台支持实时更新功能，很多网络小说采用连载方式发布新章节。例如，《斗破苍穹》在连载期间每周都会更新数次，保持了读者的新鲜感。这种方式既能保持读者的兴趣，又便于作者根据市场反应灵活调整后续情节走向。

(4) 鲜明的时代特色与本土化倾向。网络文学深深植根于社会土壤之中，反映着当代中国人的生活方式、价值观念以及审美趣味。无论是描写现代都市生活的言情小说还是构建虚幻世界的玄幻小说，都能从中窥见作者敏锐捕捉时代脉搏的能力。例如，阿耐的《大江大河》聚焦时代变迁，激发行业梦想，回应时代召唤。

4. 网络文学产业发展现状

经过多年的持续发展，中国网络文学已成为新时期增强文化自信、推动社会主义文化强国建设的重要力量。2024年7月12日，第七届中国"网络文学+"大会发布《2023年中国网络文学发展报告》，主要从产业规模与结构、作品题材与类型、作者队伍建设、用户行为分析4个角度，分析我国网络文学产业的发展现状。

(1) 产业规模与结构。我国网络文学行业保持长期稳定的较高速增长，产业规模实现了跨越式规模扩张。2023年，我国网络文学市场营收规模持续扩大，达到383亿元(不含港澳台)，较2022年增长20.52%。同时，我国网络文学市场的增长与数字阅读市场的增长保持一致，可以说，网络文学行业的发展对推进全民阅读工作、推动数字阅读市场发展起到了积极的促进作用。在383亿元总营收中，订阅收入、版权收入和广告收入板块分别为143.16亿元、68.17亿元和154.08亿元，另有包括硬件收入在内的其他收入17.59亿元。我国网络文学行业各收入板块中，版权收入占比相对稳定，而订阅收入板块在总营收中的占比呈逐年下降趋势。2023年，广告收入占比为40.2%，首次超过订阅收入(占比37.4%)，广告收入的增长对行业发展正在发挥越来越大的拉动作用。

(2) 作品题材与类型。我国网络文学作品数量增长迅速，题材类型多元，能够有效适应读者的个性化阅读需求。截至2023年底，我国网络文学行业累计作品总规模达到3786.46万部，较2022年的3458.84万部增长9.47%。根据中国音数协在全民阅读大会期间公布的《2023年中国数字阅读报告》，2023年，我国数字阅读(含有声)作品规模累计达到5933.13万部，网络文学作品占到全部数字阅读作品的63.8%，这反映了网络文学作品在数字阅读产业中的重要地位。2023年，我国网络文学作品中排名前3位的依然是古言现言、都市职场、玄幻奇幻，占全部作品总量的比例分别为24.19%、19.29%、13.05%，排名前3位的题材合计占据网络文学作品总量的56.53%。值得关注的是，我国网络文学行业出海持续推进，在未区分重复授权、多语种翻译、授权地区等因素的情况下，2023年我国网络文学出海作品(含网络文学平台海外原创作品)总量约为69.58万部(种)，相较于2022年的53.93万部(种)，增长29.02%。

(3) 作者队伍建设。网络文学平台驻站作者规模稳步上升，全年龄段特征日益凸显。截至2023年底，我国网络文学平台驻站作者总数约为2929.43万人。在剔除重复注册的情况下，2023年我国网络文学行业累计注册作者总数超过2500万人。其中，在最近3年中，笔龄(创作年限)在3年以下的作者占比呈降低趋势，而笔龄在5年以上的作者占比持续增长。这一方面体现了创作者进入这一行业门槛较低，另一方面反映了我国网络文学行业创作者的中坚力量正在壮大，网络文学作家队伍的职业化初见成效。另外，网络文学创作者涵盖从青少年到中老年的各个年龄段。2023年，19~45岁年龄段创作者占比达77.47%，中青年创作者已经成为网络文学作家队伍的绝对主力，这也与创作者的笔龄数据相符。

(4) 用户行为分析。网络文学用户年轻化特征明显，阅读题材偏好较平均。根据中国互联网络信息中心(CNNIC)发布的《第53次中国互联网络发展状况统计报告》，截至2023年底，我国网络文学用户规模累计达到5.50亿人，较2022年增长了5200万人，增幅10.44%，增长比例远高于互联网用户增长比例。从年龄占比来看，我国网络文学用户在45岁以下年龄段占比达到近80%。由此可以看出，中青年群体仍处于网络文学用户群体的核心地位，该群体的活跃度和参与度均保持较高水平，网络文学行业用户保持了以年轻群体为核心的基本特征。此外，2023年，我国网络文学用户依然偏好玄幻奇幻、悬疑推理、新类型小说(如二次元、同人、轻小说等)、灵异科幻和武侠仙侠这5种题材，上述题材类型的用户占比分别为25.90%、23.78%、22.98%、20.66%、19.29%。

3.5.2 网络文学产业内容创意与策划

网络文学作为一种新兴的文化形式，不仅具有娱乐休闲的功能，还逐渐成为文化传播和经济价值创造的重要载体。从内容生产的角度来看，创意与策划是推动网络文学高质量发展的关键因素之一。基于网络文学的文化与技术特性，我们归纳出以下4种具体的内容创意与策划方法。

1. 利用新技术赋能内容创作：AIGC技术的应用

随着人工智能(artificial intelligence，AI)技术的发展，AIGC(artificial intelligence generated content，人工生成内容)技术在内容创作领域的应用越来越广泛。通过学习和识别已有数据，AIGC能够缩短文字作品有声化、动漫化以及影视化的周期。中文在线董事长童之磊认为，AIGC通过对大量文本的学习，可以辅助作者快速生成故事情节或角色设定，极大地提高了创作效率。此外，AI翻译技术也显著提升了中文作品海外推广的速度和质量，一部网络小说可以在48小时内完成翻译并发布到Kindle、Apple Books等知名数字出版平台，从而扩大了网络文学的国际影响力。具体来说，AIGC在网络文学产业的应用体现在以下几个方面。

(1) AIGC技术能够辅助设计故事情节和角色。AIGC能够通过分析海量的文学作品来学习不同的故事结构、情节转折以及人物性格的发展方式。基于这些学习成果，AIGC技术可以为作家提供新的灵感来源，帮助他们构思独特的情节或创建更加丰满的角色形象。例如，在一个科幻小说项目中，作者可以使用AIGC工具输入一些基本参数(如背景设定、主要冲突点等)，然后由系统自动生成一系列潜在的故事线供选择。

(2) AIGC技术能够模仿语言风格。对于希望尝试不同写作风格的作者来说，AIGC提供了宝贵的资源。它能够根据特定作家的作品样本训练模型，从而生成具有相似语气和表达方式的新文本。这不仅有助于保持系列作品的一致性，还可以让新晋作者更容易地找到适合自己的创作风格。

(3) AIGC技术能够强化互动式叙事体验。利用AIGC技术，网络文学平台可以开发出丰富多样的互动阅读模式，为读者带来更佳的体验。读者可以影响故事走向，而背后支撑这一切的就是实时生成相应章节内容的能力。这种形式增强了读者的参与感，使读者获得独一无二的体验。

(4) AIGC技术能够快速辅助原型测试。在正式投入大量时间和精力之前，作者可以先通过AIGC快速创建多个版本的故事概要或者开头部分来进行市场测试，再根据读者反馈调整方向，最后再深入发展情节，这样既节省了成本，也提高了最终作品的成功率。

(5) AIGC技术能够进行多语言同步发布。AI翻译技术能够促进中文作品向全球市场传播，不仅如此，结合AIGC技术还可以在同一时间上线多种语言版本，满足不同地区读者的需求。此外，针对某些特定文化背景下需要做适当修改的内容，AIGC技术同样能发挥作用。

2. 打造多元化的IP生态链：跨媒体改编与联动

网络文学除了以文字形态呈现，还可以通过多种形式实现跨界传播，如影视剧、短视频、游戏等。这种多渠道的内容转化模式有助于提升原作品的价值及影响力。以《斗破苍穹》为例，这部由天蚕土豆所著的小说最初连载于起点中文网，在获得巨大成功后被改编为动画、电视剧等多种形式，形成了一个完整的IP产业链。这种做法不仅丰富了作品的表现方式，也吸引了更多不同喜好的读者群体，进一步巩固了作品的市场地位。

(1) 跨媒体改编与联动能够实现多维度开发。除了传统的影视剧改编之外，还可以探索其他媒介形态，如漫画、有声书、广播剧等，以满足不同读者的偏好。例如，《全职高手》这部网络小说不仅被拍成了电视剧和动画片，还有同名的漫画版本以及相关的游戏产品，甚至推出了主题音乐专辑。

(2) 跨媒体改编与联动能够深度挖掘故事潜力。在进行跨媒体改编时，应当深入挖掘原作背后的文化内涵和社会价值，并在此基础上进行创新性再创作。例如，《鬼吹灯》系列通过对古代文化和神秘探险元素的结合，成功吸引了大量粉丝，而后续的电影、网剧等改编进一步丰富了这一世界观，让观众能够身临其境地体验其中的魅力。

(3) 跨媒体改编与联动能够推动跨界合作与品牌联名。与其他行业或品牌合作也是扩大IP影响力的有效手段之一。例如，可以推出基于小说角色设计的商品(玩具、服饰等)，或者与旅游景点联合举办主题活动。《仙剑奇侠传》就是一个很好的例子，该小说及改编电视剧带动了一波关于"仙侠文化"的热潮，相关周边产品在市场上也非常受欢迎。

(4) 跨媒体改编与联动能够强化读者参与及共创机制。通过举办征文比赛、绘画大赛等活动鼓励读者参与到IP建设的过程中，从而激发读者的创造力。建立官方论坛或社交媒体群组，定期发布最新动态并收集反馈意见，以此增强社区黏性，形成良好的口碑效应。

(5) 跨媒体改编与联动能够助力全球化视野下的战略布局。随着中国文化产业走出去的步伐加快，越来越多优秀的网络文学作品开始走向世界舞台。为了更好地适应海外市场的需求，在进行海外推广时，应充分考虑当地的文化背景和社会环境，适时调整策略，采用更贴近目标受众的方式讲述中国故事。

3. 强化文化传承与创新：挖掘传统文化元素

中国悠久的历史文化为网络文学提供了丰富的素材库。将传统故事与现代叙事手法相结合，可以创造出既具有时代感又不失文化底蕴的作品。例如，《择天记》以中国古代修仙文化为基础，融入了现代社会中年轻人追求自我成长的主题，受到了广大年轻读者的喜爱。这种创作方式不仅促进了中华优秀传统文化的传承与发展，也为网络文学注入了新的生命力。强化文化传承与创新在网络文学内容创意与策划中占据着重要地位，尤其是在挖掘和利用传统文化元素方面，这不仅能够丰富故事背景、增加作品的文化深度，还能促进中华优秀传统文化在全球范围内的传播与认知，但需要注意以下几点。

(1) 深入研究与准确呈现。在创作过程中，作者需要对所引用的历史时期或特定文化有深刻的理解，并且要尽可能地做到忠实于历史事实与文化精髓。例如，《长安十二时辰》这部小说通过对唐朝都城长安的详细描绘，展现了当时社会生活的方方面面，同时融入了紧张刺激的情节设计，使读者既能享受阅读的乐趣又能学到知识。

(2) 融合现代价值观。将传统故事中的道德观念、哲学思想等与当代社会的价值观相结合，使之更易于被现代读者接受并产生共鸣。例如，《琅琊榜》这部小说讲述了忠诚与背叛、正义与邪恶之间的斗争，这些永恒的主题通过一个精心构建的故事框架得到了新的诠释，同时也体现了对公平、公正、智慧、勇气等正面品质的颂扬。

(3) 探索新颖的表现手法。可以利用现代叙事技巧来重新讲述古老传说或经典文献，比如采用非线性时间轴、多视角叙述等方式，以增强故事吸引力。例如，《大鱼海棠》虽然是一部动画电影，但其灵感来源于庄子的《逍遥游》，作者巧妙地将中国传统神话色彩与浪漫主义风格结合在一起，创造出一个既梦幻又充满哲理的世界。

(4) 加强国际交流与合作。鼓励网络作家参与国际文化交流项目，学习并借鉴其他国家在处理本土文化题材方面的成功经验。通过翻译出版、版权交易等形式，将富含中华传统文化特色的作品推向国际市场，让更多人了解中国悠久而灿烂的文化遗产。

4. 深度互动与读者共创：增强粉丝参与感

随着社交媒体平台的发展，越来越多的作者开始重视与读者之间的交流与互动。他们会在写作过程中征求读者的意见，甚至邀请部分忠实读者参与到故事创作中来。这种方式不仅可以提高作品的吸引力，还能建立强大的社区效应。例如，"大神级"作家唐家三少就经常在其微博上分享创作心得，并积极回应读者留言，有时还会根据大家的建议调整情节走向。这种开放式的创作模式使得作品更加贴近大众口味，增强了读者黏性。如今，深度互动与读者共创在网络文学产业内容创意与策划中扮演着越来越重要的角色。通过增强读者参与感，不仅可以提高作品的质量和吸引力，还能建立起忠实且活跃的读者群。具体可以采取以下做法。

(1) 充分利用社交媒体平台。作者可以利用微博、微信公众号、贴吧等社交网络工具，定期发布创作进展、幕后花絮等内容，并邀请读者留言评论。例如，作者可以在完成一章后将其发布到社交媒体上，询问读者对于情节发展的看法或期待。

(2) 定期举办在线问答与直播活动。定期举办在线问答会(Q&A)或者直播交流会，直接回答读者的问题并收集反馈。在直播过程中，作者还可以现场进行写作演示，展示如何构思故事情节或如何处理特定场景，让读者更直观地感受创作过程。

(3) 设立读者贡献奖励机制。设立读者贡献奖项机制，鼓励读者提交故事灵感、角色设定或者完整的章节草稿。对于被采纳的意见或素材，给予一定的物质奖励或者在作品中特别致谢，以此激发更多读者的参与热情。

(4) 尝试推行定制化阅读体验服务。提供个性化的阅读体验，比如根据读者的选择生成不同版本的故事结局。开发应用程序或网页插件，允许读者自行调整字体大小、背景颜色等参数，以满足个人偏好。

(5) 跨领域合作与联动。与其他艺术形式如音乐、绘画等领域的创作者合作，共同开发基于同一IP的不同表现形式。鼓励读者创作与原作相关的其他类型内容，如漫画、短片、歌曲等，形成更加丰富多元的文化生态。

■ 3.5.3 网络文学产业营销创意与策划

随着互联网技术的快速发展，网络文学已成为文化产业的重要组成部分。面对激烈的市场竞争和读者日益增长、多元的需求，网络文学平台应不断创新营销策略，以保持竞争力。

1. 利用4C理论优化用户体验

4C理论(customer，cost，convenience，communication)强调以用户需求为导向，注重成本控制、便利性和沟通交流。在网络文学领域，这一理论可以帮助平台和作者更好地满足读者的个性化需求，降低读者阅读成本，提高网文内容获取便捷性，同时加强与读者的沟通。

1) 顾客(customer)

(1) 了解用户。利用大数据技术收集读者行为数据，深入分析目标读者的偏好、兴趣及阅读习惯。

(2) 定制化服务。根据读者的喜好提供个性化推荐，例如智能推送符合读者个人口味的小说章节；开发互动性强的故事线或结局选择功能，让读者参与到故事创作中来。

(3) 建立社区。创建在线论坛或社交媒体群组，鼓励读者分享读书心得并参与讨论，形成良好的社群文化氛围。

2) 成本(cost)

(1) 合理定价策略。采用灵活多样的收费模式，例如免费试读部分章节后付费解锁全文、会员订阅制等，确保价格既能够覆盖运营成本又能被大多数读者所接受。

(2) 节省时间成本。优化网站或应用程序界面设计，缩短加载时间，简化操作流程，让读者可以快速找到自己感兴趣的内容。

(3) 减少信息获取障碍。提供清晰的导航结构和搜索工具，帮助读者高效地发现新书或特定类型的作品。

3) 便利(convenience)

(1) 多平台支持。开发适用于不同操作系统(iOS/Android)的应用程序以及网页版阅读器，提升跨设备无缝切换体验。

(2) 离线下载功能。允许读者将书籍下载到本地存储空间，以便于在没有网络连接的情况下也能继续享受阅读乐趣。

(3) 智能提醒服务。设置自动更新通知、追更提醒等功能，及时告知读者最新发布的章节内容。

4) 沟通(communication)

(1) 双向交流渠道。建立官方客服系统，设立专门的意见反馈邮箱或社交账号，积极回应读者的咨询和建议。

(2) 作者见面会或签售活动。定期组织线上直播或者线下聚会，拉近作者与读者之间的距离，提高品牌忠诚度。

(3) 内容共创项目。邀请忠实读者参与某些特别章节的写作比赛，其中优秀作品有机会被正式收录进原作之中，从而激发更多读者的创作热情。

阅文集团在韩国市场的营销策略中充分体现了4C理论的应用。首先，在产品层面，阅文集团根据当地文化背景设计跨文化元素，提供凸显本土特色的作品；其次，在价格方面，考虑到不同读者群体的消费能力，采取灵活的付费模式，让各类读者都能找到适合自己的阅读方式；再次，渠道商通过与本地分销商合作，拓宽了销售渠道，提高了作品的可获得性；最后，在促销手段方面，通过举办线上论坛、线下活动以及采用适应当地文化的广告宣传方式等，提升品牌知名度，促进读者黏性的增强。

2. 跨媒介叙事IP运营

跨媒介叙事是指将同一作品的内容分散到多种媒体形式上进行传播，如小说、动漫、影视剧等。这种方式可以有效扩大受众范围，提升内容的曝光度和影响力。跨媒介叙事IP运营涉及以下几个方面。

(1) 构建丰富的故事世界。作者在创作初期就应考虑到后续可能的多媒体发展路径，设计一个具有足够深度和广度的故事背景。故事中的人物、情节线应具备一定的延展性，以便于后续跨越不同形式的媒体进行展现。

(2) 多平台内容开发。具体包括：小说——作为起点，为整个故事世界奠定基础；漫画、动画——视觉化呈现故事，特别适合那些富有想象力和动作场面精彩的情节；电视剧、电影——利用影视作品的强大影响力，将IP推向大众视野；游戏——互动性强的游戏可以让玩家沉浸于故事之中，同时也能拓展更多原创剧情；衍生商品——如手办、服饰等周边产品，可以进一步巩固品牌形象。

(3) 保持一致性与独特性。不同媒介的内容需要保持核心信息的一致性，以确保用户体验连贯。同时也要根据各平台特点创造独特体验，比如在游戏中加入专属任务，在影视剧中增加幕后花絮等。

(4) 提升品牌识别度。统一的品牌形象设计，包括LOGO、色彩搭配等元素，贯穿所有相关产品和服务。制定长期规划，持续推出新作及活动，维持IP活跃度。

(5) 社群建设和互动。建立官方社交媒体账号，定期发布最新动态，组织线上、线下粉丝见面会等活动。鼓励用户生成内容(UGC)，例如举办cosplay比赛、同人创作大赛等，促进社区内部交流。

(6) 版权保护与合作。重视知识产权保护，防范未经授权的复制与传播行为。寻找合适的合作伙伴共同开发项目，共享资源、共担风险。

(7) 数据分析驱动决策。利用大数据分析工具监测各个渠道的表现情况，及时调整推广策略。根据用户反馈不断优化内容质量，提高市场竞争力。

《斗罗大陆》系列作品是跨媒介叙事的成功营销案例之一。该IP不仅在线上连载小说，还被改编为漫画、动画片、真人电视剧。通过对多媒介平台的有效利用，《斗罗大陆》构建了一个庞大而连贯的故事宇宙，吸引了大量忠实粉丝，形成了强大的社区效应。这种多元化的呈现形式不仅增加了原著的吸引力，也为后续衍生品开发打下了坚实的基础。

3. 强化社群营销与粉丝经济

社群营销是指在围绕特定兴趣或主题建立起来的社交圈子内进行推广活动，旨在促进成员之间的互动及口碑传播。粉丝经济是指通过培养一批忠实追随者来实现商业价值最大化的过程。强化社群营销与粉丝经济具体包括以下几个方面。

(1) 建立专属社区。创建官方论坛、社交媒体群组或使用专门的应用程序(如豆瓣小组、QQ群等)，为读者提供一个交流讨论的空间。在这些平台上分享独家内容，比如作家访谈、创作背后的故事、未公开章节等，以增加社区的价值感。定期举办活动，组织线上读书会、签售会、写作比赛等活动，让读者参与到内容创造过程中。开展主题讨论会，围绕特定话题或书籍章节发起深入探讨，鼓励读者发表意见并相互交流。多渠道互动，利用微博、微信公众号等多种社交平台发布最新消息，保持与读者之间的即时沟通。通过直播形式召开新书发布会或者直接与读者对话，拉近彼此距离。

(2) 建立激励机制。为了提高读者活跃度，设置积分系统或等级制度，随着读者参与度的提高，读者可以获得相应奖励，例如限量版周边、免费阅读券等。邀请表现突出的读者成为版主或管理员，赋予他们更多权限，并给予一定的物质或精神回报。

(3) 打造明星作家品牌。对有潜力的作者进行包装和推广，包括塑造个人形象、增加媒体曝光机会等，帮助其成长为行业内的知名人物。定期安排线上或线下作家见面会，以加强粉丝与偶像之间的情感联系。

(4) 推出定制化产品。根据粉丝喜好开发相关衍生品，例如签名本、特别封面版本的小说集、角色手办等。考虑到年轻一代消费者对于个性化需求日益增长的趋势，可以尝试推出可定制服务，让粉丝根据自己的偏好选择颜色、图案甚至文字内容。

(5) 创设会员制服务。制订不同级别的会员计划，高级别会员享有更多特权，比如提前阅读新作、专属客服支持等。通过积分累积兑换礼品等方式增加会员黏性，同时也能促进二次消费。

起点中文网在这方面做得尤为出色，它不仅为作者提供丰富的创作工具和支持服务，还积极搭建活跃的读者社区。例如，网站设置了专门的评论区，以供读者讨论章节内容；定期举办各种征文比赛，以鼓励新老作家参与创作。此外，网站还不定期组织线下见面会等活动，以加深读者对平台的情感联系。通过这些举措，起点中文网成功地将普通读者转化为忠实粉丝，从而促进了订阅量的增长及周边商品销售。

4. 实施精准定位与市场细分

精准定位是指明确目标市场后，针对特定人群制订相应的营销计划。市场细分是指基于消费者特征将整体市场划分为若干子市场，以便于更有效地开展营销活动。精准定位与市场细分具体包括以下几个方面。

(1) 市场细分。根据网络文学的用户特征，可按年龄层细分市场，针对青少年群体推出青春校园、奇幻冒险等类型的作品，为成年人量身定制职场励志、都市情感等内容。在性别差异方面，男性读者更倾向于科幻、军事战争等主题，女性读者对言情、家庭生活类题材感兴趣。在地域文化方面，不同国家和地区的读者可能有着不同的文化和审美倾向，例如在东亚地区广受欢迎的武侠小说在欧美不太流行。在兴趣爱好方面，根据用户的兴趣点来推荐相应类型的书籍，例如历史爱好者可能会喜欢古风小说。在消费习惯方面，付费意愿高的用户可享受更多增值服务，比如提前阅读权；而免费阅读者可通过广告支持的方式获得内容。

(2) 数据分析。利用大数据技术分析用户行为数据，包括搜索记录、浏览时长、购买历史等，以确定每个细分市场的具体特征。通过问卷调查、社交媒体监听等方式收集用户反馈，深入了解目标用户的真实需求。

(3) 个性化服务。根据细分市场的特点创作符合目标用户口味的内容，例如为追求高质量体验的高端读者提供精美的插图版电子书。定期评估各类别作品的表现情况，及时调整创作方向，以便更好地满足市场需求。开发智能推荐系统，基于用户的历史行为为其推送相关的信息和服务。为不同级别的会员提供差异化待遇，例如专属客服、定制礼品等。

(4) 渠道选择。为特定人群选择适合他们的传播媒介，比如年轻人可能更常使用短视频平台，那么就可以在此类平台上加大宣传力度。与相关领域的意见领袖合作，利用KOL(key opinion leader，关键意见领袖)效应扩大影响力。

(5) 营销策略。设计专门针对各个子市场的促销方案，例如面向学生群体推出寒暑假特惠套餐。在重要节日或特殊时间节点开展主题活动，增加品牌记忆点。

(6) 持续优化。定期回顾并更新市场细分标准,随着社会变迁和技术进步不断调整细分维度。持续跟踪营销效果,利用A/B测试等方法比较不同策略的效果,逐步完善营销计划。

阅文集团旗下的红袖添香原创网采用STP(segmentation, targeting, positioning)模型对其所处环境进行了深入分析,并据此制定了详细的市场细分方案。通过对用户性别、年龄等因素的研究发现,其主要受众为年轻女性,偏好古风言情类作品。于是该公司决定在此领域精耕细作,推出了一系列符合目标受众喜好的优质书籍。同时配合有效的社交媒体宣传策略,进一步巩固了品牌形象,实现了市场份额稳步增长。

思考题

1. 简述网络文化的特征。
2. 简述网络文化产业发展的现状。
3. 网络文化产业创意的特点有哪些?
4. 简述网络视频内容的创意与策划方法。
5. 如何使网络游戏更加吸引人?
6. 与传统文学作品相比,网络文学作品的创新点有哪些?

章末案例

阅文集团网络小说"走出去"的致胜之道

2015年,腾讯文学与盛大文学整合成立阅文集团。作为中国领先的正版数字阅读平台和文学IP培育平台,阅文集团不仅拥有QQ阅读、起点中文网等业界知名品牌,还囊括新丽传媒等多个内容生产机构。截至2020年底,阅文集团已储备作品达1390万部,注册作者超过900万名,辐射数亿用户,占据中国网络文学市场的半壁江山。

一、发挥技术优势,强化公共传播特性

随着互联网的兴起,网络小说成为一种新兴的文学形式,它借助网络的技术支撑,迅速在全球范围内传播。作为这一领域的先行者,起点中文网在短短几年内发展成为中国最大的男频小说平台,并最终演变为阅文集团。2017年5月,阅文集团推出了起点国际(WebNovel),为全球用户提供高质量的内容、精确的语言翻译以及快速高效的内容更新。这些举措极大地吸引了海外读者的关注,他们通过社交媒体将自己喜欢的内容分享给更多人,从而进一步扩大了起点国际网的影响力。据官方统计,在不到一年的时间里,就有超过2000名海外作者在平台上创作了1.3万多部原创网络小说。

二、依托政策利好,打造核心驱动力

中国政府出台了一系列支持性政策,以促进文化"走出去",这既是为了占领国际市场,也是为了传播中华优秀传统文化,增强文化自信。在此背景下,阅文集团加快了"走出去"的步伐,在北美、东南亚等地取得了显著成绩。政府的支持不仅体现在资金方面,还包括对内容质量的监督和整顿,确保输出的内容健康有序。例如,上海市作家协会、新闻出版局等部门共同设立了天马文学奖,奖励优秀的网络小说作家;同时,国家及地方政府还对网络小说中的低俗内容进行了整治。这些措施帮助阅文集团建立了强大的资金基础,并且用高质量的内容更加自信地走向世界。

三、持续制度改革,培育版权竞争优势

阅文集团通过对内部编辑、策划、翻译运营人员进行筛选,保留了最优秀的团队成员,为提升网络小说的质量提供了人才和技术支持。此外,阅文集团还特别关注那些热门且受欢迎的小说类型,尤其是玄幻类作品,因为这类作品更容易被西方读者接受。与此同时,阅文集团为其海外版起点国际配置了便捷的编辑功能,海外作家可以通过INKStone上传自己的作品,吸引更多热爱创作的海外读者参与到平台创作中来。

四、瞄准读者需求,注重文本叙事创新

阅文集团在推广过程中非常重视减少"文化折扣",尽量让故事更易于理解,同时根据不同地区的受众喜好调整小说分类。比如,在崇尚英雄主义的地区推出更多的男频小说;而在喜欢浪漫情节的东南亚国家,则提供更多的女频小说。这种灵活多样的策略成功吸引了大量海外读者。

综上所述,阅文集团凭借其深厚的内容积累、先进的技术支持以及有效的市场定位,成功实现了网络小说的国际化战略。这一过程不仅为中国其他出版文化公司提供了宝贵的经验,也为中华文化在全球范围内的传播做出了重要贡献。

资料来源:李梓.阅文集团网络小说"走出去"的致胜之道[J].传媒,2021(15):61-62.

思考题:阅文集团的出海之路对我国其他网络文学公司有何启示?

第4章

出版产业
创意与策划

⊙ **章前引例**

《哈利·波特》系列的成功

随着世界文化产业的迅速发展，图书出版业日益全球化，美国的文化产业以独特的经营管理理念开发大众文化资源，整合文化链，形成独特的经营模式，成为图书出版行业的图书推广典型。一本或一套优异的畅销书的连带效应是巨大的，有可能就此形成新的出版方向、新的经营模式，甚至形成某种新的产业。《哈利·波特》系列的成功，不仅仅是图书产业销售的一次创新，也是跨媒体营销整合产业链的一个成功典范。《哈利·波特》系列风靡全球，被翻译成70多种语言，在200多个国家累计销售3.5亿多册，被评为最畅销的四部儿童小说之一，哈利·波特也成为继米老鼠、史努比、加菲猫等卡通形象以来最成功的儿童偶像，这不能不说是文学史上的一个奇迹。《哈利·波特》的成功与以下三个策略是分不开的。

一、内容为王

《哈利·波特》系列之所以能掀起"魔法热"，是因为它讲述了一个内容奇特、充满魔幻的童话故事，激发了人类潜在的幻想情结。作者罗琳用奇幻文学的表现手法，借助"魔法""巫术"等道具，描写了真实世界中人类的善良、正义、勇敢、机智和永不退缩的精神追求。故事内容具有深厚的欧洲文化背景，完美地融合了古典文学精粹，巧妙地将现实与想象融为一体，故事情节引人入胜。

二、定位准确

《哈利·波特》定位为儿童图书市场，以儿童的视角来阐述故事，用儿童的眼睛去看，用儿童的耳朵去听，用儿童的心灵去感受，符合现代儿童的心理特点和审美趣味。

三、成功运用跨媒体营销

AOL-时代华纳包揽图书出版以及后续开发，以实现利益最大化。在营销过程中，AOL-时代华纳整合线上、线下资源，以跨媒体的名义，不遗余力吊足公众对《哈利·波特》的胃口。美国在线的网络资讯、华纳的大西洋电影公告板以及集团旗下的《娱乐周刊》都大量报道《哈利·波特》电影的台前幕后，吸引了公众的注意。

本章将介绍国内出版产业的发展概况、出版产业创意与策划的特点、出版产业创意与策划的方法、出版产业创意与策划的策略及数字出版产业创意与策划的方法，读者阅读本章，可掌握出版产业创意与策划的特征及方法。

4.1 出版产业概述

4.1.1 出版的概念与性质

1. 出版的概念

从词源上看，"出版"一词与我国的雕版印刷术有着密切的联系。所谓版，在中国古代，是指刻有文字或图形以供印刷的木片，也可称为雕版。用雕版印刷的书籍，称为雕版书。中国早在五代时就有刻"印板""镂板"一说，宋代有"开板""刻板""雕版"(板与版在古代意通)等词，都指图书的印刷发行活动，但未曾出现"出版"一词。据考证，"出版"一词最先在日本使用。根据1912年出版的《德川幕府时代书籍考》所载资料，"出版"最初为"出板"。日本《世界大百科事典》(平凡社1957年版)对"出板"一词的解释为：在木板印刷时代使用的是板木，因此称为"出板"。西方活字印刷术在日本推行之后"出版"一词才逐渐取代"出板"，并于近代传入中国。由此可见，"出版"一词本身指的是具体的印刷活动，并用印刷这一图书出版过程中必不可少的技术环节来代称整个图书出版活动。可以说，汉语中的"出版"一词从技术的角度对出版活动进行了界定，即印刷是出版活动所必需的技术条件。

印刷术之所以是出版活动中必需的技术环节，是因为它使信息的大规模复制成为可能，从而为信息的大众传播创造了条件。在印刷术发明之前，信息的传播主要是靠手抄，既费时费力又容易出错，信息传播的效率和准确性都非常低。最早出现的印刷术，也就是雕版印刷术，通过在木板上雕刻文字制成固定的版，然后再在版上涂墨、附纸、印刷，使得文字信息可以快速、准确地得到复制。之后出现的活字印刷术，使印刷减少了雕版这个最繁杂的工序，更加提高了信息复制的效率。发明印刷术的伟大意义就在于它不仅极大地提高了信息复制的效率，还降低了信息复制的成本，从而使信息大规模、高速度传播成为可能，这也是印刷术被称为"文明之母"的原因所在。印刷术所具有的信息复制功能正满足了出版活动的需要。如今，出版的外延得到了极大的扩展，不再仅指图书的出版，还用于指音像制品、数字产品的出版，出版的技术也不再局限于印刷术，然而信息的复制依然是出版活动必不可少的环节。

在英文中，出版一词为"publication"，来自古拉丁语的"publ-icattus"，而词根"publ"的意思就是"公众、公开"。这就阐释了出版的目的，即将信息公之于众，传播到公众中去。在手抄图书时代，由于信息复制的低效率和高成本，文明信息的传播范围非常狭窄，被严格控制在统治集团内部，成为统治阶级控制社会的工具。而印刷术带来的出版活动的兴盛，则使信息的大规模复制成为可能，信息传播的成本大为降低，从而打破了统治阶级对文化信息的垄断，使信息向普通大众的传播成为可能。向大众传播信息不仅是出版活动诞生所带来的客观作用，也是出版活动存在的目的和意义所在。

综上所述，从出版的词源分析来看，出版包含两层含义：第一层，出版是信息的大规模复制;第二层,出版的目的是将信息公开传播至大众。

当前,虽然学界与业界对出版的定义有许多不同的版本,但大多都是对出版的信息复制和公开传播两个要素的重申。如《世界版权公约》(1971年)巴黎文本第六条规定"本公约所用'出版'一词,系指对某一作品以一定的形式进行复制,并在公众中发行,以供阅览或观赏";1971年《保护文学艺术作品伯尔尼公约》规定"出版是指得到作者的同意,将作品的复制件以能够满足公众合理需要的方式发行";1991年颁布的《著作权法实施条例》第五条第六款中规定,出版"指将作品编辑加工后,经过复制向公众发行";2020年修正的《中华人民共和国著作权法》对出版行为的法律内涵进行了界定,明确出版行为需要满足以下法律要件,包括复制行为、发行行为、公开性。

综上所述,本书认为,出版是指将信息文本进行复制并向公众传播的行为。信息、复制和大众传播是出版活动的三个基本要素,也是区别于其他活动的标志。例如,广播电视同样是向大众传播信息,但是其信息并没有大规模地复制,这就是它们区别于出版的关键。而如果将电视、广播节目内容大量复制,以书刊、磁带和光盘的形式传播,就可以定义为出版行为。

出版策划人员要深刻地认识到,出版本质上是面向大众进行的信息传播活动,因此出版策划一定要以大众需求为出发点,尽量满足大众对各类信息的需求,同时要遵循信息传播的一般规律。

2. 出版的性质

(1) 出版的信息传播本质。从出版的定义即可看出,出版在本质上是一种传播行为,与以电视广播等为媒介的大众传播行为相同,都是信息传播的一种方式。"所谓传播,就是信息的流动过程",而信息的流动需要一定的媒介和渠道。信息的口头传播以空气振动为媒介,广播电视传播以电波为媒介,出版则以各种出版物作为信息传播的媒介。

美国传播学先驱卡尔·霍夫兰(Carl Hovland)曾将传播定义为"在大部分情况下,传者向受传者传递信息旨在改变后者的行为"。这个定义指出了传播所具有的强烈的工具属性,即不论是信息的传者还是受众,他们都可以利用信息的传播达到各自的目的。出版的传播属性也决定了出版活动具有强烈的工具属性。对于出版人来说,出版可以用来选择性地传播知识信息,表达自己的思想观点,获取经济利益。对于读者来说,出版可以满足自己多方面的精神需求。对于社会来说,出版还具有控制社会等功能。可以说,出版的其他属性均是其作为传播手段所具有的工具属性的反映。

(2) 出版的意识形态属性(文化属性)。出版活动的文化属性容易理解,我们需要深入认识的是出版作为文化事业所潜在的意识形态属性。意识形态是指意识的表现和表述形式。从个人角度来说,意识形态就是个人的观念、理想、信念、价值观、世界观等思想。作者著书立说的目的就是要表达自己的思想观点,阐述自己对外界事物的认识,可以说,书就是作者的意识形态。而将作者的著作出版发行则是出于更高的追求,即影响读者的意识形态。作者出版著作,其目的是使读者认可并接受自己的思想观点,甚至以自己的思想认识为标准来认识世界。这正是出版作为传播活动所具有的强烈的目的性和工具性所在。

其实，我们通常所说的意识形态是指狭义的意识形态，即社会意识形态。社会意识形态是指社会意识在社会现实生活中的表现和表述形式。简单来说，社会意识形态是指社会上形成的对世界、社会的不同解释和看法，所以社会意识形态并非单一的，而是多样化的。但是，每一个社会总会有一种居于主流位置的意识形态，它是大多数人共有的意识形态，即主流意识形态。统治集团通过控制社会主流意识形态，使其符合自身的利益，从而达到控制社会、维持统治的目的。大众传播媒介是统治集团控制主流意识形态的主要工具，出版活动当然也在此列。无论是国家控制的出版机构，还是完全市场化的出版机构，都不可能完全摆脱作为统治集团工具的角色。统治集团通过制定与出版活动相关的法律、法规，以及对内容的审查制度，出版有利于本集团利益的出版物，限制不利于本集团利益的出版物的出版，传播有利于本集团利益的知识信息，从而达到控制社会主流意识形态的目的。

总之，出版所传播的知识信息、思想、观点具有意识形态的性质，而出版者用此来传播特定的意识形态，从而实现了控制意识形态的目的。

(3) 出版的文化产业属性。产业的概念是随着社会的发展和人们认识的深化而不断演变的。政治经济学曾经将产业表述为从事物质性产品生产的行业。自20世纪50年代以来，随着服务业等其他非物质性生产行业的发展，产业在内涵上不再仅仅指物质产品的生产，服务的提供也被纳入产业范畴中来，产业也出现了第一产业、第二产业和第三产业的区分。出版活动的生产属于物质产品的生产，但是其产品价值并不体现在作为承载物的物质形态，而是在于物质产品所承载的文化信息内容，所以出版产业是一种文化产业，属于第三产业的范畴。既然是产业，盈利便成为出版活动的另一个目的。

当前，我国出版产业发展迅速，早在1998年，出版业利税总额便超过烟草行业，成为国家第四大经济支柱产业，在国民经济中占有重要地位。根据国家新闻出版署提供的数据，2023年，我国出版产业实现产值1.9万亿元，仅次于美国，居全球第二位。近年来，新闻出版业已经连续多年以近10%的速度增长，高于GDP的增长速度。这些数据有力地证明了出版业具有巨大的盈利功能，也充分体现了出版的产业属性。

中国出版产业呈现"传统守正、数字突进"的二元格局，2023年投入产出比达1:5.3，高于国民经济平均水平(1:3.8)。未来，我国出版产业需要突破三大瓶颈：一是库存周转效率，当前该数据为平均1.2次/年，与日本的3.5次/年相比差距很大；二是原创内容占比，当前该数据为58%，与美国的82%相比差距巨大；三是数字业务利润率，当前我国出版产业利润为25%，与谷歌图书的45%相比，低了很多。中国出版产业有望通过"数据+IP+技术"三维重构，实现产业的繁荣发展，成为文化强国建设核心支柱。

3. 出版物

1) 出版物的定义

由于出版技术的发展，出版物的外延定义不断地扩展。2020年我国修订的《出版管理条例》指出，出版物是以向公众传播信息为目的，通过编辑、复制、印刷或者数字技术等方式向公众发行的，具有固定名称和形式的文字、图片、地图、声频、视频、电子读物等载体。出版物具体包括传统出版物,如图书、报纸、期刊、音像制品(如CD、DVD)、电子出版物(如电子书、数据库)等,还包括数字出版物,如网络出版物、移动端应用程序、数字音视频内容等。

2) 出版物的分类

出版物作为知识信息的载体,按照不同的标准,可以分为不同的类型。例如,按照出版性质,可将出版物分为合法出版物和非法出版物;按照出版价值,可将出版物分为正式出版物和非正式出版物;按照出版范围,可将出版物分为公开出版物和内部出版物。根据我国《出版管理条例》及相关法规,出版物主要分为以下类别。

(1) 传统出版物,具体包括以下几种。

① 图书。书籍、教材、学术著作、文学作品等,通常以纸质形式为主,具有独立装帧和ISBN书号。

② 报纸。定期连续出版的新闻类纸质载体(如日报、周报),具有统一刊号(CN号)。

③ 期刊(杂志)。定期或不定期连续出版的专题性刊物(如月刊、季刊),内容涵盖学术、娱乐、专业领域等,应有ISSN或CN刊号。

④ 音像制品。以录音、录像形式存储的载体,如CD、DVD、蓝光光盘等,内容包含音乐、影视、教育课程等。

⑤ 电子出版物。通过电子数据存储的读物,如电子书、数据库、光盘软件等,需经国家批准的出版单位制作。

(2) 数字出版物,具体包括以下几种。

① 网络出版物。经合法审批的网络文学、网络新闻、在线期刊、学术论文等,通过互联网传播(如网站、公众号文章)。

② 移动端应用内容。经审核的新闻客户端、有声读物App、电子杂志App等。

③ 数字音视频。在线课程、网络剧、短视频节目、播客等,应由持证单位制作并标注网络出版许可证号。

④ 互动出版物。含交互功能的数字内容,如教育类游戏、AR/VR出版物。

(3) 特殊载体出版物,具体包括以下几种。

① 地图。《地图管理条例》第十五条第二款规定:"向社会公开的地图,应当报送有审核权的测绘地理信息行政主管部门审核。但是,景区图、街区图、地铁线路图等内容简单的地图除外。"

② 盲文读物。为视障人士设计的盲文书籍或期刊。

③ 少数民族文字出版物。使用少数民族语言文字出版的图书、报纸、期刊等。

(4) 其他分类,具体包括以下类别。

① 按内容性质分类。新闻类、教育类、科技类、文艺类、少儿类、宗教类(须专项审批)等。

② 按出版形式分类。单行本、丛书、连续出版物、汇编作品等。

4. 出版策划

出版活动并非单纯的信息传播。各种出版物的原作不仅是人们精神劳动的成果,还是知识物化的产品，包括各界、各方面社会成员对改造主客观世界的经验总结。但是出版物需要能适应社会的需要，起到发展社会生产力、推动社会文明进步的作用，还需要出版工作者付出大量富有创造性的脑力劳动。出版是一个庞大的、复杂的系统工程，各环节之间关系密切，既有共性，又有个别差异性；既相互制约，又相互促进；既有分工，又有协作，它们共同构成了有机的出版系统。为了确保出版活动顺利进行，各环节之间完美协作，需要在整体层次上对出版活动全程进行统筹安排。

出版策划是指出版者在出版全过程中通过精心筹划、合理组织、细致运作，旨在扩大出版机构和出版物影响力、增加出版物发行量的出版行为。这个概念包括以下几层含义。

(1) 策划人即策划的执行者，是指出版机构、出版机构的责任编辑、作者、书商以及策划执行的工作室(即各种文化工作室、文化传播公司)。现代意义上的出书不再是作者一人即可完成的工作，它需要多个机构的精密合作。

(2) 出版策划包括出版的整个过程。从出版物的选题到营销发行都需要策划人全盘考虑、精心谋划。出版策划一般包括选题策划、作者策划、内容策划、形式策划和营销策划等几个部分的内容，涵盖了出版活动的各个环节。

(3) 出版策划必须要精心筹划、合理安排、细致运作，只有如此，才是真正意义上的策划。策划是一种智慧创造活动，它需要科学预见和组织，对事物发展趋势做出准确判断，并确保其顺利实施。

(4) 出版策划的直接目的是制作出适合的出版物，从而扩大出版物的发行量，这源于谋取经济利润这一出版活动的根本目的。间接目的是提高出版机构和出版物的知名度和影响力，树立出版机构的品牌，拓展出版机构的品牌资产。有很多出版社凭借一本畅销书"一战成名"，奠定了市场地位。例如，中信社成立初期规模并不大，通过策划出版《谁动了我的奶酪》而声名鹊起，随后发展越来越好。归根结底，策划的最终目的都是为出版机构谋求更多的经济利益。

如今的出版机构越来越重视策划工作，许多出版社设有策划室，负责出版选题、营销策划；还有出版社把编辑分为策划编辑和文稿编辑，以培养专业的出版策划人员。而数量众多的文化工作室和文化传播公司则将出版策划作为自己的立足之本。一个出版社的成功取决于多种因素，而其中最为重要的因素就是策划能力。

■ 4.1.2　中国出版产业发展概况

出版是一个神圣的行业，出版人的使命不仅仅在于传承文化与积累文化，更在于凭借个人的知识、智慧和创意对文化进行传播与创造。出版创意的主体是作者和出版人。作者与出版人的思想直接影响着出版社的发展方向。当大多数出版人忙着在旧纸堆里拼凑书籍时，我们应认真思考出版人所肩负的文化使命和社会责任。导致出版业创意缺失的原因有很多，以下是出版业创意缺乏的一些常见现象。

1. 出版内容比较僵化

国内出版人倾向于出版各个行业的教辅类、考试类用书，因为这类书籍销售渠道简单,且利润较高。而像《狼图腾》这样的书籍在其成名之前,很多出版人的态度都比较谨慎,主要是因为他们不愿意承担创新的风险。一些出版社在选题环节为了避免风险,一味跟着市场潮流走;在审校环节,对书籍内容的要求只是不出错;在装帧设计环节,也不敢求新求异,装帧死板、设计单调、色彩沉闷,无法体现书籍的内涵。以上种种,导致市场上出现大量雷同、无趣的图书,既浪费了出版资源,也消耗了读者的热情。

2. 市场营销缺乏创意

在计划经济时代,民众的阅读习惯与阅读偏好是被出版社培养起来的,卖方市场决定了出版人掌握着民众阅读的口味,他们不需要取悦民众,只需要按照计划将书籍、报刊出版即可,不用考虑发行与市场的问题。随着经济的发展,以读者为中心的买方市场的局面基本形成。而一些出版人仍漠视自身地位的转变,忽视自由竞争的机制,重复建设、盲目出版、市场跟风仍比较严重。如果缺乏以市场为导向意识,就不能准确判断和预测读者的潜在需求,也无法把握好当下读者的阅读心理。

3. 知识产权保护机制有待健全

现代版权制度对创新作品的保护机制不够健全,对优秀文化人才的保护机制不够完善,特别是培养大师,或扶植站在艺术和文化顶端的优秀人才的机制还需要进一步发展。出版界跟风现象比比皆是。一旦某本图书出版后成为畅销书,马上就会出现一批恶意模仿者,极大地损害了创作者的利益。

跟风出版和模仿已成为我国出版界的一大顽疾,主要有以下几种情况:第一是盗版。从内容到形式基本上都是模仿,完全不合法,这类盗版出版物很容易被读者识别出来,也很容易被执法部门发现,因此近年来有所收敛。第二是针对某些畅销品,如世界名著或经典文章,反复发行各种不同版本,虽大部分换汤不换药,出版社却乐此不疲。就四大名著来说,市场上就有50多个版本的《红楼梦》《西游记》,60多个版本的《水浒传》《三国演义》,至于外国名著更是数不胜数。这类跟风出版瞄准的就是经典图书的召唤力,但市场容量毕竟有限,各个出版商蜂拥而上,不仅造成读者无所适从,还造成大量的图书积压,几亿或者几十亿码洋的图书被堆积在仓库里,大量浪费出版资源。第三是模仿某畅销书。近年来,此类重复出版风头很猛,引人注目,其中尤以财经、励志类为甚。一本书畅销,很多同类题材的书籍马上出现,迅速跟风,表面上还都能赚把吆喝,可谓"一书得道,众书升天"。例如,《谁动了我的奶酪》走红后,马上有一堆"奶酪"跟上;《水煮三国》卖得好,四大名著便被轮番地"煮",甚至出现封面、书名几乎完全相同,而内容却迥然不同的书籍。

出版创意产业的核心是构筑产业链和实现产业链的延伸,而在产业链上滚动的最具价值的就是知识产权。一部作品在被发表之前是没有任何市场价值的,当它发表后,就被赋予了版权价值,并得到保护。随着产业链的滚动,作品被制作成电影、电视剧及其他衍生品时,其版权被多形式、多途径地开发,得到释放,这样才能实现飞跃式的提升。这才是"创意"成为"创富"的关键。如果一种创意与创新成果很轻易地被他人盗版,那么创新人才的积极性和主动性就会受到挫伤,创意出版就会陷入一种恶性循环的境地而难以突围。

4.2 出版产业创意与策划的原则与方法

4.2.1 出版产业创意与策划的原则

1. 满足读者需求

出版商品在本质上是文化商品，兼具文化属性和商品属性，能够满足读者的文化消费需求，并通过市场交换为出版人带来经济利润。无论是作为文化产品还是文化商品，图书只有通过消费者购买、阅读，才能真正实现其文化价值和商品价值。

如前所述，现今图书面临着内、外两方面的竞争，不仅图书市场内部的竞争已趋白热化，图书与其他信息媒体如电视、网络、报纸、杂志等的竞争也从未缓和过。在消费者面前有着无数种选择，如何让他们选择一本图书？答案很简单，就是要满足读者的需求。

英国学者丹尼斯·麦奎尔认为："受众的行为，在很大程度上由个人的需求和兴趣来加以解释。"也就是说，读者选择购买一种图书是基于个人的需求，怀有某种动机。传播学者卡茨、格里维奇和赫斯曾将受众对媒介的需求分为五大类：第一，认知的需求(获得信息知识和理解)；第二，情感的需求(情绪的、愉悦的或美感的体验)；第三，个人整合的需求(加强可信度、信心、稳固性和身份地位)；第四，社会整合的需求(加强与家人、朋友等的接触)；第五，纾解压力的需求(逃避和转移注意力)。

尽量满足读者的上述需求是出版策划的首要原则，也是出版成功的关键所在。然而，如何来确定读者的需求并不是一件容易的事，除了要认真研究读者的心理之外，策划人还要时刻关注出版市场的变动。以图书策划为例，策划人要时刻了解图书的发行情况、图书各种品种的购买情况、图书销售排行榜、图书销售走势等。为了深入了解图书市场的情况，可以采取以下几种方法：一是逛书店，了解各书店的销售排行榜，以及读者对各类图书的关注程度；二是阅读新书书目，大致掌握图书界的最新进展和变化、各出版社的出书特色及图书市场的供需行情等信息；三是准确掌握各图书的销售数据，《出版人》杂志根据北京王府井书店等多家书城的销售数据和媒体、网络的书评数据发布的"全国图书阅读指数"是一个对图书市场反应的衡量标准。

满足读者需求，在执行起来具有很高的难度，它更容易沦落为一句空洞的口号。要想真正做到满足读者需求，需要在了解读者需求的基础上进行精心策划。

2. 整体策划

出版活动是复杂的系统，需要不同操作人员的协作，例如作者写作、编辑修改、美编排版设计、印刷工人印刷、媒体宣传、书店发行等。策划工作的目的是通过协调各环节操作者之间的活动，优化出版流程，提升出版物品质，从而实现经济效益的最大化。如果将出版活动比作人体的运动，那么策划人就是大脑，统一指挥着人体的每一个细微运动。策划应是对图书出版流程的整体设计，而且这种设计不仅包括某本图书出版的微观设计，还包括对整个出版机构出版活动的设计。

对于具体的某本图书来说，整体策划是指对该书出版流程各环节的统一策划，即对单本图书由选题、写作、编辑、装帧到印刷、发行、宣传的一体化设计。这是对出版人员工作的协调和指挥，对出版成功的意义十分重大，但是一名成功的策划人不能将眼光局限于某本书，而应当从出版机构的整体出版计划出发，从宏观的角度来统筹各种、各类图书的出版活动。比如，系列图书是多本相互关联的图书的集合体，这需要策划人从内容、装帧、宣传方面对系列图书的组成部分有合理的整体性构想。如果将视野继续放宽，策划人还需要对相同、相关学科的图书出版进行统一设计，并立足于整个出版机构，将出版机构出版的各学科、各门类图书的出版整合为一体。这对策划人的统筹领导能力提出了更高的要求，即便只是负责单本书的策划人，也需要具备很强的统筹能力，以便能够很好地协调各个环节的工作。

3. 经济利益和社会利益的统一

图书既是商品，又是文化产品，更是人类文化生活中十分重要的精神食粮。它是知识的主要载体，在提高全民族人文、科学素质，以及培养人才方面发挥着巨大的作用，同时也是推动现代文明发展不可或缺的重要因素。因此，在图书策划过程中，策划人员不能只追求经济利益，一味地迎合读者的需求，特别是低俗的需求。例如，南方出版社2003年出版的《汉英对照新华字典》对"鸡"给出两种解释：一是鸟纲雉科家禽；二是妓女的贬称。该词典包含不利于青少年身心健康的内容，经新闻媒体报道后，在社会上引起了广泛议论。另外，市场上还有一些书籍，为了迎合部分读者的低俗需求而屡屡突破社会道德底线，置社会利益于不顾，这些书籍也是国家法律明令禁止和严厉打击的图书。

策划人员在策划过程中，特别是在选题策划、内容策划中，一定要重视图书的社会效益，严把图书质量关，杜绝非法内容。出版策划人要清醒地认识到，只有能够带来较好社会效益的图书，才能深受读者的喜爱，才能带来更大的经济效益。

4. 以创新为本质

出版策划本质上是一种创新行为。所谓创新就是不重复别人，更不能重复自己。美国创新思维专家迈克尔·米哈尔科指出："创新就是发现别人看不到的东西，思考别人想不到的东西，发现你没有寻找的东西。"每一本图书都是一种全新的产品，不仅在图书的内容上绝不允许雷同，在图书定位、选题角度、封面设计、版式风格、宣传方式方面都力求有新意。纵览图书销售榜首的畅销书，无不是以创新取胜。

美国人唐纳德·特朗普与比尔·赞克合著的《创：美国商界巨子特朗普的商业法则》(以下简称《创》)、汤姆·斯丹迪奇的《六个瓶子里的历史》这两本书的内容格式都很独特，这源于作者大胆创新的写作思维。《创》以讲课的方式进行写作，读者打开这本书后就犹如与唐纳德·特朗普进行着面对面的交谈，其效果和影响力可见一斑。而《六个瓶子》的结构更为大胆创新，以6种饮品为标示把人类历史分为6个阶段，将读者司空见惯的历史常识进行了陌生化的间离，在读者的大脑里产生了奇妙的化学反应，达到了耳目一新的效果。由此可见，大胆创新的写作思维是创意出版的灵魂。

▌4.2.2 出版产业创意与策划的方法

1. 引进创意

我国图书市场上的很多畅销书都是从国外引进的，从读者趋之若鹜的态势来看，仿佛这些外来的"和尚"在中国很好"念经"。确实，发达国家出版业的很多创意，值得中国出版业学习和借鉴，能够启发国内出版人对于我国出版业焦灼状态的深层次思考。

中华工商联合出版社翻译出版了唐纳德·特朗普与比尔·赞克合著的《创：美国商界巨子特朗普的商业法则》(以下简称《创》)一书，首印5万册，上市以后在一个月内售罄。2006年9月，中信出版社翻译出版了汤姆·斯丹迪奇的《六个瓶子里的历史》(以下简称《六个瓶子》)一书。该书曾荣登2005年度《财富》杂志"最睿智书籍"之榜。《纽约时报》《蒙特利尔报》等主流媒体对斯丹迪奇在这本书中表现的创意和构思赞不绝口，《洛杉矶时报》更是给予其"很少有书可以这般引人入胜"的高度评价。该书在国内外取得巨大成功的一个要素是，作者对读者的阅读心理把握得十分准确，阐释了一个人为什么以及如何拥有进取心。在当时，唐纳德·特朗普是美国众所周知的地产明星、超级富翁，在实用主义盛行的欧美世界，人们对他如何创造惊人财富的兴趣远远大于窥视他私人生活的兴趣。因此，唐纳德·特朗普与比尔·赞克紧紧抓住读者的阅读需求，通过他们熟知的大量的正反面案例和自己东山再起、飞速发展、逆市飞扬的真实故事，靠著书立说来讲述他们的商业法则和信念。该书的成功看似应时而生、自然而然，但其实是有所预谋的。《创》这本畅销书的编排格式与视角都非常特别，其副标题"TRUNP10堂成功培训课"简明扼要地点出了这本书的架构，单看标题，读者就知道这本书是由10部分组成的，每一个部分讲述一个促进成功的要素，综合起来就是唐纳德·特朗普的成功秘诀。在这本书中，特朗普摆脱了中规中矩的传统教育模式，采用更加人性化的视角来讲述他自己在生活中对事物的洞察力、成功的内在动力等理论，这些都是普通读者可以直接借鉴的。此外，本书在结构上环环相扣，再加上特朗普本人的现身说法，使本书具有很强的感染力和实用性，因此获得了良好的口碑，取得了成功。

《六个瓶子》这本书的点睛之处在于它的书名。从内容上看，这是一本阐述人类历史变迁的书籍，根据读者的阅读经验，应该是比较枯燥乏味的，但作者却选择了一个十分独特的角度——通过对人类历史上6种饮品的兴衰来阐述人类历史进程中的6个时代。该书以6种饮品的容器为名，将历史、饮品与瓶子巧妙地融合在一起，给读者提供了一个全新的阅读视野。这样的构思和创意在我国出版的图书中是很难看到的。《六个瓶子》的另一个精彩之处在于它的叙事角度。人类历史上从来不缺乏具有独特思维的人，如日本作家夏目漱石的《我是猫》，用猫的眼睛来看人类这个群体，取得了独特的艺术效果；捷克作家卡夫卡的《变形记》中，主人公一觉醒来发现自己由人变成了毛虫，从另一个视角阐述了卡夫卡的无奈、忧愁、痛苦与人类无法抗拒的现实。《六个瓶子》这本书的叙事角度也同样独特，作者从啤酒、葡萄酒、烈性酒、咖啡、茶饮和可口可乐在人类历史上的发展阐述了农业文明、地中海文明、文艺复兴和航海探险等人类发展史。

《创》与《六个瓶子》这两本畅销书的作者都是美国人，但是他们的视野并没有局限于美国狭小的范围。他们都颇具远见地将视野扩展到整个世界，这也是这两本书不仅在美国国内畅销，也在其他各国畅销的原因。对于这样视野广阔的畅销书，国内出版公司若能够及时引进出版，一定能够获得理想的经济效益和社会效益。

2. 组合创意

组合创意法是一种通过整合不同内容、形式、媒介或技术，打破传统出版边界，创造出具有多维体验的创新产品的方法，其核心在于"跨界融合"，通过元素重组实现"1+1>2"的效果。

首先，组合创意法应以用户需求为导向，精准定位目标群体(如儿童、文旅爱好者)，选择适配的组合形式。

其次，突出技术适度融合，避免"为技术而技术"，确保数字功能与内容逻辑自洽。

最后，保证版权与合规。跨界合作需要明确IP授权，数字内容需要符合《网络出版服务管理规定》等。

例如，AR互动科普绘本《探索恐龙世界》将传统科普知识恐龙百科与虚拟场景AR技术相结合，实现"阅读学习+游戏化体验+视听沉浸"。这一创意将视听相结合，通过动画直观地呈现复杂的科学概念，能够加深读者的记忆，促使读者从被动阅读变为主动探索。

再以文旅融合出版物《长安十二时辰·手账》为例。热播剧《长安十二时辰》打造了"IP + 历史文化书籍 + 手账"功能，书籍内嵌可撕式明信片、立体建筑模型图纸、电子导览地图。读者扫描书内地图二维码，即可跳转至对应景点的VR实景导览，生动、立体地"复刻"了昔日长安城的人文与历史。

3. 颠覆传统

出版界必须打破传统思维，认识到要出好书首先必须出好稿。从一定意义上说，重赏之下才有好稿。因此要颠覆传统，为文人搭建一个平台，实行文稿竞价。文稿竞价是一个顺应时代潮流的开创性活动，它以颠覆性的姿态出现，对中国文化的现状进行了一次革命性整理，这种整理不是一种局部性的修补，而是引发了出版观念的革命。

文稿竞价是一场引起全国乃至世界关注的活动，如何在一个纷繁复杂的框架里把握活动的脉络和方向，创作者和策划者如何在一个敏感的区域戴着脚镣舞蹈，如何将自己对中国文化产业化的敏感转化为对一个即将到来的时代性现象的引导，文稿竞价无疑为文化市场建立了一种观念和行为模式，创作者和策划人必须具有一定的使命感和责任感。但是，创作者和策划人不是救世主，在责任感、使命感和局部利益之间，创作者和策划人必须寻求利益的平衡点以达到双赢。

4. 走出国门

近几年来，中国涌现了大量优秀的出版作品，如《红高粱》《狼图腾》《三体》《流浪地球》等，很多作品被翻译成不同国家语言，畅销海外。其中，《三体》是中国科幻作家刘慈欣的代表作，首部曲于2008年在中国出版，其英文版由美籍华裔科幻作家刘宇昆

(Ken Liu)翻译，于2014年由美国Tor Books首次发行。后续两部作品《黑暗森林》(2015)、《死神永生》(2016)相继推出，形成完整的三部曲输出。截至2023年，《三体》英文版全球销量突破400万册，版权输出至40余个国家和地区，翻译成30种语言，成为亚洲首部获雨果奖"最佳长篇小说"的作品。

故宫博物院于2019年推出创新型解谜书《谜宫·如意琳琅图籍》，将文物考据与互动游戏相结合；2019年通过海外众筹平台Kickstarter首发该书英文版；2020年与英国Thames & Hudson出版社合作推出欧洲定制版。《谜宫·如意琳琅图籍》通过"实体书+手机App"联动，要求读者用"火漆""星图"等道具破解故宫历史谜题，提高沉浸式文化体验效果。该书全球销量累计35万套，带动了海外用户对中国文化的好奇心，据调查，88%的购买者因该书开始关注故宫文化，62%的购买者因该书主动搜索中国古建筑相关内容。

4.3　出版产业创意与策划的内容

4.3.1　选题创意与策划

选题是出版策划的开始。选题是出版社对于准备出版的图书或其他作品的一种设想和构思，一般由书名、著译者和内容设想、读者对象以及字数等部分组成。选题策划是出版工作中策划人为获得理想选题而进行的选题信息收集与加工、选题设想提出、选题调研、选题优化等活动。

进入21世纪以来，出版业内容为王愈加明显。选题策划是整个出版活动的起点，也是创造社会效益和经济效益的起点。实践证明，出版物制作与发行成功与否，与选题及选题策划的成功与否密切相关。选题策划应将读者的需求作为策划的出发点与核心。在了解、研究读者的阅读需求、阅读兴趣和接受能力后，有针对性、有目的地设计选题和进行选题策划，满足读者在学习、工作、研究和精神生活等方面的阅读需求。选题策划是出版创意的重要环节，选题新颖，书籍才会受读者欢迎。策划过程中最重要的是增强创新意识，确保每一个选题都具有独创性和开拓性，即在书籍的内容、形式、写作角度和编撰体例等方面进行创新，或者开发新的选题，或者在原有的选题领域中拾遗补阙，创造新的图书品种，或者改变图书的形式等，最终赋予图书全新的使用功能。每一个选题都应该有新的构思，形成鲜明的个性特色。

以图书出版为例，一本好书，首先必须拥有好的选题，有一个好的选题策划，往往就成功了一半。如上海文艺出版总社策划出版的16卷大型史书《话说中国》，选题策划历时8年，终于在2005年全部推出。这套全方位展示中国五千年历史的精品图书以其全新的叙事方式和编辑理念，以"立足于学术、着眼于大众"为特色，创造了一种"从任何一页都可以开始阅读"的全新形式，读者从任何一页翻开，看到的都是一个独立的小故事和与它相关的知识点——每一个版面都形成了一个完整的阅读单元。全书展示了3000多张历史图片，讲述了1500多个故事，涉及的历史文化知识点7500多个，总计4800页，读者在阅读一个个小故事后，不仅能记住一段历史，也能记住这一段历史背后的魂。这套书已成为上海文艺出版社新创的一个文化品牌，其价值不只体现在文化传承、学术普及、人文教育方面，更重要的是开拓了出版的新理念、新空间和新路径，整合出版界与学术界的有效协作、双向互动，铸造和构建了有自主知识产权的文化品牌和出版品牌。创新所带来的不仅仅是文化价值的认同，更有着经济效益的回报。截至2023年，《话说中国》全系列累计销售突破80万套，收入超过4亿(按单套定价500元估算)。

另一个在选题策划方面的典型案例是《狼图腾》。《狼图腾》之所以能将版权卖到很多国家，在于它写出了狼这种动物身上所具有的人类向往的素质，如勇敢、强悍、智慧、野心、雄心、耐性、机敏、警觉、体力、耐力以及拼搏进取、永不满足的精神等。把狼图腾看成中华民族最主要的原始图腾之一，这样狼的形象相对于我们传统的理解就发生了变异。它以一种新的面目出现，所以赢得了众人的喜爱，也使这本书走向了世界。但并不是选择别人没有涉猎过的内容都可视为创新，题材创新应与时代特色相吻合，应能够真正满足人民的阅读需求。上述提到的几种书都是应势而生，或是能够提升人们的精神世界，使大家在精神上得到洗礼或喜悦感，或是能够帮人们找到一种生存之道，或是能够唤起人们某种回忆，让人的心灵得到震撼。

选题创新不能靠凭空想象，也不能仅靠分析图书排行榜。编辑应走向市场，多与读者沟通，了解他们真正的需求和喜好；应多关注业内发展动态，浏览一些具有影响力的报刊、新闻等，广泛收集资料；应深入研究并分析当前广受欢迎的图书，作为参考。

4.3.2　装帧设计创意与策划

书籍靠装帧成型，没有装帧不称其为书。为了"传播"和便于"阅读"，每一本图书和杂志，都必须装帧，而且应以各自独特的形态呈现在人们面前。

书籍装帧艺术创作的核心是设计，而设计的核心是创意。书籍装帧设计涉及艺术形态、形式意味、视觉想象、文化意蕴、材料工艺等方面，无一不需要创意。

如果想让读者在书店琳琅满目的图书中一眼挑中你的版本，必须要在图书的外观设计、色彩应用、材料选用及制作工艺等方面下一番功夫。

事实证明，一件成功的装帧设计能够在同类作品中脱颖而出，关键在于设计者选取了一个独特的角度与一个恰到好处的表现手法，并使两者完美结合。好的装帧设计通常具有独特的创意，或在构思上，或在色彩上，或在设计语言上，以鲜明的个性，显示自己的特点，也反映了设计者对美学意识的体悟和形式美的创造。

4.3.3　定价创意与策划

图书的价格会直接影响读者的购买数量，因此，图书价格策划是出版策划中较为敏感但又最需要智慧的一项策划。价格太高，读者会望而却步；价格太低，又会造成出版社利润亏损。那么如何才能制定好图书的价格呢？要回答这个问题，我们需要了解图书价格的影响因素。

图书价格由制作出版成本、图书内容价值、市场竞争、读者等因素共同决定。内容价值高、制作成本高、在市场上没有可替代性、读者需求大的书籍往往定价高。系列书上市之初，在没有同类图书竞争的情况下，往往会采取一种高价策略，迅速获得预期利润，重印时再降低价格，以增强市场竞争力。而一些不易被人注意的书籍则会采取相反的定价策略，上市之初，价格先定低一点试水，让读者接受，待书籍打开销路并占领市场，获得读者认可之后便水涨船高，重印时再适当提高价格。对于珍藏本、保存本等出版物，将会利用读者好奇或虚荣心理，常常会采用低印数、高定价的策略，在短期内获得高利润。例如，中华书局出版的《二十四史》精装本系列丛书，采用羊皮面烫金精装，全球编号发行100套，全书分装80巨册，定价为十六万元。对于内容版式相同的书籍，有时也会发行精装本和平装本，以满足不同读者的购买需求。

4.3.4　营销创意与策划

图书营销连接着出版社和读者。通常来说，图书营销有以下几种方式。

1. 直复式营销

对于一些目标市场非常明确、拥有一定数量的消费者并且价格较高的图书，出版社能够充分发挥大批量邮寄的优势，在短时间内达到收支平衡。比如教材用书，出版社可直接在各学校征订邮寄。

2. 利用书评营销

很多杂志中设有书评专栏和新书推荐的板块，这些已经成为图书批发商和消费者获得信息的渠道，对图书的发行具有重要的意义，特别是一些著名人士的评论，往往会引导读者做出购买的决定。

3. 网络营销

图书的网络营销已成为图书营销的一条不可忽视的重要渠道，网上书店提供了近乎无限的空间，所以许多出版社都是通过网站直接销售图书的，当前比较著名的图书销售网站有当当网、京东商城、亚马逊等。

4. 利用图书奖项进行营销

一些奖项也会有助于图书的发行。例如，莫言获得诺贝尔文学奖之后，其作品开始在线上、线下大卖，在"莫言热"持续升温的态势下，商家们纷纷打出"中国首位诺贝尔文学奖获得者莫言作品限时抢购"的标语，莫言图书随之涨价近两成。

5. 签名售书

具有名望的作者通过巡回签名方式，直接加入营销的行列，也会有助于书籍的销售。

例如，易烊千玺于2023年推出首部个人摄影随笔集《2023》，记录其成长感悟与艺术创作，北京、上海等地签售会吸引数千粉丝排队，限量签名版秒空，预售开启后迅速登顶各大图书榜单。

6. 凭借新媒体平台营销

随着新媒体的兴起，出版社也纷纷瞄准了新媒体营销，以吸引读者。例如，许多出版社开通了微博来发布新书信息、活动预告，甚至还有出版社采用拍摄微视频的方式，在微博上进行视频营销。

4.4 数字出版产业创意与策划

4.4.1 数字出版的概念与发展现状

数字出版的概念可以追溯到1978年。当年4月，厄克特(J.A.Urqart)在卢森堡"科技社会的出版未来"的研讨会上，首次提出了"电子出版"(electronic publishing)的概念，将电子出版定义为利用电子手段创建、管理、传播出版物的过程。"我们常说的数字出版(digital publishing)其实是一个中国化的概念，在国外并不普及，国外使用更多的是"数字内容管理"(digital content management)，或者"数字内容产业"(digital content industry)。北京大学谢新洲教授针对数字出版给出如下定义：所谓的数字出版，是指在整个出版过程中，从编辑、制作到发行，所有信息都以统一的二进制代码的数字化形式存储于光、磁等介质中，信息的处理与传递必须借助计算机或类似设备来进行的一种出版形式。数字出版强调内容的数字化、生产模式和运作流程的数字化、传播载体和阅读消费、学习形态的数字化。它是对出版的整体环节进行操作，而不仅仅局限于内容或出版渠道，数字出版的产品或服务形式、加工、发布、销售、支付都需要通过网络来实现，其载体形式丰富多样，涵盖电子图书、按需出版、互联网文学、互联网期刊、手机报、网络游戏等，具有海量存储、快速查询、多媒体呈现、互动性强等显著特征。

当前，数字出版在我国发展迅速，已形成网络图书、网络期刊、网络地图、网络教育、网络游戏、移动媒体出版等多种形态。数字出版业的发展，既丰富了出版内容和形式，也改变了人们的生活方式和消费理念，成为出版业发展的新趋势。《中国互联网络发展状况统计报告》显示，截至2024年底，中国网民人数达到11.08亿，互联网规模居世界第1位。中国新闻出版研究院发布的《第二十一次全国国民阅读调查报告》显示，2023年，人均电子书阅读量为3.52本，比上一年增长3.5%。可以看出，中国数字出版业有着广阔的市场。《2023—2024中国数字出版产业年度报告》显示，2023年，中国数字出版产业整体收入规模持续增长，总收入达到1.42万亿元，比上年增加8.2%。其中，互联网广告、网络游戏、短视频、在线教育、数字阅读排在收入的前5位。

党的二十大报告提出"以中国式现代化全面推进中华民族伟大复兴"，强调"全面建设社会主义现代化国家，必须坚持中国特色社会主义文化发展道路"，要求"推进文化自信自强，铸就社会主义文化新辉煌"。文化建设是中国特色社会主义现代化建设发展的重要目标，而文化数字化是数字中国建设的重要支点。

4.4.2　数字出版的特点

与传统出版相比，数字出版具有快速查询、海量存储、低廉成本、方便编辑以及更加环保等特点，市场前景广阔。对此甚至有人宣称，传统出版遭遇无可匹敌的对手，未来的出版产业将不再是纸和墨的时代。数字出版主要有以下几个特点。

1. 数字出版极大地丰富了出版的内容与形式

传统出版最终都以纸张的形式呈现内容，而数字出版以计算机或其他终端为载体，它的表现形态更加丰富多彩，除了传统出版的文字形态外，还有图像、音频、视频、动画等形态，以及它们之间的相互整合。数字出版通过丰富、恰当的形式来表现相关内容。

2. 数字出版可以对信息进行检索、关联、重组和挖掘

利用计算机技术，数字出版可以对信息进行检索、关联和重组，还可以搜集某一领域内的信息，以满足读者的需求。最重要的是，数字出版可以挖掘内容中信息与信息之间的更深层次的关系，将原本看似孤立的信息整合在一起，方便读者使用。

3. 数字出版打破了按介质形态对出版行业划分的定式

出版行业按照介质形态，可以划分为纸介质的出版、磁介质的出版、光介质的电子出版以及网络出版等。数字技术的发展创造了一些新兴的数字出版媒体，如网络游戏、手机小说、手机报纸、手机游戏、手机音乐、手机视频等。由此，跨越介质形态的"跨媒体出版"应运而生。出版单位将演变为内容提供商，传统的读者或受众将逐渐演变为内容消费者。

4.4.3　数字出版产业发展中存在的问题

1. 缺乏优秀内容，同质化问题严重

当前，数字出版内容良莠不齐，并且严重缺乏优质内容。这不仅有碍于数字出版产品品牌的创建与打造，而且也很容易导致同质化现象发生。以手机报为例，在内容、编辑、发行以及传播方式上，都呈现出同质化的现象，这使得手机报缺少特色、竞争力和不可替代性。除了少数全国性大报和各地主流都市报外，大多数同质化的手机报由于缺乏竞争优势而难以吸引足够多的用户订阅，难以摆脱被淘汰的命运。

2. 数字出版的版权保护机制尚未确立

现阶段，数字出版的版权保护机制(包括技术手段、授权模式和保护体系等)尚不完善。现有法律适用于数字出版明显滞后，有待进一步修改和补充，且版权授权不规范，著作权人的合法权益和出版社的出版权益都难以得到基本保障和有效维护。

数字期刊、网络原创文学、电子书等许多数字出版业务都存在着显著的版权问题。其中，网络原创文学所面临的盗版侵权问题包括以下几个方面。

(1) 网站未经授权使用他人作品。

(2) 网站和网站之间未经许可转发和使用他人作品。

(3) 搜索引擎未经网站许可便无偿链接他人作品，或以某种形式如"贴吧"等转载原创网络作品。

3. 人才是制约数字出版发展的关键

在新媒体出版及制作单位中，数字出版流程及审读规范还不完善，缺乏适应数字出版要求的编辑人才。同时，出版单位的人才管理不规范，制度不健全，对人才的管理仍停留在传统的人事管理模式阶段，阻碍了优秀人才的引进，并造成人才流失。

当前，各高校在开设数字出版专业时面临师资力量不足的问题，并且人才培养与数字出版的发展不同步。人才的缺乏，导致企业对技术含量高的数字出版新业态驾驭能力降低，最后形成恶性循环。

4. 数字出版标准建设滞后

数字出版标准化对于行业发展的重要性不言而喻，但当前我国的标准制定仍然严重滞后。同时，业界对数字出版标准化的认识还不够深入，尚存在一定的盲目性，对于关键标准制定的意见还未达成一致。标准的滞后已成为制约我国数字出版发展进程的重要因素之一。虽然现阶段已完成了新闻出版、信息化、出版物发行等标准体系的制定工作，但距离建设层次清晰、分类科学、完整适用的标准体系还有一定的差距，基础性标准和关键性标准存在缺位现象。手机出版、互联网出版、动漫出版、网络游戏出版、数据库出版等新型出版领域的标准化工作尚处于起步阶段。企业标准格式不一，难以协调，暂时尚未实现统一。

5. 数字出版的安全机制尚不完善

数字出版安全机制的发展并不像数字出版本身的发展这样迅速，各种数字出版应用安全问题也成为出版业急需应对的问题，互联网信息安全、手机信息安全首当其冲。其中，网络信息安全对数字出版的冲击更为明显，根据报告显示，六成以上的网民曾遭遇网络安全事件。一旦发生安全问题，对用户造成的损失主要是时间成本，其次才是经济方面的损失。因此，完善的安全机制的建立刻不容缓。

▌4.4.4 数字出版产业创意与策划的要点

与传统出版产业链相比，数字出版具有产业链扁平化、传播规模化、内容推广个性化等特点，减少了印刷、物流仓储和批发零售等环节，直接面向读者，打通了作者和读者之间的沟通障碍，降低了出版风险，有利于向读者推广更多的内容。数字出版新模式的创意与策划应抓住下列几个环节。

1. 数字出版技术创意与策划

数字出版技术是指利用数字化工具和方法实现内容的创作、管理、传播和消费的全流程技术体系，涵盖从内容生产到用户交互的各个环节。

首先，在内容创作与编辑技术方面，可以借助Adobe InDesign、QuarkXPress等排版软件实现图文混排及多格式输出；利用AI写作助手，如GPT-4，生成文章草稿、新闻摘要等。

其次，在内容存储与管理技术方面，利用MySQL、PostgreSQL存储结构化内容数据，利用MongoDB管理多媒体文件，还可以通过EXIF、IPTC标准标记内容属性。

再次，在内容发布与传播技术方面，利用EPUB3，实现自适应排版、多媒体嵌入的开放电子书格式，利用HLS(HTTP Live Streaming)实现音视频实时传输，通过阿里云CDN、Cloudflare提升全球访问速度。

最后，在用户交互与体验方面，可以借助AR图书实现扫描纸质书触发3D动画，还可以借助语音合成技术Amazon Polly将文字转换为自然语音等。

2. 全媒体出版创意与策划

全媒体出版实现了多形态内容融合、跨平台协同传播、用户参与共创，以及IP全产业链开发等创新，其核心在于打破单一媒介的局限，通过多维度内容整合、跨平台传播及互动技术应用，构建沉浸式、动态化的出版生态。全媒体出版创新正重新定义"阅读"的边界，其本质是通过技术赋能，将出版物从"信息载体"升级为"体验入口"，最终实现知识传播与商业价值的双重突破。

以混合现实(MR)历史科普书《敦煌时空之旅》为例。该书将敦煌壁画数字化，结合MR眼镜与纸质书，为读者打造"虚实共生"的体验。读者扫描书页即可触发莫高窟洞窟的3D重建场景，通过手势交互即可"触摸"壁画细节，同时配套音频，由考古学者讲述历史背景，由AI虚拟人作为"敦煌守护者"引导读者进行探索。在运营模式方面，线下书店设MR体验专区，线上同步发售数字藏品，并与文旅结合，读者在"解锁"全部内容后，可兑换敦煌实地游优惠券。该书首月销量突破20万册，衍生IP授权收入占总营收的35%。

3. 内容创意与策划

尽管数字出版和传统出版形式不同，但两者的目的都是将内容展现出来，用于满足不同条件下不同读者的需求。进入数字时代，人们的阅读方式发生了变化，随着生活节奏的加快，人群的移动性越来越强，阅读愈发碎片化，人们需要更便捷的方式来获取信息和进行阅读。数字媒体因为携带便捷、开放性强、互动性高等特点，备受消费者欢迎。但技术只是手段，内容依然是核心。只有不断运用数字技术创造出全新的内容，数字出版才会迎来大发展。

案例链接　中国有声阅读产业创意无限

2022—2023年，包括有声阅读产业在内的中国文化产业发展迅猛。艾媒咨询数据显示，2022年中国声音经济产业市场规模达3816.6亿元。有声阅读产业持续发展，成为增长潜力最强的阅读媒介产业之一。

一、有声阅读产业发展

贝哲斯咨询统计的有声读物市场数据显示，2022年全球有声读物市场规模达到608.27亿元(人民币)，预估到2028年，市场规模将以26.01%的增速达到2434.74亿元。当前，播客已成为海外出版传媒市场新的增长点。2022年5月发布的《美国播客广告收入研究报告》显示，2021年美国播客广告收入达14亿美元，同比增长72%，增速是整个互联网广告市场(35%)的两倍。新闻出版商和流媒体平台是播客市场上最活跃的力量。

现阶段我国成年国民有声阅读习惯逐渐养成，且规模逐渐扩大。有声阅读产业高速发展，产业规模也随之不断扩大，我国的有声阅读已经形成了基本的市场规模。同时，全新的有声阅读产业价值链也逐渐形成，产业规模扩大、新平台入局、老平台创新、市场竞争加剧、受众基础扩张，多方面呈现不断发展态势。这意味着我国有声阅读产业进入相对稳定的发展阶段。

二、有声阅读产业成功的关键

用户对有声阅读产品需求量稳中有进，有声阅读平台持续扩张，产业发展趋于成熟。领先性、差异化、丰富化的运营模式创新与应用，成为有声阅读平台在产业竞争中脱颖而出的关键。

(一) 内容为王

有声阅读虽然在形式上不断创新，但其本质是一种文化传播行为，内容始终是有声阅读平台的核心竞争力。一方面，有声阅读平台以内容彰显独特性。例如，猫耳FM将还原网文打造为自身内容特点，将小说粉丝高效转化为自身用户。另一方面，平台打造爆款IP，与内容生产平台合作，以头部作品提高用户忠诚度，以大量优质作品吸引潜在用户。例如，"得到听书"与新星、中信、社会科学文献等多家出版社长期保持密切合作，保证平台能够及时获得重点图书资源并跟进解读服务，实现内容为王战略下的平台基础建构。

(二) 创新生产

有声阅读平台摆脱单一PGC生产模式，以"PGC+UGC+PUGC"的全新生产模式推动专业人士与普通用户的优势互补，活跃平台内外生产潜力。根据艾媒咨询数据，超过五成的音频用户有意愿进行音频内容创作。所以，有声阅读平台在为用户提供生产平台的同时，还进一步健全主播培养机制，完善有声阅读作品生产流程。例如，"懒人听书"有一套主播标识加V机制，根据主播人气、作品数量、节目更新连续性等评判标准，通过签约固定主播，以增强自身音频造血能力。

(三) 与时俱进

线上、线下深度整合的互动营销模式已成为有声阅读产业适应万物互联时代的有效创新措施。例如，云听与宁波城铁公司共同打造的"党史有声车厢"，成为长三角地区首个可以"听党史"的有声列车；得到听书"拍案惊奇"系列线上主题活动与周五线下听书会活动相配合，观众以听觉为链接，在线上与线下的互动中放大了情感体验，从而获得"存在感"、构建"沉浸感"、享受"氛围感"。

和曾经的电子书一样，有声书也将从新生事物变为传统业务，行业将逐渐回归理性。要实现有声阅读产业的持久发展，内容创新、模式创新以及技术创新至关重要。

资料来源：崔海教.2022—2023中国数字出版产业年度报告[M].北京：中国书籍出版社，2023.

思考题

1. 简述出版物的类别。
2. 简述中国出版产业发展现状。
3. 出版创意与策划的原则有哪些？
4. 出版创意与策划的方法有哪些？

章末案例

《盗墓笔记》成功因素分析

2011年12月19日，《盗墓笔记》大结局在千万粉丝的期待和呼唤中隆重上市，这部前七册销量近千万的超级畅销书，大结局上半册首周销量突破一百万册，仅卓越网一天销量就达到一万五千册，强压郭敬明的《小时代》和韩寒的《青春》。在中国，发行量达到几十万册即为畅销书，而上千万册的发行量，不啻于出版神话。那么，是哪些因素打造了《盗墓笔记》的超高人气呢？接下来让我们一一分析。

一、选题策划：顺应市场，投其所好

图书选题策划不仅仅把图书作为文化产品，更重要的是将其作为文化商品，在文化的前沿和市场发展的背景下，通过现代特定的出版形态和出版手段，塑造整体的图书形象和内容。

(一) 吸引忠实读者

《盗墓笔记》最先在起点中文网络进行连载，连载时就吸引了大批忠实的读者粉丝，点击量破百万，好评指数7.9，五星评价达61.9%，远超同类小说《鬼吹灯》，这些数据充分印证了《盗墓笔记》的超高人气。

(二) 顺应市场潮流

自《达·芬奇密码》在全球畅销后，图书出版市场掀起了一股"解密"风潮。《盗墓笔记》深深把握住市场趋向，投其所好。书中不仅描写盗墓活动，其中更是融合了历史秘闻、建筑学、考古学、古文物、风水学、机关暗器、天文地理等，书中描写的一些蛰伏于地底的古生物活灵活现，栩栩如生，令读者看后犹如就在眼前。

(三) 情节紧凑、语言风趣

悬疑类小说本身就具有强大的吸引力，《盗墓笔记》用八部系列图书构架了一个关于"长生"的命题，在叙事中，不断穿插小高潮，不断透露新的消息点，但却不解最终秘密，这就吸引着读者不断阅读，欲罢不能。

《盗墓笔记》语言风趣幽默，尤其是其中的"王胖子"一角，在书中作者将其描述成来自北京潘家园的一个倒卖文物的"老北京"，在文中充斥了大量的京味俗语，使读者紧张的心情得以缓解，犹如听相声一般。

二、装帧设计：富有个性，过目不忘

(一) 封面

书名突出，设计简单，具有强烈的视觉冲击力。《盗墓笔记》一书的封面设计非常简单，封面的右边是书名，采用黑色软笔手写体，给人一种很真实的感觉，而本书的故事就起源于主人公吴邪爷爷的一本笔记，笔记中记录了一次惊险的盗墓经历，以此拉开了故事序幕，整个书名占据封面的近一半空间，富有强烈的视觉冲击力。

在封面的右半部分，是一条红线贯穿上下，中间或系中国古代玉佩，或系古代铜钱，或系古代扳指，这一设计更契合"盗墓"这一主题。

整本书的封面采用暗黄色或土黄色，从色彩心理学的角度看，两者的结合会给人一种压抑的感觉。同时黄色又有良好的可视性，与黑色搭配更加醒目，常用于危险警告或注意标志，这一色彩很好地传达了故事的基调。

(二) 广告语

定位明确，诉求直接。在《盗墓笔记》一书中，广告语位于封面的中间，采用竖排，将封面一分为二。这个广告语概括了故事内容，同时对图书进行了定位。广告语体积较小，显得低调而有张力，诉求直接，从形式上凸显了此书低调的自信和野心。

三、营销策略：全方位出击，立体式营销

(一) 成熟的营销团队

《盗墓笔记》的营销团队具有丰富的营销经验和人力资源。由北京磨铁图书文化公司出版，该公司在2009年便已占据整体大众出版1.03%的市场份额，超过人民文学出版社和中信出版社，在全国所有出版社中排名第六，居民营图书第一位。

(二) 作家明星化打造

《盗墓笔记》的作者南派三叔，本名徐磊，杭州人，自成功推出《盗墓笔记》之后成为专职作家，在磨铁公司的打造下，南派三叔已成为明星级的人物，新浪微博的粉丝达285万，而同类型作家天下霸唱(《鬼吹灯》作者)的粉丝仅有145万。南派三叔常常出现在各个活动地点，包括图书的签售现场和电视直播，还经常在微博上与粉丝互动，他与读者的关系也非常紧密。

(三) 全媒体联动营销

除了依托传统的营销手段外，《盗墓笔记》整合多种媒体形态，进行多媒体热炒，尽

可能提高《盗墓笔记》的出镜率。南派三叔曾参加湖南卫视的《岳麓实践论》，以《盗墓笔记》为例，与大学生一起讨论"网络时代下的文字复兴"，提高了《盗墓笔记》的知名度，同时也开发了该书的潜在读者群体。

除了运用传统媒体外，《盗墓笔记》还积极运用新媒体，尤其是网络媒体展开营销活动。新浪、腾讯都有其官方微博，作者经常通过微博与读者实时互动。

(四) 积极开发衍生产品

除了实体书外，《盗墓笔记》营销团队已开发了《盗墓笔记》同名网游，还创办了《超好看》杂志，此外，《盗墓笔记》还将被翻拍成电影，使《盗墓笔记》的影响力进一步扩大。

资料来源：刘吉波，周葛.《出版物市场营销》典型案例评析编著[M].北京：中国书籍出版社，2014：164-170.

思考题：《盗墓笔记》创意成功的要素有哪些？

第5章

演艺产业
创意与策划

→ 章前引例

一场别开生面的演出,让观众打破与演员的边界,走进剧中世界;一个古色古香的街区,让人们"穿越"时光,进入一段历史岁月……随着信息技术的发展以及体验经济的兴起,沉浸式文旅成为关注热点,新业态、新模式、新产品不断涌现,游客可以在身临其境的新奇体验中领略文化的魅力。

文化和旅游部发布的沉浸式文旅新业态示范案例内容丰富,从夜游锦江、大唐不夜城,到《又见平遥》《遇见大庸》《知音号》等经典演出,各种类型的沉浸式项目成为文旅业态创新的标杆。

资料来源:10个国家级沉浸式文旅演艺案例,带你解锁文旅新玩法[EB/OL]. (2024-03-27)[2025-03-01]. https://www.sohu.com/a/767474131_121124776.

演艺产业是一个充满创意和活力的行业,它不仅包括传统的戏剧、音乐、舞蹈等表演艺术,还涵盖现代的影视、网络剧、综艺节目等多种表现形式。随着生活质量的提高,人们的文化需求越来越丰富,演艺产业创意与策划也在不断地发展和创新,演艺产业发展潜力巨大。根据中国演出行业协会票务信息采集平台提供的数据,2024年全国营业性演出(不含娱乐场所演出)场次48.84万场,同比增长10.85%,票房收入579.54亿元,同比增长15.37%,观众人数17 618.16万人次,同比增长2.95%。随着演艺产业规模的不断扩大,与之关联的文化消费、科技创新等都在迅速发展,社会效益和经济效益高度统一。本章将全面介绍演艺产业的内涵与发展模式以及演艺产业创意与策划流程。

5.1 演艺产业概述

随着我国经济的迅猛发展,演艺产业蒸蒸日上。作为文化产业的重要组成部分,演艺产业对文化产业的发展具有极强的推动作用。2022年,中共中央办公厅、国务院办公厅印发了《"十四五"文化发展规划》(以下简称《规划》),《规划》提出,文化是国家和民族之魂,也是国家治理之魂。没有社会主义文化繁荣发展,就没有社会主义现代化。《规划》同时要求,坚持以人民为中心的创作导向,把创作优秀作品作为中心环节,推出更多无愧于时代、无愧于人民、无愧于民族的精品力作。我国演艺产业作为文化产业中的一股新生力量,尚处于发展阶段,存在较大的发展潜力和发展空间。了解演艺产业基础理论,引进成功的演艺产业发展模式,对促进我国演艺产业的发展具有重要意义。

▌5.1.1　演艺产业的内涵

演艺又称为表演艺术，即在一定空间内进行，以人的身体为介质进行展示的艺术形式。也有学者认为，演艺产业是指从事表演艺术方面的机构与团体的集合，是文化产业中极其重要的组成部分，是面向大众的商业化艺术表演活动，以及与之相关的创作、策划、经纪、票务等活动。演艺产业涉及表演、歌舞、话剧、曲艺等多种行业与形式，并且呈现出更加国际化、现代化的发展趋势。

田川流教授认为，从生产方式的角度来看，演艺产业是以工业化和商业化方式所进行的演艺产品和演艺服务的生产和再生产；从产品属性的角度来看，围绕提升人类生活，尤其是精神生活品质而提供的一切可以进行商品交易的演艺产品的生产与服务，都可以称为演艺产业；从交易特征的角度来看，演艺产业是指以创作、创造、创新为根本手段，以演艺内容和美学价值为其核心价值，以知识产权为交易特征，为消费者及社会公众提供精神体验的行业。

参照国家统计局修订发布的《文化及相关产业分类(2018)》，可以将演艺产业的构成范围界定为：在剧场、戏院、音乐厅、广场、体育场等室内外演出场所进行的，面向大众的商业化艺术表演活动，包括戏曲、歌舞、话剧、杂技等，并且涵盖与之相关的创作、策划、经纪、票务等活动。

▌5.1.2　演艺产业的发展模式

演艺产业不仅承载着历史的记忆，更引领着时代的潮流。演艺产业的发展模式，犹如一幅丰富多彩的画卷，在传承与创新中交织演进。从古老的戏台到现代的剧院，从面对面的现场表演到跨越时空的线上直播，演艺产业不断突破界限，融合传统与现代、科技与文化，创造出无限可能。这不仅是艺术表达形式的革新，更是产业发展模式的深刻变革。演艺产业的发展模式多种多样，可以概括为以下几种。

1. 政策支持与市场引导

随着演艺产业的发展，各地政府纷纷出台相关政策给予支持。例如，广州市海珠区发布《海珠区演艺新空间认定与行业标准(试行)》征求意见稿，明确了演艺新空间的定义、认定标准、营运标准、安全管理细则等，同时规定符合条件的演艺新空间可申请政策扶持；海南省出台了《海南省进一步促进文体旅商展联动扩大消费若干措施》，优化了9条措施并新增了4条措施，旨在深化文体旅商展融合发展，推动旅游演艺产业高质量发展，提升旅游文化内涵与吸引力；成都市发布了一系列措施推动演艺市场高质量发展，涵盖激发市场主体活力、推动载体提质增效、打造特色演艺品牌、支持与旅游联动、营造良好营商环境等方面。

市场引导主要体现在以下几方面：通过多样化的演艺产品和服务，满足并激发消费者日益增长的文化需求，引导文化消费升级；利用跨界融合，推动演艺产业与旅游、影视、娱乐等产业的跨界融合，拓宽市场空间，形成新业态、新模式；建设优秀品牌，鼓励演艺企业打造具有地方特色和国际影响力的品牌，提升市场竞争力，扩大市场份额。

2. 多元化经营

随着科学技术的发展，演艺产业已不再局限于传统的表演形式，而是开始拓展多元化经营模式。例如，深圳欢乐谷主题公园依托地区旅游资源进行多元化经营，结合旅游文化、商业等元素为游客提供综合性娱乐体验。公园内以不同主题来划分景区，在各主题公园安排不同主题的演艺活动，这些活动受到了国内外游客的一致好评。深圳欢乐谷主题公园为我国旅游演艺发展树立了标杆，也为我国探索旅游演艺发展模式提供了宝贵的经验。

> **✐ 案例链接** **深圳欢乐谷主题公园与演艺活动**

深圳欢乐谷主题公园内以不同主题来划分景区，每个主题区域都融入了丰富的文化内涵和独特的娱乐元素，同时结合各类演艺活动，为游客带来沉浸式的游玩体验。

一、主题区域划分

深圳欢乐谷主题公园共设有多个主题区域，每个区域都有独特的主题和特色游乐项目，具体包括：玛雅水公园，以水上游乐为主，夏季开放，提供漂流河、水上滑梯和人造浪池等项目，是避暑的好去处；欢乐世界，汇聚各种游乐设施，如过山车、旋转木马、摩天轮等，适合各年龄段游客；海洋世界，以海洋为主题，展示海豚、海狮、鲸鱼等海洋生物的表演，让游客感受海洋的神秘与美丽；梦幻谷，以童话为主题，设有城堡、小矮人故居等，营造梦幻般的氛围；太空城，以太空为主题，提供太空飞船、星际穿梭等体验项目，让游客感受太空的奇幻与神秘；神秘岛，以恐龙为主题，设有恐龙世界、恐龙博物馆等，让游客了解恐龙的历史；冒险山，提供探险类游乐项目，如丛林探险、沙漠探险等，让游客体验冒险的刺激与乐趣。

二、演艺活动与主题结合

深圳欢乐谷主题公园不仅在游乐设施上不断创新，还注重演艺活动的多样化与主题化，具体包括："魔幻盛典"，在特定时期(如节假日或周年庆)推出魔术、杂技、滑稽表演等百余场精品演艺活动，这些演艺活动不仅展示了高超的艺术技巧，还与主题公园内的魔幻主题紧密结合，为游客带来梦幻般的视听盛宴；"魔秀"，作为欢乐谷的王牌演艺节目，通过大型杂技魔术综艺晚会的形式，将魔术与杂技完美融合，为游客带来震撼的观演体验；在元宇宙剧场，游客可以观看未来数字潮玩互娱空间秀"欢乐元宇宙"，该演艺产品结合虚拟现实技术，让游客体验"穿越"二次元的感觉，感受多元科技的魅力。此外，"梦秀""地道战""赏金猎人"等经典演艺活动在欢乐谷内持续上演，通过精心编排的剧目和表演形式，向游客展示了不同文化背景下的历史故事和传奇人物。这些演艺活动不仅丰富了游客的游玩体验，还增强了主题公园的文化内涵和吸引力。

3. 本土化与特色发展

演艺产业在发展过程中注重对本土文化特色的挖掘与展现，通过沉浸式互动体验的方式，让观众更深刻地体验地方文化。例如，北京市致力于打造"演艺之都"，通过"大戏看北京"等项目，推出了一系列优秀作品，如民族歌舞剧《山海情》、舞蹈诗剧《杨家岭的春天》等。此外，还通过环球影城的项目推动了演艺产业的国际化进程，并联动当地文旅资源优化旅游产品。

以上这些发展模式体现了演艺产业在适应新时代市场需求和技术变革中的创新与转型，推动了演艺产业的高质量和可持续发展。

5.2　演艺产业创意

创意是演艺产业发展的灵魂。它不仅决定了演出内容的独特性和吸引力，还影响着市场定位、观众体验及产业竞争力，对演艺产业的持续发展至关重要。

5.2.1　创意理论在演艺产业的应用

创意理论在演艺产业的应用是指通过创新、独特的想法和概念来打造具有吸引力和竞争力的演艺作品。在演艺市场中，创意理论的应用对于提升作品的品质、吸引观众、提高市场竞争力具有重要意义。创意理论在演艺产业的应用可以提高作品的独特性和新颖性，吸引更多观众的关注和喜爱。艺术家可以通过创新的思维和方法，打破传统的表现形式，创作出更富有艺术感染力和观赏性的作品。创意理论在演艺产业的应用还可以提升作品的市场竞争力和商业价值。在竞争激烈的演艺市场中，创意将成为吸引观众眼球、打动观众心灵的利器。

案例链接　**音乐剧《狮子王》的成功之处**

《狮子王》以其独特的故事情节、精湛的舞台表演和绚丽的视觉效果而著名，其成功之处主要体现在以下几方面。

(1) 创意的巧妙运用。编剧将动画电影《狮子王》改编成舞台剧，打破了传统音乐剧的形式，创造了独一无二的观赏体验。

(2) 舞台设计和服装设计考究。该音乐剧通过精心设计的布景、道具和服装，将观众带入了非洲大草原的奇妙世界。

(3) 演员表演精湛。演员不仅具备出色的歌舞表演技巧，还能通过生动的表演传达角色的情感和内心世界。

(4) 宣传推广出色。演出公司利用各种媒介和活动吸引观众，打造了轰动一时的现象级演出。

总体来说，《狮子王》的成功演出得益于对创意的充分挖掘和运用，无论是剧本、舞台设计还是表演形式都体现了创意驱动的精神，为整个演艺市场树立了新的标杆。

5.2.2 创意构思

创意构思是演艺产业发展的核心。通过创意构思,可以将市场调研结果转化为具体的演艺项目。演艺产业的创意构思包括以下几个步骤。

1. 确定主题

根据市场调研结果,关注目标受众的偏好与兴趣,了解目标受众的年龄、性别、文化背景、教育水平和娱乐习惯等,分析他们对不同类型演艺节目的喜好,比如音乐、舞蹈、戏剧、魔术等。同时要考虑当前的社会和文化趋势,这些趋势可能会影响目标受众的偏好和期望。主题可以是社会热点、历史文化、个人情感等,应确保主题符合相关法律法规,并考虑社会伦理和文化敏感性。例如,在美国,避免种族歧视被视为一种政治正确。最后对所有调研结果进行整合并综合分析,确定最终的主题。

2. 设计内容

演艺内容包括节目的结构、节奏、高潮和结尾,应确保内容的连贯性。在设计内容时,首先,构建一个引人入胜的故事,故事应具有冲突和解决方法,还应能引发观众的情感共鸣,从而吸引观众的注意力。其次,设计鲜明的角色,角色应具有个性、动机和成长性。再次,考虑视觉效果和音乐设计,视觉效果应与内容和主题相匹配,音乐应能增强情感和氛围。最后,考虑使用哪些技术来实现演艺内容,包括舞台、灯光、特效、多媒体等方面。

3. 创新形式

创新演艺产业形式是吸引观众、提升观赏体验和增强演艺项目竞争力的关键。在设计演出形式时,可以利用多媒体的融合,并结合视频、音频、动画等多媒体元素创造沉浸式体验。有的项目允许观众参与演出,例如通过互动技术或现场投票影响剧情发展,或与其他艺术形式或行业合作,创造独特的跨界作品;有的项目利用最新的科技成果,如人工智能、机器人表演等与艺术相结合,给观众带来耳目一新的体验;有的项目可以考虑结合不同的演出形式,如音乐、舞蹈、戏剧、马戏等,丰富演出的内容。

5.2.3 剧本创作

剧本创作是演艺产业创意的重要环节,通过剧本创作,可以将创意构思转化为具体的故事情节和人物角色。剧本创作包括以下几个方面。

1. 故事情节设计

在设计故事情节时,通常应考虑以下几个关键要素。首先,确定故事想要传达的核心思想和信息,然后根据演艺项目的主题和内容,设计故事情节,常见的故事情节形式有线性、非线性、多线索。其次,在故事情节中创作有趣的、多维的角色,这些角色应该有自己的目标、动机和冲突。最后，安排故事主要事件及发展顺序，一个好的故事情节通常包含引入、冲突、上升阶段、高潮、下降阶段、结局等要素(见表5-1)。

表5-1　故事情节要素

要素	要素的作用
引入(exposition)	介绍背景角色和初始情况
冲突(conflict)	呈现故事情节中的主要问题或挑战
上升阶段(rising action)	冲突逐渐升级，推动故事向前发展
高潮(climax)	达到最紧张、最激动人心的部分，引发观众的情感共鸣
下降阶段(falling action)	冲突开始解决，故事走向结局
结局(resolution)	冲突解决和决策应用

完成故事情节设计后，要不断地修改和完善，认真听取他人的反馈意见并进行改进。一个好的故事往往需要精心打磨，不要担心初稿不完美，重要的是通过修订来提升故事的质量。

2. 角色塑造

在演艺项目中，角色塑造是至关重要的一环，它直接影响观众对故事的情感投入和情感共鸣。一般来讲，角色塑造应基于故事情节，角色分为现实的、虚构的、象征的等。角色塑造的关键步骤见表5-2。

表5-2　角色塑造的关键步骤

序号	关键步骤	说明
1	角色的目标与动机	每个角色都应有一个明确的目标或动机，以此来推动角色的行为和选择
2	构建角色背景	角色的历史背景和家庭教育以及相关经历对他们的性格和行为有重要影响
3	设定角色性格	角色的性格特征应与他们的动机和背景相匹配
4	角色发展	角色在故事中应有所成长和变化，可能会经历挑战、失败或成功，这些经历会影响他们的性格和决策
5	角色关系	角色之间的关系是推动故事发展的重要因素，包括友情、爱情、竞争和冲突等
6	角色冲突	角色应存在内在冲突和外在冲突
7	角色的外貌和语言	角色的外貌和语言风格可以帮助观众更好地识别和记住他们
8	角色的优点和弱点	每一个角色都应具有独特的优点和弱点，这些特点可以使角色更加真实，还可以在故事中创造有趣的动态
9	角色的道德观和价值观	角色的道德观和价值观是他们决策和行为的基础，这些观念可以通过他们的选择和行为来展示
10	角色的复杂性	要避免将角色塑造成单一的好人或坏人，复杂的角色更容易引起观众的共鸣和兴趣
11	角色的一致性	角色的行为和决策应与他们的性格和背景一致，这有助于提升角色的可信度

(续表)

序号	关键步骤	说明
12	角色的自我反思	角色在故事中可能会进行自我反思，这有助于展示他们的内心世界和情感变化

通过以上步骤，不仅可以塑造出更立体、更有深度的角色，还可以使这些角色成为推动故事发展的关键力量。

📝 案例链接 《小兵张嘎》的角色塑造

在电影《小兵张嘎》中，"小兵张嘎"这一角色被塑造得生动而深刻。张嘎在面对敌人时展现出非凡的勇气。例如，在敌人包围村子时，他能够沉住气，与老钟叔一起隐蔽在院门后，面对敌人的威胁毫不退缩，甚至计划如何与敌人战斗。这种勇敢的精神对于一个孩子来说尤为难能可贵。张嘎在战斗中展现出出色的机智。他能够巧妙地利用各种机会和道具来引开敌人或制造混乱，例如，通过给敌人点烟引发混乱，利用鞭炮声将敌人引出大院等。这些行为都体现了他机智灵活、善于应变的一面。此外，张嘎与胖墩的摔跤比赛和赌枪事件展现了他争强好胜和顽皮倔强的性格特点，接受区队长的思政教育使他的形象更加丰满和立体。

3. 剧本结构安排

在剧本创作中，应合理安排剧本结构，确保故事情节的连贯性和逻辑性。剧本结构的形式随着时代变迁而不断丰富与演变，常见的有传统剧本结构、现代剧本结构、实验剧本结构等。

传统剧本结构遵循经典的"三幕剧"或"五幕剧"形式，强调清晰的起承转合。开端部分介绍背景、人物与冲突；发展部分通过一系列事件深化冲突，展现角色成长；高潮是矛盾激化的顶点，解决关键问题；结局是对故事进行总结与收尾，给予观众明确的答案。传统剧本结构注重逻辑性与线性叙事，观众易于理解和接受。

现代剧本结构在保留传统剧本结构精髓的基础上，融入了更多的创新与创意。现代剧本可能打破时间线的线性顺序，采用闪回、倒叙或多线叙事等手法，以更丰富的视角展现故事。现代剧本往往更注重对角色内心世界的探索与表现，通过细腻的心理描写和深刻的对话，展现人性的复杂与多面。此外，现代剧本还常常探讨当代社会议题，反映时代精神与价值观。

实验剧本结构是对传统与现代剧本结构的颠覆与重构。实验剧本不拘一格，追求形式与内容的创新与突破，可能摒弃传统的叙事结构，采用非线性、碎片化、抽象化等手法，挑战观众的认知习惯与审美期待。实验剧本往往具有高度的艺术性与哲学性，旨在探索叙事的可能性与边界，引导观众进行深度思考。这类剧本虽然小众，但对于推动戏剧与影视艺术的发展具有重要意义。

5.3 演艺产业策划

5.3.1 项目定位

项目定位是演艺产业策划的关键环节。通过项目定位,可以明确演艺项目的目标受众、演出风格、演出规模等。在项目定位之前,应进行深入的市场调研,以了解演艺市场的整体趋势、热门类型、观众偏好及消费能力,详细分析竞争对手的项目特点、市场占有率及优劣势,识别市场空白点或未被充分满足的需求,还要关注政策导向、文化背景及社会经济环境的变化,为项目定位提供宏观依据。

首先,基于市场调研结果,精准定位目标受众群体,然后考虑年龄、性别、地域、兴趣爱好、消费习惯等多个维度,明确项目的核心受众。例如,潮流音乐剧的核心受众是年轻群体,亲子舞台剧的核心受众是家庭观众,古典音乐会的核心受众是高净值人群。其次,根据目标受众的喜好确定演艺项目的演出风格,常见的演出风格有传统风格、现代风格、实验风格等。最后,根据项目预算和目标受众的规模,确定演艺项目的演出规模,一般可分为小型规模、中型规模和大型规模。

5.3.2 团队组建

团队组建是演艺产业策划的基础环节,具体涉及导演的选择、编剧团队的组建、演员的选拔、舞美设计和音乐制作等。

1. 选择导演

在演艺项目中,导演是掌舵者,其重要性不言而喻。合适的导演不仅能为项目注入灵魂,更能引领整个团队穿越创意的海洋,抵达艺术的彼岸。导演的艺术视野与项目理念需要高度契合,导演应深刻理解并认同项目的核心主题、风格定位及预期效果,能够将其独特的艺术视角融入创作之中,使项目焕发出独特的光芒。这种契合不仅体现在对内容的理解上,更在于对情感、色彩、节奏等艺术元素的敏锐把握。导演作为团队的灵魂人物,需具备强大的领导力,能够激发团队成员的潜能,凝聚团队力量。导演还需要具备良好的沟通协调能力,确保各部门之间无缝对接,促进项目的高效推进。导演的创新精神与持续学习的态度同样重要。在快速变化的演艺市场中,只有不断创新,才能保持项目的竞争力。优秀的导演应始终保持对艺术的热爱与追求,不断探索新的表现手法和叙事方式,为观众带来耳目一新的艺术体验。

2. 组建编剧团队

编剧团队负责剧本创作和改编,对于演艺项目的成功至关重要。他们通过精心策划和创作,为项目打下坚实的剧本基础,确保项目顺利进行。通常情况下,编剧团队需要根据公司或项目需求进行题材选择、内容策划以及表现手法的创意构思。他们需要深入研究市场需求和观众喜好,为项目奠定坚实的基础。在剧本创作环节,编剧可以通过文字构建故事情节、塑造人物形象并设计台词对话等。剧本初稿完成后,编剧应进一步修改和完善。在这个过程中,编剧可能需要与导演、制片人等团队成员进行沟通和协作,根据反馈意见对剧本进行调整和优化。

3. 选拔演员

根据演艺项目的角色需求,选拔合适的演员,专业演员和业余演员皆可,只要符合角色需求即可。在选拔演员时,应明确每个角色的性格特征、年龄范围、外貌条件及表演风格等,以作为选拔基准。随后,根据角色需求和演员资料,初步筛选出符合条件的候选人,最后综合评估并确定人选。

4. 舞美设计

舞美设计负责为观众呈现一个既符合剧情需求又充满艺术美感的舞台环境。舞美设计涵盖多个方面,包括布景、灯光、服装、道具以及音乐效果等。布景设计非常重要,舞美设计师会运用各种材料和技术打造舞台空间,布景不仅要美观,还要能够引导观众的视线,增强演出的沉浸感。灯光设计是舞美设计的重要部分,灯光设计师通过巧妙运用光线和色彩,能够营造出不同的氛围和情感效果,为演员的表演增色添彩。服装和道具的设计需要与整体舞美风格相协调,从而突出角色个性和剧情特点。

5. 音乐制作

音乐能够提升观众的听觉体验,使演出更加立体和生动。在设计音乐效果时,不仅要关注音乐本身的质量,还要确保音乐与演艺项目的整体风格、情感和氛围相协调。因此,在音乐制作过程中,制作团队应与导演、演员等演艺项目的其他成员密切合作,确保音乐能够完美融入演出之中,为观众带来更加震撼的视听体验。

▌5.3.3 预算编制和宣传推广

预算编制是演艺产业策划的保障环节。通过预算编制,可以确保演艺项目的顺利进行和质量控制。分析预算成本是预算编制的第一步,具体应根据演艺项目的规模与复杂程度进行详细分析,制作成本包括演员费用、舞美费用、音乐费用和其他费用。其中,其他费用主要包括宣传费用和场地租赁费,宣传费用包括广告费用、公关费用、活动费用等,场地租赁费用包括场地租金、设备租赁费用等。

宣传推广可以提高演艺项目的知名度并扩大其影响力。在宣传推广过程中,应根据演艺项目的目标受众和市场定位来制定宣传策略。宣传策略分为线上策略、线下策略、综合策略等。为了提升宣传效果,还可以制作具有吸引力和感染力的广告,通过电视、广播、网络等渠道进行宣传。公关活动也是宣传推广的重要手段,可通过组织各种公关活动,如新闻发布会、粉丝见面会、媒体采访等,提升演艺项目的曝光率和口碑。

5.3.4 排练与音乐制作

排练是一个高度协同且精细化的过程，涉及演员、导演、编剧、舞美设计师、音乐制作人、灯光师、音效师等专业人员。每个成员在团队中扮演着不可或缺的角色，共同为项目的成功贡献力量。团队组建后，应明确各自的职责与分工，确保排练工作有序进行。根据项目时间表、场地安排、演员档期等因素，综合考虑并制定详细的排练日程，确保排练工作既有针对性又具高效性。

在排练过程中，导演应全程参与，对演员进行指导，确保表演质量。舞美设计师应根据剧本内容和导演意图，进行创意构思，设计出既符合剧情氛围又具艺术美感的舞台布景。舞美设计完成后，进入制作与搭建阶段。制作团队和施工人员应根据设计图纸进行道具制作、布景搭建等工作。在这个过程中应注意材料的选择和工艺的精细度，确保舞美作品的品质和安全性。

音乐制作人应根据剧本内容和情感走向进行创作或选择合适的音乐作品。在创作过程中，需要注重旋律的优美性、节奏的合理性以及情感的表达力；选择作品时，需要考虑其与剧情的契合度和观众的接受度。在排练过程中，演员应与音乐团队紧密合作，根据音乐节奏和情感变化调整表演动作和表达情绪。同时，音乐团队也要关注演员的表演状态，及时调整音乐演奏的强度和速度，以确保音乐与表演的和谐统一。通过不断磨合和调试，实现音乐与表演的无缝对接和相互提升。

5.3.5 演出执行与反馈收集

演出执行是演艺产业策划的最终环节。通过演出执行，可以将演艺项目呈现给观众。演出执行的核心是现场布置与设备安装，这要求工作人员根据舞台设计方案，精准布置舞台布景、安装灯光音响设备、调试投影仪与LED屏幕等多媒体设施，确保所有设备之间互联互通并与演出流程紧密配合。还需要考虑观众席的布置与引导，确保观众能够安全有序地进入现场并观看演出。观众是演出的最终接受者，他们满意与否直接影响演出成功与否。因此，在演出执行过程中，需要注重观众服务与互动，具体包括提供便捷的购票渠道、舒适的观演环境以及优质的现场服务，同时还需要通过互动环节，如观众参与、抽奖活动等，增强观众的参与感和体验感，提升观众对演出的满意度和忠诚度。安全是演出执行过程中的重要环节。在制订演出计划时，需要充分考虑各种可能的安全隐患，并制定相应的安全预案。在演出执行期间，应严格按照安全预案执行，加强现场安全管理，确保演员、观众及工作人员的人身安全。此外，还应配备专业的安保人员和急救设备，以应对突发情况。

反馈收集是演艺产业策划的反馈环节。通过反馈收集，可以了解观众和专业人士对演艺项目的评价和建议。反馈收集不仅是连接创意与观众情感的桥梁，更是推动产业不断进步与创新的关键驱动力。通过系统而全面的反馈收集机制，我们能够深入洞察观众与专业人士的真实感受与需求，为演艺项目的持续优化和后续作品的策划提供宝贵的参考。一般常用的反馈收集方法包括：社交媒体互动，利用微博、微信、抖音等社交媒体平台，鼓励观众发表观后感和评论；关键词搜索和数据分析，据此提炼观众关注的热点和趋势，为项目评估提供数据支持；专业人士反馈收集，专业人士包括评论家、媒体人、行业专家等，他们具有深厚的专业素养和敏锐的洞察力，能够为演艺项目提供更具前瞻性和专业性的评价；媒体评价，关注主流媒体和行业媒体的报道与评论，了解社会各界对演艺项目的关注点和评价，媒体评价往往具有广泛的影响力，能够引导公众舆论，对项目品牌形象产生重要影响；行业交流，可以参与行业会议、研讨会等交流活动，与同行进行沟通与交流，通过分享经验、探讨问题，可以了解行业内最新的趋势和动态，为项目改进和创新提供灵感。

完成反馈收集后，通常应进行反馈分析，即从反馈数据中提炼有价值的信息，通过科学的分析方法进行挖掘和提炼，反馈分析的步骤见表5-3。

表5-3　反馈分析的步骤

数据整理	对收集到的反馈数据进行分类整理，形成清晰的数据集。根据数据来源和性质，采用不同的整理方法，如文本分析、数据统计等
问题分析	针对反馈中提出的问题和建议进行深入分析，找出问题的根源和产生的原因，明确改进的方向和重点
总结报告	将反馈分析结果整理成总结报告，向项目团队和相关利益方汇报。总结报告应客观、全面地反映观众和专业人士的评价和建议，并提出具体的改进意见和措施

通过反馈收集与分析机制的不断完善和优化，演艺产业能够不断适应市场需求和观众口味的变化，从而推出更多具有创新性和艺术性的优秀作品。同时，反馈收集也能为演艺项目策划提供源源不断的灵感和动力，推动整个产业向更高水平发展。

演艺市场是一个充满创意和活力的领域，它依赖于策划者和艺术家的创新思维和精湛技艺。创意策划是演艺项目获得成功的关键，它不仅要求策划者对艺术形式有深刻的理解，还要对市场趋势和观众需求有敏锐的洞察力，如此才能创造出独特的演出项目，吸引观众并引发观众共鸣。此外，还可以利用现代技术，如增强现实、虚拟现实以及社交媒体，进一步增强演出的吸引力和互动性。成功的演艺策划不仅能够推动艺术的发展，还能促进文化交流，为社会带来积极的影响。

思考题

1. 简述演艺市场项目策划流程。
2. 简述演艺市场创意构思的内容。

章末案例

原创舞蹈诗剧《杨家岭的春天》首演亮相

国家大剧院与北京舞蹈学院联合出品原创舞蹈诗剧《杨家岭的春天》，作为首届"大戏看北京"展演季开幕演出正式首演亮相。该剧以舞入画、以画代舞，带领观众穿越时空，重返延安，追溯杨家岭的文艺春天。

延安是中国革命的圣地、新中国的摇篮。这里不仅孕育了伟大的"延安精神"，更见证了文艺春天的绽放。1942年5月，延安文艺座谈会于延安杨家岭召开，明确了"文艺为人民"的创作导向，一大批具有时代意义的经典文艺作品相继诞生，开启了为人民服务的文艺春天。

为传承延安精神，国家大剧院与北京舞蹈学院联合出品原创舞蹈诗剧《杨家岭的春天》。该剧由总导演张晓梅、张云峰，编剧许锐，作曲程远、谢鹏等一线艺术家联袂打造，由国家大剧院BDA青年舞团、北京舞蹈学院中国民族民间舞系和创意学院共同创演。该剧以革命宣传利器——延安木刻版画为创意源头，挖掘蕴藏其中的精神力量和艺术表达，聚焦奔赴延安的文艺青年成长为文艺战士的心路历程，回溯红色沃土上如火如荼的文艺春天。

原创舞蹈诗剧《杨家岭的春天》共选择古元、彦涵、计桂森等版画先驱的十余幅经典作品作为创作灵感，将版画硬朗坚挺的线条笔触与汉族民间舞的气韵风格相结合，创造出具有当代风格的汉族民间舞样式，并结合极具版画质感的舞美呈现，将演员"定格"融入其中，近乎"一比一"还原版画，以动态舞姿让版画"流动"起来，以舞入画、以画代舞，引领观众身临其境地感受"用文艺当武器"的峥嵘岁月。北京舞蹈学院副院长、该剧编剧许锐表示："延安木刻版画是艺术家个体对时代的理解和创造，是艺术家视角下的延安场景，每一幅版画都有深刻故事。这部剧很多舞段、剧情来源于版画，在舞台上都可以找到对应的场面、调度和人物关系。"一幅幅流传至今的版画作品，凝结着革命的鲜血和希望，永久流传、生生不息，激励着当代文艺青年铭记历史、致敬先辈，传递永不磨灭的"延安精神"，描绘新时代的文艺春天。

资料来源：原创舞蹈诗剧《杨家岭的春天》首演亮相[EB/OL]. (2022-11-08)[2025-03-01]. http://ent.people.com.cn/n1/2022/1108/c1012-32561288.html.

思考题：舞蹈诗剧《杨家岭的春天》是如何进行创意构思的？

第6章

影视产业
创意与策划

→ **章前引例**

《热辣滚烫》：贾玲电影火爆的三大密码

　　2024年电影春节档，贾玲执导的《热辣滚烫》、韩寒执导的《飞驰人生2》分获票房冠亚军。这两部电影有很多相似点，都主打喜剧、体育、励志的组合拳，都在讲述陷入低谷的中青年在困境中如何逆袭、如何与自我和解的故事，主人公都经历了自我怀疑、自我否定、自我对话、自我重建的过程，只不过一个是女拳击手，另一个是男赛车手，两部电影的结局都很励志、很令人感动，两部电影中的主人公都重新找回自信，赢回自我。这两部电影都有很强的价值观输出和激励作用，让"内卷"疲惫的中青年观众产生强烈共鸣，主题内容特别符合春节档合家欢的节日氛围。

　　在这两部作品中，《热辣滚烫》更具话题度和关注度。很多观众选择走进电影院观看这部作品，都是为了揭开贾玲瘦身后的神秘面纱。看完电影，很多观众大呼贾玲练成拳击手的样子"帅爆了"，并纷纷在朋友圈展示贾玲瘦身前后的对比照，引发了更多、更热烈的讨论。许多观众都被贾玲的自律和努力所鼓舞、激励，立志要像贾玲那样成为更好的自己。由此，我们联想到2021年的电影春节档，很多观众看完《你好，李焕英》以后纷纷晒出自己与妈妈的合影，表示要和妈妈做闺蜜。这种正能量的感染力是一脉相承的，贾玲执导的电影总是能让人感受到一种积极、温暖、善意的精神传递。

　　《热辣滚烫》的剧情并不复杂，视效也不绚丽，这部电影主要通过简单透亮、真诚朴素的表达打动了亿万观众。贾玲执导的电影是一种完全作者化的商业电影，它以平民化的视角、小人物的故事满足了大众普遍的情感需求。电影中，不仅有娱乐，还有励志、温情、感动、希望，更重要的是，贾玲以自身投入其中，传达了真、善、美的价值观，为观众提供了穿透银幕的情绪价值。

资料来源：周夏.《热辣滚烫》：贾玲电影火爆的三大密码[J].中国电影报，2024(10).

6.1　影视产业概述

　　影视即电影电视，它是20世纪伴随科学技术的发展而诞生的文化与科技成果，也是一种具有鲜明时代特色、较高科技含量、较大社会影响力、较广文化传播范围的文化样式。影视文化不仅表现为传媒、艺术、娱乐休闲的文化形态，而且对政治、经济、文化、社会、科技乃至外交、经贸等各个领域都产生了直接或间接的重要影响。从影视作品的生产到制作发行，再到宣传营销以及相关衍生产品的开发，共同构成了影视文化产业发展链。

▌6.1.1　影视产业的内涵

"影视产业"这一概念包括多个层面的解释,首先是作为物质形态客观存在的"影视",其次是作为精神形态存在的影响人类文明的"影视文化",最后是作为经济形态存在的"影视文化产业"。

无论是在理论界还是在业界,关于"电影"和"电视"的概念界定,有很多不同的表述。尽管不同的表述主体站在不同的角度对它们的解读不尽相同,但对它们客观存在形态的认识基本上是一致的。关于电影,《电影艺术词典》是这样表述的:根据"视觉暂留"原理,运用照相(以及录音)手段,把外界事物的影像(以及声音)摄录在胶片上,通过放映(以及还音),在银幕上形成活动影像(以及声音),以表现一定内容的技术。电影是科学技术经过长时间的发展达到一定阶段的产物。这一表述对当前电影基本的客观存在形态做出了较为准确的把握,同时也对"电影"存在形态的历史沿革进行了详尽的阐释。与"电影"概念的界定一样,关于"电视"的界定也是众说纷纭。尽管从客观存在形态看,电视未必比电影更复杂,但构成电视的元素、要素同样是丰富的。《中国广播电视百科全书》对"电视"做了这样的表述:使用电子技术手段传输图像和声音的现代化传播媒介。它通过光电变换系统使图像(含屏幕文字)、声音和色彩即时重现在覆盖范围内的接收机荧屏上。这一表述既注重了电视以科学技术为传播载体的科技特性,又体现了电视通过吸收各种传统艺术样式和其他媒体样式的因素而呈现的"综合性"特征。因此,在界定了电影、电视概念的基础上,我们可以得出"影视"的概念:利用多种科技手段,将外界事物的影像以及声音拍摄下来,以电子信息符号的形式储存在特定的载体之上,通过特定的传播媒介放映出来的有声、有画的活动影像。与电影、电视各有其特定的规定性不同,广义的"影视"概念不仅涵盖了电影、电视的生产过程,还包括传播的全过程。

从"影视"这一概念的外延来看,影视创作既是一种文化生产再生产行为,也是一种经济创造活动。电影产业与电视产业共同构成了当前我国文化产业的核心内容,它借助媒介和文化市场,无论是对社会文化的传播还是国民经济的发展,都具有巨大的影响力。所谓影视文化产业,是指以影视作品的生产制作为核心,通过影视作品的生产、发行以及音像制品、相关衍生品等创造经济价值和社会影响力的产业经济形态的统称。

▌6.1.2　我国影视产业发展概况

我国电影产业起步较晚,从1905年到1949年,我国电影产业在战火纷飞中艰难前进。中华人民共和国成立之后到1978年改革开放,我国电影产业才开始步入创建期。在此期间,全国各地开始成立电视台,初步建立了社会主义影视生产体系,初步完成了中国影视"基础建设"任务,正式开启了中国民族化的影视创作道路。从1978年到20世纪80年代末,我国影视文化产业受改革开放的影响,开始步入快速发展期。在此期间,影视文化产业的生产力获得空前解放,影视产品的数量和质量大幅度提升,同时影视创作、生产队伍开始趋向完整、合理，影视文化产业的生命力开始显现。从20世纪80年代末至今，我国的影视文化产业逐步走向繁荣。在此期间，符合文化市场变化的影视创作机制逐渐形成，大批适应市场化需求的新的影视生产基地逐步建立，电影与电视产业分流合作的局面开始出现，进而生产出大量符合民众需求的影视佳作，影视产业在文化产业中的核心地位得以凸显。2023年，中国电影产业在经历了一段时间的低迷后迎来了强劲的反弹，无论是从票房收入还是从观影人数上都取得了不错的成绩。同时，影视文化产业也在不断地探索新的发展方向和技术应用，以期在未来实现更加健康可持续的增长。

根据猫眼研究院发布的《2024中国电影市场数据洞察》(简称《洞察》)，2024年中国电影总票房425.02亿元，总观影人次突破10亿，其中票房超10亿元的新片共7部，数量相比往年有所减少，市场缺乏头部电影拉动票房。2024年上映新片数量为501部，其中国产电影425部，进口影片76部。进口影片票房占比接近两成，连续三年小幅回升，但与往年相比，进口片已连续两年没有出现10亿以上票房的作品。档期票房显示，2024年部分重点档期的头部影片影响力减弱，导致轻频观众的观影意愿不高。随着下沉市场的日益成熟及影城经营的平稳发展，明确影片受众定位、匹配精细化宣发变得愈加重要。未来电影创作需要朝着吸引并激活年轻、轻频观众的方向发展，促进大盘票房提升。

2024年度TOP5影片均包含喜剧元素，且票房均突破20亿元大关。而传统经验中能够带动票房的视效大片，有多部在2024年折戟。虽然视效是吸引观众的加分项，但讲好故事、填充优质内容才是工业化制作框架下高成本影片的核心竞争力。相较于往年，好莱坞影片票房缩水超百亿，一些知名IP续作的上映虽然唤醒了部分影迷的热情，但影片内容仍存在"老化"问题，导致其如今已难成市场主力。现实题材影片实现了票房与口碑的双丰收，说明故事"接地气"且有情感"爆点"才能引起广泛共鸣。可以看出，电影市场需要更新鲜的类型元素，以及与更匹配观众精神诉求的银幕故事，以吸引年轻观众观影，带动票房增长。从主创人员画像来看，2024年国产新片多由80后导演、演员领衔。为打造年轻化的内容，电影市场需要更多年轻创作者，以及更多女性创作者的加入以平衡性别视角。

虽然电影票房成绩回落，但公众对电影营销的参与度有所提升。数据显示，2024年抖音平台上的电影内容互动显著增强，全年超478万UGC用户发布了电影相关视频，较2023年增长了56%；视频累计播放次数超698亿次，同比增长高达372%；分享次数超1.58亿次，同比增长193%。总体来看，2024年是中国电影市场的思变之年。这一年，票房震荡回落、观众群体结构固化等现象引发了行业内外的关注和思考；同时，一些创作者对故事形态的独特创新和不懈探索，也受到了市场的认可与赞誉。此外，在创新营销潮流的引领下，广大观众所给予的积极反馈，也充分彰显了中国电影市场所蕴含的潜能与韧性。中国电影从业者应积极应对，携手努力，共同推动电影市场的繁荣发展。

相较于电影产业的震荡发展，中国电视产业取得了长足的发展。根据国家广播电视总局广播影视发展研究中心和首都视听产业协会联合发布的《2024年中国剧集报告》，2024年1—10月，电视剧备案516部，相较于2023年上升了20.8%，表明各方对剧集市场前景看好，市场创作积极性进一步回升；2024年前三季度，电视剧发行72部，相较于2023年下降了33.9%，说明电视剧发行数量呈持续下降趋势，市场更重质量而非数量。此外，网络剧生产保持提质减量，网络微短剧蓬勃快速发展。总体来看，我国电视产业呈现以下发展态势：剧集生产创作进入提质升级关键期，内容供给侧显示结构性变化；剧集创作艺术凸显品质化、多元化；播出格局明显变化，台网融合共振共赢；产业在竞合中谋发展，新业务提升产业势能；海外传播能力持续增强，流媒体成为海外发行主体；观众观剧习惯与审美偏好日益细分化、个性化。

6.2 影视产业创意特点与策划方法

影视产业作为文化产业的重要组成部分，是最易于被大众接受且最具影响力的文化传播载体。一部好的影视作品能够产生巨大的社会影响力，甚至对观众的审美和认知有一定的引导作用。另外，影视作品中所包含的多种艺术形式和技术手段促使我国的特色文化和技术发展逐步走向国际，产生影响力。现如今，人们急于追求经济利益，影视业中同类产品同质化严重，过度追求"大腕"的明星效应，不注重内涵，导致影视作品缺乏精品。当前，眼球经济的活跃虽然能带来一定的经济利益，但是不能把吸引"眼球"当作最终目的和唯一目标，重要的是以创意制胜。

6.2.1 影视产业创意特点

1. 以独特性为核心，制造"卖点"

任何创意的核心都是独特性，影视文化产业的创意也不例外。对于影视产业来说，独特性的含义是创作与众不同的并能让人们接受和感到新颖的影视作品。2002年，电视剧《穿越时空的爱恋》作为我国内地第一部穿越剧，以新颖的题材吸引了大量观众，该剧在当年创下了超过10%的收视率。之后，伴随电视剧《宫锁心玉》的播出，穿越剧达到火热的程度，根据网络小说改编的穿越剧接踵而至。可见在众多电视剧面前，题材新颖的电视剧确实让人耳目一新。

具体来说，体现产品独特性的重要部分之一，就是"卖点"。"卖点"是商品吸引人们眼球、创造经济利益的重要因素。影视作品的"卖点"就是要与众不同，尤其是在同类产品中能够展现自己的独特之处。近年来，户外真人秀节目十分火热，其原因离不开它自身具有的"卖点"——意外。在户外什么情况都可能发生，未知性、不可预测性和人们的反应摩擦出许多火花，再加上观众对真人秀里明星的偷窥心理和求知欲，从而吸引了大量观众的关注，这也促使多种题材的户外真人秀在这几年占据着电视屏幕。

2. 以产生影响力为目的，推动产业链发展

当前，我国每年产出影视作品众多，创造了可观的经济效益。越来越多的投资人选择加入这一行业，促使影视行业逐步发展成一个庞大的产业，不仅创建了完善的产业链，还

创造了巨大的产值。这种财富的产出不仅出自产品本身,其衍生品及后续发展所带来的价值也占据了极大比重。

《长津湖》作为2021年国庆档重磅影片,取得了巨大的票房成功,最终票房突破56亿元人民币。此外,该影片在北美上映后也受到了广泛好评。这部电影的成功不仅体现在票房上,它还通过网络播放权销售、DVD发行等二次售卖渠道继续创造收益。此外,《长津湖》的成功也带动了相关衍生产品的开发,包括与电影相关的书籍出版、主题曲音乐专辑以及周边商品,如T恤、帽子、纪念币等。例如,电影中的经典台词和画面被印制在各种周边产品上,这些产品在市场上广受欢迎。不仅如此,《长津湖》的拍摄地也成为热门旅游景点,吸引了大量游客前来参观体验,促进了当地旅游业的发展。据媒体报道,由于电影的影响力,一些与之相关的地点甚至出现了游客量显著增长的现象。《长津湖》不仅是一部成功的商业作品,也是一个具有深远社会影响的文化现象。它通过广泛的影响力有效地推动了整个产业链的发展。

3. 以精心制作为要求,满足消费者需求

随着观众审美的进步,大众对影视剧的制作无论是在前期宣传还是在作品内容方面都提出了新的要求。在以"内容为王"的传媒时代,决定一部剧能否受到大众好评的关键在于它所表现的内容。电视剧《虎妈猫爸》未播先火,这固然离不开宣传与营销策略,但题材本身也是广泛引起关注的重要原因。它抓住了父母重视子女教育的传统,以及当今社会"择校升学""隔代教育"等热点话题,展开了一系列欢乐却又贴近现实的故事。这部剧不仅成为人们茶余饭后的消遣,而且引起了观众的反思,与以往的电视剧相比,显得更加生动、活泼。对于影视产业来说,不管其营销方式有多特别,人们消费的终归是内容,影视产品的内容能够满足人们的需求,触及人们的内心甚至产生共鸣,就是一部值得消费的好产品。

4. 以技术支持为动力,提高产品水平

在当前社会,电影技术为人们带来了盛大的视听体验,尤其现今3D与数字技术成为主要的技术支持,电影技术的发展也为人类的经济及文化生活带来了调节作用。然而电影技术的发展不能说是自成一体的,它需要与数字技术、动漫技术、3D技术、影像合成技术、声控技术、光学技术、蒙太奇手法和后现代电影技术相互促进、相互影响。

例如,电影《哪吒之魔童闹海》的成功是多种现代电影技术相互促进、相互影响的结果,包括动漫技术、影像合成技术、声控技术、光学技术和后现代电影技术等。该影片凭借精湛的技术支持和深刻的文化内涵吸引了大量观众,并在全球影史票房榜上取得了显著成绩。该影片融合了中国传统绘画艺术与现代科技,如动态水墨渲染引擎的应用,将传统水墨画的晕染效果融入3D动画之中,实现了对中国美学的创造性转化。影片中的特效镜头接近2000个,特效元素超过10 000个,全国共有138家动画公司参与制作,展示了高度专业化和技术化的协作网络对于提升产品质量的重要性。

6.2.2 影视产业策划方法

影视产业作为文化产业中的龙头产业，拥有好的创意固然重要，但面对众多资源，如何有效地优化组合，使产品更完美地展现在消费者面前也是值得深虑的问题。对于影视文化产业来说，无论是内容，还是营销，都需要策划人进行充分的策划。策划已成为电影、电视栏目及各频道间在竞争中制胜的关键。一部电影或一个栏目如果没有好的创意作为支撑，也没有策划好的营销方案，早晚都会被市场淘汰。因此，影视产品的方方面面离不开完备的策划环节。

1. 把握消费者需求，迎合大众口味

任何生产都是为了满足需要，任何市场都是由需要引起的消费和分配形成的。没有需要，就没有生产；没有需要，也就没有市场。在生产和市场之间，需要既是纽带又是桥梁。根据社会需要来组织生产和市场，这是现代市场经济条件下商品运行的一般规律。物质经济是如此，文化经济亦是如此。因此，在影视文化产业中，消费者需求是策划人首先需要考虑的核心要素，也是策划人的策划动力，因为需求和供给始终存在相互制约的关系。

以2023年暑期档电影《抓娃娃》为例。该影片通过精准的市场定位和创新的内容设计，不仅在票房上取得了成功，还带动了周边产品的热销。其中，年轻观众(25岁以下)贡献了22%的票房，家庭观影群体(40岁以上)占据了16.8%的比例。制作团队通过对目标受众喜好的深入分析，将流行元素融入剧情，并强调家庭情感纽带，从而满足不同年龄层的需求。由此可见，准确把握市场需求，既是连接生产和消费的重要桥梁，也是影视文化产业持续繁荣的根本保障。

2. 全面分析有关信息，注重可行性

影视产业策划不能埋头做，应"耳听八方"，分析所采集的信息，做出相应的对策，这样才能使自己的作品在激烈的市场竞争中占据有利地位。影视策划所需要的信息大致包括以下几个方面：一是环境信息，包括政治、经济、历史、文化等方面的系统外信息，以及节目影片定位、受众、管理等方面的系统内信息；二是市场信息，包括信息服务市场、文化市场、广告市场等方面的信息；三是受众群体信息；四是竞争对手态势信息。在采集信息的过程中，我们要力求全面、可靠、及时，并且保证所收集信息的系统性和连续性。

在策划时，创意固然重要，但创意不等于天马行空，要有一定的可行性和可操作性。还要充分考虑人、财、物等各方面的安排和运作。尤其对于户外真人秀来说，场地、交通、住宿、餐饮、工作人员的安排等都是要考虑的问题，此外，节目本身的合理性也是需要注意的方面。例如，真人秀节目《极限挑战》一方面根据中国的地理特色做出方案，另一方面又契合某一个主题，这就必须在前期制作时做好充分的策划，确认其可行性。例如，有一期节目的主题是上海滩，需要根据《上海滩》的剧情进行人物和场景以及故事情节的设置，首先选在上海拍摄，然后六位成员参照片中不同角色进行扮演，再结合故事本身，最终确立了兼职赚钱这个题材。六位成员在不同的地点做不同的工作，整个游戏项目整体并不突兀，反而让人觉得新奇，关键是可行性较高。在另外一期节目中，需要设置三

个爆炸的场景，节目组前期做了充分的调查和准备，确保这个环节可以安全顺利地进行。

3. 明确定位，围绕中心内容开展

明确定位，围绕中心内容开展的节目不仅能够吸引目标观众群体，还能在竞争激烈的市场中脱颖而出。一个节目，无论是在整体框架还是细节处理上都有明确的定位，对于节目本身的意义是非同寻常的。这不仅能帮助节目确立独特的风格和品牌形象，还能增加观众的记忆点、提升观众的忠诚度。

根据全媒体报道，央视新闻新媒体在2017年全国两会期间推出了《部长之声》这一创新节目，通过微博、微信、微视频等多种新媒体平台提前收集民众关心的问题，并邀请部委领导进行回应。这种做法不仅使政府政策更加贴近百姓生活，也大大提升了节目的互动性和参与感。数据显示，《部长之声》节目期间，单场直播最高观看人数达到千万级别。这表明，当节目有清晰的定位并围绕核心主题——解答民众对政策的疑问来构建内容时，可以极大地提高观众的关注度和参与度。此外，该节目还采用现代化技术手段，如移动直播等，使信息传递更为直接有效，进一步加强了与观众之间的联系。由此可见，明确的节目定位和紧密围绕中心内容展开的策划是节目成功的关键因素之一。这样的策略不仅有助于提升节目质量，更能促进媒体与公众之间的良好沟通。

4. 确定主要目标，打造知名品牌

目标是方向，也是动力。在影视产业策划中，确定目标的重要性不言而喻。所有人都为了实现这一个目标而齐心协力，不但能提高效率，还能不断地激发创造力。在影视产品策划中，目标可能不止一个，但必有一定最受重视的目标。对于产品来说，品牌的知名度就是许多企业所追求的目标，这代表了人们对产品的认知程度，影视产品也是如此。

提及"品牌"这两个字，大多数人对"好莱坞品牌"有较高的认可度，在好莱坞多年的发展历程中，事实充分证明了这个品牌的巨大魅力。在科幻电影题材中，有不可忽视的佳作《星球大战》；经典黑帮片《教父》，开辟了黑帮片的辉煌时代；希区柯克的代表作《后窗》，是惊悚片的楷模；《阿凡达》是全球票房纪录保持者，并开创了"3D时代"……

由此我们可以发现，好莱坞俨然成为电影的集大成者，它发展极为均衡，拍摄模式先进，投资高、场面大，视听效果令人震撼，故事引人入胜，同行难以超越。好莱坞品牌的成功之道是有迹可循的，众所周知，经济基础决定上层建筑。美国作为世界"超级大国"，在全球化的历史舞台上，其居于核心地位，在这样的背景下，坐落在世界金融中心的好莱坞所承载的文化交流也必然会得到这种政治经济的支持。好莱坞融合了美国人的文化元素，展现了美国人的精神视野，体现了美国人的文化价值，传播了美国人的价值取向。与此同时，好莱坞电影在创作时也采取"拿来主义"的方法，融合其他国家的文化元素，这样有助于跨越文化壁垒，从而满足电影输入国的文化需求。"品牌"作为一种无形资产所产生的价值是长久的，甚至是不可估量的。

5. 系统性策划，注重整合营销

影视产业的策划要针对从影视制作到发行的整个过程，对于这样一个大集合，系统性地进行市场分析、目标制定、方案确定、信息反馈是必不可少的。"整合营销"目的是把各个相关产业环节链接起来，形成一个密集高效的产业链运作模式。具体到影视产业，就是要将制作、发行、放映及相关产业领域整合起来，这一点在电影产业中尤为突出，需要在一部电影的制作和发行过程中建立起多支点的盈利模式和资本回收渠道。

以《战狼2》为例，这部电影不仅在中国国内取得了巨大的票房成功，还在国际市场上获得了广泛的关注。该片通过精心策划的市场营销策略，将电影与爱国主义情怀紧密结合，激发了观众的情感共鸣。在上映之前，《战狼2》就利用预告片、幕后花絮等多媒体素材进行了广泛的宣传推广，并通过社交媒体平台与观众互动，提高了观众对影片的期待值。此外，影片还采用多元化的盈利模式，除了传统的票房收入外，还包括衍生品销售、版权出售以及与品牌合作等多种方式。例如，电影中主角使用的某些装备成为热门商品，官方授权的周边产品销售额超过千万元。同时，该片的成功也促进了后续与其他国家和地区电影市场的版权交易，进一步扩大了其国际市场影响力。这种多维度的盈利模式确保了电影项目在不同阶段都能获得稳定的收益，同时也为投资者带来了可观的回报。通过这样系统的策划与整合营销，《战狼2》不仅实现了商业上的巨大成功，也为其他影视作品提供了宝贵的经验。

6.3 电视产业创意与策划

中国电视事业起步较早。1958年5月1日晚7时，北京电视台(中央电视台前身)的试验播出标志着中国电视事业的开始，这一天也被认为是中国电视事业的诞生日。电视产业是在20世纪80年代改革开放后随着电视技术和设备的不断丰富、更新以及传播方式的日益拓展逐渐形成的。20世纪90年代后，越来越多的人开始将电视视为一种产业。例如英国学者道尔提出的节目服务，它是电视公司的首要产品，服务内容包括节目、广告、节目中的音乐等要素。电视的另一种产品是收看节目的电视观众。自1983年经历了"四级办电视"和"三台合一"两个阶段的发展后，中国电视基础设施的建设取得了进一步发展。

在如今媒介融合的大环境下，互联网无疑为电视产业提供了更为丰富的资源和新的发展机遇。电视产业的创新与发展也使电视与网络形成了既相互合作又彼此竞争的关系。数字化技术的进步，使得电视(专业的内容和精湛的技术)与互联网(快捷互动的便利)联合为内容产业建言献策，实现互利共赢，成为未来电视产业的发展大势。近年来，国家出台了一系列针对电视产业的政策支持，众多电视剧和真实电视节目如雨后春笋般层出不穷，充分吸引了大众的目光。

▌6.3.1 电视产业发展现状

我国电视产业制度是在计划经济向市场经济转变的时期逐渐建立形成的,周鸿铎的《广播电视经济学》成为中国电视产业研究的起点。电视与电影有一定的相似性,主要是指利用人们眼睛的视觉残留效应显现一帧帧渐变的静止图像,形成视觉上的活动图像。自1958年第一部电视剧《一口菜饼子》播出后,在国家政策的支持下,我国迅速成为世界电视剧生产和消费第一大国。2003年开始,我国每年的电视剧产量都超过一万集,2008年为502部共14 498集。近年来,中国电视剧市场在减量提质、多元化题材、产业复苏以及海外传播等方面均有积极表现,市场整体呈现向上向好的发展态势。2022年,获得《国产电视剧发行许可证》的电视剧共160部5283集,同比下降17.53%和21.41%。2023年,电视剧备案总数达538部,备案集数达17 535集,与网络剧备案数几乎持平。与2022年备案总数的472部相比,同比上升14%,自2016年以来,电视剧备案数目"连降七年",2023年迎来了首次回升。网络剧创作生产精品意识增强,创作数量日趋稳定,整体品质显著提升。监管数据显示,2020年至今,网络剧上线数量连续3年呈小幅下降趋势。2022年全网共上线网络剧171部,相比2021年下降15%。同时,高口碑品质剧破圈传播,引发网络热议。随着大众消费口味的变化以及欣赏水平的不断提升,电视剧的类型也越来越丰富,逐渐发展形成了包括青春偶像剧、言情剧、武侠剧、警匪剧、谍战剧、伦理剧、情景喜剧、科幻剧、历史剧、穿越剧、军旅剧等众多类型的综合体系。

伴随着电视剧种类丰富起来的还有另一个电视产业分支,即真实电视。在全球范围内,真实电视广受欢迎,逐渐普及和多元化,无脚本真实电视越来越专业和完善。比起"真实电视",它的另一个名字"真人秀"更为大众所熟悉。我国最早的真人秀节目是2000年通过广东电视台播出的《生存大挑战》,由于类型的新颖性,很快便引得其他卫视纷纷效仿,相继推出了《走入香格里拉》《夺宝奇兵》《开心辞典》等节目,一时之间真人秀席卷了整个电视产业。而真人秀的高速发展还要追溯到2005年湖南卫视的《超级女声》选秀比赛,由于节目特有的平民性,在电视产业掀起一阵狂潮,随后《加油好男儿》《绝对唱响》《快乐男声》《快乐女声》等节目也趁热打铁地占据了大众的视线。一直到今天,真人秀节目一直在电视上占据着不可忽视的地位,最为突出的便是近几年从荷兰、韩国等国家引进并改编推出的中国版《中国好声音》《奔跑吧兄弟》等真人秀节目。其中,《奔跑吧兄弟》作为一档户外竞技真人秀节目,凭借其创新的游戏环节设计和明星效应,收获了极高的关注度。该节目首播季就创下了全国网收视率3.3%的好成绩,并连续多季稳居同时段收视榜首位置。真人秀节目在中国乃至全球范围内的持续流行,证明了其强大的生命力和广泛的受众基础。

▌6.3.2 电视产业内容创意与策划

传统媒体与新媒体的融合是电视产业未来发展的必然趋势,而内容是电视产业发展的核心竞争力。只有不断提升内容,注重品质,才能最有效地提升电视产业的竞争力。所谓电视内容,即电视节目中一定的故事情节、人物形象和表现手法。从本质上讲,电视内容生产属于文化产业,它与基于受众资源的产业链不同的地方在于,电视节目主要是通过内容产品和服务来满足人们的精神文化需求。由此可见,在电视产业发展方面的内容创新尤为重要,而电视剧以及真实电视凭借其创新性的内容也必然可以在竞争激烈的电视行业中开拓自己的道路。

1. 电视内容产业创新

"内容为王"是传媒产业万年不变的宗旨,电视内容产业可以分为狭义和广义两种。狭义的电视内容产业是指以电视受众为服务对象,依据数字技术和网络技术,生产、加工、制作电视内容产品和服务的机构和市场体系。广义的电视内容产业还包括所有涉及节目内容研发、生产、交换、销售、传播、节目衍生品开发和相关的服务,可以分为节目研发方、内容制作方、内容集成方、内容运营商和衍生品开发商。传统意义上的电视内容产业,往往被局限在一个封闭式的内部系统结构内,只能最大限度地整合内部资源,而在如今三网融合的信息时代,应尽力将电视内容产业融入新的产业链当中,在优化资源配置的基础上与其他产业强强联合将其提升为一种系统行为。在创新能力至关重要的时期,电视界有人发出"创意能力能压倒一切"的呼声。显然,电视产业的相关人员已注意到创新意识的重要性,而将电视内容产业进行纵向、横向双向发展融合是提升创意水平、提高电视产业质量的一大法宝。

2. 主题定位及情节设定

作为精神产品生产消费的电视剧是制作者与受众之间进行交流的手段和方式。一部成功的电视剧往往具有正能量的主题思想及精神内涵,电视剧能否打动人在很大程度上取决于情节设定和主题定位。

2021年,央视播出的重点题材电视剧《山海情》,讲述了20世纪90年代西海固人民群众在国家扶贫政策引导下完成易地搬迁,探索脱贫办法的故事。该剧不仅展现了艰苦环境下人们坚韧不拔的精神面貌,还深刻反映了中国社会进步与变迁的历史画卷。通过细腻的人物刻画和贴近生活的故事情节,《山海情》打动了无数观众的心,实现了高收视率,获得了极大的社会影响力。据统计,《山海情》在各大卫视播出后,平均收视率达到3.5%,最高单集收视率更是突破4%的大关,这在中国电视剧市场中是罕见的成绩。同时,该剧在网络平台上的播放量也超过百亿次,微博相关话题阅读量累计达到数十亿次,充分体现了观众对这类正能量主题电视剧的喜爱和支持。此外,《山海情》的成功不仅仅在于其感人至深的情节设定,更在于它精准的主题定位——聚焦于脱贫攻坚这一时代大背景下的小人物故事,让观众在享受剧情的同时,也能感受到强烈的社会责任感和使命感。这种将个人命运与国家发展紧密结合的叙事手法,使得《山海情》成为一部既具观赏性又富含教育意义的经典之作。由此可见,电视剧能否打动人在很大程度上取决于情节的设定和主题的定位是否能够引起观众的情感共鸣和社会关注。

3. 鲜明的人物形象

人物是电视剧的灵魂,一部电视剧能否成功在很大意义上取决于人物形象的塑造。人物作为电视剧的灵魂，承载着故事的核心和发展脉络。一部成功的电视剧，角色不仅要有独特的性格、背景和动机，还要能够引起观众的情感共鸣。通过细腻的心理描写、生动的语言表达以及复杂的性格特征，创作者可以塑造出立体多面的角色形象，使观众在观看过程中产生代入感，并对角色的命运产生关切。

以电视剧《人世间》为例。该剧以深刻的人物描绘赢得了广泛的认可。根据统计，《人世间》播出后收视率高达2.887%，远超同期其他电视剧，豆瓣评分也达到8.1分。主角周秉昆是一个典型的平民子弟，他的生活轨迹反映了中国近50年的社会变迁。周秉昆的性格既坚韧又善良，他一生经历了从木材厂工人到饭店副经理的转变，遭遇无数的生活磨难与挑战，但他始终坚守自己的原则，对待家人、朋友充满深情厚谊。剧中，周秉昆面对家庭责任和社会压力时所展现出的责任感和无私奉献精神，深深打动了观众的心。此外，剧中还有众多鲜明的人物形象，如哥哥周秉义，一位具有理想主义情怀的知识分子和平民英雄；姐姐周蓉，一个敢于追求自我价值的知识女性；父亲周志刚，新中国第一代建筑工人的代表……他们的故事线交织在一起，展现了不同时代背景下个人命运与社会发展的紧密联系。正是这些丰富而真实的人物形象，使得《人世间》不仅仅是一部简单的年代剧，更是一部探讨亲情、友情、爱情及人生意义的深度作品，从而确立了它在中国电视剧史上的重要地位。由此可见，鲜明的人物形象对于提升电视剧的质量和吸引力至关重要。通过《人世间》，观众看到了一个时代的缩影，以及在这个时代中普通人的奋斗与梦想。

▌6.3.3 电视产业营销创意与策划

电视产业的营销与其本身的质量同等重要。传统模式下的营销往往以信息传播为途径，之后便认为它的价值基本实现，即"广而告之"；而现代营销则致力于在制作者与受众之间实现"沟通"与"对话"，借此达到吸引观众或者直接带来经济利益的目的。电视产业营销的创意与策划，主要从以下几点得以体现。

1. 电视产业媒体与企业之间进行深度合作

整合营销时代的到来，使传统的广告宣传营销方式遭到重创，传媒业正不断地由传统营销模式向整合营销模式转变。传统的广告宣传方式，如在节目间隙插播广告或购买固定时段的广告位，正逐渐失去其对观众的吸引力和影响力。随着消费者获取信息的方式变得更加多样化和个性化，这些传统方法难以有效触达目标受众并激发他们的兴趣。因此，传媒业正在向整合营销模式转变，这种新模式强调将多种传播渠道、内容形式以及互动手段相结合，形成一个全面覆盖、多点触达的目标受众沟通体系。

当前，企业通过商业赞助等形式参与节目制作成为了一种双赢的合作模式。一方面，为企业提供了直接接触潜在消费者的平台，使其能够以更加自然和贴近生活的方式展示品牌形象和产品特性；另一方面，对于电视媒体而言，企业的资金支持有助于提高节目的制作质量和市场竞争力，从而吸引更多观众的关注。

以《女神的新衣》为例。该节目成功地实现了电视与电商的结合，不仅为品牌提供了即时销售的机会，还创造了"即看即买"的消费体验，观众在观看节目时，可以立即购买节目中模特穿着的设计款服装。天猫商城作为该节目的合作伙伴，在节目播出期间同步上线了相应的商品链接，使消费者可以在观看节目的同时完成购买行为。据报道，《女神的新衣》首季播出后，相关品牌的销售额增长了30%以上，而天猫商城也借此机会进一步强化了其时尚电商平台的形象。此外，节目还利用社交媒体平台进行推广，提升了观众参与度，并通过互动环节，如投票、评论等方式，提升了观众对品牌的认知度和忠诚度。这种深度合作不仅促进了销售转化，也为双方带来了可观的品牌曝光率和市场份额的增长。由此可见，通过整合营销策略，电视媒体与企业之间能够建立互利共赢的关系，共同创造更大的商业价值。

2. 新旧媒体的结合

在"互联网+"的背景下，单纯地依靠传统媒体已经不能使电视产业与时俱进，因而要重视传统媒体与新媒体的结合。既要沿袭传统媒体的技术平台，又要借助新媒体的技术优势，实现深度合作，将优势发挥到极致，以达到双赢的效果。

新旧媒体的结合是电视产业在"互联网+"背景下实现转型升级的关键路径。传统电视媒体拥有成熟的制作流程、高质量的内容以及广泛的受众基础，但受限于线性播放模式和单向传播方式，在互动性和即时性方面存在不足。相比之下，新媒体以其高度的互动性、个性化的用户体验和快速的信息传播能力见长，但往往缺乏深度内容和权威性的信息来源。因此，将传统媒体与新媒体的优势结合起来，既能保留传统媒体的专业内容生产能力，又能借助新媒体的技术手段，扩大传播范围和增强用户互动，从而达到双赢的效果。

自2020年《乘风破浪的姐姐》(后改名为《乘风破浪》)首播以来，该节目迅速成为现象级综艺，并成功地将传统媒体与新媒体的优势相结合。该节目不仅在湖南卫视等传统电视频道播出，还通过芒果TV这一网络平台进行同步直播。同时，节目利用微博、抖音等多个社交媒体平台进行话题营销和粉丝互动，创造了多个热门话题。例如，在第三季中，《乘风破浪》的官方微博账号发布的相关话题阅读量累计超过100亿次，讨论量也达到数千万条。此外，节目组还推出了专属App，观众可以通过投票、打榜等方式支持自己喜欢的选手，提升了观众的参与感和忠诚度。根据艾瑞咨询提供的数据，节目播出期间，芒果TV的日活跃用户数量较之前增长了近40%，这表明新媒体技术的应用显著提升了节目的影响力和用户的参与度。通过这种跨平台的合作模式，《乘风破浪》不仅巩固了其作为顶级综艺的地位，也为电视行业展示了如何有效整合新旧媒体资源，共同创造更大的商业价值和社会效应。

3. 整合营销

整合营销，即指以利害关系者为核心，重组企业行为和市场行为，综合协调地使用各种传播方式，以统一的目标和统一的传播形象，传递一致的产品信息，实现与利害关系者的双向沟通，迅速树立产品品牌在利害关系者心目中的地位，建立产品品牌与利害关系者之间长期密切的关系，更有效地达到广告传播和产品营销的目的。没有特色、同质化往往是中国电视产业难以改变的劣势，电视市场内容匮乏、产量过剩的问题十分严峻。然而，要想实现差异化战略，需要在对内容进行创新的同时寻找新的商机。因此，独播带来的独赚利益也就成为各大电视台竞相争取的机会。所谓"独播剧",就是指播映权、发行权等相关权限都被买断,买方拥有独家资源,享有在某一地区独家播出的一种买卖合作形式。独播不仅可以提高电视台的收视率,带来丰厚的广告收入,还可以在满足受众高要求的前提下,使制作方得到丰厚的资金支持以及优秀的播出平台。最早通过独播剧获利的便是湖南卫视,通过引进韩剧《大长今》,拿到独播权以及对该剧进行整合营销狠狠赚了一笔,尝到甜头的湖南卫视更是在2014年宣布,今后湖南卫视拥有完整知识产权的自制节目,将由芒果TV独播,在互联网版权上一律不分销,以此打造属于自己的互联网视频平台。湖南广播电视台高度重视版权,包括互联网版权、购买节目的版权,特别是自制节目的版权,所有节目的版权都要掌握在自己手上。全台所有频道制作的节目,绝对不允许擅自和外界的新媒体合作。

由湖南卫视独播的电视剧《人民的名义》讲述了最高人民检察院反贪总局侦查处处长侯亮平临危受命,调任地方检察院审查某贪腐案件,以追踪腐败分子的故事。该剧自开播以来,迅速成为社会热议的话题,并创造了极高的收视纪录。CSM媒介研究数据显示,在播出期间,该剧平均收视率高达3.66%,单集最高收视率达到8.3%,远超同时段其他节目,成为近年来少有的现象级作品之一。

在营销方面,《人民的名义》采取多种创新手段进行推广。首先,通过传统电视媒体与新媒体平台相结合的方式扩大影响力。除了在湖南卫视黄金时段播出外,还同步在网络视频平台上架,如爱奇艺、腾讯视频等,满足不同观众群体的需求。其次,利用社交媒体进行话题营销,官方微博账号定期发布剧照、预告片及幕后花絮等内容,吸引粉丝关注并参与讨论。据统计,相关微博话题阅读量累计超过百亿次,讨论量数千万条。此外,制作方还举办了多场线下活动,包括主演见面会、主题讲座等,进一步拉近了与观众的距离。与此同时,剧中涉及的反腐倡廉主题引起了社会各界广泛关注,激发了公众对廉政建设的深入思考和讨论,提升了节目的社会价值和正面形象。《人民的名义》的成功不仅体现在收视率上,更在于其有效地运用了整合营销策略,将高质量的内容创作与精准的市场定位相结合,实现了经济效益和社会效益的双赢。

6.4 电影产业创意与策划

电影产业是指以电影制作为核心,致力于电影的生产、发行和放映,电影音像产品和衍生品的开发,电影院和放映场所的建设等相关产业经济形态的综合产业。通过对"电影产业"这一概念的界定,我们可以发现,只有真正把电影当作产业来发展,将其视为一种制造业,并承认其商品属性,电影的本来价值才能体现出来。不管是官员、艺术家、经营者还是观众,在电影实现"创作—生产—经营—看电影"的过程,经历"投入—销售—盈利—再生产"的环节之后,各方的目的才能真正达成。

伴随着创意经济的发展,它在文化产业产值中所占的比重越来越大,加之电影市场竞争越来越激烈，特别是新媒体形势下观众的分流，这些电影产业发展过程中的内外环境因素，要求整个电影产业要尝试改变固有的发展模式，提高创意与策划的水准。而对于电影产业的创意与策划而言，既要重视生产创作环节的创意与策划，也要注重市场营销发行环节的创意与策划。

6.4.1　电影与电影产业

1895年，法国的奥古斯特·卢米埃尔和路易·卢米埃尔兄弟，在爱迪生的"电影视镜"和他们自己研制的"连续摄影机"的基础上，成功研制"活动电影机"。"活动电影机"有摄影、放映和洗印三种主要功能。它以每秒16画格的速度拍摄和放映影片，图像清晰稳定。1895年3月22日，他们在巴黎法国科技大会上首放影片《卢米埃尔工厂的大门》获得成功。同年12月28日，他们在巴黎的卡普辛路14号大咖啡馆里，正式向社会公映了他们自己摄制的一批纪实短片，包括《火车到站》《水浇园丁》《婴儿的午餐》《工厂的大门》等12部影片。卢米埃尔兄弟是第一个利用银幕进行投射式放映电影的人。史学家们认为，卢米埃尔兄弟的拍摄和放映活动已经脱离了实验阶段，因此，他们把1895年12月28日世界电影首次公映之日定为电影诞生之时，卢米埃尔兄弟自然当之无愧地成为"电影之父"。电影又称映画，是由活动照相术和幻灯放映术结合发展起来的一种现代科技与艺术，是一门可以容纳文学戏剧、摄影、绘画、音乐、舞蹈、文字、雕塑、建筑等多种艺术的综合艺术，但它又具有独特的艺术特征。电影在艺术表现力上不仅具有其他各种艺术的特征，又因可以运用蒙太奇这种艺术性极强的电影组接技巧，具有超越其他一切艺术的表现手段，而且可以大量复制。

社会经济的发展，为公众带来的不仅仅是文化形态的多样性，也带来了高速的生活节奏。每天处在高速运转的生活节奏下，公众的闲暇时间被各种生活、工作等琐事切割，使闲暇时间呈"碎片化"形态存在。在这一背景下，微电影作为一种电影的微型化形态应运而生，它是指专门在各种新媒体平台上播放的，适合在移动状态和短时休闲状态下观看的，具有完整策划和系统制作体系支持的，具有完整故事情节的"微(超短)时"(30～300秒)放映、"微(超短)周期制作(1～7天或数周)"和"微(超小)规模投资(数千到数万元每部)"的视频("类"电影)短片，内容融合了幽默搞怪、时尚潮流、公益教育、商业定制等主题，可以单独成篇，也可以制成系列剧。作为一种新兴的电影形态，微电影兴起于草根，各种参差不齐的"小短片"，来自各种相机、DV、手机，但真正把它提升到"电影"层次的，是类似"天堂鸟影像"这样的专业机构。微电影从个人自拍的随性表达，渐渐登堂入室，上升到电影的层次。

与欧美发达国家相比，我国的电影产业之路起步较晚。1993年是中国电影市场化意识萌生之年，尽管当时并没有形成完整的市场化概念，甚至没有提出过电影的产业化，但当时提出的改革思路，已经孕育了中国电影的产业化之路。如果以资本的眼光来看这十几年的改革，我们不妨把这十几年看作一个为资本运作创造条件的过程。在此之前，中国电影的资本基本上是封闭的，还未有市场运作的平台，仅仅停留在国有资产与行政命令下的内部流动上。虽然十多年的改革之路有过种种尝试，也有了种种方面的突破，但纵观改革进程，从权力下放，到简单的一分为二的竞争模式，到"松散式"资产联营模式的形成，再到股份制运作及战略性的集团化重组，中国电影的改革整体上过于谨慎，进程缓慢。自2002年开始，我国的电影产业进入新一轮的改革，不仅在国家层面的观念上明确了电影为经营性文化产业的产业属性，而且在政策层面也得到了落实。2003年，广电总局相继推出《电影剧本(梗概)立项、电影审查暂行规定》《中外合作摄制电影片管理规定》《电影制片、发行、放映经营资格准入暂行规定》《外商投资电影院暂行规定》(总局令第18、19、20、21号文件)等政策规定，试图降低电影制片、发行、放映领域资格准入门槛，吸纳一切有实力的社会力量参与电影产业；搞活电影流通领域，促进国产影片发行放映；减少政府审批程序，促进产业快速发展；鼓励电影产品创新，让电影产品更好地面向群众、面向市场。至此，政府层面的重视和政策的松动，使我国电影产业的市场化发展迸发出前所未有的活力。2012年10月发布的《2012：中国文化品牌评估报告》显示，我国已成为世界第三大电影生产国和第一大电视剧生产国。

对于电影产业，我们必须清楚地认识到，电影企业本质上就是企业，电影产品本质上就是商品，而不应总在"是不是纯企业""是不是纯商品"这些问题上犹豫不决、争论不休。政治家可以把电影当作"工具"，艺术家可以把电影当作"艺术"，但在具体的生产和经营中，我们必须遵循世界通行的电影产业运作规律。电影是一种商业运作的大众艺术；电影也是个人消费，属于竞争领域的行业；电影还是一种工业，电影流通是商业贸易，需要遵守服务性商贸的市场规则。所以说，无论是在电影的生产创作环节，还是在电影的营销发行环节，独到的创意与策划尤为重要。

6.4.2　电影产业内容创意与策划

纵观美国、法国等电影产业发达国家，对电影内容质量的精益求精，往往是决定一部影片成败的关键性因素。所以，从一定意义上来说，内容质量是一部影片产业化运营的基础，内容质量的创意是电影产业创意与策划中不容忽视的一部分。电影拥有较高的内容质量常常获得较多的好评，从而在大片云集的热门档期脱颖而出。

1. 提高叙事能力，以扣人心弦的故事情节吸引观众

改革开放以来，中国电影在观念、生产、传播等各个方面，以"现代化"的名义，逐渐淡化了中国电影传统中的一些理念与方法，更多地向欧美特别是好莱坞学习、借鉴和移植，似乎西方电影，尤其是欧美电影代表了现代或现代化的准则，而传统中国电影中的许多叙事模式则被有意无意地忽略，甚至抛弃。从1997年以冯小刚导演的《甲方乙方》为代表的贺岁片悄然崛起，到中国电影生产数量的逐年快速增长，电影票房迅速增长，观众观影热情也日渐高涨。我们似乎看到了中国电影在经历了一次次挣扎和阵痛之后，逐渐明确和自觉地找到另一种发展思路，就是将中华传统文化融于电影作品之中，将本土化、现实化、民族化的文化与电影叙事相结合。这种发展思路不仅提高了国产电影的叙事能力，而

且为电影产业的创意与策划提供了诸多参考价值。

2024年，电影《热辣滚烫》凭借深刻的主题、真实的人物塑造以及幽默而又充满温情的故事线，成功打动了观众的心，最终收获了34.6亿元的票房成绩，成为中国年度票房冠军。影片讲述了宅家多年的杜乐莹(贾玲饰)如何在命运的推动下，克服重重困难，最终找到了自我价值，并通过拳击训练实现了个人成长的故事。该电影不仅展示了主角坚韧不拔的精神面貌，同时也巧妙融合了中国传统家庭价值观及现代社会对个人发展的追求，体现了本土化、现实化、民族化的文化特征。这种创作思路不仅提高了国产电影的叙事能力，而且为电影产业的创意与策划提供了诸多参考价值。通过这样的实践，中国电影业找到了一条既能保持自身特色又能与国际接轨的发展道路，为中国电影走向世界打下了坚实的基础。《热辣滚烫》的成功表明，当电影能够触动人们内心深处的情感，并且以独特的方式展现中国文化时，它就能赢得市场的青睐并获得广泛的社会反响。

2. 突破传统思维，积极参与多种类型电影的创作与生产

在文化产业的创意与策划中，只有遵循市场运作规律，才能创造出符合消费者需要的文化产品。对于电影产业的创意与策划而言，这一点集中体现在对观众的分化上，也就是创作出不同类型的电影作品，以迎合不同观众的观影需求。当然，在电影产业创意与策划的过程中，突破传统的电影创作思维，既包括对旧的类型片种的激活，也包括对新的类型样式的开发。

动画电影《哪吒之魔童降世》的成功就是这一理念的最佳例证，该片改编自中国古典神话故事《封神演义》，但进行了大胆创新，赋予了角色现代性格特征，并通过精美的画面和深刻的主题打动了各个年龄段的观众。不仅如此，《哪吒之魔童降世》还成功地将东方文化特色与高科技制作手段相结合，创造出了一个视觉效果震撼且富有深度的故事世界。这部电影不仅在国内取得了巨大的成功，也在国际市场上获得了认可，为后续国产动画电影的发展奠定了基础。此外，近年来中国科幻电影也开始崭露头角，《流浪地球》作为中国首部硬科幻大片，凭借其宏大的叙事背景、严谨的科学设定以及高水平的特效制作，赢得了全球观众的关注。该片在2019年的春节档期上映后，累计票房达到46.86亿元，成为当年票房亚军，并在全球范围内引起了广泛讨论。

《哪吒》系列电影与《流浪地球》系列电影的成功表明，当电影创作者敢于突破传统思维，积极尝试史诗片、侦探片、魔幻片、科幻片、探险片等多种类型的影片时，不仅能吸引到广泛的观众群体，还能为中国电影市场带来更多的可能性和发展空间。中国拥有丰富的历史文化和文学资源，如《西游记》《聊斋志异》等经典著作，它们为电影创作提供了无尽的灵感源泉。同时，随着科技的进步，尤其是计算机图形技术的发展，使得打造像《魔戒》或《纳尼亚传奇》那样的大型奇幻电影成为了可能。

3. 提高技术水平，重视影片的特效创意

随着电子技术、数字技术、网络技术等相关科技水平的提高以及在电影产业中的应用和推广，电影从业者要想抢占电影市场的高地，就必须在创意与策划的过程中提高影片的技术水平，生产创作出吸引观众的影视特效。在电影中，人工制造出来的假象和幻觉被称

为电影特效。在电影诞生之初，便已经有了电影特效的萌生。1977年，约翰·戴克斯特拉在《星球大战》中使用了电子动画控制，让观众看到了之前从未见过的宇宙战争场面。此外，他还第一次在影片中使用3D成像技术。2003年，《指环王3》的热映，昭示着电影特效已经达到全新的高度。

2009年末，詹姆斯·卡梅隆执导的科幻电影《阿凡达》(Avatar)上映，该片全球总票房超过27亿美元，再次打破了由他自己保持的全球影史票房纪录(《泰坦尼克号》18.4亿美元)，并因此揭开了电影制作的新纪元。《阿凡达》是一部大量使用电脑生成动画的影片，而且这些动画都具有照片般的真实感。卡梅隆曾毫不夸张地表示，《阿凡达》是有史以来最复杂的一次电影制作，两个半小时的电影有1600个镜头，而且《阿凡达》和"金刚"(King Kong)"咕噜"(Gollum)不同的是，它要制作上百个有照片般真实感的CG角色。整部影片的特效运用极其自然真实，令人投入，几乎可以说没有任何瑕疵。

《哪吒之魔童闹海》作为2025年春节档的一部重要作品，凭借其震撼的视觉效果和深刻的文化内涵，再度掀起了国漫热潮。为了实现这些视觉效果，《哪吒之魔童闹海》的制作团队投入了大量资源进行技术创新。全片镜头数量从第一部的1800个大幅增加至2400多个，特效镜头更是高达1900个，占比超过全片镜头的80%。例如，在构建奇幻世界的视觉盛宴中，"虚空裂口"之下两军对峙，滚烫熔岩从空中倾泻而下，数万妖兽从空中跃下的场景，都是通过先进的计算机图形技术和算法来完成的，特别是在流体动力学和粒子特效等方面不断突破，增强了画面的真实感和动态感。影片标志性的"四海龙宫"场景中，技术团队创新性地将粒子系统与生物动力学相结合。比如，青龙敖丙的鳞片不仅成为独立的光线反射体，还通过粒子间相互作用算法模拟出真实生物肌体的弹性形变。而在表现哪吒"三头六臂"神通时，团队摒弃了西方机甲风格的硬核机械感，转而从敦煌飞天壁画中汲取灵感，用渐变消散的粒子流营造出东方玄幻意境，这种做法是对中国画"留白"美学的数字化转译，标志着国产特效开始建立自己的美学语言体系。特别值得一提的是，《哪吒之魔童闹海》中的"动态水墨渲染引擎"，这是全球首个此类技术的应用。该技术破解了传统水墨"气韵生动"的数字化表达难题，使3D动画首次实现了毛笔在宣纸上晕染渗透的实时模拟，让角色的肌肤、服饰乃至毛发等细微之处都流露出水墨画独有的雅致韵味。这些技术上的突破使得《哪吒之魔童闹海》不仅仅是一部成功的商业电影，更是在艺术和技术上达到了新的高度，为观众带来了前所未有的观影体验。因此，对于电影从业者来说，持续提升技术水平、注重特效创意，是保持竞争力的关键所在。通过这样的努力，不仅可以增强作品的艺术感染力，还能在全球市场上树立起中国电影的品牌形象。

4. 植入普世价值观，凸显人道主义精神

在五千年的中华文明发展过程中，"和谐""友善"等充满人道主义精神的思想已经成为当代社会主义核心价值观的重要内容，这些思想内容不仅符合中国社会发展的客观要求，而且也反映了人们的普遍愿望及基本诉求。因此，在电影产业的创意与策划过程中，应当将中国的文化价值观融入新题材的故事脉络与角色设置之中，积极弘扬与传承"仁爱""和谐""邪不压正"等全球皆认可的价值观念，以正面的、积极的、勇敢的形象打动人心，吸引观众观看。

由贾玲执导并主演的影片《你好，李焕英》，于2021年春节档上映，最终累计票房高达54.14亿元。影片通过讲述女主角贾晓玲(贾玲饰)穿越回到过去与年轻时代的母亲李焕英相遇的故事，展现了深厚的母女情感和家庭之间的温情纽带。故事中，贾晓玲试图改变母亲的命运，但最终发现真正的幸福来自珍惜现有的生活和亲人之间的深厚感情。这种对亲情的深刻描绘和对家庭价值的尊重，体现了中国传统儒家文化中的"孝悌之道"，即尊敬父母、爱护兄弟姐妹的理念，同时也传递了普世的人道主义精神——关爱他人、珍惜当下、理解与接纳不完美的人生。许多观众在观看后表示，这部电影让他们重新审视了自己与家人的关系，并激发了他们更加珍视眼前的美好时光。据调查，超过90%的观众认为这部电影给他们带来了深刻的感动和启示。这样的反馈表明，当电影能够有效地将传统文化中的优秀价值观与现代观众的需求相结合时，便能产生强大的影响力和社会效益，进而促进整个社会向更加和谐美好的方向发展。

5. 紧跟时代潮流，重视微电影的创意与策划

微电影作为新兴事物，从制作到播出都基于网络平台，现阶段政府层面还未制定和公布关于微电影的审查机制。因此，从一定意义上来说，微电影的创作空间更为广阔，也更易于新锐导演和演员的电影理念和自我价值的实现。对于微电影的创意与策划而言，主要体现在题材内容与表现形式两个方面。

(1) 在微电影的创意与策划过程中，要求微电影的题材内容贴近受众的生活。在微电影创作的过程中，制作者可以选择表现发生在受众身边的人和事，这些往往都是每个观众经历过或身边人经历过的，所以说，比较容易迎合一代人的情感需求，从而引发社会主流人群的共鸣，同时又让观众在思考中回味，在回味中领悟。

以《天堂午餐》为例，这部由一名大学生拍摄的公益短片，通过一个简单却极具情感冲击力的故事——儿子为已故的母亲准备一顿她生前一直盼望的午餐，深刻地探讨了孝道的重要性以及珍惜当下的主题。影片上传至网络后的一个月内便获得了400万次的点击量，这不仅证明了故事的感染力，也反映了它成功触及了广大观众内心深处的情感共鸣点。《天堂午餐》的成功在于其选择了一个普遍存在的社会现象作为切入点：随着现代社会节奏的加快，人们常常忙于工作和生活琐事，以至于忽略了对家人的关心和陪伴。而影片通过细腻的情节设计，如主人公精心准备母亲喜爱的食物，并将其放置在一个象征着母子间未尽之约的"天堂午餐"盒中，将这种遗憾具象化，使观众能够在观看的同时联想到自己的生活经历，进而产生强烈的情感共鸣。

(2) 在微电影创意与策划的过程中，还要注意表现形式的创新。与传统的电影作品不同，微电影的片长较短，所以，它需要在有限的时间内展开情节，直入主题，这反而更容易抓住观众的眼球。

以微电影《啥是佩奇》为例，这部由张大鹏执导的微电影，作为电影《小猪佩奇过大年》的先导宣传片，在短短几分钟内就成功吸引了大量观众的关注，并在网络上引起了广泛讨论和传播。《啥是佩奇》讲述了一个农村留守老人李玉宝为了给孙子准备新年礼物而四处打听"啥是佩奇"的故事。影片通过幽默风趣的方式展现了城乡差异、代际沟通障碍以及亲情纽带的重要性。尽管全片时长仅5分多钟，但它巧妙地将寻找"佩奇"这一核心问题贯穿始终，迅速切入主题，让观众在极短时间内便能理解剧情的核心冲突。这种紧凑的情节设计不仅使得故事发展节奏明快，而且极大地提升了观众的观看兴趣。据统计，《啥是佩奇》发布后，在微博上的播放量迅速突破了千万次，成为当年春节期间最热门的话题之一。此外，《啥是佩奇》的成功还在于其独特的视觉风格和情感表达方式。导演张大鹏运用了大量的地方特色元素，如乡村背景、方言对话等，增强了影片的真实感和亲切感；同时，通过精心设计的人物形象和动作细节(例如，李玉宝亲手制作的蒸汽朋克版佩奇)，进一步强化了影片的艺术效果和娱乐性。这些元素共同作用，使得《啥是佩奇》不仅是一部简单的广告宣传短片，更是一部触动人心的艺术作品。

综合以上几点，我们可以发现，"内容为王"作为文化产业中一个公认的定律，在包含于文化产业之列的电影产业中必然处于重要位置。因此，睿智的电影工作者往往能够形成这种认识，并在这种观念中不断树立目标，不断突破，以此促进电影产业的发展。

▌6.4.3 电影产业营销创意与策划

近年来，优质的国产电影越来越多，中国电影市场迅速壮大，观影人群的欣赏水平也日益提高，但即便是在这种情况下，仍有高质量电影票房不理想、普通电影却赚得盆满钵满的情况发生。产生这种现象的一个关键因素是电影在营销策略上是否做足了文章。

电影产业的营销主要表现在两个方面：一方面是指企业利用电影以植入式广告、赞助等方式来展开营销活动；另一方面是指电影自身的营销，电影在拍摄和制作过程中需要进行定位，利用营销的思维来展开运作。本书所指的电影产业营销主要是电影自身的营销。谈到电影产业的营销，我们不得不提的是好莱坞电影的典范式营销策略。好莱坞作为美国电影产业的中心地带，引领着美国电影产业的大发展、大繁荣，并对世界电影产业的进步产生了重要影响，好莱坞电影的营销策略值得电影业内外学习和借鉴。

1. 以品牌营销塑造核心价值

品牌营销是各种营销模式的核心，整合营销传播也以品牌营销为中心。与传统的物质产品品牌的生成过程不同，电影品牌的生成过程表现为"意义—品牌—产品"，也就是说一个电影品牌的生成，首先需要整个创作团队确定作品所要表达的意义，然后形成一个品牌识别系统，最后据此生产创作出符合要求的电影作品。当然，这里所提到的"意义"就是品牌追求的目标，也就是凝结于产品之中的核心价值，同时也是品牌竞争的核心所在。对于一个影视制作传播企业而言，其对于电影作品营销的创意与策划，可以围绕品牌的核心价值展开，通过对品牌核心价值的体现与演绎，达到吸引观众观看的目标。一般而言，电影作品的品牌营销推广主要表现为导演品牌、电影和明星品牌、相关商品开发品牌等方面。

以冯小刚的贺岁电影为例，从最早的《甲方乙方》《不见不散》《大腕》，到转型期的《手机》《天下无贼》，再到《非诚勿扰》《非诚勿扰2》，这些电影之所以能够经久不衰，深受观众的追捧，在很大程度上源于制作团队推行的品牌营销策略。首先，电影导演冯小刚是中国最具票房号召力的导演之一。作为一个具有强烈的平民意识的导演，他的贺岁电影作品主要表现现代都市生活和市井平民的生活精神状态，通过借鉴王朔小说中的游戏、反讽等艺术手法，达到对生活的调侃、对人生戏谑的目标。其次，在冯小刚的贺岁电影中，特别重视对影视明星的选择。葛优是冯氏贺岁电影男主角的不二选择，可以被称做"中国贺岁电影的支柱"，然后配以刘蓓、徐帆、关之琳、舒淇、刘若英、姚晨等当红女明星，同时，范伟、傅彪、尤勇、孙红雷、冯远征等一线明星充当"黄金配角"，共同构筑了电影强大的明星团队。这样在通过明星吸引粉丝观影的同时，粉丝也会自发组织宣传，效果相当可观。一个有票房号召力的导演，外加一群拥有无数粉丝追捧的明星，共同构筑了冯氏喜剧电影的品牌。

当然，要想做好品牌，形成核心价值，还要从影片内容着手，而就电影内容进行营销来说，类型营销是不错的选择。特别是部分具有相对稳定的受众群体的类型，如喜剧电影、警匪电影、武侠电影。类型与导演、明星等结合，也会形成更强有力的品牌，如宁浩的喜剧电影。此外，对于系列电影品牌的影响力和发展潜力也应给予极大的重视。中国系列电影品牌营销刚刚初见成效，如《画皮》系列、《人在囧途》系列、《无间道》系列等。

如今，充分利用各种新媒体的特点，采用各种手段制造话题，为影片宣传造势，已成为电影产业盛行的营销手段之一。身处Web3.0时代，传统的纸质媒体已经不再是电影宣传的主阵地，当前的电影宣传强调对于多种传播媒介的综合运用，尤其是强调对于新媒体的运用，如微博、微信等。具体的营销策略主要有微博投票、同城活动、线上活动、微信互动等。

2024年，电影《星际征途》的宣传推广便充分展示了如何利用新媒体形成社会化营销之势。这部电影以人类探索宇宙深处未知世界为主题，制作团队深知目标受众主要是对科幻和探险充满热情的年轻人，于是精心策划了一系列基于新媒体平台的宣传活动。首先，在微博上发起了"你最期待的星际发现"投票活动，吸引了超过300万网友参与讨论，相关话题阅读量突破了1亿次。通过这种互动方式，《星际征途》不仅提升了影片的知名度，还收集到大量关于观众兴趣点的数据，为后续的宣传策略提供了方向。此外，微信公众号推出了独家幕后花絮系列文章，并结合线上活动，邀请粉丝分享自己心中的星际探险故事，参与者有机会获得电影首映礼门票。这一举措收到了数千份投稿，公众号文章平均阅读量达到了50万次以上，极大地增强了用户的参与感和忠诚度。同时，通过抖音、快手等短视频平台发布了多条由主演亲自拍摄的趣味视频，总播放量超过了2亿次，点赞数高达500万次，有效扩大了电影的社会影响力。同城活动中，组织了全国多个城市的主题观影会，通过社交媒体进行直播，实时在线观看人数最高达到50万人次，即使未能亲临现场的观众也感受到了热烈氛围。这些新媒体手段的综合运用，不仅让《星际征途》在上映前就积累了极高的人气，而且成功地将关注度转化为票房成绩，首周票房即突破3亿元人民币，最终全球票房累计超过20亿元人民币，成为当年最受欢迎的科幻电影之一。

2. 精选档期开展"饥饿营销"

在市场营销学中，所谓的"饥饿营销"，是指商品提供者有意调低产量，以期达到调控供求关系、制造供不应求的"假象"、维持商品较高售价和利润率、维护品牌形象、提高产品附加值的目的。而"饥饿营销"的精髓在于调控供求关系,所以说影片档期无疑是一个合适的选择。对于电影而言,档期是缔造成功票房的关键因素之一。近年来,中国电影开始尝试性地打造品牌档期,不仅商业大片抢滩最有利的暑期档、国庆档和贺岁档,中小成本的影片也有意识地根据影片内容选择档期上映,甚至为迎合档期制作影片。

以《唐人街探案》系列电影为例。该系列电影在中国乃至全球华人圈都引发了观影热潮,其成功部分归功于对档期的精心挑选与"饥饿营销"策略的有效运用。《唐人街探案4》在春节档期间上映,这个时间段是中国电影市场一年中最火爆的时期之一,尤其适合家庭观众和年轻群体。然而,面对春节档激烈的竞争环境,《唐人街探案4》采用"饥饿营销"的策略,通过控制信息发布的节奏来制造稀缺感和紧迫感。首先,在预告片发布上,《唐人街探案4》只公布了少量片段,且每一段预告片都留下了足够的悬念,激发了观众的好奇心。其次,影片预售阶段宣布了IMAX等特效厅的部分场次已售罄的消息,以此营造出一种供不应求的现象。根据官方数据,《唐人街探案4》预售开始后仅3天内就取得了超过1亿元人民币的成绩,首日票房达到了5亿元人民币。通过这种精准选择档期并结合有效的"饥饿营销"策略,《唐人街探案4》不仅吸引了大量观众走进影院观看,同时也提升了单屏幕的平均收益,证明了即使是高度竞争的档期,只要策略得当,依旧能够取得商业上的巨大成功。

3. 以跨界营销达到借势宣传的目的

所谓"跨界营销",即寻求非业内的合作伙伴,发挥不同行业营销渠道的协同效应。"跨界营销"的核心是"一源多用"(OSMU),即基于电影、戏剧、音乐、小说、动漫等某一创意源头,逐步衍生剧场、音乐、网络、游戏、演艺经纪、多媒体、出版、主题游乐园、餐饮等诸多产业。具体来说,影片的营销团队在仔细分析每一家媒体的特性和兴趣点的基础上,想尽各种办法拆解电影元素,提供有创意的内容,再通过媒体的不同渠道进行传播,渗透给观众,就很容易取得良好的宣传效果。

以2024年上映的科幻动作电影《星际征途:重启》为例。该电影不仅在视觉效果和剧情设定上追求创新,还在营销策略上大胆尝试了跨界营销,实现了借势宣传的效果。影片团队深知单靠传统的电影宣传方式难以满足现代观众日益增长的多样化需求,因此决定采取"一源多用"(OSMU)策略,通过跨界合作来扩大影响力。首先,《星际征途:重启》与知名在线游戏平台合作推出了同名手机游戏,这款游戏不仅还原了电影中的经典场景和角色,还引入了独特的剧情扩展模式,让玩家可以体验到不同于电影的冒险旅程。上线首周,该游戏下载量突破500万次,用户评分高达4.7分(满分5分),成功吸引了大量年轻游戏玩家的关注,为电影预热打下了坚实的基础。其次,电影制作团队还与一家领先的VR技术公司联手打造了沉浸式虚拟现实体验项目——《星际征途:虚拟之旅》。该项目允许用户通过佩戴VR设备亲身体验电影中的精彩片段,用户仿佛置身于浩瀚宇宙之中。此外,《星际征途:重启》还与多家连锁餐厅合作推出了主题套餐,并在店内布置了与电影相关的装饰和互动装置。消费者在享受美食的同时,还能参与抽奖活动赢取电影票或限量版周边商品。数据显示,活动期间合作餐厅的客流量平均增长了30%,有效促进了品牌之间的互利共赢。通过上述一系列跨界合作，《星际征途：重启》成功地将电影元素渗透到了游戏、VR体验、餐饮以及出版等多个领域，形成了全方位、多层次的品牌传播效应。最终，这部电影在全球范围内取得了超过8亿美元的票房成绩，并赢得了广大观众的高度评价。

4. 以广告植入带动整合营销

电影不仅是一种文化产品，也是承载着诸多信息内容的媒介，无论是生产创作环节，还是发行放映环节，电影都可以成为其他产品品牌宣传推广的载体。因此，广告商可利用电影进行营销，电影可通过出售自身的媒介特性获取收益。在电影产业营销的创意与策划过程中，主要营销手段有植入广告、贴片广告、活动赞助等，具体又可以分为影视植入广告、定制影片服务、影视形象授权、首映及商务活动、电影全国贴片、影院阵地活动等，这些都可以为影片创造收益空间。

基于以上认识总结的"整合营销"是指在影片制作或发行期，为了推动影片的宣传发行，结合企业宣传日进行的联合传播，且其中占多数的是影片发行期的"整合营销"活动。整合营销包括两种情况：第一，企业是植入式广告的客户，借助后期联合活动深化赞助的利益；第二，企业宣传活动搭载电影的宣传。品牌借助电影的高关注度，可以衍生不同类型的整合营销，比如新产品上市、产品促销、形象授权、公关活动赞助等。电影向企业授权的方式也分为两种：一种是付费，一种是异业合作资源置换。具体而言，如果电影自身的广告(预告片、海报)和产品标志同时出现，就会形成有趣的联合促销。如果电影产品是强势品牌，那么就很容易促使商家趋之若鹜，例如联想旗下乐Pad A2207平板电脑与《一代宗师》联手展开贺岁娱乐化营销，双方线上及线下宣传全面开启，涵盖网络、电视、户外广告等多个渠道。

5. 开发电影衍生产品以推动营销活动持续开展

电影衍生产品的开发，是为了开发电影的附加价值而进行的一系列营销活动，它体现的是电影与其他产业的嫁接能力。当前，国外衍生产品的收入可以高达影片总收入的70%左右，很多电影公司在影片开拍前，就已经做好了衍生产品的生产和营销计划，以确保其能同步甚至早于电影上映的时间问世，争取足够的市场空间。而在国内，衍生产品的收入几乎为零。中国电影产业化尚在起步阶段，产业链尚待完善，电影制片方对市场上的电影衍生产品需求往往认识不足、预计不够，也很难主动满足这种需求以求电影增值。从总体来看，当前电影衍生产品的开发方式主要有旅游开发、日用消费品生产和玩具产品开发等。只有将电影品牌背后的衍生产品开发出来，才有可能以一定的投资获取最大的利益。

2024年上映的科幻大片《星际征途：重启》不仅在全球范围内取得了超过8亿美元的票房成绩，其衍生产品的开发也成为了电影营销的一大亮点。在影片筹备初期，制片方便联合了多个行业的顶尖公司，共同制订了详尽的衍生产品生产和营销计划，确保这些产品能够在电影上映前或同步上市。首先，在旅游开发方面，《星际征途：重启》与全球最大的主题公园运营商合作，推出了"星际征途主题区"。该主题区不仅重现了电影中的经典场景，如神秘星球、未来城市等，还提供了沉浸式的体验项目，让游客仿佛置身于电影之中。据统计，"星际征途主题区"开放首月便吸引了超过100万人次的游客，直接带动了周边酒店和餐饮业的增长，为当地经济贡献了数百万美元的收入。其次，在日用消费品生产方面，《星际征途：重启》与国际知名时尚品牌联手推出了一系列限量版服饰及配件，包括T恤、帽子、背包等。这些商品不仅设计独特，还巧妙地融入了电影元素，深受年轻消费者的喜爱。据官方统计，相关产品上线后的第一个季度销售额突破了5000万美元，成为当年最受欢迎的联名系列之一。

同时，玩具产品开发也是《星际征途：重启》衍生品策略的重要组成部分。电影团队与世界领先的玩具制造商合作，推出了包括可动玩偶、模型飞船在内的多种玩具产品。为了增强互动性和收藏价值，部分玩具还内置了AR功能，用户通过手机应用即可体验到虚拟与现实相结合的游戏乐趣。数据显示，玩具产品发布后短短3个月内，全球销量就超过了200万件，创造了近3000万美元的收入。此外，《星际征途：重启》还通过授权方式涉足图书出版领域，推出了小说、漫画以及幕后制作书籍等多种形式的内容，进一步丰富了粉丝的文化消费选择。据统计，相关书籍累计销售量超过50万册，不仅为电影故事增添了更多背景细节，也为品牌增值做出了重要贡献。

思考题

1. 简述影视文化产业概念。
2. 简述影视文化产业创意与策划的特点和方法。
3. 试分析电视产业发展现状并简述其创意策划的方法。
4. 简述电影产业内容的创意与策划的方法和措施。
5. 以电影《八角笼中》为例，谈谈电影营销的新趋势。

章末案例

《热辣滚烫》：女性电影差异化营销方略

在当今竞争激烈的电影市场中，女性电影作为一种特殊的电影类型，需要独特的营销策略来吸引观众。《热辣滚烫》作为一部针对女性观众的电影，其营销策略的成功在于精准的市场定位、创新的宣传手段和深入的情感共鸣。通过这些策略，《热辣滚烫》不仅在女性电影市场中获得了显著的竞争优势，也为其他电影提供了宝贵的营销经验。

一、差异化：定位鲜明、突出卖点与独特形象

首先，《热辣滚烫》的差异化营销策略体现在其鲜明定位上。电影内容和主题紧密贴合女性喜好，与竞争对手形成明显区别。数据显示，女性电影的观众以女性为主，因此，《热辣滚烫》的营销重点自然落在女性观众上。电影聚焦普通女性励志题材，讲述女孩乐莹追寻自我的故事，这一题材真实感人，对女性群体具有吸引力。

其次，电影的营销传播强调贴近女性需求的突出卖点。例如，贾玲为角色减肥100斤，这一情节设定不仅反映了现代女性关注减肥的热门话题，也凸显了贾玲的敬业精神。电影通过预告片和MV等宣传手段，巧妙地利用这一噱头，制造悬念，提高电影的辨识度。

再次，电影中的搞笑细节是其卖点之一，作为春节档喜剧片，这些搞笑片段展现了影片的娱乐风格。

最后，电影的宣传推广凸显契合女性群体的独特形象。通过海报、预告片、歌曲等宣传方式，打造了影片"热辣滚烫"的形象。例如，"为自己点赞"版海报呈现了乐莹上场参加拳击比赛前的情景，首映当天发布的预告片展现了乐莹减肥后热力四射的拳击训练片段，这些情节均符合女性的审美需求和心理特征。

二、功能化：定制化预告片、开发多元化周边产品

一方面，《热辣滚烫》的营销策略包括面向不同喜好的观众推出定制化预告片。这些预告片针对观众的不同偏好，有的强调喜剧元素，有的突出励志主题，还有的突出女性题材，以满足不同观众的需求。

另一方面，电影结合内容开发了多元化的周边产品，如衍生音乐和主创同款"手办"。这些产品不仅增加了电影的吸引力和制作方的收入，也满足了观众的弹性化需求。例如，电影推出了九首不同风格的"热辣"主题歌曲，以及多种尺寸的电影主创同款"手办"。这些产品均具有收藏价值，能在多种场景中陪伴观众。

三、附加价值：独家观影、品牌联合与免费衍生品

首先，《热辣滚烫》通过独家观影活动提供附加的情绪价值。例如，电影在北京举办首映礼，贾玲减重后首次公开亮相与观众交流。这些活动为观众提供了与电影主创团队近距离互动的机会，增强了观众的情感体验。

其次，电影联合不同品类的品牌，以提升观影体验满意度。例如，电影与"梦之蓝"白酒、长城葡萄酒等品牌合作举办专场观影活动，与希尔顿欢朋中国等酒店品牌推出观影评论、分享及抽奖活动，以及与联想等科技品牌进行联合营销。这些跨界合作为电影带来了更多的曝光机会，并提升了观众的观影体验。

最后，电影开发了电影衍生品，为观众提供增值价值。例如，电影推出了多首电影衍生音乐供人们欣赏，开发了多款电影主创同款"手办"并通过线上抽奖活动等方式赠予观众，提升了电影的竞争力。

四、共鸣：电影内容、观众分享与观众口碑

首先，《热辣滚烫》通过故事情节和人物角色触动观众情感。电影细腻地刻画了女主角乐莹的鲜活形象与复杂情感，女性观众可以在乐莹的角色中找到自己的影子，产生情感投射和共情。

其次，电影营销团队鼓励观众分享与电影相关的情感和故事。通过社交媒体互动话题和官方微博策划的栏目，引导观众深入感悟影片传达的情感，分享观影感受和个人故事，从而增强观众的归属感和认同感。

最后，电影利用观众口碑扩大影响力。通过发布观众影评海报，形成正面的口碑效应。例如，在影片营销方推出的系列海报中，既包括来自普通观众的影评，也包括媒体影评人和电影界专业人士的推荐，进一步提升了电影的知名度和美誉度。

总体来说，《热辣滚烫》在营销过程中通过差异化定位、功能化产品、附加价值的提供和共鸣点的打造，成功吸引了女性观众群体，提升了电影的市场表现和观众的忠诚度。通过精心策划的宣传活动以及与观众积极互动，不仅提高了电影知名度，也增强了观众的参与感和情感体验。

资料来源：共市观察. 先赢一次，《热辣滚烫》何以拨动品牌营销的心弦？[EB/OL]. (2024-03-04)[2025-03-01]. https://zhuanlan.zhihu.com/p/685108701. 有删改

思考题：电影《热辣滚烫》的成功对国产电影的营销有何借鉴意义？

第7章

动漫产业
创意与策划

⊙ 章前引例

《哪吒之魔童闹海》：国产动漫的文化创新与产业突破

2025年，回望《哪吒之魔童闹海》这部现象级动画电影，其影响力已远超一部普通作品的范畴。这部作品不仅创造了突破中国影史的票房奇迹，更开创了中国传统文化现代化表达的新范式，为国产动漫的发展提供了宝贵经验。

一、文化创新：传统IP的现代化重构

在角色塑造上，《哪吒之魔童闹海》突破了传统神话的固有形象。主创团队将哪吒塑造成一个具有现代青少年特征的"魔童"，其叛逆性格和成长困惑引发了年轻观众的强烈共鸣。太乙真人的方言、申公豹的口吃等设计，既增加了喜剧效果，又使角色更加立体。这种创新既保留了传统文化的内核，又赋予了角色新的时代特征。

叙事结构的创新是影片成功的另一关键。影片采用了好莱坞经典的三幕剧结构，通过紧凑的节奏和巧妙的情节设计，将传统文化元素与现代叙事手法完美融合。哪吒与敖丙的友情线、与父母的亲情线、与陈塘关百姓的矛盾线等多线叙事，既丰富了故事层次，又深化了主题表达。这种创新使古老的神话故事焕发出新的生命力。

视觉风格的突破体现了中国美学与现代技术的结合。影片中的山水画卷、太极图等传统元素通过先进的3D技术呈现，既展现了东方美学意境，又达到了国际一流的视觉效果。特别是"山河社稷图"中的奇幻世界，将中国传统水墨画风与现代动画技术完美结合，创造了独特的视觉奇观。这种创新为国产动漫树立了新的美学标杆。

二、产业突破：全产业链的商业模式创新

《哪吒之魔童闹海》的成功离不开其独特的制作模式。影片采用了"全员持股"的激励机制，激发了创作团队的积极性。1600多名制作人员中，有60多家公司参与，通过科学的项目管理和质量控制，确保了制作水准。同时，通过引入专业制片人制度，确保了项目的规范运作。这种模式为国产动漫的制作提供了新的思路。

在营销策略上，《哪吒之魔童闹海》开创了国产动漫的新模式。通过精准的受众定位、创新的社交媒体营销和跨界合作，影片成功突破了动漫电影的受众局限，实现了破圈传播。影片上映前，通过抖音等平台发布创意短视频，累计播放量超过10亿次。与多个品牌开展跨界合作，推出联名产品，扩大了IP影响力。这种营销创新为国产动漫的商业化运作提供了宝贵经验。

衍生品开发是《哪吒之魔童闹海》产业链延伸的重要一环。从手办到联名商品，从主题展览到实景娱乐，影片构建了完整的IP产业链。影片上映后，推出了包括手办、文具、服饰等在内的200多款衍生品，截至2025年2月13日累计销售额超过5亿元。与多个主题公园合作，打造哪吒主题园区，延伸了IP生命周期。这种全产业链开发模式不仅拓展了收入来源，也增强了IP的长期价值。

三、行业影响：国产动漫的新纪元

《哪吒之魔童闹海》的成功推动了资本对国产动漫的关注。大量资本涌入动漫产业，为行业发展注入了新的活力。2020—2025年，国产动漫领域投资总额超过500亿元，催生了一批优秀作品。这种资本效应不仅体现在制作投入的增加，更反映在产业链各环节的完善上。

影片的成功也促进了人才培养体系的完善。越来越多的专业院校开设动漫相关课程，行业内的专业培训机构也不断涌现。截至2025年，全国开设动画专业的高校达到300所，年培养专业人才超过2万人。这种人才培养热潮为国产动漫的持续发展提供了人才保障。

在国际化方面，《哪吒之魔童闹海》为国产动漫开辟了新路径。影片通过Netflix等平台走向全球，让世界看到了中国动漫的实力。在北美、日本等重要市场都取得了不俗的票房成绩，累计海外票房超过1亿美元。这种国际化尝试不仅提升了国产动漫的影响力，也为中国文化走出去提供了新的载体。

《哪吒之魔童闹海》的成功证明，国产动漫完全可以在保持文化特色的同时实现商业成功。这部作品不仅是一部优秀的动漫电影，更是国产动漫产业发展的里程碑。它启示我们，文化创新与产业突破的结合是国产动漫发展的必由之路。未来，随着更多优秀作品的涌现，国产动漫必将迎来更加辉煌的发展前景。到2025年，中国动漫产业总产值已突破3000亿元，成为文化产业的重要支柱，《哪吒之魔童闹海》的成功经验仍在持续影响着整个行业的发展方向。

资料来源：娱乐圈笔记君.《哪吒之魔童闹海》上映：现象级爆款背后的文化突围与产业革命[EB/OL]. (2025-05-30)[2025-06-01]. https://baijiahao.baidu.com/s?id=1833499120243557781&wfr=spider&for=pc. 有删改

7.1 动漫产业概述

随着国家对文化产业发展的日益重视，业界和学界对动漫的关注和研讨也逐渐升温。动漫产业是指以"创意"为核心，以动画、漫画为表现形式，进行动漫图书、报刊、电影、电视、音像制品、舞台剧和基于现代信息传播技术手段的动漫新品种等动漫直接产品的开发、生产、出版、播出、演出和销售，以及与动漫形象有关的服装、玩具、电子游戏等衍生产品的生产和经营的产业。

7.1.1 动漫产业的特点

动漫产业具有如下几个特点。

1. 高投入、高利润和高风险性

作为一种资本密集型产业，其前期的动漫形象创意和塑造投入需求大，这些产业链源头行业的发展影响着市场占有率，好的创意和动漫形象塑造具有艺术感染力和持续冲击力，能吸引消费者的眼球，获得高额利润；反之就会丧失市场，使前期投入功亏一篑，构成巨大的经营风险。

2. 与科技结合紧密，对人才需求量大且质量要求高

动漫是网络和数字技术发展的产物，动漫作品的创作需要更多的技术支撑，同时需要大量既懂艺术又有技术的综合性人才，除了前期创作和技术人才外，在后期衍生产品的生产销售中，还需要相关的营销策划人才及其他相关行业人才。

3. 衍生产品多，营销周期长

动漫产业的生产品很多，拉长了整个产业链的营销周期，有利于获得丰厚的利润。近年来，随着大众文艺娱乐日趋多元化以及数码特效技术的不断创新，动漫文化有了新的发展，出现了FLASH动漫、三维动漫等崭新的动漫形式，在不同的国家与地区都成为主流的文化形式。以漫画、卡通、游戏以及多媒体内容产品等为代表的动漫产业在全球经济中的地位迅速提高，逐步成为继软件产业之后的支柱产业。在21世纪，动漫产业必将成为引导世界知识经济整体发展的主导产业之一。

▌7.1.2　国际动漫产业发展概况

从全球动漫产业的发展历程来看，美国、日本和韩国是在该产业较为领先的国家。下面分别介绍这三个国家的动漫产业发展现状。

1. 美国

美国动漫产业正处于深刻变革期，以IP宇宙构建和流媒体平台崛起为标志，形成了独特的发展模式。首先，IP宇宙已成为美国动漫产业的核心竞争力。漫威宇宙的成功证明了跨媒介叙事的商业价值，通过整合电影、游戏、衍生品等内容，形成了强大的品牌效应和用户黏性。迪士尼通过收购皮克斯、漫威等公司，构建了庞大的IP帝国，实现了内容生产的规模效应。IP授权与衍生品开发也带来了远超传统票房的收益，推动了产业的持续创新。其次，流媒体平台的崛起重塑了产业生态。Netflix、Disney+等平台不仅改变了内容传播方式，还通过大数据分析推动创作创新。平台竞争催生了内容多元化，从成人动画到实验性作品，产业边界不断拓展。用户付费模式则为创作提供了稳定资金支持，形成了良性循环。

在全球化进程中，美国动漫产业注重平衡全球化与本土化。通过吸纳多元文化背景的创作者，在保持IP核心价值的同时融入当地文化元素，既维护了品牌统一性，又增强了作品亲和力。这种策略不仅带来了商业成功，也促进了文化交流。美国动漫产业的发展证明，技术创新与内容创意的结合是产业成功的关键。在IP宇宙和流媒体平台的双重驱动下，美国动漫产业正引领全球动漫产业的新方向，为行业发展提供了重要借鉴。

2. 日本

日本国民十分喜爱漫画，漫画文化非常发达，从而带动动漫产业的发展。追溯日本动漫史，早在1906年，北泽创办的日本第一份漫画刊物《东京小精灵》成为日本现代漫画的开端，随后动漫产业迅速在日本发展壮大起来。日本为了保持其在20世纪80年代的经济发展势头，积极寻求除汽车和电子产品这些传统优势项目之外新的经济增长点，而包括动漫

产业在内的文化产业成为首选。1996年，日本政府明确提出要从经济大国转变为文化输出大国，将动漫等文化产业确定为国家的重要支柱产业。

日本动漫作品具有完善的产业链，有成熟的漫画市场和广泛的消费群体做基础，又拥有顶尖级的动漫大师和制作机构以及无尽的创意表现和政府支持等。经过十几年的发展，动漫产业作为日本文化产业的代表，已经和日系汽车、电器并列，成为影响世界的三大"日本制造"之一。与此同时，日本动漫产品也开始成功地走向世界，成为最有价值的出口产品之一。2004年6月4日，日本正式公布了《内容产业促进法》，同时内阁会议还决定将内容产业划入《创造新产业战略》中，日本政府希望通过文化的产业化，实现经济结构向知识密集型的转化，使产业重心从GDP转向GNC(国民幸福总值)，从硬实力——经济和军事，转向软实力——文化价值观和品牌。

当前，全球播放的动画节目中约有60%是日本直接或间接参与制作的，世界范围内有68个国家曾经或者正在播放日本电视动画节目，超过40个国家上映过日本动画电影。作为一个与其他行业关联度极高的行业，动漫的发展大大地带动了音乐、出版、广告、主题公园和旅游等相关行业的发展。日本贸易振兴机构的调查结果显示，日本国内与动漫有关的市场规模已经超过2万亿日元。漫画、动画、图书、音像制品和特许经营周边产品在日本已经形成了一整套"产业链"，推动着日本经济的发展。日本动漫产业不仅在其经济发展过程中起到了重要的支撑作用，还利用动漫文化和动漫品牌的无国籍性，扩大了日本文化在世界的影响力，传播了"酷日本"的理念。

3. 韩国

1998年，经历了亚洲金融风暴的韩国果断地调整国家经济发展战略，明确提出"文化立国"的方针，将文化产业作为21世纪韩国的立国之本。韩国政府在文化观光部建立了下属机构——文化产业局，作为专管机构负责文化产业政策的制定。具体就动漫产业来说，文化内容振兴院、富川漫画情报资料中心、首尔动画中心、韩国游戏产业开发院是最重要的动漫产业管理和指导机构。近几年来，韩国文化产业发展迅猛，尤其在动画、游戏领域成绩斐然。韩国动漫产业的产值超过汽车行业，成为韩国重要支柱产业，其动漫产品及其衍生产品的产值占全球动漫产值的30%。

动漫产业的发展历程是韩国文化产业崛起的一个缩影。韩国在动漫产业发展过程中仍然采用政府主导的产业发展模式，但政府职能与亚洲金融危机前已有很大不同。在实施必要的行政手段的同时，更多地强调法律、经济与行政手段三者的共进与协调。政府干预的重点更多是对相关基础设施的开发，努力为有创造力的企业和部门提供发挥的平台，以推动文化产业的整体发展。为了给动画产业提供良好的生存发展空间，韩国政府对国产动画片与进口动画片在本国电视台的播放比例进行了详细的规定：韩国动画片占45%，外国动画片占55%。此外，在韩国，任何一个外国国家的播放额度不能超过外国动画片播出总量的60%，其目的是为了防止日本动画片充斥电视荧屏。在这样严格的规范之下，韩国电视媒介上韩国动画片、日本动画片、其他国家动画片的播放比例分别为45%、33%、22%。为了防止动画片在电视上的播出时段缩短甚至消失，韩国政府修订了《广播法》，从2005年7月起采用本国动画片义务播放制，按规定，各电视台需要保障用总播出时间的1%～1.5%播放本国动画片，这使韩国动画片有了稳定的国内市场。在产业发展的定位上，结合国家自身优势与产业未来发展，通过差异化发展战略重点发展网络游戏和动画领域，从而找到了产业发展的突破口，在较短的时间里迅速崛起。通过制定极具开放性的产业政策，鼓励国内企业与国外同行合作交流，积极参与国际竞争；鼓励企业自主创新，开发出具有市场竞争力的世界级产品。继日本之后，韩国文化立国战略的成功又一次证明了其有可借鉴的价值。韩国的成功案例也是考察全球化背景下各国市场开放与文化多样化、市场保护关系的一个研究样本。

▌7.1.3　中国动漫产业发展概况

动漫作品是全球观众特别是青少年喜闻乐见的一种文化产品形态。动漫创作对于青少年人格塑造和思想道德建设具有不可忽视的重要作用。同时，动漫也是国家进行意识形态建构与传播的重要载体。随着国际竞争日益激烈，动漫产业发展成为大国之间文化竞争的前沿阵地。推动中国动漫产业高质量发展，创作生产更多具有良好市场效益，并能承载中国文化和价值观的动漫精品力作，对于讲好新时代中国故事，向世界展现中国形象，传递中国声音，提升中国文化软实力具有重要意义。我国动漫产业发展呈现以下几个特征。

1. 行业飞速发展，发展潜力巨大

政策导向的倾斜和扶持，文化消费群体的增长和扩大，市场需求的增强和扩张，都预示着中国动漫产业将迎来发展的黄金时期。

2. 参与主体众多，产业集中度逐步提升

随着动漫产业的高速发展，国内已有30多个动漫产业园区、20个动画产业基地和500多家动漫企业，长三角地区、华南地区、华北地区、东北地区、西南地区以及中部地区都形成了若干个动漫产业集群带。绝大多数动漫产业基地积极落实总局和地方关于推动中国动漫产业发展的举措，制定战略规划、完善服务设施、凝聚动漫企业、培养动漫人才、推进动漫生产，均取得了较好的成绩。不仅如此，民营资本发挥着越来越重要的作用。民营企业制作的动漫影视片数量和市场占有额逐渐超过国有企业。

3. 动漫原创能力不足

首先，动漫制作认证企业的动漫供给量远不能满足市场需求。当前，中国有动漫企业500多家，同时还有很多从事影视动漫原创的企业或机构，但大部分都是为外国动漫企业代工生产，普遍存在原创能力不足的问题。在动漫制作过程中，对于原创作品而言，超过50%的资金与时间是用于前期创意和策划环节的，但不少原创企业的这一比例不足20%，导致产品的创意不足。其次，动漫创作人才缺失。中国青年文化的缺失和动漫业教育体制的不完善，导致国内动漫创作人才的缺失，进而使动漫创作兼技术实现的复合型技术人才捉襟见肘。

4. 产业链不完整，产业盈利模式模糊

欧美、日韩成熟动漫产业的收入构成主要包括衍生产品和卡通形象授权，占总收入的70%以上。而在中国，动漫产业尚处于起步阶段，当前，国内的动漫企业大多缺乏清晰的盈利模式，也没有形成完整的动漫产业链，动漫制作企业主要通过动漫创作加工和动漫影视播放取得收入，很难体现企业的真正价值。具体表现在，影视动漫播放收入较低，销售渠道不完善，知识产权保护力度不够，由此加剧了盈利的不确定性，难以形成有效的盈利模式。

未来中国动漫产业要牢牢把握发展机遇，扬长避短，力争成为文化产业的璀璨明珠，在世界动漫产业中占有一席之地。动漫产业在欧美、日韩产生了巨大的经济价值，已经构成一个庞大的产业。中国的动漫产业正迎来蓬勃发展的战略机遇期，要集中全社会力量，充分发挥政府、企业、民间组织及个人的作用，牢牢把握发展机遇，推进动漫产业更快、更好地发展。

7.2 动漫产业创意与策划的特点和原则

7.2.1 动漫产业创意与策划的特点

动漫产品是在挖掘文化资源基础上开发的，所以动漫文化创意有了更深层次的发展，我们在创作任何一个动漫产品时，都应依托中国传统文化。动漫产业是具有自主知识产权的创意性内容的密集型产业，它来自创造力和智力，同时也是技术、文化和经济的交融，因此动漫产业又称为内容密集型产业。

1. 强调原创性

动漫产业创意是动漫产业发展的原动力之一，因此动漫产业更强调原创性，并且具备明显的知识文化特征。这种以"创意"为根本驱动力的价值创造模式必然与传统文化不同。传统动漫产业价值链基于商品的生产销售过程，而动漫产业创意的价值应当基于创意活动，由创意活动推动，以创意活动为核心。动漫文化创意的核心要素是人的创造力，即创意。文化创意是"以人为本"的体现，以文化资源为依托，其中创意产业占据产业价值链的最高端。创意强调创新性，创新性使每一件创意产品具有独立的知识产权，具有原创性、不可替代性。创意本身不具有有形形态，它只是人脑中的思想，只有投入生产，将创意变成产品才能创造价值。如何对这种特殊的生产要素进行合理定价成为动漫产业创意的核心问题。作为一种特殊的生产要素，动漫产业创意很难通过市场的一次性交易来直接定价。创意具有不确定性，它使得创意所有者在创意活动过程中要承担极大的市场风险、生产风险与财务风险，直接交易难以使所有者获得风险溢价。同

时，创意的不确定性还使得其物化品价值的实现呈现潜在性、时间性、动态性、跳跃性等非线性特征，而非线性特征收入显然难以进行一次性计量或当期计量。我们需要另外一种定价机制来对创意进行定价，一是通过知识产权交易市场这种特殊的机制来实现；二是通过创意所有者自己成立创业企业来实现人的创造力，在科学技术领域表现为发明，在文化艺术领域表现为创意，在经营管理领域表现为新产品。狭义地讲，创意主要指文学、音乐、美术等文化艺术元素的原始创新、集成创新和引进消化再创新。创意活动将文化、艺术元素融入传统制造业，极大地提升了产品附加值；文化创意要素在产品价值中的比重超过物质要素，极大地提高了产品的边际效用。经济、文化和科技的互动，是提升创意经济聚合能力的基础。

2. 具有独特的文化性

动漫产品本身就是一种文化产品，它的文化性是根深蒂固的。我国几千年的传统文化底蕴和文化资源为动漫的创意提供了无限的题材和空间。但是，动漫创作者要深入挖掘传统文化的精髓，在形式和内容上与时俱进，把创意进行到底。

动漫产品的创意会不可避免地反映某种文化资源和精神价值，体现创意者本身和所处地域的文化背景。但动漫无国界，一个优质的动漫创意和策划能够征服全球不同文化背景的消费者。一个赋予现代文化内涵的优秀创意，是动漫成功的重要特性。只有赋予文化内涵，动漫才能被现代人接受和亲近。

3. 具有高科技属性

随着计算机图形学的进步，数字绘图软件和渲染技术成为动漫制作中不可或缺的工具。这些技术使得动漫画面更加细腻、色彩更加丰富，同时也大大提高了制作效率。利用人工智能技术，可以实现智能配音和AI绘画，这不仅降低了制作成本，还为创作者提供了更多的创作可能性。

VR和AR技术的应用为观众提供了沉浸式的观影体验，使观众能够身临其境地感受动漫作品中的场景和故事。VR和AR技术不仅可应用于影视作品，还可应用于游戏、教育等多个领域，进一步拓宽了动漫的应用场景。

云计算平台为动漫制作提供了强大的计算能力，同时扩展了存储空间，从而使大规模数据处理和分析变得更加高效。大数据分析可以帮助制作团队更好地了解观众喜好，进而创作出更受观众欢迎的作品。此外，云计算和大数据技术还促进了动漫内容的全球分发和推广，使得优秀的动漫作品能够更快地触达全球观众。

7.2.2 动漫产业创意与策划的原则

动漫界的传奇人物约翰·雷斯特在接受德国媒体《南方德国报》采访时，根据他自身的经验，总结了动漫创意和策划的"七大原则"。

原则一：永远不要只有一个点子

不管是写一本书、设计一件家具，还是制作一部电影，一开始都不能只有一个点子。如果一个制片人只提出一个企划项目，就会为这个项目绞尽脑汁，而过度钻研会限制一个人的想象力。如果同时有多个企划项目，且每个项目都有好点子，就可以从中选择最优的一个。每个有创意的人应该同时企划三个点子，这会促使你去思考你从前没有思考过的东西，必然会发现新大陆。请相信，这个世界永远同时会有三个好点子供思考。

原则二：记住创作过程中的第一次欢笑

创作过程中所面临的一个巨大问题就是怎么去完善自己的想法，做到尽善尽美。但是这样做会带来一些危险。当想起一个故事、一个点子或一个笑话时，就把它记录下来，它们对你的影响力是会随着时光的流逝而逐渐加强的。在很多情况下，好的点子之所以会流失就是因为人们忘了他们第一次听到这个好点子时的反应。

原则三：保证质量是最重要的商业计划原则

创作者有一个永远都不会妥协的重要原则，就是无论制作周期或是经费上的限制有多大，一旦有了一个更棒的想法，一定要从头再来，重做一遍。任何一个动漫创意，从长期考虑，质量是唯一的商业计划。许多管理者都不能理解这一点，但是观众们深深明白。创作过程只有等真正有创意的人说完的时候它才算完成，这不代表创作人没压力。压力永远都是有的，但是每一个创作者都应该拥有最后的决定权。

原则四：团队就是一切

团队比个人更具有创意。作为一个管理者，有责任废除一个团队里的任何等级制度，很重要的一条规则是，到底哪一个个体想出了这个点子并不重要，一个团队必须认真地帮助每一个个体，去激发他的创造力。

原则五：快乐激发创意

竞争并不是激发创意最有效的方式。合作、快乐和自由是激发创意最好的方式。有创意的人需要相信每一个参与者对他们都有极大的信任才能创造出一部伟大的动漫。有创意的人很容易感到无聊，他们十分情绪化。必须想尽一切办法去为他们创造快乐，才能在最大程度上激发他们的创造力。

原则六：通过创意品的输出反映公司高层的品质

一个不够格的管理者会阻碍创作过程的进行，一个到处使坏脾气、禁止员工玩乐的管理者会削弱团队以及员工个人的创造力。

原则七：管理者应乐于接受有才华的创意人员

许多管理者认为，如果自己的员工比自己更有创造力，或体现出更多优秀的才华，就会缺乏安全感。但实际上，安全感和对员工创造力的包容态度是可以共存的。

7.3　动漫产业发展战略创意与策划

7.3.1　动漫产业创意与策划存在的主要问题

文化与经济的双向互融是世界经济发展的必然趋势，经济文化化与文化经济化的相互融合必将成为世界新经济形态与增长点。当今，全球文化市场的竞争格局扑朔迷离，由于近年我国文化产品创造力不足，具有民族文化内涵的文化产品的吸引力遇到严重挑战。特别是国际上文化产品的广泛传播对国内青少年的影响更加令人忧虑，国家文化竞争力问题已提上政府文化发展的议事日程。以动漫游戏产品为例，市场上，美、日、韩等国的产品占95%的份额，可谓横行中国市场。

当今，"动漫"不应再局限于某个作品，而应是传统漫画、动画艺术和现代高科技的结合，它是通过多媒体技术的途径制造出的可观赏体验的创意文化产品，涵盖出版、影视、设计等多个行业。科学家们曾预言，21世纪最有前途的产业是信息产业和文化产业。然而，中国动漫市场形成较晚，研发能力与欧美、日韩等地区和国家相比还有很大差距，原创作品稀缺的现象明显，至今还未形成成熟的产业链条。但是，国内动漫游戏爱好者的数量并未因中国本土动漫产业的缺乏而减少，相反却不断增加。

1. 内容创作层面的核心缺陷

首先，题材同质化与创新力不足。约瑟夫·熊彼特的创新理论指出，缺乏创造性破坏将导致产业停滞。以2023年动画电影备案数据显示，神话改编占比达47%，形成"封神宇宙"扎堆现象。如《哪吒之魔童闹海》立项6家制作方，导致内容重复开发。国内过度依赖已有IP安全区，未能建立故事原型创新机制。

其次，故事体系构建能力薄弱。大数据显示，近3年国产动画主角性格维度平均2.1个，远低于迪士尼角色的4.3个维度，体现角色弧光构建能力不足。如玄机科技《吞噬星空》虽构建宏大宇宙观，但缺乏《灵笼》式的底层社会规则设计，导致观众代入感断裂。

2. 策划流程的系统性障碍

首先，从整体上看，我国动漫产业在工业化生产体系方面还存在很大不足。国内78%动画公司仍采用导演中心制，缺乏标准化开发流程。如《大圣归来》在制作期间修改剧本137次，暴露了流程失控问题。

其次，动漫产业市场导向机制扭曲。以《熊出没》系列电影为例，该片占据年度动画电影TOP10长达7年，折射出"家长买单"的畸形市场选择机制。又如《雄狮少年》前期调研忽略二、三线城市观影习惯，导致排片策略失误，损失潜在30%的票房。这些问题都折射出中国动漫产业市场导向机制存在的不足。

3. 动漫内容规范安全程度有待加强

2021年4月，江苏省消费者权益保护委员会发布《动画领域侵害未成年人成长安全消费调查报告》，指出动画片中暴力犯罪元素时常涉及、危险模仿行为仍然存在等问题，很多知名动画"榜上有名"，引发社会关注。

此外，还有一些作品被曝光存在负面影响，如网友举报《超级飞侠》的台词"中秋节的时候，大家都吃松饼"可能误导中国孩子以为中秋节传统来自韩国；《喜羊羊与灰太狼》《熊出没》等国产动漫品牌作品也曾被曝出有关内容问题的负面新闻。这些问题反映出中国动漫在内容创作的规范安全方面仍缺乏标准和指引，大部分动漫企业对内容安全性的意识有待加强。

4. 市场发展仍不均衡，盈利模式仍不清晰

首先，动漫市场存在发展不均衡问题。中国动漫市场存在动画强漫画弱、渠道强内容弱的情况，同时较早形成了以播出平台为中心的聚集局面。在网络动漫市场上，已经形成了围绕腾讯、优酷、爱奇艺、哔哩哔哩等少数视频平台的"卫星格局"。在这一格局下，市场资源向平台加速聚集，形成一定的垄断局面。

其次，动漫企业的盈利模式仍不清晰。一是发行播出收入难以获得。在海外市场，动画作品播出时往往可以回收成本的60%～70%，但是在中国，由于制作企业严重依赖播出渠道，其作品播出时几乎没有议价权，大部分动漫作品没有或只有少量的发行播出收入。二是授权衍生收入具有较大的不确定性。发行播出环节无法有效降低资金回收风险，导致动漫企业不得不把宝押在授权衍生环节，但这一环节产生较高收益的前提是内容优质、播出效果好、消费者互动欲望强烈、版权保护到位。

▌7.3.2　动漫产业市场发展战略创意与策划

动漫产业由多个产业环节组成产业链，相对于其他产业来说，动漫产业所涉及的行业领域较广，因此，其产业链也相对复杂。按照国际动漫产业的惯例，前期市场调研和策划、制片、发行销售、播映、衍生品开发与营销5个部分组成环环相扣的产业链条。在这个链条中，每一个环节的运作质量都会直接影响下一个环节的运作效果，这既是一个相互制约、相互促进的有机连贯体，也是一个不可分割的、完整的循环系统。

1. 前期市场调研和策划环节

市场调研是在动漫投资和运营活动之前必须要做的功课，而且必须认真做好。任何一部动漫产品想要在产业链中实现良性运营，达到盈利目的，在选题之初就必须深入市场，充分掌握与之相关的信息与市场资源。前期市场调研得到的信息是否翔实，作品策划是否准确到位，都直接关系着产业链下一个环节的运作质量。

在国外，这一环节的工作主要由一些专业的动漫策划运营公司或者大型动漫企业的策划运营部门专门负责。动漫策划运营公司主要负责两方面工作，即作品策划和市场策划。

1) 作品策划

作品策划是动漫策划运营公司的核心，主要工作有：市场调研、目标人群定位；作品

主题选择；故事策划；人物形象设计；媒体选择与论证(漫画出版社、动画制作公司、游戏公司)；创作人员(编剧、导演、角色设计、摄影、音乐、配音、剪接合成等)的选择与组织；制作工期的确定；成本核算。

(1) 核心创意的提炼。核心创意是动漫设计制作的核心环节，一个好的核心创意不仅能让人记忆深刻，而且能包含丰富的寓意，揭示深刻的道理。从创意内容看，动漫的创意源于生活，又高于生活，既要立足于现实，又要反映现实并引领现实；从创意形式看，动漫比其他文艺形式更便于展开想象，具有更强的概括性和抽象性，因而更易于发挥导向作用。

(2) 创意文案的撰写。把创意撰写成文案的过程，就是把创意的念头和灵感进行从点到面的布局，并使其从一个点变成一个可执行计划的过程。一般而言，创意文案包括创意阐释、内容要求、艺术要求、制作要求等方面，也就是对动漫片子进行顶层设计。其中，创意阐释主要交代创意目的、作用和意义等；内容要求主要包括主旨、故事、情节等；艺术要求主要包括场景、人设、色彩、构图、节奏等。需要指出的是，创意文案的撰写须体现一定的人文关怀，无论是公益类还是商业类，无论是现实类还是古装类，无论是歌颂类还是批判类，无论是悲剧类还是喜剧或正剧类，都是如此。尤其是公益类动漫，一定要关注人类共同关心的问题，比如环保、廉政、友爱等，应以简明扼要的方式表达并体现一定的终极关怀，这样才能具有持久的艺术生命力。如果缺少以人为本的主旨，如果忽略人类共同关注的问题，即使片子的艺术价值再高，思想意义也会大打折扣。

(3) 分镜的处理。在创意文案的基础上做分镜头脚本，即把创意分割成场景、镜头、动作、台词、背景音、拟声、音乐等元素的过程，也就是把前期对创意进行的顶层设计变成视听艺术的中间环节。为便于开展下一步工作，一般的分镜头脚本是以表格形式呈现的，其中的核心内容包括以下三个方面：一是技术层面的镜头序号、每个镜头的大致时长等；二是视觉层面的画面、字幕、人物形象等；三是听觉方面的旁白、音效、音乐风格等。

2) 市场策划

市场策划是动漫策划运营公司开拓市场的关键，主要任务是根据作品策划的情况着重做好以下几项工作：进行成本核算，提出融资计划，并负责实施；进行动画片及未来形象衍生产品的市场宣传；负责进入动画片市场后的资金回笼；负责扩大和维护营销网络，尽可能地延长动画片在市场上的运营战线，并尽量加快资金周转速度。

2. 制片环节

动漫制作生产环节是动漫产业链中负有重任的前沿环节，因为只有动漫的成功制作出品，才有整个链条的良性循环和产生盈利的可能。从制作水平上看，我国并不逊色，一方面是几十年来我国动漫行业发展积累的结果，另一方面与我国长期为海外动漫代工有关。我国动漫制作生产企业大致可以分为两类，一类是来自广电系统内部的制作力量，另一类是来自广电系统外部的制作力量。从产业组织上看，这些动漫制作生产企业规模较小(一般人员不超过100人，大多数以工作室的形式存在)、分散、经营单一，真正进行动漫原创的企业或机构全国不超过20家。除国有企业之外，民营企业包括湖南三辰集团、上海阿凡提、武汉江通、北京东方国龙、深圳环球数码、潮州宇航鼠、无锡天龙等公司，其余大部分做的是外来动画片的委托加工业务。无论是在企业规模(净资产、销售收入等)、人员素质、资金投入、制作技术、制作时间、观众或消费者的消费习惯和能力、投资风险控制和投资回报上，还是在项目策划水平、相关产品开发等方面，我国与美、日的动漫企业均有较大的差距，基本上还停留在小作坊水平，盈利模式并不清晰。

3. 发行销售环节

这一环节处于中介与桥梁的地位，是连接动漫制作单位、影视播出平台和衍生产品开发市场的枢纽。首先，它连接动漫制片单位和影视播放系统，为动漫的播放觅取适当的平台。在做平台选择时，要顾及对电视台辐射面积、播出时间、播出频率的关注，电影院对防盗版措施的需求，还要顾及动漫制片单位和衍生产品生产开发商，使之通过冠名授权、名称授权、形象授权、联合开发等诸多方式，有效地开拓动漫盈利的更大领域和衍生产品市场。我国动漫产业起步较晚，缺乏市场运作经验，所以发行机制尚不健全，许多中小动漫企业缺乏固定客户群，没有建立长期稳定的发行网络，其动漫产品的发行主要依靠各种动漫节所提供的交易平台和临时的业务联系。再加上电视台购片费用很低，延长了资金回收周期，破坏了产业链的良性循环。有限的发行范围意味着有限的市场空间，在这狭小的市场空间内又缺乏足够的议价能力。这样下来，对于大多数动漫企业来讲，动漫的发行与销售形成了产业运营的瓶颈，导致整个产业链无法整合发展。

因此，动漫企业要想突破这个瓶颈，必须提高发行渠道的营销能力。首先，要利用各种媒体加大对动漫产品的宣传力度，一方面可以让产品信息以各种方式传递给消费者，引起他们的兴趣；另一方面也可以形成一定的品牌效应，为在发行、销售过程中增强议价能力打下基础。虽然像好莱坞那种全方位轰炸式的营销方式并不适合中国国情，但是如何与各方资源配合，通过各个板块的跨媒介促销，共同提高产品在市场上的知名度，却是可以参考的。其次，利用国际市场打开销路，一方面可以采取中外联合制片融入国际市场，利用外方在国际动漫市场的人脉和影响力轻松打通国际市场；另一方面可通过制作样片，以预售方式投石问路逐步打开国际市场。在全部产品制作完成之前就靠样片预售确定了买家，这无疑为最后的发行解除了后顾之忧，有利于动漫企业稳扎稳打地拓展国内外市场。

4. 播映环节

播映环节是动漫产业上下游产业链之间重要的中间环节。它不仅是动漫产品在受众面前的亮相，更是动漫形象在社会中的推广宣传。如果动漫产品在播映环节大获成功，那么动漫企业就能在这一环节回收更多的资金。此外，动漫企业可以借助在播映环节形成的热烈反响，积极展开动漫形象授权业务，从下游的衍生产品环节不断获利。动漫产业的播映环节，包括影院投放、电视台播映、互联网络、移动通信等载体。当前，最有影响力的传播媒介是电视。电视是我国动漫消费者接触度最高的载体。电视拥有大量的受众群体是其无可比拟的优势，它是动漫最重要的消费者即青少年的主要接触渠道，因此电视台对我国动漫产业链的打造至关重要，巨大的电视用户市场为动漫产业提供了极好的促销动漫形象的平台。制播分离是形成动漫市场产业链的重要步骤，只有让动漫作品变为商品，动漫交易市场才能繁荣起来，才能形成制作机构生产、营销机构销售、影视机构播映、工业企业通过获取知识产权开发动漫相关产品的良性循环机制。

5. 衍生产品开发与营销环节

动漫衍生品是指利用卡通动漫中的原创人物形象，经过专业的卡通动漫衍生品设计师的精心设计，开发制造出的一系列可供售卖的服务或产品。动漫衍生品的开发唯有在造型初期先系统化地设定其衍生灵魂，才可达到一系列如动画角色性格分明、受众范围较广、市场反馈强烈、衍生品营销火爆等良性效应。衍生产品环节位于动漫产业链的下游，从国外动漫产业链的利益分配来看，动漫产品播出环节与衍生品环节的利润之比是3∶7到1∶9，由此可见，衍生产品环节是动漫产业盈利的主要环节。

7.4 动漫产业品牌建设创意与策划

动漫品牌的培养与建设是动漫产业化的核心要素。要培养出具有市场价值的品牌，需要在动画片制作阶段具备品牌推广意识。动画系列剧在组织架构和传播机制上所体现的独特传播特点，使其在建设动漫形象品牌方面具有先天优势，这理应受到关注和重视。动漫品牌建设对于动漫产业的发展具有非常重要的意义，长期以来，我国动漫产业发展不足的原因之一就在于动漫品牌建设的缺失。动漫品牌建设可以从以下几方面入手。

7.4.1 作品质量

如今，中国动漫作品产量已经赶超日本和美国，但真正高质量的动漫作品却非常有限。中国动漫产业在实现跨越式发展的同时，也暴露出许多问题，结构性矛盾仍较为突出。特别是动漫产业的发展带有较强的盲目性和非理性，泡沫化现象严重。动画质量上存在的缺陷表现为故事性不强、人物形象塑造不明晰等，在大量的动画制作中缺乏个性人物，他们看上去非常相似，以至于我们很难记住他们的形象，因此在动画角色形象打造方面，我们缺乏精良的制作。

中国动漫产业存在盈利模式不清晰、艺术质量和技术水平有待提高、产品版权价值链有待完善、人才机制仍待完善等问题。中国动漫产业仍处于起步阶段，整体发展水平还不高，与动漫产业发达国家相比还有较大差距，距跻身世界动漫强国行列仍然任重道远。既然我们是动画第一生产大国，有影响力的作品有哪些？它们在国产动画中占据怎样的位置？从《功夫熊猫》《超能陆战队》中，我们看到的是作品的成功才是最关键的，所谓的"第一生产大国"，可能仅仅指动画制作方面，而距离真正的作品，依然相当遥远。

动画生产涉及的环节很多，包括最根本的人物塑造、剧情演变、动画制作过程中所遇到的各种问题，以及在整个制作过程中所面临的种种困难，这些都是动画企业应解决的问题。尽管我们缺乏经验，但应尝试"摸着石头过河"。在欧美、日韩国家，动画制作是一条成熟的生产线，在每个环节中都有亮点，如此制作出来的动画作品才会受到更多人的喜爱。

如今，市场竞争越来越激烈，同时观众对动画片的质量要求也明显提升，动画质量是吸引观众的灵魂。在动画品牌的建设中，如果没有过硬的产品质量，就好比高楼大厦没有打好基石一样。所以动漫品牌建设首要的任务就是注重动漫作品的质量，质量就是动漫的"灵魂"。

7.4.2　内容题材和创意

当前，我国动漫产业存在缺乏核心内容形式的问题。在内容方面，不仅要关注受众融合，还要创新内容形式。文化融合是国际化的基础，未来动漫内容的主流是融合各国文化的优点。在创新方面，我们要培养新的价值观。在动漫制作措施方面，创意无所不在，资料收集的广度、分析归纳的深度、制作流程的创新程度，以及对目标受众的敏锐度都是我们要注重的方面。在传播渠道方面，我们要走融合之路，而且必须像重视创作一样重视推广，从顾客需求出发构建专属渠道，定制与整合需求性产品。

媒体技术的推陈出新，给动画带来无限的发展空间。无论是电影、电视、网络、手机，还是不断创新的各式平台，在媒体内容方面，都面临巨大的需求。我们相信源源不断的创意必能丰富媒体内容，开创无限商机。

7.4.3　技术载体和平台

在政府和企业多方力量的支持下，网络动漫呈现蓬勃发展的趋势。网络技术的发展逐步改变人们的生活习惯，或将成为中国动漫产业发展的一大突破口。因此，我们应充分利用VR和AR技术为动漫品牌提供新的展示和互动方式。通过这些技术，观众可以身临其境地体验动漫世界，从而增强品牌的沉浸感和吸引力，进而挖掘动漫的发展潜力。还应积极建立多渠道、多品种的创新动漫产品的技术载体和平台，以实现产品多次、多种、多向传播，从而最大限度地开发动漫资源，形成动漫产品原创化、读者对象具体化、编创人员专业化、产品营销市场化、合作方式多样化、创新动漫传播研究化等多方位的立体化发展格局，探究多种盈利模式，进一步打造动漫产品的立体传播网络。

7.4.4　传播推广策略

动漫品牌的传播途径应选择更贴近目标群体的方式。传播媒介的发展趋势是呈多样化的，由于互联网的普及，网络一跃成为众多传播媒介中的主流，而网络传播，因其便捷灵活、成本低廉、互动性强等特点，成为越来越多中小企业的首选。对于动漫产业而言，这种新的营销手段具有运营简单、规模小、传播方便等特点，更易于产业链的形成与发展。自20世纪初以来，国内层出不穷的网络优秀动漫作品，如《小破孩》《悠嘻猴》《绿豆蛙》等，通过数字漫画、QQ表情等方式，迅速蹿红网络。之后，又推出漫画书、玩具礼品等衍生产品，获取了巨大的商业利益。同时也给动漫产业提供了一种异业合作的盈利模式，而这些动漫品牌的成功并非偶然，它们是在完善合理的品牌管理策略下运营的。

此外，很多动画企业有动画片的制作计划，而没有动漫产品的生产销售计划，更没有与动画片播出计划相匹配的产品营销推广上市计划，这是我们需要大力改进的地方。

■ 7.4.5　产业链

动漫产业以动画、漫画等视听符号和叙事符号为产业内容，在产生动漫形象以后，可衍生如图书、玩具、游戏、音像制品、表演等周边产品，所以动漫产业的核心是动漫形象和动漫。不管动漫技术如何发展，片商如何大肆对动漫相关电影、动画片进行宣传，如果没有深入人心、深受观众喜爱的动漫形象，动漫周边产品便无法销售，同时动漫制品业也就无法盈利。

如今，动漫产业开发从传统的文具、服饰等实体产品领域逐步延伸到手机铃声、网络游戏、数字多媒体点播等多个数字媒体领域，这也为动漫与新媒体的新盈利模式的诞生奠定了扎实的基础。动漫与新媒体的新盈利模式运作流程为动画、漫画创作生产—传统媒体与新媒体刊载、播放—动漫形象品牌形成与持续发展—卡通品牌授权与管理—动漫衍生产品的设计开发—动漫产品营销推广与网上贸易。应用这种新模式时，需要在动漫作品的策划、制作、发行、播映、授权、产品开发与销售等环节解释当前市场的需求与新媒体的特点，这是与传统动漫产业链最大的差异。显然这种新模式使动漫产品设计更显人性化，更贴近观众和市场的需求。对经销商来说，新模式使销售渠道更趋于多元化，播出渠道更为广阔，降低了产品开发与市场营销成本。

当前，中国动漫产业链条出现断层现象，中国动漫企业并不缺乏动漫形象设计，而是缺少动漫产品设计人才，解决人才的问题，就能打造出中国动漫产品的营销之路。除了这个问题以外，还要解决国外动漫产品占据我国市场份额过大的问题。相比中国动漫企业，国外动漫企业会对消费群体做细微调查，从而使其设计的系列产品一经投入市场，就受到人们的追捧。

中国动漫的产业化和动漫的创意已经成为人们关注的热门话题。设计观念和思维上的创新将极大地推动动漫产业的发展，开发动漫设计者的创造性思维，培养创新素质，提高动漫产业创意水平将成为动漫产业发展的前提条件。在经营理念上，创造有价值的影片，让"动漫"成为有市场的产业；在业务类型上，要在原创动漫内容开发、广告动画制作、数位内容的版权买卖及其衍生产品开发的授权上下功夫。媒体技术的推陈出新，将为动漫带来无限的发展空间。

大卫·奥格威认为，"品牌是一种错综复杂的象征。它是品牌属性名称、包装、价格、历史、声誉、广告的方式的无形总和。品牌同时也因消费者对其使用者的印象，以及自身的经验而有所界定"。动漫产业的深度发展需要建立完整的产业链和科学的营销模式。我国动漫产业品牌与消费者的每个接触点，都要传达一致及有效的信息，以统一整体的形象进行行销传播，使平面媒体、图书出版、电视作品、电影作品、音像制品、形象授权、衍生产品、互联网络等环节互相连接，形成一体化营销网络和深度整合营销模式。例如，迪士尼的动画形象代表米奇老鼠，公司每年都会出一个新造型。虽然造型动作、衣服款式和色彩有变化，但整体设计、宣传始终保持规范统一，与之相关的衍生产品、游乐场、电玩游戏等均与之保持同步，这使得消费者市场从未产生过陌生感或厌倦感。因此，只有全面整合动漫品牌的产业诸要素，确保动漫品牌在长期发展中不被时间磨蚀，建立评估系统长期跟踪动漫品牌的发展，及时了解动漫品牌资产的变化，才能增强动漫品牌的竞争力。

思考题

1. 动漫文化产业创意与策划的特点有哪些？
2. 动漫产业策划的原则是什么？
3. 动漫产业前期市场调研和策划包含哪些内容？

章末案例

中国动画作品中的中华传统文化立意

2023年10月8日，习近平总书记对宣传思想文化工作作出重要指示："着力赓续中华文脉，推动中华优秀传统文化创造性转化和创新性发展。"近年来，中国动画作为优秀传统文化创新的重要领域之一，逐渐获得了大众更多的关注和认可。"动漫产业作为文化产业领域极具创造性和生长性的一股力量，对满足民众的精神文化需求、传播本国文化理念等发挥着举足轻重的作用"。在这一背景下，如何深入挖掘和传承中华优秀传统文化的精髓，实现其现代转化和创新表达，已成为中国动画创作实践面临的重要课题。

一、中国动画作品文化自信构建的挑战与困境

(一) 文化自信构建的挑战: 动画作品与史实偏差

从历史视角来看，以《长安三万里》为例，这部作品中与史实不符的部分，无疑是一个值得深入探讨的话题，这不仅关乎历史文化的准确传承，更涉及动画作品在构建文化自信中所扮演的角色和承担的责任。电影作为一种艺术表现形式和大众文化产品，虽然遵循"大事不虚，小事不拘"的原则，允许在尊重重大史实的基础上进行艺术加工和虚构，但过度改编和扭曲可能会对观众，尤其是正处于认知形成关键时期的青少年观众产生误导，影响他们对历史文化的正确认知。就电影中的具体情节而言，如李白和高适的初遇时间、救郭子仪的经过以及高适是否暗中搭救李白等，均于史无证。不难否认，这些富有张力的改编增加了故事的戏剧性和观赏性，但却在一定程度上削弱了电影作为历史题材作品应有的真实性和教育价值。

（二）文化自信构建的困境：传统与现代融合难题

中国动画产业在国际市场崭露头角，但在全球市场份额和品牌影响力方面尚未达到领先地位，灿若星河的中国传统历史故事没有被深度挖掘和书写，这让观众不禁问一句："中国动画的灵魂在哪里？"媒介融合与视听技术的发展日新月异，创作者应着力思考，如何在创作时让传统艺术形态"活"在当代，找到传统艺术同当代人审美范式与心理需求契合的切口，让传统文化在当代观众心中扎根发芽、开花结果，唤起其对自身的思悟。"从古至今，国人的价值观念与品行的塑造或多或少受到了中华传统文化的影响，因此含有中国元素的动漫电影配合具有典型传统文化之风的宣传会使国人不自觉产生期待心理，并由此激发观看行为。"一部优秀动画，能让观众透过文化与故事看到自己。"今人不见古时月，今月曾经照古人。"文化自信，意味着要对自己的文化理念、传统精神以及艺术风格充满自信，并将其融入动画作品里。

二、中国动画作品文化自信建设的有效路径

（一）文化传承，存"根"留"脉"

作为人造影像，动画具有强烈的虚拟性特征，能够有效实现传统文化的创造性转化和创新性发展。随着技术的进步，与交互艺术、数字游戏、虚拟现实深度结合的数字动画，会将虚拟性特征发挥得淋漓尽致——以往只存在于文字和文物中的时间、空间、人物元素，可以通过动画得到细致入微的呈现。

中国动画自诞生以来，从画面风格、故事内容到影片主题，均以中华民族的传统精神与优秀文化作为底蕴支撑和表现内容，以中华优秀传统文化构筑价值观，以民族文化背景作为国产动漫角色创作的重要源泉，在内容层面致力于继承传统、推陈出新，在创作中集民族文化与时代精神于一身，艺术化书写当代国人的主体意识、生命体验与精神诉求，逐渐在题材与立意上"以情动人"，呈现更为生动、立体、多元的表达，"传播属于一个国家和民族独有的文化艺术风格、塑造清晰且具有辨识度的文化图景"。

例如，《长安三万里》中的中国古典诗词凝聚着中华文化独一无二的理念和神韵，是中华民族的血脉，是全体中华儿女充满兴发感动之力的、生生不息的精神家园；《中国奇谭》从乡土眷恋到人世情怀，从生命关怀到人性思考，铺陈开一个极具中式想象力的世界，呈现中华文化跨越时空的魅力；《雾山五行》中随着恢宏斑斓画卷展开的，是泼墨美学意境下极富传统文化底蕴的架空世界；《立秋》片名体现出中国古代先贤对自然节气的观察与思考，彰显着东方哲学对人与自然的关系的探索与智慧，不仅在数字时代重现了齐白石重彩工笔的艺术风格，也进一步从主题与形式方面加大了动画艺术对民族文化的表现力度；《秋实》以小见大，以一只昆虫作为载体，展现其背后所蕴含的自然生灵"周而复始，生生不息"的哲学灵韵，达到了东方古典哲学对美学意境的营造与追求，大音希声，大象无形，从哲学观层面赓续了民族文化与传统价值的当代创新。这些意境，是中国古人不断追求的心灵之境，放在春暖花开、万紫千红的当下，也是中华儿女的期许。中国动画从中国风格、中国话语、中国情怀入手，在当下错综复杂的市场环境和文化思潮中，继续坚守"以人民为中心"的主流价值体系，形成自在、自觉、自为的本土立场与人民情结，

继承中国动画学派的文化情怀，在观念与情感上同观众产生精神共振，做到以美育人、以情动人。

(二) 文化创新，温"故"掘"新"

在中华文化的苍穹中，古与今的距离并不遥远，把历史线索、片段最大限度地还原为文化场景和体验，辅之以清新的文风和年轻的表达，今人同样能实现与古人的邂逅。在国产动画创作中打造中国文化标识、书写时代强音、传播精神动能是中国动画创作者责无旁贷的使命与担当。年轻观众成长于全球化语境下，能广泛接触到各国优秀动漫作品，对动画电影的制作水准和呈现效果要求较高，形成了现代性与全球性相结合的审美趣味。因此，中国传统文化要实现现代化的"重构"与"再生"，既需要坚守民族风格，从绵延千年的历史长河中寻找创意，融合剪纸、年画、皮影、木偶、水墨等艺术表达，在风格与审美的呈现上彰显民族文化风采与深厚东方哲思的佳作，又需要针对不同受众和媒介的特点，探索用动画实现优秀传统文化创造性转化、创新性发展的路径，并在观念上寻求"传统演绎"与"当代叙述"的契合点，架构起传统文化与现代人沟通的桥梁。

例如，《西游记之大圣归来》中孙悟空出于道义对江流儿出手相助，而自己又在江流儿的帮助下完成了自我救赎；《白蛇：缘起》中有可歌可泣的爱情，也有对自我价值的肯定与坚守；《姜子牙》中的姜子牙充满了悲天悯人的情怀，以救助天下苍生为己任；《罗小黑战记》中人与妖能否和谐共处的话题被一再提及，引发人们对环境问题的思索。这些动画人物扶危济困，有侠义风范，心怀苍生，有仁义胸怀，既体现出中国传统的人文精神与哲学思考，也充分表达出整个人类普适共通的文化理念。

与此同时，如今的动画作品直指当下社会的现实问题。例如，《小门神》指出了当下人们信仰缺失的问题；《年兽大作战》展示了留守儿童的极端困境；《哪吒之魔童降世》体现出当下家庭生活中孩子缺少陪伴、两代人之间缺乏沟通等一系列问题；《大护法》尖锐地隐喻了当下某些人缺少思考、冷漠自私和人云亦云的精神状态。中国动画天然拥有丰富的"原料"，"上下五千年，纵横九万里"，古典文学、民间传说、神话故事均可成为创作底本，这些中国故事闪耀着东方文化的无尽魅力，拥有跨越国界的吸引力，创作者需要进一步通过融入中国文化和中国特色，打破文化壁垒，借传统文化之"皮"，演绎当代社会之"实"，把"我们想做的"变成"观众想看的"，把"观众想看的"融入"我们想做的"，高效传播中华好故事，用动画形式提高中华文化影响力及国家软实力。

早在1936年，中国动画的探路人万古蟾曾在《闲话卡通》一文中提出关于中国动画发展方向的深刻观点："要使中国动画事业具有无限的生命力，必须在自己民族传统土壤里生根。"也许，这不仅仅是属于动画人的话题，也反映了自国门打开，外来文化与技术不断进入人们日常生活之后，国人一直难以缓解的选择性和适应性的内在焦虑和隐忧。

2024年，中国动画已走过百年历程，不论是早前的水墨动画《小蝌蚪找妈妈》、京剧脸谱动画《骄傲的将军》、彩色动画长片《大闹天宫》、宽银幕动画《哪吒闹海》，还是现如今的一部部新国漫，以中华优秀传统文化作为精神内核、寻找传统民族符号的现代表达，已成为中国动画吸引观众的不二法门。中国动画与现代性的价值观和思维相融合，绘就中国文化底色，有力地回答了几代中国动画人一直追问的问题："我是谁？"从而引发了大众的情感共振和广泛认同。新一代中国动画人没有忘记身后这座宝库，同时也在努力朝前走，在承袭传统的同时，也积极拥抱创新与未来，推动饱含东方美学思想的"中国动画学派"的形成。中国动画人以中国文化为创意源头、以中国元素为表达形式、以中国风骨为精神内涵，践行着创作出"有骨气、有个性、有神采的作品"的要求，使继承传统与吸收现代同步进行，弘扬民族文化与塑造国家形象并行侧重，探寻历史根源和追求现代创新双轮驱动。未来，中国动画人要进一步增强对中华优秀传统文化的文化自觉和文化自信，在尊重历史的基础上实现更加有效的文化创新，助力建设中华民族现代文明。以文化人，凝聚人心；以艺通心，连接全球——把创作的目光投向世界，讲好中国故事，展现中华文明的悠久历史和人文底蕴，促使世界读懂中国，使动画真正成为虚实同构、无界交往、超越文化差异和语言区隔的国际传播重要手段。

资料来源：张菁. 文化自信：中国动画作品中的中华传统文化立意——以《长安三万里》为例[J]. 黄冈职业技术学院学报，2014(6).

第8章

短视频产业
创意与策划

→ **章前引例**

《长安三万里》：短视频撬动票房榜榜眼

《长安三万里》是一部以中国历史文化为背景的动画电影，讲述了唐朝诗人李白的传奇故事。这部电影展现了中国文化的深厚底蕴，其精心创作的短视频更是成功吸引了大量观众的关注和喜爱。在短视频的制作方面，团队进行了精心的创意与策划。

一、文化自信与情感共鸣

《长安三万里》的短视频营销团队抓住文化自信这一核心点，通过短视频将李白这一历史人物从高高在上的诗仙还原成一个接地气、有情感共鸣的真实人物。例如，短视频中展示了李白找工作被拒、在黄鹤楼上自叹技不如人等场景，但随即又展现了他如何迅速摆脱精神内耗的状态。这种积极向上的精神正是当下年轻人所稀缺的。这条关于"李白精神内耗不过5秒"的短视频，通过幽默诙谐的方式展现了李白面对挫折的乐观态度，引发了观众的广泛共鸣和转发，在单平台上的点赞量超过600万。

二、社交媒体互动

在短视频评论区，许多网友分享了自己对李白故事的理解和感悟，甚至有人将自己的生活经历与李白的故事相联系。这种高质量的互动不仅增强了观众对电影的兴趣和期待，还进一步扩大了电影的影响力。

精心策划的短视频带来了喜人的成果，《长安三万里》上映后吸引了大量观众走进影院观看，不仅取得了票房佳绩，还带动了相关文化产品的热销，如李白诗集、文创产品等。更重要的是，它成功地将中国传统文化推向了更广泛的受众群体，增强了民族文化自信。

资料来源：壹娱观察. 史上第二动画电影，《长安三万里》如何靠宣发助力完成票房攀登？ [EB/OL]. (2023-08-12)[2025-06-01]. https://baijiahao.baidu.com/s?id=1774025901107816366&wfr=spider&for=pc. 有删改

8.1 短视频产业概述

8.1.1 短视频的概念

短视频的兴起和发展得益于移动互联网的普及和智能移动终端的广泛使用。关于什么是短视频，现阶段尚没有一个足够中立、权威的机构对其做出标准化的定义，不过通过艾瑞咨询发布的《2016年中国短视频行业发展研究报告》，我们能看到一个较为清晰的说法："短视频指一种视频长度以秒计数，一般在5分钟之内，主要依托于移动智能终端实现快速拍摄和美化编辑，可在社交媒体平台上实时分享和无缝对接的一种新型视频

形式。"

结合以上定义，我们认为，短视频是一种互联网内容传播方式，通常指在各种新媒体平台上播放的、适合在移动状态和短时休闲状态下观看的、时长从几秒到几分钟不等的高频推送视频内容。

短视频内容融合了技能分享、幽默搞怪、时尚潮流、社会热点、街头采访、公益教育、广告创意、商业定制等主题。由于内容较短，可以单独成片，也可以成为系列栏目。它不仅满足了用户的表达需要，还符合碎片化的时间要求，成为用户更加偏好的传播形式。如今，短视频平台通过高质量的内容输出、算法推荐和低消费门槛，吸引了大量用户和资本的关注，推动了行业的发展。

8.1.2　短视频的主要类型

1. 按内容形式分类

(1) 短纪录片型。短纪录片型短视频，简而言之，就是时长较短(通常为1~10分钟)的纪录片形式的短视频。它利用手机等便携设备进行拍摄，采用短视频的节奏和形式进行制作，充分展现纪录片的艺术结构与艺术价值，并在手机短视频平台上进行播出。这类短视频多数以时长较短的纪录片形式呈现，内容相对完整，制作也较为精良，可能在其中插入广告宣传。

(2) 网红IP型。网红IP型短视频，指的是在互联网上拥有较高知名度和影响力的网红所创作并发布的短视频。它往往依托于网红个人的独特魅力、专业技能或生活经历，通过创意性的表达方式吸引大量观众关注。这类短视频内容一般较为贴近生活，但会根据网红所擅长的领域(如音乐、舞蹈、游戏、逗趣等)而有所差异，时长为3分钟左右。

(3) 情景短剧型。情景短剧型短视频是指将故事设定在一定情境下，通过相对完整的情节来展现的小型戏剧作品。这类短视频通常时长较短，一般在5分钟以内，适合人们在闲暇时刻进行"碎片化阅读"。它以轻松幽默的方式呈现各种生活场景，旨在引发观众的情感共鸣或带来娱乐效果。这类短视频内容以创意或搞笑为主，情节紧凑，角色鲜明，场景多样，一般剪辑节奏较快。

(4) 技能分享型。技能分享型短视频是指通过短视频平台分享各种技能和知识的短视频。它通常以简短、直观的方式展示某种技能的操作步骤或某种知识的应用方法，帮助观众快速掌握相关技能或学习某种知识。这类短视频内容包括科普、旅游、美妆、生活等方面，时长为1分钟左右。

(5) 创意剪辑型。创意剪辑型短视频是指通过创意方法对视频进行剪辑，使其具有独特的视觉效果和叙事方式的短视频。这类短视频通常是在已有视频的基础上，利用剪辑技巧和创意，截取其中的片段，或加入特效，或加入解说、评论等元素制作而成，时长为5分钟左右。

(6) 随手分享型。随手分享型短视频是指用户通过移动智能终端快速拍摄和编辑视频内容，并在社交媒体平台上实时分享的一种短视频。这类短视频是由用户随手拍摄并上传，内容既可能是生活场景，也可能是自然风光、会议实录片段等，时长在数秒到3分钟之间。

(7) 精彩片段型。精彩片段型短视频是指从影视作品中截取片段并精心剪辑而成的短视频。这类短视频通常包含剧情高潮、情感爆发点或悬念，能够在短时间内迅速抓住观众的注意力，激发其观看整部作品的欲望，时长在数秒至3分钟之间。

2. 按平台页面上的板块分类

(1) 音乐类。音乐类短视频是指将音乐信息与视觉信息相结合的短视频，通常包含旋律、图像、文字和情节等多元符号，通过多种感官互动构建起完整的视听体验。这类短视频不局限于传统的MV(音乐录像带)，还包括各种创意和表现形式，如配合音乐节奏换装、变脸、搞笑、炫技等。

(2) 搞笑类。搞笑类短视频是一种以幽默、诙谐为主要特点，能够为观众带来快乐的短视频。这类短视频通常时长较短，从几秒到几分钟不等，以适应现代人快节奏的生活方式和碎片化的观看习惯。虽然很多搞笑短视频的内容并不高级，但这类短视频的受众数量非常大。

(3) 游戏类。游戏类短视频是指以游戏为主题的短视频，通常包括游戏实况、游戏画面配BGM、游戏解说等。它可以通过不同的平台发布，如抖音、快手等，以吸引大量用户观看和互动。这类短视频有着明确的商业化路径和精准直达的受众群体。随着我国电竞市场逐渐进入成熟期，硬件设备与研发技术也逐渐升级，游戏类短视频市场持续走高。

(4) 生活服务类。生活服务类短视频是指专注于提供日常生活服务信息和技巧的短视频，它旨在通过简短、直观、易懂的方式，帮助观众解决生活中的实际问题，提升生活质量。这类短视频通常涵盖广泛的主题，包括但不限于家居生活、美食烹饪、健康养生、时尚美容、亲子教育、旅行攻略、技能培训等方面。随着消费的升级，生活类短视频将成为短视频内容领域的热门。

(5) 时尚资讯类。时尚资讯类短视频是指专注于时尚领域，提供时尚趋势、穿搭建议、美容护肤、时尚生活等内容的短视频。这类短视频通常在各种新媒体平台上播放，适合在移动状态和短时休闲状态下观看，时长在5分钟以内。

(6) 萌宠类。萌宠类短视频是指以宠物为主题，展示宠物与主人之间的互动、日常生活以及宠物的各种有趣行为和表情的短视频。这类短视频以娱乐分享为主，展示宠物的日常生活和互动，一般带有幽默和搞笑元素，能够引起观众的共鸣。在拍摄这类短视频的过程中，一般会放大萌宠的性格特征，挖掘宠物的特长，也可通过设计情节和特定配音来吸引观众。

8.1.3 短视频产业发展概况

近年来，短视频行业的市场规模以惊人的速度持续扩大。这得益于移动互联网的普及和5G技术的飞速发展，为短视频内容的高效传播和广泛覆盖打下了坚实的基础。随着技术的不断进步和用户需求的日益多元化，短视频行业不仅在娱乐领域占据主导地位，还逐渐渗透到教育、电商、旅游等多个领域，形成了庞大的市场体系。根据国家广播电视总局发展研究中心发布的《中国短视频发展研究报告(2024)》，从2018年12月至2023年12月的5年间，短视频用户规模从6.48亿增长至10.53亿，使用率也从78.2%增长至96.40%，用户规模和使用率均达到峰值。截至2024年6月，我国短视频用户数为10.50亿，其用户规模虽然有所回落，但仍有较大发展潜力。短视频以其独特的魅力和便捷的传播方式吸引了大量用户，无论是年轻人还是中老年人，无论是城市居民还是农村居民，都成为短视频的忠实用户。这种广泛的用户基础为短视频平台提供了巨大的流量支持，也推动了整个行业的快速发展。随着用户需求的不断变化和升级，短视频平台也在不断优化用户体验和内容生态，以满足用户多样化的需求。

在行业高速发展的同时，短视频平台的格局稳中有变。如今，中国短视频市场形成了以抖音、快手和视频号为代表的"三巨头"格局。这三家平台在市场份额、用户规模、品牌影响力等方面均占据领先地位。然而，随着市场竞争的加剧和新兴平台的崛起，这一格局也面临着一定的挑战和变化。一方面，抖音、快手和视频号等头部平台通过不断创新和优化来巩固自身地位；另一方面，新兴平台凭借独特的优势快速崛起并试图打破现有格局。这种竞争格局的变化将促进整个行业的健康发展并推动行业的不断创新。不同平台在内容定位、用户群体、商业模式等方面各有特色，并形成了差异化的竞争格局。例如，有些平台专注于垂直领域的内容创作和分发；有些平台通过社交互动和电商业务来拓展自身的业务边界；还有些平台通过技术创新和用户体验优化来提升自身的竞争力。这种多元化的竞争格局为整个行业注入了新的活力和动力。

未来，为了应对激烈的市场竞争和满足用户多样化的需求，短视频平台将加快生态化布局和多元化发展步伐，同时围绕内容生态、社交互动、电商业务等方面展开布局，并形成完整的产业链和生态体系，以提升自身的竞争力和影响力。随着技术的不断进步和创新，未来还将有更多新技术应用于短视频平台并推动其向更加智能化、个性化的方向发展。这种生态化布局的加速将促进整个行业的健康发展，为用户带来更加全面和便捷的服务体验。

为了应对产业发展的挑战，短视频在内容与技术上也持续深化创新。短视频行业在内容创新方面取得了显著成果并持续深化。从最初的搞笑、娱乐等泛娱乐内容到如今的知识分享、教育学习、生活技能、美食旅行等多个领域，从传统的短视频形式到如今的纪录片式短视频、微电影式短视频等多种形态，从单一的内容创作到如今的IP孵化、产业链延伸等多个环节，短视频行业在内容创新方面不断突破自我，为用户带来更加丰富多彩的内容体验。同时，随着用户需求的不断升级和变化，短视频平台也在不断探索新的内容创作模式和传播方式，以满足用户的多样化需求。技术进步是推动短视频行业发展的重要力量，并发挥着引领作用。AI、VR、AR等新技术在短视频中的应用日益广泛，为用户带来更加沉浸式的观看体验。例如，AI技术可以智能分析用户兴趣和行为习惯，并为用户推荐更加个性化的内容；VR和AR技术可以让用户身临其境地感受视频中的场景和氛围，从而增强用户的参与感和互动性。

随着市场竞争的加剧和用户需求的不断升级,短视频行业将更加注重内容的专业化和精品化。平台将加大对优质内容的扶持力度,鼓励创作者生产出更多高质量的作品,以提升整体内容品质,满足用户的多样化需求。随着用户审美水平的提高和内容的不断丰富,短视频作品将更加注重细节和品质,同时追求更高的艺术价值和更丰富的文化内涵。短视频创作门槛的降低和创作工具的普及,使越来越多的用户参与到短视频的创作中来。他们将通过自己的镜头记录生活、分享经验、表达观点,形成全民创作、全民分享的新景观。这种趋势将促进短视频行业的多元化发展,并为创作者提供更多的机会和平台。随着用户参与度的提高和创作能力的提升,未来还将涌现更多优秀的短视频作品和创作者,为整个行业注入新的活力和动力。

✏️ 资料链接　短视频产业的发展历程

2018年4月10日,国家广播电视总局责令"今日头条"永久关停"内涵段子"客户端软件及公众号,并要求公司举一反三,全面清理类似视听节目产品。

2018年12月,第43次《中国互联网络发展状况统计报告》显示,我国短视频用户规模达6.48亿,用户使用率为78.2%。

2020年3月,中国互联网络信息中心发布了第45次《中国互联网络发展状况统计报告》,我国短视频用户规模为7.73亿,占网民整体的85.6%。在带动乡村旅游、推动农产品销售等方面,短视频发挥了重要的积极作用。

2020年10月13日,《2020中国网络视听发展研究报告》发布。该报告显示,网络视听用户规模突破9亿,新增用户主要来自低线城市,其中五线城市用户增长33.6%。在这些用户中,看短视频的占比15.2%,网上看影视剧、综艺的占比7.9%,看直播的占比0.7%,网上听书或听网络电台的占比0.1%。短视频成为仅次于即时通信的第二大网络应用,短视频用户规模达8.18亿,近九成网民使用短视频。

2021年12月15日,中国网络视听节目服务协会发布2021《网络短视频内容审核标准细则》。《细则》规定,短视频节目等不得出现"展现'饭圈'乱象和不良粉丝文化,鼓吹炒作流量至上、畸形审美、狂热追星、粉丝非理性发声和应援、明星绯闻丑闻的""未经授权自行剪切、改编电影、电视剧、网络影视剧等各类视听节目及片段的""引诱教唆公众参与虚拟货币'挖矿'、交易、炒作的"等内容。

2023年3月29日,被誉为中国网络视听行业风向标的《中国网络视听发展研究报告(2023)》在成都发布。报告显示,中国短视频用户规模达10.12亿,向各类网民群体渗透。网络直播用户规模达7.51亿,成为网络视听第二大应用。

截至2023年6月,中国短视频用户规模约为10.26亿,占网民总数比例高达95.20%,用户人均单日使用时长超过2.5个小时。

2023年5月,国家广播电视总局发布《2023年全国广播电视行业统计公报》。数据显示,2023年全国广播电视和网络视听行业总收入14 126.08亿元,同比增长13.74%。

年度新增互联网视频节目 11 291.87 万小时，互联网音频节目 7968.55 万小时，短视频 54 746.26 万小时。

截至 2024 年 6 月，我国短视频用户数为 10.50 亿。

📝 案例链接　李子柒的"走红"告诉我们什么？

作为一名"90 后"创业者，李子柒牢牢抓住了短视频发展这一历史机遇，通过拍摄田园牧歌式的生活视频向人们展示山村生活的美好。

列夫·托尔斯泰曾说"幸福的家庭都是相似的"，套用这句名言，我们不难发现，在短视频领域，"走红"的方式虽然千差万别，但有一点却是相似的——好的选题是成功的一半。

李子柒的作品具有浓浓的中国风，视频中的她看起来无所不能：三月桃花开，她采来酿成桃花酒；五月枇杷熟，她摘来制成枇杷酥。在视频中，她向粉丝展示了各种技能，包括养蚕、缫丝、刺绣、竹艺、木工等，无不具有鲜明的中华传统文化意象，加之视频后期制作采用低沉悠扬的传统曲风，成功塑造了一种诗意的山居生活情境。

正所谓"民族的就是世界的"，这样的田园牧歌式生活，在中国网友眼中，与陶渊明笔下的"采菊东篱下，悠然见南山"相契合。而在西方世界的语境中，也恰恰符合梭罗在《瓦尔登湖》中描写的那种恬淡祥和的意境。因此，李子柒的视频注定会引发各国网友的共鸣。

资料来源：李子柒的"走红"告诉我们什么？[EB/OL]. (2019-12-11)[2025-03-01]. https://baijiahao.baidu.com/s?id=1652587970283541224&wfr=spider&for=pc2019-12. 有删改

8.2　短视频的优势和劣势

8.2.1　短视频的优势

不同于电影和电视剧制作，短视频制作没有对特定环境、特定内容、特定表现方式和大型团队的配置要求。短视频具有生产流程简单、制作门槛低、参与性强的优势，与传统媒体相比，更具有传播价值。短视频主要具有以下优势。

1. 短小精悍、内容为王

(1) 短小精悍。在快节奏的生活中，用户的注意力非常有限，大多数人习惯追"短、平、快"的消费方式。短视频传播的信息观点鲜明，内容集中，言简意赅，容易被用户接受，这种简洁明了的信息传递方式非常符合现代人的信息获取习惯。

(2) 内容为王。短视频的出现满足了受众日益多元化的媒介使用需求和碎片式的媒介使用习惯,因此占据了大量的用户市场。短视频时长普遍在15秒到5分钟之间。相对于文字和图片而言,短视频可以带给受众更好的视觉体验,且在表达方式上更加生动形象,能够将创作者所要传达的信息更切实、更生动地传达给受众。短视频的核心理念就是时间短,如果内容不精致,不能在视频的前3秒抓住受众,就不能达到有效的传播效果。因此,短视频高度依赖内容,创作者只有精心雕琢内容,才能吸引受众。

2. 门槛较低、制作简单

(1) 门槛较低。在短视频出现之前,人们普遍认为,制作视频需要有专业团队,还需要有特定的环境,不仅耗费大量的人力、物力,门槛也极高。随着短视频的兴起,人们发现,自己可以通过手机拍摄和制作短视频,再经过简单处理就能上传至网络,从而收获流量和关注,于是,短视频创作者的数量大大增加。

(2) 制作简单。短视频内容制作流程简单,技术设备要求也不高,只需具备网络、手机两个条件便能轻松完成视频内容的生产与发布。另外,短视频"随走随拍"的方式有效降低了对拍摄要求的限制,使得这一娱乐形式适合大众参与,大大促进了短视频的创作与传播。

3. 形式丰富、生动直观

(1) 形式丰富。短视频结合了图像、音频、文字等多种元素,形成了一个完整且丰富的信息传播体系。这种呈现形式不仅丰富了信息的层次,还增强了信息的立体感和沉浸感,从而使观众能够更全面地理解内容。其中,图像和音频能够迅速抓住观众的注意力,而文字则提供了额外的解释和说明,使信息更加易于被理解和记忆。

(2) 生动直观。短视频通过精心设计的画面和色彩搭配,能够产生强烈的视觉冲击力,迅速吸引观众的眼球。这种视觉上的吸引力使得短视频在传播过程中更具优势,能够在众多信息中脱颖而出。同时短视频还可以利用动画、特效等技术手段,进一步增强画面的视觉效果,使内容更加生动、直观、有趣。

4. 快速发布、便于观看

(1) 快速发布。短视频的制作过程相对简单,不需要复杂的剪辑和后期制作,因此能够快速响应和传播当下的热点事件。这种快速响应的能力使得短视频在新闻传播、事件报道等方面具有显著优势。短视频的发布周期也较短,一旦制作完成,就可以立即上传到平台并分享给受众。这种高效的发布方式使得短视频能够迅速占领市场,提高信息的传播速度。

(2) 便于观看。随着移动设备的普及和智能化程度的提高,人们越来越习惯于使用手机、平板电脑等移动设备观看视频。短视频内容短小精悍,非常适合在移动设备上观看,满足了用户随时随地观看的需求。平台还针对移动设备进行了优化,如提供高清画质、流畅播放等功能,进一步提升了用户的观看体验。这种优化使得用户在移动设备上观看短视频时更加舒适和便捷。此外,短视频平台通过优化视频格式、压缩文件大小等方式,让短视频在移动设备上播放得更加流畅和稳定。这种优化不仅提高了用户的观看体验,还降低了移动设备的能耗和流量消耗。同时短视频平台提供了多种观看模式，如全屏模式、横屏模式等，用户能够根据自己的需求和喜好选择合适的观看方式。

5. 交互性强、传播迅速

(1) 交互性强。短视频传播能够同时满足参与者的围观心态和自我表露诉求，人们通过信息分享聚合在一起，通过平台自由交谈。短视频平台为用户建立了一种情感连接模式，成为新的社交场所。同时，点赞、留言、转发、私信、直播等无门槛的技术应用使得人们的交流环境和社交场景得以重塑，让用户敢于、乐于表达和展示自己，从而便于网络信息的不断交互。

(2) 传播迅速。短视频的制作门槛较低，又依托于手机作为传播媒介，且发布渠道多样，用户能够轻松地在短视频平台上分享自己制作的视频，很容易促成信息的快速传播。

6. 目标精准、社交黏度高

(1) 目标精准。短视频平台通过收集用户的各种信息，包括年龄、性别、兴趣爱好、消费习惯等，构建详细的用户画像。这些信息能够帮助短视频平台了解用户需求，从而进行精准定位。短视频平台还可利用大数据分析和AI技术进行用户分类和内容匹配。大数据分析用户的行为和偏好，将用户分为不同的兴趣群体。AI技术则根据短视频的内容、标签以及用户的画像，将短视频推送给最符合其需求的用户，从而实现内容精准触达。

(2) 社交黏度高。短视频的短时长和快节奏能够满足现代人快速获取信息的需求。在快节奏的生活中，人们渴望在短时间内获取信息并放松身心，短视频的这种特性恰好符合这一需求。此外，短视频内容的多样性和个性化推荐算法能够增强用户的参与感和黏性。短视频涵盖搞笑、美食、音乐、舞蹈、教育等多个领域，能够吸引具有各类兴趣和需求的用户。短视频平台可以通过个性化推荐算法来分析用户的行为、兴趣和偏好，从而向用户推荐个性化的内容，进而提高用户的黏性。

7. 精准营销、激发创意

(1) 精准营销。短视频平台能够根据用户的兴趣和行为数据进行精准营销，帮助商家更好地找到目标受众。这种精准营销的方式不仅能提高营销效果，还能降低营销成本。短视频平台也提供了多种营销工具，如品牌植入、挑战赛等，商家能够以更加有趣和富有创意的方式进行营销，吸引用户的关注和参与。

(2) 激发创意。短视频平台的内容创作门槛相对较低，越来越多的创作者能够参与到内容创作中来。这种丰富的内容创作生态为商家提供了更多的营销机会和创意灵感。商家可以与创作者合作，共同创作有趣的短视频内容，通过有趣的故事情节和创意的呈现方式，吸引用户的关注和参与，提高品牌的知名度和美誉度。

■8.2.2　短视频的劣势

当前，我国短视频创作者数量、用户规模、使用时长均稳步增长，短视频产业发展潜力巨大。但在短视频快速发展的过程中,也暴露了一些问题,具体体现在以下几个方面。

1. 内容质量参差不齐

(1) 缺乏深度。由于短视频的时长限制,创作者往往难以在有限的时间内深入挖掘和呈现复杂的内容,导致许多短视频内容浅尝辄止,缺乏深度和广度,这样难以取得观众的长久关注,更难以引发观众的深度思考。

(2) 低质内容泛滥。一些短视频平台为了追求流量,可能会放松对内容的审核和管理,导致低俗、低质内容泛滥。这些内容不仅浪费了观众的时间,还可能对观众的价值观产生负面影响。

2. 用户体验不佳

(1) 广告过多。一些短视频平台在内容中插入过多广告,这些广告可能会打断观众的观看流程,降低观看体验,还可能导致观众流失,影响平台的用户黏性。

(2) 版权问题。短视频中涉及的音乐、图像等素材可能存在版权问题。如果创作者未经授权使用这些素材,可能会面临法律风险。同时,盗版和低质量内容的存在也可能损害观众的权益和体验。

3. 传播效果难以量化

(1) 数据收集和分析难度大。短视频的传播效果难以量化,因为数据收集和分析的难度较大。虽然一些平台提供了观看量、点赞数等数据指标,但这些指标并不能全面反映短视频的传播效果和影响力。

(2) 用户行为难以预测。短视频的用户行为具有多样性和不确定性,这使得预测短视频的传播效果变得困难。即使某个短视频在初期获得了较高的关注度,也无法保证其在后期的传播效果会持续上升。

4. 商业模式不成熟

(1) 收入来源有限。当前,短视频平台的主要收入来源包括广告收入和付费会员制。然而,这两种模式都存在一定的问题。广告收入受市场环境波动影响大,而付费会员制的用户付费意愿不高,这导致短视频平台的盈利空间有限。

(2) 竞争激烈。随着短视频市场的不断发展,竞争也越来越激烈。为了在市场中脱颖而出,短视频平台需要不断投入资金和资源进行内容创作和营销推广。然而,这种高投入并不一定能带来高回报,从而导致短视频平台的商业模式面临挑战。

5. 技术限制

(1) 制作和编辑难度。虽然短视频的制作门槛相对较低,但想要制作出高质量的短视频仍然需要一定的技术和经验。对于普通用户来说,缺乏专业的拍摄和编辑设备可能无法创作出令人满意的短视频作品。

(2) 数据传输和存储问题。随着短视频数量的不断增加,数据传输和存储问题也日益突出。如何高效地传输和存储大量的短视频数据,同时保证数据的安全性和稳定性,是短视频平台需要解决的技术难题。

　　《陈翔六点半》系列短视频最初在腾讯微视上线，因每天6:30更新而得名。后来腾讯微视退出市场，该团队以PGC团队的身份深耕短视频领域。《陈翔六点半》并非以制作爆款为目标，而是循序渐进，以优质内容的持续发布停获一众网友。《陈翔六点半》由陈翔执导，活跃于多个短视频平台，融合了电视剧的拍摄方式，以夸张幽默的表现形式讲述了生活中无处不在的囧事。这一系列短视频不是传统意义上的情景喜剧，而是类似于家庭幽默录像式的小情景短剧，无固定演员、无固定角色，具有鲜明的网络特点，每集至少有一个笑点，时长均不超过1分钟，由一到两个情节组成，其目的就是让观众用最短的时间、通过最方便的移动互联网平台来解压、放松，获得快乐。

　　《陈翔六点半》体系下共有三档节目，除《陈翔六点半》之外，还有爆笑短剧《六点半日记》、爆笑动画《六点半变变》。这三档节目之前一直以纯搞笑内容为主，从2017年5月起加入了哲理、情感和悬疑的相关内容。

　　在制作方面，《陈翔六点半》的团队已经形成了一套标准的制作流程：编剧会先根据网络段子和热点进行改编和创作，集中生产出十几个甚至几十个剧本，然后进行集中拍摄和剪辑。为了增添更多的喜剧色彩，团队建立了粉丝群来收集网友评论，以便获得反馈之后及时做出调整。《陈翔六点半》的制播模式是众多短视频PGC团队中的代表，内容品质是这个团队的核心竞争力。作为短视频创业者，他们既具有持续输出优质短视频的能力，又能够在短视频红海中保持自己的个性，因而做到了从单一平台到多平台的发展和延伸。

8.3　短视频产业创意与策划策略

8.3.1　短视频产业创意与策划的原则

短视频产业创意与策划应遵循以下几项原则。

1. 创意性原则

　　创意是短视频内容的核心，是吸引用户点击、观看、评论和转发的关键因素。创作者需要跳出传统思维，采用创新的视角看待问题，从而创作出独具匠心的内容。为了提升创意性，创作者可以尝试从不同角度看待问题，挖掘出别人未曾发现或未曾深入探讨的"点"。同时结合当下流行的元素或形式，如动画、特效、挑战等，使内容更具吸引力。最后通过讲述故事、展现人物等方式，触动观众的情感，引发观众共鸣。

2. 明确目标受众原则

在策划短视频时，需要明确目标受众，了解他们的兴趣、需求和痛点，从而创作出更具针对性的内容。创作者可以通过问卷调查、数据分析等方式，了解目标受众的兴趣、需求和痛点，同时分析同类短视频的受众特点，找出自己的差异化定位，再根据分析结果，构建目标受众的用户画像，包括年龄、性别、地域、职业等方面。

3. 内容质量优先原则

无论选择哪个创作方向，都应该把内容质量放在首位，力求做到有趣、有价值、有创意。高质量的内容能够留住观众，提升用户黏性。首先，选择具有话题性、争议性或实用性的选题，吸引观众关注；其次，编写清晰、有趣、有逻辑的脚本，确保内容连贯、有吸引力；再次，在拍摄与剪辑时，应确保画面美观、流畅；最后，选择合适的音效和配乐，增强内容的氛围和感染力。

4. 适应平台特性原则

不同的短视频平台有不同的用户群体、内容偏好和推荐算法。因此，在策划短视频内容时，要充分了解并适应平台特性，以便更好地传播内容。首先，熟悉平台的推荐算法、内容审核标准等，确保内容符合平台要求；其次，了解平台用户的兴趣、需求和观看习惯，调整内容策略；最后，充分利用平台的特效、滤镜等功能，提升内容的趣味性和互动性。

5. 保持一致性原则

在风格、话题、更新频率等方面保持一致性，有助于观众形成稳定的观看习惯，提高观众对创作者或品牌的认知度。在创作过程中，首先，保持视频的风格、色调、字幕等元素的统一，形成独特的视觉风格；其次，围绕特定话题或主题进行策划，使内容具有连贯性和深度；最后，保持固定的更新频率，让观众形成期待感。

6. 互动与反馈原则

积极与观众互动，收集观众反馈，不仅有助于提升用户体验，还能增强用户的参与感和归属感。首先，积极与观众互动，及时回应观众的评论和私信，展现亲和力；其次，通过提问、挑战等方式，引导观众参与互动，提高内容活跃度；最后，定期收集观众的反馈意见，不断优化内容。

7. 遵守法律法规原则

在创意与策划过程中，要熟悉相关法律法规，如著作权法、广告法等，确保内容不侵犯他人权益。在发布前对内容进行严格审核，确保不含有违法、违规信息。保持良好的社会责任感，使用原创内容或获得授权的内容，避免侵犯他人的知识产权，这是短视频创作者的基本责任，也是短视频创作的基本原则。

8. 娱乐性与价值性原则

短视频内容应具有娱乐性，能够向用户传递乐观、积极向上的生活态度；同时，也应具有价值性，让用户通过观看短视频能够有所收获。在创作过程中可以加入幽默元素，使内容更加轻松有趣，也可以分享实用的知识或技能，提升观众的知识水平，还可以通过讲述故事、展现人物等方式，传递正能量和积极情感。

9. 时效性原则

追热点是提高短视频点击率直接且有效的方式。及时关注时事新闻和热门话题，了解当前的社会热点，结合时事新闻或特殊时间节点进行策划，往往能够扩大短视频的影响力。

8.3.2 短视频产业创意与策划的方法

在明确短视频产业创意与策划原则的基础上，进一步细化操作方法，具体包括以下几方面。

1. 明确目标与受众

明确短视频的目标，如品牌宣传、产品推广、娱乐搞笑等。根据目标制定相应的内容策略和评估指标。通过市场调研、数据分析等方式了解目标受众的年龄、性别、兴趣爱好等特征，根据受众特点选择适合的内容形式和话题。

2. 创意构思与策划

紧跟热点话题，关注新闻和社交媒体，了解当前的热点话题和流行趋势。结合热点话题进行内容创作，提高内容的时效性和关注度。从生活点滴、热门话题、社会现象等方面寻找灵感，尝试从不同角度看待问题，挖掘出独特的观点和见解。围绕核心话题设计有趣的情节和故事线，通过生动的故事情节吸引观众的注意力，增强内容的感染力。

3. 内容制作与优化

根据内容和受众特点选择合适的短视频形式，如剧情短片、教学视频、动画等，确保形式与内容相匹配，提高内容的吸引力。使用高质量的拍摄设备和剪辑软件，确保画面清晰、流畅。选择合适的音效和配乐，增强内容的氛围和感染力。制定吸引人的标题，确保能够准确传达内容主题并吸引观众点击。使用相关标签和关键词，提高内容在短视频平台的曝光率。

4. 互动与推广

在短视频中设置话题、提问、投票等互动环节，鼓励观众参与。及时回应观众的评论和私信，增强与观众的互动，提高观众黏性。通过数据分析了解观众活跃度较高的时间段，在这些时间段发布视频，提高内容的曝光率和观看量。利用社交媒体、短视频平台等渠道进行推广，与其他创作者或品牌进行合作，扩大内容的影响力和传播范围。

5. 数据分析与持续优化

通过短视频平台提供的数据分析工具收集并分析播放量、点赞量、转发量等数据，以了解哪些内容更受欢迎，哪些环节需要改进。根据数据分析结果调整内容策略，优化内容质量和形式。尝试新的创意和形式，不断挑战自我，提高内容的创新性和吸引力。保持敏锐的市场嗅觉，关注行业动态和竞争对手，学习借鉴成功案例和优秀创意，不断提升自身创作水平。

✐ 案例链接　国家公祭主题系列创意短视频

　　重大主题宣传是主流媒体承担的一项重要职能，重大主题宣传效果也是检验媒体策划能力、传播能力、舆论引导能力的重要标准之一。短短几分钟要体现重大主题的思想内涵，让受众形成情感共鸣，在线上线下形成全网络的传播效应，这是对短视频策划团队的重大考验。自2014年国家公祭日设立以来，南京报业传媒集团龙虎网发挥主流媒体作用，始终以"牢记历史、不忘过去，珍爱和平、开创未来"理念开展国家公祭主题宣传，通过精心策划选题、创新视觉表达，连续多年每年推出一部国家公祭主题创意短视频，以展示一座城市、一个国家始终守护传承历史记忆、向全世界传播和平理念的担当和作为。该系列视频的特点主要有如下几点。

一、深刻把握主题内涵

　　2014年2月27日，十二届全国人大常委会第七次会议通过决定，以立法形式将12月13日设立为南京大屠杀死难者国家公祭日。每年的12月13日，在侵华日军南京大屠杀遇难同胞纪念馆隆重举行南京大屠杀死难者国家公祭仪式。国家公祭日的设立使得对南京大屠杀遇难者的纪念上升为国家层面。这样的主题定位和仪式感的表达，是进行总体宣传策划的根本所在。将个人情感与国家记忆相融合，通过短视频的高度凝练融入到家国情怀的宏大主题叙述当中，是策划系列短视频的发力点。

二、精准解析叙事主线

　　短视频一般仅有几分钟甚至更短，要精准表达主题立意，就要有精确完整的叙事主线，有严谨准确的史实呈现以及感人至深的细腻表达。2021年策划的短视频《穿越84年的时空对话》采用了两条叙事主线，以南京大屠杀幸存者夏淑琴的曾外孙李玉瀚和鼓楼医院医生倪杰为主人公，分别对应少年时的夏淑琴和南京大屠杀期间全城唯一一个外科医生罗伯特·威尔逊，通过"真人实景+手绘动漫"的分屏形式，采用新媒体技术特效，参考历史资料，再现历史场景，使得两条主线的人物穿越时空"相遇"，并展开跨时空对话。

三、以新技术推动创新表达

　　每年的国家公祭主题短视频策划，龙虎网都会成立由视频、设计、动漫、技术、新闻等部门组成的主创团队，通过学习、研究各类新媒体技术与案例，结合当年的选题、故事主线研究新的表达形式。2023年主题短视频《共同的记忆》一片将微缩摄影等手法运用到短视频当中，人与物形成鲜明的视觉反差，微缩的是影像，浓缩的是情感，短视频通过这一创新表达承载重大题材，令人耳目一新。

四、以新视角引发情感共鸣

　　在国家公祭主题系列短视频的策划中，短视频打破传统的幸存者或幸存者后代单一视角的叙事模式，紧贴时代，通过多样化的视角解读个人情感与国家记忆。《历史的凝视》一片中通过南京大屠杀历史记忆传承人以及南京大学"拉贝日记与和平城市"研究课题学生团队负责人两位95后的主视角延展。年轻的记忆传承人肩负着传承南京大屠杀历史记忆的重任，他们走进纪念馆、校园，为观众和学生讲述家族的故事，展现青年一代对南京大屠杀记忆、对人道主义大爱的传承和延续。

内容为王是媒体的生命线，而创新与传播则是媒体的延长线。短视频重在短，更重在对内容与形式的创新。

资料来源：高菲.重大主题宣传中短视频的创新表达策略[J].传媒评论，2024(10)：79-80.

思考题

1. 简述短视频的特征。
2. 结合实际案例分析短视频的优劣势。
3. 举例说明如何进行爆款短视频的营销创意策划。

章末案例

移动短视频在冰雪文化传播中的应用

2023年12月18日，一条关于哈尔滨冰雪旅游的负面舆情在移动短视频平台上迅速传播，引发了网友的广泛关注和讨论。面对这一情况，黑龙江省文旅厅迅速部署，哈尔滨市相关部门也紧急响应，采取了一系列整改措施。景区通过优化服务和真诚回应游客的意见与建议，展现了哈尔滨积极应对、负责任的城市形象，以特有的"实诚"和用心逆转了舆论风向，赢得了游客的好评，彰显了这座冰雪名城的热情与友好。数据显示，2024年元旦假期，哈尔滨市累计接待游客304.79万人次，实现旅游总收入59.14亿元。其中，中央大街日均客流量超过66万人次，同比增长69.74%；哈尔滨冰雪大世界接待游客16.32万人次，同比增长435%，收入4618万元，同比增长494%。哈尔滨冰雪大世界在中央广播电视总台的多角度报道下，同时在微博、抖音、快手等新媒体平台上46次登上热搜榜首位。哈尔滨亚布力滑雪场也在各大旅游榜单中名列前茅，展现了哈尔滨冰雪文化的独特魅力。

一、移动短视频在冰雪文化传播中的优势

移动短视频以其传播速度快、覆盖范围广、内容形式短小精悍的特点，完美契合了现代人碎片化的阅读习惯。其内容的丰富性、生动直观性以及强大的观众互动性，使得冰雪文化的传播具有以下显著优势。

（一）快速、广泛、精准的推送机制助力传播

移动短视频平台的信息推送机制融合了个性化推荐、热门榜单、社交关系链和算法优化等多种方式。通过对用户浏览历史、点赞、评论、收藏等行为的分析，以及用户社交关系中好友的观看、点赞、分享等行为数据，平台能够为用户精准推送符合其兴趣的冰雪文化短视频。用户拍摄的冰雪运动精彩瞬间、冰雪景观、冰雪民俗等内容也可以迅速上传

平台并推荐给其他用户，实现了冰雪文化在短时间内的快速传播。此外，短视频平台还能根据用户的兴趣、地理位置、浏览历史等进行精准推送，确保冰雪文化内容的有效传播。例如，经常关注冰雪运动的用户就会收到更多相关的短视频，提高了传播的针对性和有效性。

（二）短小精炼的内容便于信息获取

在快节奏的生活中，移动短视频的短时长特点，使用户能够利用碎片时间快速浏览和获取信息。无论是乘车、午休还是电梯间，用户都能轻松地观看冰雪文化短视频，了解哈尔滨冰雪文化的魅力。冬奥会期间，精彩的比赛瞬间、运动员故事等短视频，以其短小精悍的叙事方式，获得了极高的播放量和分享量，有效地推广了冰雪运动和文化。

（三）形式生动直观，互动性强

相较于单一的文字或图片，移动短视频更具感染力。通过生动的画面和声音，短视频可以直观地展现冰雪景观的壮丽、冰雪运动的刺激和冰雪活动的乐趣。其第一视角的记录方式让用户仿佛亲身参与其中，增强了体验感和代入感。恰当的音乐、特效与文案的搭配，进一步提升了冰雪文化的吸引力。观众通过点赞、评论、分享等方式与内容互动，不仅增加了用户黏性，还扩大了冰雪文化的影响力。

（四）创意空间广阔，创作门槛低

短视频平台为创作者提供了开放、包容的创作环境，以及丰富的创作工具和特效，鼓励其从不同角度展现冰雪文化。冰雪短视频题材多样，有景观介绍、运动分享、美食展示、旅游体验和民俗风情等。创作者可以通过独特的拍摄角度和剪辑手法，展示冰雪文化的魅力。智能手机和云台的普及，使每个用户都有机会成为短视频创作者。简单的拍摄和编辑工具，使非专业用户也能轻松创作吸引人的短视频。

短视频以简短的时长，呈现了冰雪世界的奇幻与美丽。它们记录着五彩斑斓的冰雕、宏伟的雪雕、刺激的滑雪和热气腾腾的美食，生动、直观地将冰雪文化的艺术特色、历史渊源和传统习俗呈现在观众面前，能够激发观众亲身体验冰雪活动的欲望。

二、移动短视频在展现冰雪文化时的局限性

尽管移动短视频在哈尔滨冰雪文化的传播中发挥了重要作用，但在实际应用中也暴露出了一些局限性，一定程度上影响了冰雪文化的有效传播。

（一）内容质量与创意策划不足

许多短视频内容受到技术、设备和时间等条件的限制，存在枯燥和单调的问题，如画面构图和色彩处理缺乏变化，动态画面缺少连贯性和美感，部分内容甚至存在虚假宣传和夸大事实的情况，严重损害了哈尔滨冰雪文化的形象。此外，大量短视频内容雷同，主要集中在浅层次的景观展示和运动体验上，缺乏独特的视角和深度挖掘，难以持续吸引用户的注意力。

（二）营销推广活动不充分，转化率低

短视频平台上的冰雪文化内容缺乏有效的营销推广，没有充分利用热门话题、广告投放、合作推广等手段，缺乏系统的传播策略和规划，导致哈尔滨冰雪文化的曝光度和传播效果不尽如人意。特别是在旅游旺季或者重大冰雪活动期间，更是缺乏针对性的短视频推广，无法有效地吸引潜在游客。

(三) 文化内涵挖掘不深入

现有的短视频内容在冰雪文化的历史、艺术、民俗等深层次内涵的挖掘上不够深入，导致观众难以全面了解哈尔滨冰雪文化的独特魅力和价值。内容的同质化问题严重，缺乏对冰雪文化背后的历史、传统、观念与价值的深入探讨，有的短视频甚至存在对冰雪文化解释不准确的问题，影响了传播的质量。

(四) 法律意识薄弱，版权保护不足

一些短视频创作者在发布短视频时，可能并未意识到版权问题的重要性，导致未经授权使用他人音乐、图片、视频素材的情况时有发生，这不仅侵犯了他人著作权、肖像权、名誉权，而且容易引发法律纠纷。此外，对于一些具有创新性和独特性的冰雪文化短视频内容，缺乏有效的版权保护措施，不利于鼓励原创和创新，也影响了冰雪文化传播的合法性和规范性。

面对移动短视频在冰雪文化传播中的优势与局限性，作为冰雪文化传播的主体，包括一个省份、一座城市、某一景区，都应思考如何创新短视频传播策略。其中，有些专家提出，在内容创作方面，要提升短视频质量，深化冰雪文化影响力；在技术创新方面，要利用新技术提升短视频体验，增强冰雪文化传播效果；在平台合作策略方面，通过内容共创、平台互推等方式，促进冰雪文化传播；在人才培养策略方面，高校与社会联合培养，多渠道、多形式育人；在法律与政策支持方面，政府应发挥引导作用，营造健康的行业环境等建议。

资料来源：常淑云.移动短视频在冰雪文化传播中的应用策略研究[J].哈尔滨学院学报，2024(12).有修改

思考题：结合案例，请你具体分析专家的建议应如何实施，才能有效地利用移动短视频传播冰雪文化。

第9章

网络音乐产业
创意与策划

⊙ 章前引例

网络众筹再造传统经典　万人同唱《黄河大合唱》

一首大合唱最多能有多少人参加? 2015年6月, 由中国网络电视台打造的网络众筹《黄河大合唱》活动在网上征集合唱视频, 通过3D虚拟等高科技手段重新演绎参与人数众多、覆盖范围广大的万人大合唱。网络众筹、多方参与、线上线下互动, 伴随互联网时代的到来, 新技术、新媒体参与了经典再造过程, 让传统经典实现从形式到内容的大"变脸", 穿上当代"新装", 以新的面貌走进了人们的视线。

"如果你擅长某种乐器, 或者适合演唱某个声部, 请上传你的作品, 以别样的艺术方式共同纪念此次活动, 与享誉国际的艺术家们共同演绎这一穿越时空的视觉盛宴, 重温那战火纷飞的岁月。"《黄河大合唱》网络众筹活动官网上如是说。

创作于1939年3月的《黄河大合唱》, 体现了民族危亡之际万众一心的抗战精神, 它慷慨激昂、耳熟能详的旋律成为表达情感的重要载体。在纪念抗战胜利70周年之际, 网络众筹《黄河大合唱》活动也应运而生。从6月发起网络众筹开始, 在短短1个多月里, 主办方已经征集到6000余部视频素材。活动还吸引了钢琴演奏家郎朗、小提琴演奏家吕思清、指挥家李心草、古琴传承人李祥霆、中阮演奏家冯满天、二胡演奏家宋飞、琵琶演奏家吴玉霞等艺术家, 包括"将军后代合唱团"在内的100多支国内知名合唱团体, 与来自澳大利亚、美国等华人社团的积极参与。从天真活泼的孩子到两鬓斑白的老人、从音乐专业人士到普通老百姓、从国内民众到海外同胞, 人们在网络上一起唱响了这首激昂的歌曲。

活动遵循《黄河大合唱》原作, 将《黄水谣》《黄河船夫曲》《黄河颂》《保卫黄河》4个乐章的精华部分, 进行重新编曲、配乐, 在保留原作诗化交响大合唱风格的同时, 融入古琴、琵琶、阮、二胡、编钟等中国传统民族乐器, 以及吉他、架子鼓、电子音乐等现代流行音乐元素, 将其打造成人们积极参与的、充满新媒体特色的主题活动。

传统经典在新媒体的助力下, 与人们的兴趣点紧密结合, 使古老的传统文化"时尚"起来, 已经变成一种现象。当年网络春晚创意节目《茉莉花》通过网络众筹的方式征集到1000多名热爱唱歌的百姓共同演绎《茉莉花》, 并通过虚拟人像技术制作歌星邓丽君的立体虚拟影像, 让邓丽君栩栩如生地"重返"舞台。依靠新媒体的力量, 传统旋律被再次"唱响", 焕发新的生命力。

资料来源: 网络众筹再造传统经典, 万人同唱《黄河大合唱》[EB/OL]. (2015-09-08)[2015-03-01]. http://huanghe.cntv.cn/2015/09/08/ARTI1441703261055574.shtml. 有删改

音乐渗透在人们生活的方方面面, 通过音乐, 人们可以宣泄情绪、寻找寄托, 音乐在一定程度上改变了人们的生活方式。互联网出现以后, 音乐有了新的传播平台, 可以在较短的时间内实现更大范围的传播, 越来越多的人开始借助互联网这一平台传递自己的音乐想法。网络音乐的出现为音乐的发展提供了新的机遇, 扩大了音乐的影响力。可以说, 科

学技术的进步为音乐的多元化呈现提供了技术支撑，高速发展的网络技术紧紧地和音乐联系在一起，作为一种新的音乐形态，网络音乐改变了全球音乐的发展格局，它在极大地丰富当代人的文化娱乐生活的同时，也促进了音乐文化产业的迅速发展，在音乐发展史上可谓一次重大的革命。

9.1 网络音乐产业概述

9.1.1 网络音乐发展概况

被称为流行乐坛"情歌捕手"的著名词曲创作人、制作人季忠平，曾担任2006年的《签约我吧》大型网络音乐选秀活动的专业评委，他在点评一首名为《花容瘦》的原创歌曲时称赞了其在文字、表达形式上的创新之处，并表示网络歌手与传统的唱片歌手已无太大差别。由此可见，随着经济发展水平的提高，通俗文化的发展势头已不可阻挡，网络音乐作为通俗文化的形态之一，已经可以在一定程度上与传统音乐相抗衡。

网络音乐是音乐与科技结合的产物，《关于网络音乐发展和管理的若干意见》首次对网络的名称下了定义，即"音乐产品通过互联网、移动通信网等各种有线和无线方式传播的，其主要特点是形成了数字化的音乐产品制作、传播和消费模式"。网络音乐是指用数字化方式通过互联网、移动通信网、固定通信网等信息网络，以在线播放和网络下载等形式进行传播的音乐产品，包括歌曲、乐曲以及有画面作为音乐产品辅助手段的MV等。传统音乐制作耗时较长，且程序烦琐，作曲家往往需要与乐队进行配合多次排练和修改，一些音响和音色效果很难在乐谱上完整地表现出来。而通过电脑制作的音乐不仅节约了人力成本，还缩短了制作时长，一首歌从起初的一个想法到最后的发布，有时仅靠一个人就可以全部完成。即使是没有经过系统学习的人，也可以利用电脑软件制作出自己喜欢的音乐，并且可以在电脑上对不满意的地方进行调整，减少了作曲家与乐队的磨合，从而使作品更契合作者的想法。根据网络音乐产品的内容、表现形式和传播渠道的不同，网络音乐也存在多样化的类型(见表9-1)。

表9-1 网络音乐的类型

分类标准	音乐类型	代表歌曲
内容	讽刺性的网络音乐	《你不是真正的快乐》
	歌颂性的网络音乐	《东北人都是活雷锋》
表现形式	原创网络音乐	《两只蝴蝶》《笑纳》
	改编网络音乐	《咱们减肥吧》
	借助网络传播的传统音乐	《叹》
	音乐游戏	《风一样的勇士》《QQ音速》
传播渠道	在线音乐	
	无线音乐	

网络音乐是我国音乐发展史上一股强劲力量,早在2000年开始,网络音乐便悄然出现在中国大地上。2001年,雪村的一首《东北人都是活雷锋》,以清新幽默的曲风和带有浓郁东北特色的歌词吸引了人们的注意,一句"翠花,上酸菜"也成为当年的流行语。当时的网络音乐更多是基于原有歌曲,通过歌手的创新进行再创作。2004年,随着《老鼠爱大米》的广为流传,网络音乐开始正式出现在人们的视野里。与此同时,一大批网络歌手如杨臣刚、刀郎、庞龙、香香、凤凰传奇、许嵩等人,逐渐被广大听众熟知。这一时期的网络音乐歌手渐渐获得主流社会的认可,部分网络歌手正式签约经纪公司,成为传统意义上的歌手。刀郎的专辑《2002年的第一场雪》正版销量达270万张,他充满野性和苍凉的沙哑嗓音充分表达了游子流浪的情怀及深深的乡愁,征服了听众,被称为中国最具影响力的网络歌手。凤凰传奇的歌更是"横霸"广场舞多年,成为不可忽视的一种音乐力量。2007年是网络音乐的一个转折期,一些被称做"神曲"的网络歌曲出现在人们的生活中,这些歌曲因贴近日常生活、歌词通俗易懂而成为人们关注的对象,例如慕容晓晓的《爱情买卖》、龚琳娜的《忐忑》等。这些歌曲虽然被一些人批评歌词低俗,但仍然受到了大众的喜爱,这也是网络音乐能够流行起来的原因。

据2024年6月发布的《2024中国音乐产业发展总报告》统计,截至2023年,中国数字音乐产业规模达到893.45亿元,中国网络音乐用户规模达到7.26亿。AI新技术的推动和AIGC技术的广泛应用,推动了数字音乐内容的智能化生产。人们的"听歌"需求更加多元,对个性化、高品质的音乐内容需求不断增长。网络音乐的传播、消费、体验模式日新月异,具有巨大的市场发展潜力。

网络音乐的产生为音乐市场带来了新的盈利模式,比较典型的盈利模式包括以下几种。

(1) 直播打赏模式。音乐人或网红通过直播平台进行音乐表演、互动聊天等,观众可以通过购买虚拟礼物进行打赏,支持自己喜欢的音乐人。这种模式为音乐人提供了新的收入来源,同时也增强了粉丝的参与感和忠诚度。

(2) 订阅付费模式。订阅付费模式分为两种,一种是会员订阅,用户通过支付一定的费用成为会员,享受无广告、高品质、独家内容等特权,这种模式为网络音乐平台提供了长期稳定的收入来源;另一种是付费点播,用户为歌曲、专辑或特定内容付费,实现"按需付费",这种方式鼓励了优质内容的创作和分发,同时也为平台和创作者带来了直接的收益。

(3) IP授权与衍生品开发。音乐人将歌曲的版权授权给游戏、电影、电视剧等媒体使用,获得版权费用。随着音乐IP价值的不断提升,版权授权成为音乐人重要的收入来源之一。

(4) 粉丝经济模式。通过建立粉丝社群,为粉丝提供专属的内容、活动和福利,增强粉丝的归属感和黏性。同时,通过社群内的付费会员、周边商品销售等方式实现盈利。

▌9.1.2 网络音乐的特点

2009年8月,文化部(现为文化和旅游部)印发的《文化部关于加强和改进网络音乐内容审查工作的通知》中明确指出，网络音乐是指以数字化方式通过互联网、移动通信网、固定通信网等信息网络，以在线播放和网络下载等形式进行传播的音乐作品，包括歌曲、乐曲以及由画面作为音乐产品辅助手段的MV、FLASH等。网络音乐的范围不再局限于音乐作品的数字化形态，其涵盖的内容更为广泛。网络音乐作为音乐市场中占据主力地位的重要部分，近几年呈现多元化发展，在歌曲的类型及表现手法上更加丰富，新鲜血液的加入也使得网络音乐市场一直有人们喜欢的作品出现。网络音乐之所以能受到人们的喜爱，和其自身特点是分不开的。

1. 创作与传播的自由性和开放性

在虚拟的网络空间里，网络音乐除了传播音乐作品外，还传播音乐的创作、演奏、制作技术、音乐新闻、音乐学术论文、音乐思想等各方面的信息，并提供各类音乐软件的共享服务。这种音乐传播方式，把每一个人所面对的计算机、手机等信息终端，变成了一个虚拟的音乐大社区。由此形成了虚拟世界音乐文化的广泛传播，也为音乐文化理念的形成提供了更广阔的平台。著名音乐人汪峰曾这样评论网络音乐："互联网让越来越多的音乐人走到台前，也让越来越多热爱音乐的耳朵有听到更多音乐的机会。"

在网络音乐传播过程中，许多以前难以实现的个性化艺术构思和设想，通过网络及数字多媒体技术与电子音乐制作技术的协同配合得以实现。例如利用计算机动画制作、音乐制作、音频处理的技术优势，人们创作了大量的Flash音乐文件。互联网为人们构筑了一个丰富多彩的"虚拟现实"世界和信息宝库，使艺术创作者可以迅速获得当今世界不同风格、各种类型的艺术信息和音乐作品。网络音乐的创作者们不仅可汲取专业作曲家们的优秀成果，而且可加入自己的创作元素，创作出一首首风格各异、脍炙人口的网络歌曲，这些都得益于网络音乐所带来的前所未有的音乐创作与传播的自由性和开放性。

2. 音乐内容的大众性和音乐形式的包容性

网络音乐与传统音乐相比，其题材更贴近人们的日常生活，歌词口语化、个性化，令人感到亲切自然；而且歌曲结构短小、易唱易记，富含娱乐性，易于在群众中传播。作为大众传媒的强势媒介，网络传播在引导大众的艺术接受、消费过程中，促进了艺术与大众之间相互亲近，艺术不再是小部分人的精神领地，而是成为当代大众可以共享的日常生活现象。艺术与大众日常生活的这种广泛对话，直接促使音乐创作走向生活化、娱乐化，催生了网络艺术形式的千姿百态：或激情洋溢或幽默搞笑，或传统或现代，或抒情或直白，或摇滚或温文尔雅。如《小苹果》《一万个舍不得》《最炫民族风》等网络歌曲，大多以通俗易唱的生活化曲调和趣味幽默、娱乐搞笑的歌词，表达小人物的日常生活和普通人的自娱自乐。如动画剧《喜羊羊与灰太狼》的热播，催生了《要嫁就嫁灰太狼》这首网络歌曲，并使之迅速蹿红。《喜羊羊与灰太狼》是少儿动漫剧，其中的灰太狼是个反面形象，但它身上体现了很多现代女性对自己丈夫的隐性要求，所以《要嫁就嫁灰太狼》便应运而生。无所谓对与错，无所谓灰太狼是个反面人物，歌曲只是体现了网络音乐自娱自乐的功能。

3. 音乐人与听众的互动性

在网络世界里，网友之间信息互换的频率和效率都很高，使音乐的自由创作和分享都变得更为便利。一部音乐艺术作品可能随着网络和其他数字媒体传遍世界的各个角落,艺术创作者可以很快听到、看到受众的评价,并与他们展开双向的交流和艺术观念的碰撞。除此之外,听众还可以通过网络对音乐作品进行再创作,以此对音乐进行更深层次的理解和互动。典型的互动表现为广大网络听众可以对音乐歌词进行随意编辑,然后上传至网络实现共享;通过网络组织投票活动让广大听众评选出自己心目中的经典音乐和歌手;对经典音乐的翻唱使得受众对音乐的理解和情感表现更为广泛,极大地促进了音乐的传播和发展。这种传播过程的互动性使音乐创作为了赢得更多的支持率,而尽可能地从大众的层面出发,创作出较高水平的作品。

4. 歌曲内容贴近日常生活,通俗易懂

网络歌曲往往通过直白的歌词、简单的情感共鸣和场景化叙事引发广泛传播。这些作品常以普通人的生活、情感和社会热点为切入点,语言平实,且易于传唱。

2020年发布的《漠河舞厅》,歌曲灵感源于一位在漠河舞厅独自跳舞的老人的真实故事,讲述了他因火灾失去妻子后的孤独与怀念。歌词中"晚星就像你的眼睛,杀人又放火"用比喻手法将抽象的情感具象化,贴近普通人对生死离别的感受,听众无须复杂理解即可共情。同样是2020年大火的网络歌曲《早安隆回》,歌词直白如"你是我生命中最美的相遇""早安我的隆回,早安我的baby",用口语化表达对家乡和生活的热爱,旋律简单重复。还有2019年爆火的《少年》,"我还是从前那个少年,没有一丝丝改变"用第一人称视角唤醒听众对青春的记忆,反复强调"追逐生命里光临身边的每道光"的普世价值观。歌曲被用作校园活动、企业宣传、健身视频的万能BGM,其"成长不妥协"的主题适配多元场景,满足大众对正能量的渴求。

5. 网络音乐的跨时空性

在网络音乐之前,传统的音乐大多借助广播、电视等传播媒介向听众推介。听众必须在特定的时间、特定的地点才能分享到音乐,否则很难听到或完整听到自己心仪的音乐作品和歌手的声音。互联网的诞生,打破了传统传播媒介的局限性,尤其是时间局限。网络的开放性使得网络在使用上不受时间和空间的限制,这也让音乐创作者在个体创作上显得更加自由。只要有电脑、网络、电,网络音乐歌手便可以进行创作,并且能在网络上进行传播。网络的普及使得"地球村"的实现不再停在想象中,空间距离的缩小为网络音乐的传播提供了便利。我们可以通过网络了解其他各国的音乐排行榜情况,甚至可以查询到当地居民对歌曲的认可度和赞赏度。

6. 网络音乐的社会励志性

网络的广泛传播赋予网络音乐的社会功能。"西单女孩"任月丽的蹿红,不仅仅是因为她的完美嗓音,更多是因为网友被她的淳朴、善良、坚强的性格和为梦想而不断努力进取的精神所感动和折服,她的成功也绝不仅仅是一个人的成功,而是对生活充满希望的所有社会群体的成功,人们从中领略了普通人对梦想的执着追求和坚持不懈的奋斗精神。一首《春天里》在网络的爆红,是"来自生活的力量,不能忽视的声音",它让人们

看到了对未来的希望和对梦想的追求，折射出的同样是小人物对理想的寻觅，激励着人们不断向前，给予人们极大的精神动力，同样也唤醒了人们更强的社会责任感，唤醒了人们关注生命、关注信仰的心灵。一首《老男孩》更是将网络音乐传播推向了高潮，它成功地引起了整个社会对工作、家庭甚至人生的思考，引发社会共鸣，道出了人们在面对现实时要坦然、豁达和乐观，更要正确认识环境，不断完善自己的积极生活态度。

7. 网络音乐在内容和形式上呈现多元化发展的局面

随着大众审美的变化，网络音乐在创作上也开始注意各群体审美情趣的差异性，尝试性地满足不同阶层听众的趣味。此外，在虚拟的网络世界里，互联网除了作为一种艺术的传播媒介之外，越来越多的人借助这一平台，通过音乐的表达方式——旋律和歌词——表达自己对现实生活的感触。先不说这些歌曲所传递的意义是否健康，但这的确是网络音乐繁荣发展的标志之一。正因如此，越来越多的人加入了网络音乐产业的大潮中，无形当中也丰富了网络音乐的内容和形式。其中，既有幽默搞笑的《特务小强》，又有融合了传统与现代元素的《罗刹海市》；既有温文尔雅的《两只蝴蝶》，又有摇滚风格的《最炫民族风》。网络音乐在内容和形式上的多元化发展，不仅带来了网络音乐产业的繁荣，也促进了社会文化的发展。

9.2　音乐文化创意与策划的内涵

音乐文化创意在音乐产业中包括以下4个层面的内涵和外延：音乐文化创意在本体层面上的"意念与意象"，在音乐产业层面上的"生意与效益"，在音乐传播层面上的"意义与意味"，以及在语境层面上的"意识形态"。这4个层面之间的关联是有机的。

1. 音乐文化创意的本体层面

"创意"一词在西方语言里其实是"创造"，而"创意"即"create new meanings"是指创造出新的意思或意境，本义是"赋予形象、创造新的东西"。也就是说，"创意"体现出"从无到有"、从"心中意念"到创造"具体意象"的意义，以此作为参照，可以看出"音乐文化创意"在本体层面的内涵与之如出一辙，同时也概括了音乐文化创意的思维方式和生成过程。

"意念"这一术语，在文艺学中可做"构思""艺术想象"来理解，在音乐文化创意思维中即为创意构想，但这种理解远远超出了文艺学的领域，延伸到文化经济学以及营销学等领域中，从而被引申为"大创意"的概念，涵盖了与音乐相关的公司和企业以及个体等不同层面的创意主体对于音乐产品从整体到细节的构想。从纵向来看，这种构想包括音乐产品的策划与构思、音乐表演以及音乐产品传播的全过程；从横向来看，它将音乐创意与更广阔的文化与产业背景做了链接，从而为音乐创意注入了更为丰富多元的想象因子，加强了音乐产业与其他产业的融合。

而"意象"是审美主体对审美客体发生"思想灵感"的产物,从美学角度来看,作为意中之象、心中之象,它属于中国文艺美学的典型术语,有着特定的内涵和外延,可以用来表述音乐创意的形象性和艺术性内涵。当"创意"延伸至音乐文化产业链时,"意象"或可相当于符号学视域中的核心概念——"符号",即思想、体验和形象等,当然也包括索绪尔所认为的"能指"和"所指"。在"意念"和"意象"的内涵中,我们看到了音乐创意的艺术性和审美特性,也看到了"大创意"的科学性和应用性。把这种理念和思维延伸至音乐文化产业后,我们仍然有必要再次强调艺术性和审美性既是音乐创意的逻辑起点,也是音乐文化产业的启动者。因此,我们在音乐文化产业发展的过程中,必须将音乐文化创意从文艺学领域的"小创意"向产业视角下的"大创意"进行拓展。

2. 音乐文化创意的产业层面

从产业经济的角度而言,音乐文化创意的目的是使音乐内容进入音乐文化产业,从而获得音乐文化产品的商业价值。因此,在产业层面上,音乐文化创意之"意",包含"生意"之意,并且与经济效益密切相关。

英国于1998年出台的《英国创意产业路径文件》明确定义了创意产业:"起源于创意、技巧及才能,通过智慧财产权的生成与利用,有潜力创造财富和就业机会的产业。"成功的音乐创意的例子有当下音乐与某些口碑不错的旅游景点整合起来而诞生的音乐表演和演出(如《印象·刘三姐》)等,这些创意不仅给创意者带来了物质财富,也给观众带来了精神财富,既创造了经济效益,也创造了社会效益。但是,如果就此将音乐创意等同于创"钱",则无疑是对创意内涵的极大误解。因为只追求经济利益的创意,可以说是一种被异化了的畸形创意观,这种认识过分夸大了创意的经济意义,而忽略或者轻视了音乐创意的文化和审美意义。

3. 音乐文化创意的传播层面

从传播学的角度而言,符号产品的价值有赖于受众解码的符号意义,传、受之间需要实现交流互动。一个好的音乐产品的意义以及对它的社会共识,往往是通过公共空间内的多向互动、社会评价和群体性交流来体现的,音乐创意的主体与受众群体,共同完成了音乐产品传播意义的创造。

在音乐传播层面,创意之"意"具有"意义"和"意味"的意思。"意义"不仅指符号所蕴含的内容,也指符号所具有的价值和作用。一个音乐创意所产生的符号,往往具有多义性,不同的音乐受众可能有不同的解读。"意味"作为一个具有审美趣味、审美意蕴之意的中国古典美学术语,对于受众而言,主要是指他们在解读音乐创意作品时获得的审美享受和精神愉悦。

好的音乐创意需要创造深远的意义,具有深厚的意蕴,这样才能真正打动受众,吸引受众积极介入音乐传播,最终实现音乐创意的价值,完成一条完整的音乐文化创意产业链,进入新一轮的音乐创意循环。从受众角度来说,音乐文化创意必须创造意义以满足观众的心理体验需求和精神需求。那些不能调动观众审美感受或激发观众意义认同的所谓创意,不能被称为合格的创意。而从音乐文化创意主体的角度来说,无论是企业层面还是个人层面的音乐文化创意，都必须着眼于我国音乐文化整体形象的塑造，着眼于"文化符号"的凝聚，只有这样，音乐文化创意才能发挥其强大的创造力与黏合力。

4. 音乐文化创意的语境层面

任何创意都离不开促使其发展和转换的社会土壤，由经济、时代、社会与文化等因素构成的话语环境或者观念系统，造就了音乐文化创意的意识形态系统。

在我国，"意识形态"通常更多地被理解为政党的思想观念。事实上，"意识形态"的概念和理论随着不同社会文化语境和哲学史框架的变化，一直在不断发展着。黑格尔、马克思、阿尔都塞和拉康等人的思想已经构成了一部复杂的意识形态理论史，而在我们当今所处的后现代语境中，解构也已经成为一种常见的思维方式和叙述元素。对于意识形态本身的这种特点，阿尔都塞指出："只要人类社会存在，意识形态就不会终结，意识形态是一种无处不在、略显神秘而又时时发挥着现实功用的物质性存在，是渗透和弥漫于诸多意识形态国家机器当中的主体建构活动。"

由此，我们可以认为，"音乐文化创意"之"意识形态"有三层意思，一是指音乐文化的创意主体，它是被意识形态所构建的主体；二是指音乐文化创意的客体，即音乐文化创意的符号产品，包括音乐作品及其推介活动；三是音乐文化的创意客体与主体被意识形态所构建的同时，也参与着意识形态的构建。随着相应观念的转移与变化，音乐文化创意的内涵也在改变。因此，音乐文化创意并非一个封闭、静态的概念，而是一个动态的、发展的、流变的系统。

✒️ 案例链接　凤凰传奇的传奇

凤凰传奇原名酷火组合，主唱杨魏玲花是蒙古族姑娘，歌声豪迈嘹亮，被称为"女版腾格尔"；男歌手曾毅是湖南人，擅长说唱和舞蹈。他们的歌曲旋律朗朗上口、歌词通俗易懂，征服了中国乃至全世界的亿万听众。凤凰传奇的每一场演唱会，都变成万人蹦迪现场，被媒体称为"中国最早的音乐节式狂欢"。2021年B站跨年晚会，凤凰传奇与虚拟歌姬洛天依跨次元合唱《普通DISCO》，玲花与全息投影共舞时精准卡点"机械舞"，被网友称为"五毛特效与百万舞美的完美平衡"，直播时弹幕峰值达2.3万条/秒。2023年常州太湖湾音乐节，暴雨中4万观众身披雨衣合唱《山河图》，凤凰传奇将歌词"挥毫提笔画我山河"改为"大雨浇不灭咱的野火"，现场无人机拍摄的"雨中红色人海"照片登上《时代》周刊年度文化瞬间。2024年抖音线上演唱会，凤凰传奇在《月亮之上》间奏突然吹奏1分钟唢呐，将草原长调与陕北民歌《山丹丹开花红艳艳》即兴融合，话题阅读量破7亿。

凤凰传奇创意策划的成功经验有以下几方面。

第一，创意编曲风格。凤凰传奇的歌曲融合多种曲风，如嘻哈、说唱、电子音乐、摇滚、民歌等，将现代节奏与民族音乐相结合，开创一派新民族风。

第二，民族特色突出。凤凰传奇发行的专辑和单曲里面大多数用以歌颂少数民族英雄人物和反映少数民族民俗风情。如《奢香夫人》《一代天骄》《泼水节》《新疆玫瑰》

《天蓝蓝》《高山槐花开》《康定情缘》《溜溜的情歌》《我从草原来》《我和草原有个约定》等。

第三，歌曲受众面广。凤凰传奇经纪人徐明朝认为凤凰传奇能取得成功，其中一个重要原因就是歌曲极为大众化。小到三岁小孩，大到老头老太，对于凤凰传奇的歌曲随口就能唱。

第四，专注品牌策划。凤凰传奇的品牌策划独具一格，创意总监徐明朝专门成立百人文化娱乐公司来负责凤凰传奇的所有策划宣传和运营事宜。这家只有20多人的小公司定位明确，那就是把凤凰传奇作为核心品牌，走平民化和国际化相结合的路线，致力于打造中国最"炫"的歌唱组合。

第五，营销模式及衍生产品。凤凰传奇的营销打破了传统的通过电台积攒人气的模式，转而投向互联网，如QQ音乐、酷我音乐、酷狗音乐、百度音乐盒以及专业音乐网站。通过专业音乐网站和音乐盒软件来宣传，不仅影响力大，而且可控性强、成本低。百人文化娱乐公司的宣传总监郭新波把凤凰传奇的网络宣传分为三个阶段：第一个阶段是占领货架；第二个阶段是通过微博、人人网等SNS平台进行传播；第三个阶段则是通过移动互联网，如手机浏览器弹窗、微信、APP等来传播。凤凰传奇的商业模式包括三部分：商业演出、广告代言和演唱会、衍生产品。当前，百人文化公司正在开拓与凤凰传奇有关的游戏、服饰品牌等。

资料来源：张鲁君. 文化产业创意与策划[M]. 福州：福建人民出版社，2014：106-107.

9.3 网络音乐产业创意与策划内容

尽管网络音乐的迅速发展可以让网络歌手"一夜爆红"，但是要想保持长久地位并不是那么容易，调查显示在歌手排行榜上还是一些传统歌手更受人们的欢迎。在音乐方面，传统歌手因其制作精良而经久不衰，相反网络歌曲在市场的不断变化中慢慢消失，带来的也只是瞬间的烟火。即使如此，网络音乐也有其不可忽视的力量。网络音乐的发展一直都没有停下，越来越多的人在新时代的发展下加入网络音乐大军，但网络音乐市场的不完善使得网络音乐产业仍然处在发展期。盗版侵权、版权纠纷、技术手段缺失、网络音乐网站音乐免费下载、监管力度低等因素导致负盈利的问题不停地出现在人们面前。随着各种手机音乐App的出现，听众可直接通过搜索搜到自己喜欢的音乐，使得部分网站只能依靠广告收入存活。在冰火两重天的境地下，一首网络歌曲爆红与否，一般与它的创意与策划有至关重要的关系。网络音乐能一直保持新鲜，与它幕后的创作有着密不可分的关系。简单说来，网络音乐的创意与策划体现在以下几个方面。

1. 网络音乐内容贴近生活，贴近社会大众的心理需求

在网络上爆红的歌曲，大多有着较高的创意性，无论是曲调、歌词还是演唱风格，都符合当今社会大众的审美趣味。很多流行的原创性网络音乐所表现的都是普通老百姓的日常生活，所表达的都是普通民众的酸甜苦辣、人生百态。例如，《最亲的人》这首网络歌曲以平和朴实的语言，描绘了与最亲的人之间的深厚情感，以及对家乡和亲人的深深眷恋。歌词中充满了对亲情的赞美和感激，如"翻过了一座山，越过了一道弯，撩动白云蓝天蓝，望眼平川大步迈向前"等句，既展现了家乡的美丽景色，也表达了人们对家乡的热爱和向往。又如，受动画片《喜羊羊与灰太狼》启发创作的网络歌曲《要嫁就嫁灰太狼》，准确地把握住当前社会民众的心理感受。灰太狼虽然在作品中是一个反面角色，但它却是现实社会中女性择偶对象"经济适用男"的典型代表——长相普通但工作稳定，收入一般但有生活情调，既顾家又对老婆忠诚体贴，做事认真，责任心强。当然，网络音乐除了原创还有一部分是通过改编出现在人们的生活中的，不少歌曲之所以比原唱更富有知名度，原因无外乎改编后的网络歌曲更贴近百姓生活，更符合社会现实，更容易引起听众的情感共鸣。

2. 歌曲本身富有创意

在网络爆红的歌曲，无不在歌曲本身某些方面富有创意，例如创作理念、歌词、演唱风格等。网络音乐最初是以背景音乐的形式出现的，如电子邮件背景、网页配乐等，后来才出现单独传播的原创性或改编性音乐作品。例如，当年流行一时的《半城烟沙》《一万个舍不得》《小苹果》《王妃》等，以及各种歌曲的网络改编版，这些作品的词曲编创看似较为简单，其实都包含创意。比如，《半城烟沙》的歌词比较"文艺范儿"，加之凄美的曲调，打动了很多受众；《小苹果》则以幽默的形式、强烈的节奏配合舞蹈动作，使听众在不知不觉中被其感染，同时想法也非常独特。由此可见，网络流行音乐作品之所以能够得到大众的青睐，创作中的创新功不可没，体现了大众音乐创作在数字化时代的新进展。

改编类歌曲是网络音乐中的一个重要类型，其形式多种多样，如改编原曲歌词内容、更改原歌词语言类型、多首歌曲拼编等。其中，不少歌曲的流行度要超过原曲，它们之所以能够成功，创意尤为重要。例如，改编歌词类作品往往立意独特、风趣幽默，给人以耳目一新的感觉；更改歌词类作品则是将已有歌曲的歌词以中国各地方言或外文重新编排演唱，从而达到新鲜幽默的效果；多首歌曲拼编是将多首歌曲的内容进行剪辑拼接，然后重新翻唱，其创意水平和技术含量相比前两类作品要高很多。

3. 网络音乐在一定程度上随着人们审美观念的变化而变化

从最初的《东北人都是活雷锋》《大学生自习室》到后来的《两只蝴蝶》《伤不起》，我们可以发现，从最初的颂扬或调侃社会生活到后来的个人情感抒发，网络歌曲在演唱及词曲的创作上都在随着听众审美观念的变化而变化。因此，网络音乐的创意与策划者在具体的创作过程中，要注意对听众审美观念的把握。纵观当前火爆的网络音乐，我们可以发现那些饱含深情又不失激情、细腻又不失粗犷的音乐旋律，那些个性张扬又不失传统音乐规律性的音乐语言，往往更符合大众的审美情趣和观念。凤凰传奇的很多歌曲就是成功的典型代表，他们的歌曲大都是在网络的帮助下火遍全国的，《月亮之上》更是成为广场舞伴奏乐的不二之选。这个组合的蹿红也让杨魏玲花、曾毅这两个名字火起来，更是在2008年、2010年、2013年三次登上央视春晚的舞台。从《月亮之上》到《天蓝蓝》，再到《中国味道》，每一首歌曲都很好地贴合了当时的社会生活，符合民众的期待。由此可见，网络歌曲的红火与民众的审美需求有着密不可分的关系，网络歌曲的风格、表现形式应随着民众的审美变化而调整，这样才能更好地适应社会的发展需要，保持长久的艺术生命力。

4. 把握互联网传播规律，突破传统音乐的创作规律

与传统音乐相比，网络音乐更多是借助互联网这一传播载体进行传播，这就要求网络音乐的创意与策划必须准确地把握互联网的传播规律，在传统音乐创作的基础上进行创新和突破。传统的广播电视这些传播载体，受制于自身传输特点和政府审查的限制，往往对所传播的歌曲在旋律、歌词等方面都有着严格的要求和规定。对于互联网而言，则没有这方面的规律，它不仅在歌词、旋律等方面的要求非常宽松，而且面对的听众也以年轻一代为主，所以，在创作的过程中就不能拘泥于传统歌曲的创作方法，而是应该探索符合网络音乐传播规律的创作方式。一方面，为了便于传唱，在曲式上以简单的两段体为主，在手法上可以采取重复、反复的方式来完成网络音乐作品。比如网络音乐《两只蝴蝶》，它主要包括两部曲式，其中第一部曲式主要由两个乐段组成，每个乐段又由两个简单的乐句组成，第二部曲式则运用重复的手法，重复第一乐句。另一方面，网络音乐的创意与策划，还需要注意在旋律上以流畅、平稳为主，音域尽量窄一点，减少音程的变化，曲调做到简单，便于人们哼唱。比如网络音乐《你是我的玫瑰花》，在创作的过程中采用音乐速度适中的4/4拍，其音域变化较小，仅跨了低音"5"到高音"1"，这就非常接近常人说话的速率；同时，音乐的节奏变化也较小，仅出现了一个16音符，以4分音符和8分音符为主。此外，在网络音乐的创意与策划中，在歌词上要追求口语化，尝试运用生动、幽默的语言，以达到朗朗上口的效果。比如网络音乐《伤不起》，其歌名本身就来自网络词汇，创作者在歌词中又加入了大量的网络语言，歌词直白，贴近现代年轻人的生活，再配上强劲的节奏，广受青年人的欢迎。

5. 注重市场环境和社会环境的建设

由于唱片公司的积极参与和信息技术的采用及革新等，网络音乐已经成为一种很复杂的社会现象。将音乐、社会组织和技术等多重因素密切结合在一起进行创意和策划，其重要程度远远超越了音乐本身。首先，网络音乐的完整产业链，依赖于唱片公司、互联网运营商、无线运营商的密切合作。内容提供商(content provider)进行文化创意，吸纳歌手，向服务提供商(service provider，互联网运营商和无线运营商)出售著作权，再由服务提供商通过网站付费下载，以移动手机铃声、手机彩铃、手机音乐等形式提供给消费者，产生经济效益，形成产业链良性循环，最终实现网络音乐可持续发展。其次，与唱片公司合作是网络歌手发展的重要形式，也是提高网络音乐水准的有效途径。网络歌手的自由发行固然可以让小部分人迅速成名，但网络音乐的创作水平和质量相对较低；而唱片公司具有无可比拟的创作优势、制作优势和发行经验，如果与网络音乐结合起来，将产生巨大的社会效益和经济效益。

另外，需要尽快健全法律法规，规范网络音乐发展。网络音乐当前存在版权管理混乱等问题，严重影响其健康发展。其中，一个重要问题就是大众的知识产权观念淡薄，人们的免费文化消费观念亟待改变。可以通过发展无线下载业务如手机彩铃等，阻断和减弱盗版，保障网络音乐的健康发展。与此同时，网络音乐的自我版权保护也充满着智慧，"鸟叔"将《江南Style》上传至视频分享网站，全球网友免费收看，竞相模仿，使他在几个月内红遍全球，在该音乐传播的整个过程中，唱片公司和经纪人都躲在幕后，放任其作品被免费享用，这种对版权的"大度"恰恰促成了他的成功：巨大的市场让他名利双收，仅靠商业演出和广告代言就赚得盆满钵满，身价跃居一线艺人之列。这个案例启发我们要认真思考版权保护与音乐产业发展的辩证关系，有时候需要运用智慧在作者收益权和社会公共利益之间找到一个最佳平衡点。

思考题

1. 简述网络音乐的类型。
2. 简述网络音乐的特点。
3. 试举例说明音乐文化创意的内涵。
4. 简述网络音乐产业创意与策划的内容。

章末案例

网络神曲《野狼disco》何以走红

2024年6月，中国互联网络信息中心(CNNIC)发布的《中国互联网络发展状况统计报告》显示，截至2023年6月，我国网络音乐用户规模达7.47亿，占网民整体的69.5%。其中，手机网络音乐用户规模达7.47亿。网络音乐用户的增长和平台的蓬勃发展为网络音乐带来了巨大的发展机会，就像《野狼disco》中唱的那样——"这是最好的时代"。

在传统媒体时代，专业的音乐创作者掌握了音乐创作的主要话语权，但在社交媒体时代，传播技术、传播平台的蓬勃发展使音乐环境得到了延伸，一个全民参与的多层级、多元音乐文化结构正在形成。创作不再是精英群体的专利，开放、多元的网络文化环境欢迎和鼓励普通人参与创作，草根群体拥有了表达自己、展现自己的机会。相比过去精英阶层创作的音乐，当下流行的网络音乐更体现平民化视角，以戏谑、夸张、幽默、反叛等方式颠覆了正统的音乐表达，体现了一种"去精英化"的思维。从音乐审美角度看，《野狼disco》更加接地气，不论是简单、好记的旋律，还是表述直接的歌词，都体现出一个"俗"字，这个"俗"不是低俗、恶俗，而是通俗，它以符合大众审美的方式，融合和传播当下的流行元素，它是真正属于大众的音乐。

一、多样化的传播渠道

当下，在互联网环境中已经形成多样化、多层级的传播矩阵，音乐类App、微信、微博等社交媒体和抖音、快手等短视频平台为网络歌曲提供了便捷、高效的传播途径。音乐类App不仅鼓励网络歌曲创作，更开辟出便利的分享机制，扩大了网络歌曲的传播范围。微信、微博等社交媒体的受众广泛，实现了网络歌曲的裂变式传播，尤其是在一些"关键意见领袖"的推广下，网络流行歌曲的热度不断攀升。比如在陈伟霆、李克勤等明星的演绎和推广下，《野狼disco》不断被推上热搜，讨论度不断提升。

我们正处于一个图像时代，视觉传播的重要性不言而喻，抖音和快手等社交短视频平台凭借精简、有趣的碎片化内容吸引着大量用户的关注，不少网络歌曲搭载这些短视频平台而走红。《野狼disco》走红后，一些抖音视频博主纷纷翻跳、改编、翻唱《野狼disco》，产生了二次传播，提高了《野狼disco》的影响力。比如抖音网红jason姚智鑫改编了抒情版《野狼disco》，收获了220万点赞、11万转发。

二、传播主体的多元化

《野狼disco》的走红体现了网络文化的多元化发展趋势。过去的流行歌曲大多表达爱情、亲情等主题，而如今的网络流行歌曲关注的视角更广阔。比如，龚琳娜的《法海你不懂爱》，用直白、揶揄的歌词和全新的演唱形式为观众演绎了白娘子这一家喻户晓的传说；上海彩虹合唱团演绎的《张世超你到底把我家钥匙放哪里了》《春节自救指南》等，用音乐的形式描述了一个个日常生活事件；《野狼disco》将"大背头""BP机""007""窜天猴"等意象写进歌曲中，勾起了人们对儿时生活的记忆。现代社会是一个多元文化社会，各种文化相互碰撞，不断产生新的文化形式和文化产物。一个开放且健康的音乐环境需要多元的音乐文化，以满足不同群体的需求。要想建立多元音乐环境，应鼓励不同背景的创作者加入，为他们提供足够的创作空间和包容的创作环境，让他们敢于用标新立异的作品挑战正统音乐的主导地位，打破正统音乐的垄断，进而满足不同听众的个性化需求。

三、迎合听众娱乐和情感宣泄的诉求

在网络社会中，一个突出的文化形态就是娱乐至上。从新闻报道的娱乐化倾向，到视频媒体突出喜剧元素，再到常见的戏谑、搞笑、猎奇、审丑的现象，可以看出，当前的社会已经进入高度娱乐化的阶段，娱乐元素充斥于社会生活的各个领域。因此，能够带来刺激感、愉悦感的作品，会被不断加工和生产，成为吸引受众眼球的利器。许多网络歌曲就是以满足听众的娱乐诉求为出发点而创作的。以《野狼disco》为代表的网络流行歌曲用搞笑、直白的歌词，夸张的曲调和喊麦式的演唱方式，为观众提供了娱乐的素材，让观众在不由自主跟唱和随节奏摆动的过程中，释放情绪压力，获得精神上的放松和愉悦。

资料来源：苏小雅.网络流行音乐的传播机制研究——以《野狼disco》为例[J].新闻研究导刊，2019(12).有删改

思考题：

1. 《野狼disco》的传播机制有何特点?

2. 网络神曲《野狼disco》的走红有何启示?

第10章

广告产业
创意与策划

→ **章前引例**

士力架广告——林黛玉篇

士力架的广告以风趣幽默为主调，情节创新，内容搞笑，对观众具有强烈的吸引力且能让观众印象深刻，并能突出广告语——士力架：横扫饥饿。士力架的广告一直强调其"横扫饥饿"的功能性，突出其"能量食品"的产品属性。

在林黛玉版广告中，守门员表现出非常饥饿，已经站不稳了，变身为林黛玉，但他吃了一口士力架后，立刻变回自己。这则广告和士力架全球层面的广告调性保持一致，又不乏中国人特有的幽默感。有创意的广告自身就会成为"病毒"视频，这条片子深受网民喜欢，网民自发传播。创意才是病毒，恶搞需要智慧。在这则广告中，主人公刚出场的场景就颠覆了一般人眼中的足球运动员刚强有力的形象。画面中，一个柔弱少女在做守门员，这会让人产生这样的疑问：为什么会变成这个样子呢？于是随着故事的展开，观众最终发现原来是因为守门员饿了没有能量，吃了士力架之后立马变回自己，又回到了真正的比赛中。

该广告让消费者在不经意间产生了深刻印象，每当自己感到饥饿无力的时候就会联想到士力架。在潜移默化中，使消费者对产品建立了信心，对产品的认识度上升为对产品的忠诚度。

资料来源：林黛玉大变身[EB/OL]. (2013-03-25)[2015-03-01]. http://wenku.baidu.com/view/aa748b63a45177232f60a26f.html?from=search. 有删改

⋮ **10.1　广告创意概述**

■ **10.1.1　广告创意的概念**

"广告"，顾名思义就是"广而告之"。但是，这个家喻户晓的广告定义未免过于简单和局限，因为它只表述了广告的一个基本属性。广告是商品经济的产物，它随着市场的发展而发展；广告是一种经济活动，广告活动必须遵循经济规律；广告是一门跨领域的综合性学科，广告活动的全过程涉及和影响社会生活的各个方面；广告的对象是人，离不开人的感知、认识、思维、情感、兴趣、技艺、意志等许多心理现象；广告是一种文化，它通过一定的艺术形式达到传播的目的。

在产品同质化严重的今天，产品的雷同导致广告的相似。一件商品要想在市场中脱颖而出，在为其策划广告时，就一定要选择全新的视角，从广告学的观点出发，即要有好的创意。

广告创意在广告中的作用犹如人们生活中不可缺少的空气与水，广告如果没有创意就没有存在的意义。

20世纪80年代初，"创意"一词开始在中国广告界出现。创意作为一种重要的思维方式和工作方式，特别是作为一项职业、一种产业，是在欧美国家兴起的。但就"创意"的原意乃是创造性的意念而言，中国古已有之。

最早研究广告创意的人是美国著名广告大师詹姆斯·韦伯·扬，其在1960年出版的《产生创意的方法》一书中，将广告创意概括为"使广告达到宣传目的的创造性主意"，具体包括策略性思想和表现形式两个方面的内容。

广告策划中的"创意"的实质是根据产品情况、市场情况、目标消费者的情况、竞争对手情况等制定广告策略，寻找一个"说服"目标消费者的"理由"，并根据这个理由，通过视、听表现来影响目标消费者的情感与行为，使目标消费者通过广告认知该产品的优势，从而促成购买行为。故此，广告创意的核心在于提出"理由"，继而进行"说服"。广告创意是以企业的营销策略、广告策略、市场竞争、产品定位等为依据的，绝不是创作者凭空想象的。目标消费者可以通过广告清楚地认知广告告诉他们的是什么，是否符合他们的需要，该产品能给他们带来什么利益，从而促使他们决定是否付诸行动。由此可知，广告创意是具有强烈的"策略性"的主意。

我们认为，广告的创意，也称广告的主题，是指一则广告通过全部内容和形式所表达出来的中心思想。因为只有表达出中心思想，才能体现创意的宝贵所在，才能吸引人们的眼球、加深人们的印象。

10.1.2　广告创意的特点

广告创意是创造性思维的一种，具有创造性思维的一般特征，诸如求异性、创新性、灵活性等，除此之外还具有其自身的特点，具体表现在如下几个方面。

1. 关联性

关联性是指广告创意必须与广告主、广告产品相关联，还必须和目标消费者需求相关联，以取得树立品牌、促进销售的功效。美国广告大师詹姆斯·韦伯·扬说："每种产品与某些消费者之间都有相关联的特性，这种相关联的特性就可能导致创意。"找到产品特点与消费者需求的交叉点是形成广告创意的重要前提。

2. 广泛性

广泛性是指广告创意存在于广告活动的各个环节。从小的方面来说，广告创意体现在语言的妙用、画面的设计等方面；从大的方面来说，广告创意体现在战略和战术的制定、媒体的选择搭配、广告的推出方式等广告活动的各个要素上。

3. 独特性

独特性是指广告内容在形式和内容上与众不同，能够吸引消费者的注意力，突破常规，产生感召力和影响力。具有独特性的广告创意能够在信息过载的环境中吸引消费者的注意力，帮助品牌在激烈的市场竞争中脱颖而出；能够触动消费者的情感，引发共鸣，增强广告的感染力和影响力；能够帮助企业建立独特的品牌形象和价值。

▋ 10.1.3　广告创意的产生及过程

1. 广告创意的产生

关于广告创意是如何产生的，几乎是所有从事广告创作人员都会积极探索的问题。因为搞清了来源，就意味着明确了寻找创意路径。那么，广告创意究竟是如何产生的呢？我们总结了以下几点。

(1) 了解相关要素。广告创意首先来自对企业、产品、市场、消费者的了解，没有对这些方面情况的详尽了解，一切就无从谈起。不断深入地了解企业、产品、市场、消费者，应是广告创作人员的基本功，对这四方面的情况越是熟悉，就越有想出好点子的可能。所以大卫·奥格威特别主张要像小学生那样去做好"家庭作业"。所谓"家庭作业"就是仔细研究产品和企业。他说："除非你开始做家庭作业，不然就不会有制作成功广告的机会。我一直认为做家庭作业很沉闷，但是却别无他途。"奥格威本人在为劳斯莱斯汽车做广告的时候，就曾花了三个星期，仔细研究劳斯莱斯汽车的性能。他自己买了一辆劳斯莱斯汽车，亲自去访问加油站和汽车站，最后才写出了那句"当时速达到60英里的时候，劳斯莱斯汽车上最大的噪声来自那架电子钟"的经典广告语，从而绝妙形象地表现出世界上技术最优秀的劳斯莱斯汽车的密封、减震性能。

(2) 对广告策划意图与实质的理解。对广告策划意图与实质的理解也是广告创意的重要来源。在创意过程中应尽可能不断地温习广告整体策划的纲领性问题，尽可能深刻地理解广告的意图和精神，从整体和全局以及战略的高度来考虑创意是非常重要的，它常常会给人以意想不到的启迪。有时候看似明白了广告策划的意图和精神，但其实并没有完全吃透。对广告策划理解得越深，特别是全面深入地揣摩广告策略，对广告创意产生的帮助就越大。

(3) 对媒介语言的把握。每一种媒介材料的构成都制约着媒介广告作品的创意思维，离开媒介材料的特点很难产生优秀的广告创意。相反，越是熟练地掌握媒介语言的特点也就越有创意思维的自由。

电视广告创作对视听语言的驾驭与把握，也可能引发优秀的创意。有时候看似简单的视听语言与艺术形式，只要能和广告所传达的信息很好地融合在一起，就能形成极佳的创意。总之，上述三点需要用心感悟和揣摩，如此才会在头脑中迸发出闪亮的创意火花。

2. 广告创意的过程

无论创意多么神秘和充满随机性，作为人类的创造性劳动，其思考过程也会呈现一定的轨迹，因而创意是有规律可循的。包括广告大师在内的许多思想家、科学家对这一轨迹的描述可以帮助我们了解这一过程。

　　著名广告大师詹姆斯·韦伯·扬认为，广告创意的产生如同生产福特汽车那么确定，创意并非一刹那的灵光乍现，而要经过一个复杂而曲折的过程。不仅要靠广告人头脑中的各种知识和阅历累积而成，还要通过一连串看不见、摸不着的心理过程制造出来。

　　詹姆斯·韦伯·扬在总结多年广告创意经验的基础上，写成了《发展点子技巧》一书，提出了"创意五步骤"理论，具体的步骤如下所述。

　　(1) 收集资料。收集资料是广告创意的准备阶段，也是广告创意的第一阶段。这一阶段的核心是为广告创意收集、整理、分析信息、事实和材料。按照詹姆斯·韦伯·扬的观点，广告创意需要的资料有两部分：特定资料和一般资料。特定资料是指那些与产品、服务、消费者及竞争者有关的资料。这是广告创意的主要依据，创意者必须对特定资料有全面且深刻的认识，才有可能发现产品或服务与目标消费者之间存在的某种特殊的关联性，这样才导致创意的产生。

　　詹姆斯·韦伯·扬举了一个关于肥皂的广告创意的例子："起初，我们找不出一种关于肥皂的独特性，但做了一项肥皂与皮肤以及头发的相关研究后，得到了关于这个题目的相当厚的一本书。在此书中，我们连续得到广告文案创意达5年之久，在此5年中，这些创意使肥皂销售增长10倍之多。"这说明收集资料具有重要意义。许多人错误地认为，创意就是一种毫无缘由、不可捉摸的灵光闪现，任何人为的准备，都是对创意的一种桎梏，这是一种非常错误的认识。俄罗斯著名音乐家柴可夫斯基说得好，"灵感——这是一个不喜欢拜访懒汉的客人"。灵感的出现都是在长期的资料储备和思想酝酿之后，绝不会降落在一个对创意对象一无所知的懒汉身上。广告创意绝不是无中生有，而是对现有的特定资料进行重新组合的过程。不掌握特定资料，创意就成了无本之木、无源之水。

　　一般资料，是指那些令人感兴趣的日常琐事，是创意者个人必须具备的知识和信息，这是人们进行创造的基本条件。不论你进行什么创意，都绝不会超出你的知识范畴。广告创意的过程，实际上就是创意者运用个人的一切知识和信息，去重新组合和使用的过程。可以说，广告创意者的知识结构和信息储备会直接影响广告创意的质量。

　　收集一般资料，用广告大师乔治·葛里宾的话来说，就是"广泛地分享人生"和"广泛地阅读"。也就是要做生活的有心人，随时注意观察生活、体验生活，并把观察到的新信息、体验到的新感觉，收集并记录下来，以备创意时的厚积薄发。

　　广告大师李奥·贝纳在谈到他的天才创意时说，创意的秘诀就在他的文件夹和资料剪贴簿内，他说："我有一个大夹子，我称之为corning language(不足称道的语言)，无论何时何地，只要我听到一句使我感动的只言片语，特别是适合表现一个构思或者能使此构思活灵活现、增色添音，或者表示任何种类的构思——我就会把它收进文件夹内。我另有一个档案簿，鼓胀胀的一个大包，里面全是值得保留的广告，我拥有它已经25年了，我每个星期都查阅杂志，每天早上看《纽约时报》以及芝加哥的《华尔街时报》，我会把各种吸引我的广告撕下来，因为它们都做了有效的传播，或是在表现的态度上，或是在标题上，或是其他原因。每年大约有两次，我会很快地将那个档案翻一遍，并不是有意要在上面抄任何东西，而是想激发出某种能够运用到我们现在做的工作上的东西。"

　　李奥·贝纳的话具有很强的代表性，国内外许多在创意上有杰出表现的广告大师都是这样收集和积累创意源泉的。

(2) 分析资料。在广告创意的前期准备阶段，当资料收集完成后，便进入了广告创意的后期准备阶段，也就是分析研究阶段。

在这一阶段，主要是对收集来的资料进行分析、归纳和整理，从中找出商品或服务最具特色的地方，即找出广告的诉求点，然后进一步找出最能吸引消费者的地方，以确定广告的主要诉求点即定位点，这样，广告创意的基本概念就比较清晰了。

对资料的分析研究一般要经过以下几个步骤。

第一步，列出广告商品与同类商品的共同属性。

第二步，分别列出广告商品和竞争商品的优势、劣势，通过对比分析找出广告商品的竞争优势。

第三步，列出广告商品能带给消费者的种种便利，即诉求点。

第四步，找出消费者最关心、最迫切的需求，即定位点，找到了定位点，也就找到了广告创意的突破口。

詹姆斯·韦伯·扬把这一阶段称为"信息的咀嚼"阶段，创意者要用自己"心智的触角到处加以触试"，从人性需求和产品特质的关联处寻求创意。如果能在看似毫无关联的事实之间找出它们的相关性，并对它们进行重新组合，就能产生精彩的创意。

(3) 酝酿阶段。酝酿阶段即广告创意的潜伏阶段。如果经过长时间绞尽脑汁的冥思苦想之后还没有找到满意的创意，就不如丢开广告概念，松弛一下紧绷的神经，去做一些轻松愉快的事情，说不定什么时候，灵感就会突然闪现在脑际，从而产生创意。

事实上，大多数创意灵感都是在轻松悠闲的身心状态下产生的。例如，一个广告创意团队在为一家咖啡品牌策划新的广告活动时，经过连续几天的头脑风暴和讨论，始终无法找到一个真正吸引人的创意。团队成员感到疲惫不堪，创意似乎陷入了僵局。在这种情况下，团队决定暂时放下工作，去附近的公园进行一次团建活动。在轻松愉快的氛围中，大家一边散步一边聊天，享受着大自然的美好。就在这样一个放松的环境中，一位团队成员灵光一闪，想到了一个将咖啡与日常生活小确幸相结合的创意点子——通过展示不同人在享用咖啡时的温馨瞬间，来传达品牌想要传递的"生活中的小确幸"这一主题。这个灵感不仅让团队成员们感到兴奋，也为后续的广告创作提供了新的方向。他们迅速回到办公室，围绕这个核心创意展开讨论和完善，最终制作出一则既温馨又贴近生活的广告，成功吸引了目标消费者的注意。

(4) 顿悟阶段。这是广告创意的产生阶段，即灵感闪现阶段。灵感闪现也称"尤里卡效应"。"尤里卡"是希腊语，意为"我想出来了"。当广告创意人员高呼"尤里卡"的时刻，就意味着创意的诞生。詹姆斯·韦伯·扬把它称为"寒冷清晨过后的曙光"。

创意的出现往往是"踏破铁鞋无觅处，得来全不费工夫"。经过长时间的酝酿、思考之后，一旦得到某些事物的刺激或触发，脑子中建立的零乱的、间断的信息，就会如同电路接通一般，使人恍然大悟，茅塞顿开。灵感的一个显著特点就是从不"预约"和"打招呼"、说来就来、说走就走、来无影去无踪、稍纵即逝。正如宋代文学家苏东坡所说："作诗火急追亡逋，清景一失后难摹。"灵感的突发性特点要求我们，当灵感突然降临时应立即捕捉住，并记录在案。爱因斯坦有一次在朋友家交谈，突然灵感闪现，他急忙找纸，一时没找到，竟迫不及待地在朋友家的新桌布上写了起来。

广告创意的准备、酝酿和顿悟三个阶段，正如王国维先生所说的做学问的三种境界："'昨夜西风凋碧树，独上高楼，望尽天涯路'，此第一境也。'衣带渐宽终不悔，为伊消得人憔悴'，此第二境也。'众里寻他千百度，蓦然回首，那人却在灯火阑珊处'，此第三境也。"经此三境，广告创意并未完成，他还必须经过第四境，即小心求证阶段。

(5) 验证阶段。验证阶段就是发展广告创意的阶段。创意刚刚出现时，常常是模糊、粗糙和支离破碎的，甚至含有不尽合理的成分，因此需要仔细推敲，进行必要的调查和完善。验证时可以将新生的创意交予其他广告同仁审阅、评论，使创意不断完善、不断成熟。

以一家新兴健康饮品品牌的广告创意为例。该品牌希望推出一则广告来强调其产品使用天然原材料，并且不含任何人工添加剂。初始创意是展现一个家庭在自然环境中享受饮品的场景，以此来传达产品的纯净和天然。然而，经内部讨论后，大家一致认为这个创意过于普通，缺乏创新性和说服力。为了改进这一创意，团队决定进行市场调研，了解目标消费者的喜好和期望。调研结果显示，消费者对产品的透明度和诚信度非常关注，他们希望了解产品的具体成分和生产过程。基于这些反馈，团队对原始创意进行了调整和完善。他们增加了一条故事线，展示产品的制作过程，从原材料的采摘到最终产品的灌装，每一步都突出其天然和无添加的特点。同时，广告旁白详细介绍了每种成分的来源和好处，以及为什么选择不使用人工添加剂。此外，团队还邀请了其他广告专业人士对改进后的创意进行审阅和评论。结合他们的建议，团队进一步细化了广告的视觉风格和语言表达，使其更加贴近目标消费者的审美和价值观。经过一系列推敲、调查和改进，最终的广告创意更加成熟和有说服力，这则广告也成功地突出了品牌的核心竞争力——天然和透明，有效地吸引了目标消费者的注意，并提升了品牌形象。

通过对广告创意过程的了解，我们就可以揭开创意的神秘面纱，认清创意的"庐山真面目"，把握创意的发展规律，从而创造出"确实有效"的广告创意。

10.2 广告创意与策划的方法

10.2.1 广告创意与策划的思维方式

广告创意与策划本质上是一种创新思维，但同时，广告创意与策划又是一种特殊的创新思维。首先，广告创意与策划的目的与其他创新思维有所不同，它是为了达到广告目标，即抓住目标对象，促使他们采取购买行动。广告的创新思维只能围绕着广告目标来开展，脱离了广告目标，任何杰出的构想都毫无意义。其次，检验广告创意与策划成功与否,并不在于其是否新颖独特,而在于其是否被市场所接受。如果既不被市场接受,也不被消费者认可,即使思路再新颖、想象再奇特、文字再优美、画面再漂亮,这样的创意也是不成功的。

创新思维是广告创意的灵魂。在进行广告创意与策划时,应熟悉创新思维方式,如果不能熟练地运用创新思维,就无法有效地进行广告创意与策划。

1. 发散思维与聚合思维

发散思维亦称扩散思维、辐射思维、开放思维、多维思维,它是围绕着一个主题进行广泛遐想,不受任何限制,并且可以想到各种各样的事情。它由一点向四面八方发散开去,充分运用丰富的想象力,调动积淀在大脑中的知识、信息和观念,重新排列组合,从而产生更多、更新的设想和方案。它的特点是求异性,既不受已有的经验和知识的局限,又不受已经确定的方式、方法、规则、思路的束缚,使思维在同一原点上朝着各个不同方向扩展,产生众多的创造性设想。

聚合思维又称收敛思维、辐合思维和集中思维。如果说发散思维是放飞想象的话,那么聚合思维则是回收想象,就像光线透过凸镜集中在一个焦点那样,从不同的方向和不同的角度,将思维指向这个中心点,对想到的许许多多的新的设想进行过滤,并加以筛选、组合,剔除偏离主题的设想和内容,寻求与广告目标相吻合的最佳方案。相对于发散思维而言,聚合思维是一种异中求同、量中求质的方法。如果只发散不集中,就会造成一盘散沙或鱼龙混杂的情况,因此发散后必须进行筛选和集中,通过分析比较,选择最有价值的设想和方案。

发散思维与聚合思维是广告创意中最常用的思维方式。在进行广告创意与策划时,发散思维与聚合思维可以单独使用,也可以结合使用。而在广告创意与策划过程中,更多的是将发散思维与聚合思维结合起来,一般分为两步。前一阶段采用发散思维,后一阶段在发散思维的基础上再运用聚合思维。在发散思维阶段,创意者在目标明确的情况下开展自由想象,借助各种创意技能,对头脑中的各种原始意象进行加工组合,最后呈现各种形态的初始方案,越多越好。在聚合思维阶段,创意者为达到目标而设定的种种规范来衡量各种初始方案,筛选出最适合完成目标的一项,方案最后选中的那一刻,也是创意正式诞生之时。

2. 形象思维与抽象思维

抽象思维又称逻辑思维,它是借助概念、判断、推理、比较、分类、综合、抽象、概括、归纳、演绎等抽象的形式来反映现象的一种概括性、论证性的思维活动。在具体的思维形成过程中,不必设计具体事物的形象,而是按一定的顺序由一点到另一点,因而抽象思维也被称为线性思维。

抽象思维贯穿广告创意与策划的全过程。在收集资料和分析资料阶段,要运用抽象思维进行分析、综合、归纳、演绎、比较和推理。在酝酿、沉思阶段,要运用抽象思维让目标受众能够从心理上接受广告信息。比如娃哈哈纯净水"27层净化"的广告语就是运用抽象思维,其思维过程是"27层过滤—纯净—有益健康",从而使目标受众在心理上接受它。在评估、发展阶段，也要运用抽象思维对创意进行条理化、系统化、理论化，也就是说要予以正确的逻辑表述证明，并进行系统的理论发掘。总之，在广告创意与策划的各个阶段都要运用到抽象思维。抽象思维如同整理加工信息的"滤波器"，创意者可以借助它对各种资料进行条分缕析，逐条深入地进行开掘。

形象思维又称艺术思维，它是一种借助具体形象来进行思考的，具有生动性、实感性的思维活动。形象思维不像抽象的逻辑思维那样是直线进行的，它是一种多途径、多回路的思维，故也称之为面型思维。形象思维以知觉为基础，通过某一具体事物引发想象，从而产生创意。像牛顿看到苹果落地，阿基米德看见洗澡水溢出澡盆而想出检验金冠真假的方法……这些都是形象思维作用的结果。在广告创意与策划中，形象思维有着极其重要的作用。在某牛奶的广告中，一家人喝奶的地点不是在家里，而是完全置身于大草原中，让受众形象地感受到该牛奶来自大草原，满足其品质可靠、天然纯正的诉求。

在创意思维中，各种思维能力是相互联系、共同作用的。在具体的创意思维中，需要把逻辑思维和形象思维紧密结合起来，先深入研究对象的具体情况，获取有关对象完备的理性认识；再运用意识与无意识的活动能力，充分发挥知觉、想象的作用，对已有的理性认识做进一步的分解组合，求得新的发现；最后再运用逻辑思维能力对发现的新形象、新内容加以验证和扩展。

3. 逆向思维与顺向思维

所谓的顺向思维，是指人们按照常规的序列方向从上到下、从小到大、从左到右、从前到后、从高到低进行思考的方法。这种方法在日常生活中使用频率最高，同时也是最基础的思维方式，在处理常规性事务时具有一定的积极意义。在广告创意与策划中也经常会体现顺向思维。但是顺向思维的常规性容易形成习惯性思维，即思维定式，某些时候会影响创新思维的开发。

所谓逆向思维，是一种反常规、反传统的思维方法，即"倒过来"思考问题，从事情的反面来考虑，从而取得意想不到的效果。法国文学家莫泊桑说："应该时时刻刻躲避那条走熟了的路，去另寻一条新的。"如果说顺向思维是我们平时走熟了的路，那么逆向思维往往能帮助我们寻找一条新路。广告大师A.里斯在《广告攻心战略——品牌定位》一书中说："寻求空隙，你一定要有反其道思考的能力。如果每个人都往东走，想一下，你往西走能不能找到你所要的空隙？哥伦布所使用的策略有效，对你也能发生作用。"

在科学技术史上，有很多成功运用逆向思维而取得成就的事例。例如1800年意大利物理学家优特发明了优特电池，第一次将化学能转化为电能。英国化学家戴维思考，既然化学能可以转化成电能，那么，电能是否也可以转化成化学能呢？于是他做了电解化学实验，获得了成功。通过电解一些物质，他于1807年发现了钾和钠，于1808年又发现了钙、锶、钡、硼等5种元素。迄今人类发现的103种元素中，他一个人发现了7种，可见逆向思维的作用。

此外，还有一种直觉思维，直觉思维是一种没有完整的分析过程与逻辑程序，依靠灵感和顿悟，快速地做出判断和结论的思维活动。直觉思维具有自由性、灵活性、自发性、偶然性和不可靠性等特点。

创意思维的使用方式是复杂的,可以单独使用,也可以综合使用,有时一次广告创意活动中往往使用几种思维方式,而且在不同的环节中,某些思维方式会反复使用,直到得出想要的创意表现。熟练掌握各种思维方式,对广告创意创作人员来说是非常必要的。

■ 10.2.2 广告创意与策划的常用技法

在进行广告创意与策划时,不仅要解决意识与观念问题,还要解决技巧与方法问题。前文介绍了如何拥有良好的创意思维,但仅了解这些还不够,还需要掌握一定的科学创意技法。这样,广告从业人员才能在科学的创意意识支配下,不断创新,实现广告创意目标。自1941年奥斯本提出世界上第一种创意技法——头脑风暴法以来,至今已有上百种创意技法,下面介绍一些较为常用的创意技法。

1. 水平思考法

水平思考法是针对垂直思维(逻辑思维)而言的,它摆脱了非此即彼的思维方式,摆脱了逻辑思维和线性思维的限制。水平思考法是通过非常规的、明显不合逻辑的方法和原理去寻求解决疑难问题的思维方式。它是一种新的思维方式,作为传统的批判和分析性思维方式的补充,它能够弥补垂直思考法的不足,促使人们突破思维定式、转变旧有观念、获得创造性构想。

迪•伯诺教授举了如下例子,能够说明如何运用水平思考法。

A从B处借了一笔钱,如果到期无法偿还,A就面临牢狱之灾。B是高利贷者,他提出娶A的女儿做妻子,以此抵债,但A的女儿誓死不从。B向A的女儿提出一个解决办法:"我从地上捡一块白石头、一块黑石头,然后装进口袋里由你来摸。如果你摸出白石头,你父亲的那笔债就一笔勾销;如果你摸出黑石头,那你必须和我结婚。"说完,B就从地上捡起两块黑石头放进了口袋里,然而这个举动却被A的女儿发现了。

如果你是A的女儿,你会怎么办?

答案往往会有这样几种:一是拒绝摸石头;二是揭穿B的诡计;三是假装不知道,随便摸出一块黑石头,违心地与B结婚。

然而,以上答案都不尽如人意。这时,如果运用水平思考法,就能两全其美地解决问题。在运用水平思考法时,我们要打破原有的思维习惯,将关注点由口袋中的石头移到地上的石头。

A的女儿从口袋里摸出一块石头,就在她将石头拿出口袋的瞬间,石头掉落在地上。这时,她对B说:"哎呀!我真不小心,把石头掉在地上了。你看,地上的石头那么多,我已经没有办法分辨我摸出的那块石头是白色还是黑色,不过这并不重要,咱们看看你口袋里剩下的那一块石头吧,我摸出来的石头的颜色肯定与口袋里的那一块石头不一样。"

众所周知,口袋里只剩下一块黑石头。B不想承认自己的欺骗行为,只好无可奈何地认定A的女儿摸出来的是一块白石头。A的女儿只是换了一种思维方式，便巧妙地摆脱了困局。

水平思考法是一种具有超越性的思考方法，它可以从答案出发来对问题进行思考。运用水平思考法的秘诀是逆向思维。如今，逆向思维已经成为一种重要的思维技巧。

2. 垂直思考法

垂直思考法又称直接思考法或逻辑思考法，这是一种十分理性的思考方法，它是按照一定的方向和路线，运用逻辑思维的方式，在一个固定的范围内，面向纵深即垂直方向进行思考的方法。这种思考方法就是人们通常所说的深思熟虑，也是我们进行广告创意与策划时常用的思考方法。垂直思考法关注思考的深度而不是广度，它要求思考问题的人目标集中、用心专一。

通过垂直思考法获得的真理较具系统性、正确性及普遍性，所以这种思考法较适合学术研究，一般的学校教育较重视和鼓励这种思考法。垂直思考也具有使用价值，若能彻底了解与掌握逻辑中的原理，不仅可以使自己在推理过程中避免犯错，而且还能辨别他人在推理过程中是否犯错。

但是，垂直思考法有一定的局限性。首先，运用垂直思考法时，应确保思考前提的正确性，一旦前提有误，则结论必然有误；其次，运用垂直思考法时，往往需要预先设定一些限制，如以严密的定义、明确的范围为前提，并依此限制答案的范围，但很多时候这种界限其实并不存在，故问题的答案也在范围之外；再次，垂直思考法容易妨碍新概念的产生，这是因为垂直思考法基于逻辑思考，在思考过程中需要进行逻辑分析和综合，确保所有环节有条不紊，一旦找到一条通往正确结论的途径，思考者便不会再费神寻找其他更便捷的方式；最后，垂直思考法容易导致惯性思考及惰性思考。惯性思考在环境不变的条件下能够迅速解决问题，但在环境发生变化时则会妨碍人采用新的方法，束缚创造性思维；惰性思考缺乏对问题的深度思考，常常将不相关的概念相联系，形成固定的思维框架。这两种思考方式均会阻碍新观念的形成，无法发挥逻辑思维的效用。

3. 头脑风暴法

头脑风暴法，原意为运用风暴似的思潮来撞击问题，又称为"集体思考法"或"脑力激荡法"，它是美国著名的BBDO广告公司创始人奥斯本首先在会议上采用的，其目的是激发每个与会者的创造性思维。这种方法要求每个与会者进入一种兴奋状态，以闪电式、突击式的方式提出构想，独创性地解决问题。

1) 头脑风暴的原则

头脑风暴法的思维方法往往是灵感喷涌的源泉，但若想成功地运用这种方法，与会者必须遵循以下几项原则。

(1) 风暴原则。要求与会人员必须进入兴奋状态，通过闪电般的奇思构想，不断迸发思维火花，提出超常规的思想。

(2) 新奇原则。这是对内容上提出的要求，激励与会人员提出异想天开的构想，不允许人云亦云、附和他人。

(3) 数量原则。这是鼓励与会人员的设想、意见在数量上越多越好,以量取胜,以便于相互启发、综合优化。

(4) 自由原则。会议上强调轻松自由,不允许批评他人的设想,提倡自由联想、自由思考、自由陈述。

(5) 简洁原则。陈述问题要击中要害,语言要精练、简洁而不简单。

(6) 综合原则。整合大家意见,形成最佳创意方案。

2) 头脑风暴法的操作过程

"头脑风暴法"的具体操作过程可分为以下3个阶段。

(1) 准备阶段。首先,要选择好创意会议的主持人,主持人必须熟悉头脑风暴法的基本操作方法,有一定的组织能力且风趣幽默。其次,确定与会人员的名单及数量。通常为8人左右,需要将所要解决的问题和相关资料提前送达与会人员。人员来源要求由不同学科、背景并且熟悉内容的人组成。

(2) 讨论畅想阶段。会议正式开始后,通过讨论热身,然后进入畅想。这一阶段是头脑风暴法成功与否的关键阶段。与会人员通过发散、聚合、联想、迁移、强化、逆反、想象、直觉、灵感、顿悟等阶段,提出尽可能多的新奇设想和方案。

(3) 整理创新阶段。畅谈结束后,对大家的创意构思进行整合,并指定专人进行具体的创作,此时,令人满意的创意便会诞生。

下面是采用"头脑风暴法"的创意案例——"斯达舒"胃药广告。

在强手如林的胃药市场,修正药业的"斯达舒"只是一个毫无实力的小字辈。不管是产品的特点,还是品牌的基础,都无法在市场中占有优势。但是,修正药业的广告策划人员毫不示弱,他们决定在广告这一环节先找出突破口。他们运用了默写式头脑风暴创意法,具体操作方法如下:与会人员控制在6人,先由主持人宣读议题,要求解答疑问,然后发给与会人员每人几张"设想卡片",每张卡片上标有"1、2、3"的号码,号码之间留有较大的可供他人填补"想法"的空白。在第一个5分钟里,针对每个议题,每人写出3个创意设想,然后把卡片传到下一个与会者手中。在下一个5分钟里,每个人又提出3个创意设想。这样经过30分钟共传6次,也就是总共产生108个设想。最后由主持人总结出大家公认的最佳创意。此方法又被称为"635法"(6个人,每次3个创意,5分钟轮流一次)。在无数次的头脑风暴之后,突然有一天有个人突发奇想:"斯达舒,不就是四大叔吗?"不起眼的一句戏言,在他们听来却别有深意。斯达舒创意跃然眼前:斯达舒名字难记,难记到急于为爸爸治病的小男孩误把"斯达舒"听成"四大叔",从而闹出一连串笑话,整个广告30秒,用一个充满趣味的小故事,达到了让消费者熟记"斯达舒"品牌的效果,这一声"四大叔",让市场立刻呈现出"一石激起千层浪"的效果。

新广告片很快就在央视以每天12次的频率播出,客户花费了300多万元的广告费,就使斯达舒深深地印在了人们的心中,成为人们茶余饭后津津乐道的"幽默"话题,而斯达舒的品牌知名度也不知不觉地在全国范围内建立起来,随之销量大幅增长。

4. 联想法

联想是从一个事物、概念、方法、形象想到另一个事物、概念、方法和形象的心理活动。比如，从红铅笔想到蓝铅笔，想到画、画圆、印圆点，再想到圆柱。联想越远越有创新性。联想有一定的方法，例如，从山如何联想到盘子，需要这样一个联想过程：根据对比联想，从山联想到水；根据接近联想，从水联想到鱼；根据相似联想，从鱼联想到虾；根据关系联想，从虾联想到盘子。联想是形成创意思维的基础，客观事物之间是通过各种方式相互联系的，这种联系正是联想的桥梁。通过这座桥梁，可以找出表面上毫无关系甚至相隔甚远的事物之间的内在关联性；通过联想让思维开阔，得到想要的答案。联想的类型主要有接近联想、相似联想、对比联想、因果联想、关系联想。

(1) 接近联想。接近联想是指由不同的事物或现象之间比较接近的方面所导致的联想。接近联想是一种较为广泛的联想形式，它往往是从事物间比较接近的属性或者特征出发，进一步引申出新的意义。例如，由月饼联想到团圆；又如，由绿色联想到环保。

(2) 相似联想。对性质、形状、内容接近或相似事物产生的联想。例如，由语文书联想到数学书，由钢笔联想到铅笔；又如，由洋芋片披萨口味联想到披萨外形，相似点为披萨。

(3) 对比联想。由对某一事物的感知和回忆引起与它具有相反特点的事物的回忆，从而设计出新的项目，这就是对比联想。广告创意中的对比联想实质上是逆向思维的运用，这就要求创意人员要摆脱传统的逻辑思维，充分发挥求异性的特点去思考事物的另一面来进行创作，对比联想又可分为下列几种情况：从性质属性对立角度进行对比联想；从优缺点角度进行对比联想；从结构颠倒角度进行对比联想；从物态变化角度进行对比联想。

(4) 因果联想。在逻辑上有因果关系的事物容易产生联想。比如，由成功联想到能干，由畅销联想到质量好、功能全。这是广告创意中最常采用的方法。比如，"全国驰名商标""出口销量第一""最受消费者喜爱产品""总统用的是派克""我只用力士"，这些充满诱惑力的语言很自然地引发消费者的因果联想，"既然如此，一定不错""既然不错，不妨一试"，广告目的由此达成。

(5) 关系联想。关系联想法是指对于事物间的各种联系的联想。例如，由月球联想到宇宙，这是部分与整体的联想；由猿猴联想到动物，这是种属关系的联想；由地面的潮湿联想到昨晚下雨，这是因果关系的联想等。实际上所有的联想都可看作关系联想。事物之间是普遍联系的，事物间的联系多种多样，关系联想也就是这种联系的反映。

日本创造学家高桥浩说："联想是打开沉睡在头脑深处记忆的最简便和最适宜的钥匙。"通过联想，可以发现无生命物体的象征意义，可以找到抽象概念的具象体现，从而使信息具有更强的刺激性和冲击力。

例如，白猫浓缩洗衣粉之挖耳勺篇，其巧妙之处就在于创意者找出了挖耳勺和洗衣粉这两个看似没有任何联系的物品的共同点，即两者都是日常生活必不可少的物品，且挖耳勺的小巧容量可凸显白猫产品的超浓缩性。

5. 组合法

所谓组合法就是按照一定的技术原理或功能目的，将现有事物的原理、方法或物品做适当的重组或配置，从而产生新技术、新方法、新产品的创意与策划技法。

创造学家认为，组合是创造思维的本质特征。组合创新是无穷的，组合技法也具有多种类型。

(1) 主体附加。这种组合的本质就是在原有创意或技术思想中，补充新的内容，在原有的物质产品上增加新的附件。

(2) 同类组合。同类组合即若干相同事物的组合，组合对象是两个或两个以上的同类事物。参与组合的对象在组合前后的基本原理和结构没有发生根本性变化，而是通过数量的增加来弥补不足的功能。如子母灯、双向拉锁、双卡手机、瑞士军刀等。

(3) 异类组合。异类组合即两种或两种以上不同创意的组合，不同领域的技术思想的结合，以及不同类别的物质产品的组合。它的主要特点是组合对象(技术思想或产品)来自不同的方面，一般无主次关系，其创新性的特征很强。如李维斯与乐高推出服饰、胶水蜂蜜等。

(4) 重组组合。重组组合也叫重新组合，即在事物的不同层次上分解原来的组合，再以新的创意或构思重新组合。虽然没有增加新元素，但经过重新组合后，能够增加许多新意。如搭积木、玩魔方等都属于重组组合。

(5) 综合法。综合法就是把对象的各个部分或因素结合成为一个统一体加以创新的一种组合技法。爱因斯坦的相对论就是在综合了物理、数学等知识的基础上而产生的。

下面是采用组合法的一个创意案例——日本先锋音响广告。

日本先锋音响广告为了突出高昂激越、雄壮有力的音响效果，构思了一个令人叹为观止的广告画面：在广袤辽阔的天际下，举世闻名的尼亚加拉大瀑布从纽约的摩天大楼群上奔腾而下。其雄壮的气势，激越的力量，不仅给人以强烈的视觉刺激，而且给人以强烈的听觉刺激，人们从无声的画面中就能感受到声波的强劲冲击。这则广告策划的创意在于把完全不同的空间以及相异的两个事物——尼亚加拉大瀑布和美国纽约摩天大楼，巧妙地组合在一起，构思出神话般奇幻美丽的超现实画面，从而极大地丰富了广告内容，增强了创意的内涵和广告的效果。

6. 属性列举法

属性列举法也称为特征列举法，是由曾在美国布拉斯加大学担任新闻学教授的克劳福德于1954年所提倡的一种著名的创意思维策略。此方法强调参与者在创作过程中观察和分析事物或问题的特性或属性，然后针对每项特性提出改良或改变的构想。

列举法的步骤：第一步，列出事物的主要想法、装置、产品、系统或问题的重要部分的属性；第二步，改变或修改所有的属性列举法，不管多么不切实际，只要能对目标的想法、装置、产品、系统或问题的重要部分提出可能的改进方案即可。

下面以"椅子的改进"为例。首先，将可以看作椅子属性的东西分别列出，按"名词""形容词"及"动词"归类，并以头脑风暴法一一列举出来。如果列举的属性已经达到一定的数量，可以从以下两个方面进行整理：内容重复者归为一类，相互矛盾的构想统一为其中一种。将列出的事项，按名词属性、形容词属性及动词属性进行整理，并考虑是否有遗漏的，如需要补充新的要素。按各个类别，利用项目中列举的性质，或者把他们改变成其他的性质，以便寻求是否有更好的有关椅子的构想。如果针对各种属性进行考虑，进一步去构想，就可以设计出新型椅子了。

7. 类比法

类比法又叫戈登法，是美国麻省理工学院教授威廉·J. 戈登提出的一种创意与策划方法。它的主要思想是比较相似事物之间的相同性，在创意与策划过程中以强迫参与者脱离传统观点的方式，让其以新的观点看问题。也就是说，从与创意客体相类似的事物中，找出共性，并且强迫将两者进行联系，试图发现合理的、逻辑的表达和构想。主要有以下4种类比方法。

(1) 狂想类比。狂想类比法鼓励参与者尽情思索并产生多种不同的想法，甚至可以牵强附会和构想不寻常的观念，比如弹簧和橙汁。在这种方法下，创意工作者可以将能够想到的任何事物和事件与所要创意的广告联系在一起，试图找到它们之间比较符合逻辑的内涵，加以创意表达。这种联想更多时候是"纵向"的，也就是联想过程中所出现的事物并非同一个类别，仅仅是每一个联想环节中的两个事物具有一些直接的或者间接的关系。

(2) 直接类比。直接类比是指将两种不同的事物，彼此加以"比喻"或"类推"，并要求参与创意者找出与实际生活情境类同的问题情境，或直接比较相类似的事物。此法更简单地比较两事物或概念，并将原本的情境或事物转换为另一个情境或事物，从而产生新观念。还可以利用动物、植物、非生物等加以比喻。

(3) 拟人类比。拟人类比是指将事物"拟人化"或者"人格化"。如计算机的"视像接收器"是对人眼功能的仿真。在实践中所强调的是以同理心带入情境。拟人化的表现很容易吸引受众的眼球，因为这种表现形式不仅使产品更加生动、形象、富有人情味，更容易拉近与消费者之间的距离。

(4) 符号类推。符号类推是指运用符号象征化地进行类推。符号表现是抽象的，正是这种抽象使得符号类推作品经常具备哲学韵味，发人深思，同时也营造了一种淡淡的幽默气氛。不可否认，这种表现形式可使看得懂作品的受众在欣赏时心里暗暗叫好，感慨创意人员的巧妙构思，深化其对品牌的友好程度，但也可能导致一部分受众认为作品不知所云。采用这种创作方法，往往基于创作人员深厚的创作功底、广博的见识、丰富的联想、哲学思维、精炼的表达，必然对受众的个人素质也有一定程度的要求。因此，符号类推的运用需要视具体品牌和产品而定。

10.3 广告创意与策划的原则与策略

10.3.1 广告创意与策划的原则

案例链接 **"立白"的逆反创意**

2005年，在全国综合洗涤类的销售额排行榜上，立白(生产洗衣粉、肥皂、香皂等的著名公司)以16亿元的总额超过奇强，仅次于雕牌位居第二。

在立白迅速成长的过程中，它独特的广告手法与其他洗涤产品相比具有明显的不同。洗涤产品的购买者多为家庭主妇，所以无论国内外的洗涤产品在广告表现手段上都采用主妇形象，从而拉近与消费者的距离，增强说服力。而立白却反其道而行之，请著名喜剧明星陈佩斯担纲代言人，起到了奇效。

在黄金时段，消费者在电视屏幕上经常可以看到由陈佩斯代言的洗衣粉广告：在美国机场，陈佩斯挎着一个鼓鼓囊囊的黑色旅行包，行色匆匆，神情紧张，结果被洋警察误以为是贩毒者，经激烈追击，陈佩斯被抓住，拉开旅行包，却发现是一袋袋洗衣粉。"这是立白洗衣粉，是我老婆非要我带到美国来的。"陈佩斯扯着洋警察的领子说："洗衣干净，不伤手的。"

资料来源：全网传播！立白与陈佩斯的贺岁片治好了打工人的精神内耗[EB/OL]. (2024-02-07)[2025-04-27]. https://baijiahao.baidu.com/s?id=1790204832952245409&wfr=spider&for=pc. 有删改

广告创意与策划是一个融合了策略性思考和创造性表达的过程，旨在为特定的广告活动或营销传播项目设计核心概念、信息框架和创意表现形式，以达到既定的营销目标。广告创意与策划不仅仅是想出一个"好点子"或设计"漂亮的画面"，而是包含从市场分析到创意构思再到执行落地的完整链条。在进行广告创意与策划时，应遵循以下几项原则。

在制定创意策略时，应遵循以下几项原则。

1. 目标集中，诉求单一

广告作为一种传播行为，它在时间和空间上都受到一定的限制，这种限制表现在两个方面。

(1) 传播范围有限。一方面，尽管各种媒体都有其庞大的覆盖面，但真正能够接收到定点、定时传播的广告信息的受众总是有限的；另一方面，任何产品都有相对应的主流消费群。既然广告的主体——产品不可能人人都适用、人人都喜欢，那么广告本身的内容与形式也就不可能令每个消费者都接受，所以在进行广告策划时，应集中目标，针对主流消费群(即目标消费群)的喜好特点，选择他们喜闻乐见的形式，并在他们习惯接收的时段和空间进行传播。目标集中，才能真正有效地发挥广告的效用。

(2) 传播信息有限。任何一则广告所承载的信息量总是有限的，不可能在有限的时空中传达无限多的信息。这就要求在广告诉求上要单一，即在产品众多的个性特点中评估、筛选出对消费者最有价值、与类产品相比最具竞争力的信息，加以说明和强调，从而增强受众对产品的信心。有时候，广告主总认为自己的产品特别完美，又觉得广告是付费传播活动，故总要求在广告中把产品特点——罗列，似乎不面面俱到就会有损失，殊不知过多的信息诉求反而会削弱消费者的印象，陷入"什么都有等于什么都没有""什么都突出等于什么都不突出"的怪圈。

2. 强调品牌，突出个性

广告创意与策划的最终目的是促进销售，也就是通过广告传播使人们产生购买意向，如果消费者看了广告，记住了故事、画面、人物或音乐，却记不住品牌，那实在是遗憾的事。因为消费者无法在购物时很快唤起记忆、认牌购买，这对广告商家来说显然是得不偿失的事。因此，在广告创意与策划中，应把品牌认知列入重要位置，强化产品品牌，特别是对于转瞬即逝的视听媒介(电视、广播)广告，更应通过多样化的方式适时表现、适当重复，以加深消费者对品牌的印象与记忆。

3. 注重整合，优势互补

所谓注重整合，优势互补，是指制定广告创意策略时，应考虑运用不同的媒介形成主题一体化的诉求。现代广告已进入媒介整合的时代，任何品牌单纯依靠某一媒介来推广，难以形成神效。因此，注重整合，优势互补，已成为众多广告经营者的共识。这就需要在广告策划时，充分权衡各种媒体的功能、特征，以掌握其传播性和实用性。

4. 灵活多变，生动自然

如果广告创意与策划如有定式，就会导致广告缺乏新意，无法实现预期的推广效果。因此，广告创意应灵活多变、生动自然。首先，应选择新颖的表现角度，凸显产品或者服务的特点；其次，应注重故事性和情感连接，通过故事性和情感连接来增强品牌记忆点；再次，广告内容应与消费者生活紧密相连，从而引发消费者的共鸣，增强广告对他们的吸引力；最后，应注重广告效果，以便迅速抓住消费者的注意力。

5. 客观真诚，避虚就实

在制定广告创意策略时，必须遵守《广告法》等相关法律法规，广告内容应真实、合法，广告用语应清晰、明确，广告中不得包含虚假信息或误导性信息，不得夸大产品效果或性能。例如，避免使用"瞬间变年轻10岁"等夸张的表述，而应提供具体的、可验证的效果。广告创意应基于真实的数据和事实，避免使用虚构、伪造或无法验证的信息作为证明材料，应以诚信为先，明确告知消费者产品的所有相关信息，包括价格、成分、效果等，广告中所承诺的效果和性能必须与实际情况相符。

6. 注重内涵，体现创意

在制定广告创意策略时，应注重内容的深度和价值，将品牌的文化内涵和情感价值传递给消费者，增强品牌与消费者之间的情感连接。例如，通过讲述品牌的故事、产品的来源或制作过程，突出其独特性和文化价值，使品牌形象更加鲜活，增强消费者的参与感。此外，创意是广告的灵魂，通过独特的创意和新颖的表现手法，广告能够在短时间内抓住消费者的眼球，增强广告的吸引力。富有创意的广告能够让品牌在消费者心中留下深刻的印象，提升品牌形象和消费者对品牌的好感度与信任度，从而形成口碑传播，进而提升品牌的知名度、扩大其影响力。

■ 10.3.2 广告创意与策划的策略

1. 功能诉求策略

功能诉求策略是一种传统的、广为选用的广告诉求方式，它具有表现产品实用性能和使用效果的特征。从广告表达方式来看，这种诉求策略一般不以产品形象为广告诉求点，而是把重点集中于产品的使用功能及效果上。具体来说，采用功能诉求策略应着重把握好以下两大原则。

1) 提出问题、解决问题

产品要想在市场上立足，必须具备一定的功能，即拥有一定的优势特征，而要想使这些优势特征得以全面展现，就应明确提出问题并强调解决办法。

(1) 诉求单一，显现功能。功能诉求策略就是要充分利用图像和文案，集中强调使用过程和感受，表现功效主题，以坚定消费者对产品功能的信念。但每一种产品的功能很可能是多方面的。在诉求过程中，我们不能以"量"取胜，因为任何单则媒体广告所承载的信息都是有限的，而受众在单位时间和空间里接收信息的容量也有限度，所以针对所做的广告产品的特点，应通过比较、权衡，选择在同类产品中最独特的或者最具竞争力的功能进行诉求。诉求点越单一、越尖锐，对消费者的吸引力就越强，他们的印象也就越深刻。

(2) 现身说法、体验为主。在采用功能诉求策略时，为了注重表达效果，使消费者深信不疑，最好结合使用当事人现身说法的方式，以增强诉求效果。这也是以"耳听为虚、眼见为实"的策略，使受众获得切实感受，进而产生共鸣的良好途径。

(3) 反面论证，效果更强。所谓"反面论证，效果更强"，就是有许多事情，应从反面提出问题、论证问题，往往更容易深入受众的内心，说服力也更强。在采用这一方式时，应注意两个方面。一方面是列举的反面事实必须具有代表性，能切实引起消费者的共鸣；另一方面是所提出的解决办法应客观实在，具有明确的可行性。如果能做好这两个方面，那么反面论证必将会产生强劲的效果。

✍ **案例链接**　　**"可口可乐"创造"世界性语言"**

"可口可乐、可口可乐！"大家一齐会心地笑道。可口可乐的商标已成为一种"世界语言"。"a touch of thirst makes the whole world kin"（口渴的感觉使四海成为一家）这一口号是可口可乐贯穿全球广告宣传的灵魂。

可口可乐采用全球统一的广告创意战略。可口可乐的广告牌成为世界各地的一道独特的风景线。可口可乐的广告一直以快乐、活力、健康为主题。广告营造强烈的美式风格，把原为美国青少年热爱的摇滚乐、铜鼓乐、街舞等文化风潮扩散到世界的每一个角落，其电视广告片让人有"挡不住的感觉"，那不断复制青春活力的影像符号、滚烫的流行音乐、火爆的霹雳劲舞、快节奏的画面剪接、强调视觉语言的冲击力以及扣人心弦的广告口号，使世界上亿万消费者为之心旌摇荡。Coca-Cola这几个字母，成为有着显赫历史的名牌，成为美国精神的象征。

可口可乐广告的成功，在于把美国文化糅进了品牌，并通过美国文化中独具特色的音乐、画面、舞蹈从美国本土向世界各地渗透，从而创造了一种"世界性语言"。可以说，这是国际广告一体化创意成功的经典案例。

资料来源：张金海. 世界经典广告案例评析[M]. 武汉：武汉大学出版社，2000.

2) 善于表达，注重实效

要想真正发挥功能诉求的效应，应恰到好处地表现产品的特点这样才能使人产生印象和联想，从而更好地凸显产品的优势。因此，应注重以下几个方面。

(1) 表达应科学、明确。产品的性能和特征表现了产品的自身属性，在宣传时，应力求严谨、科学，既不能任意夸大、盲目引导，又要将切实的功能表达到位，传递给受众。此外，可以借助图文的形式来说明，但为了强调效果，有些可以采用现场实验的方式来演示，有些还可以采用专家解说和推荐的方式来说明。

(2) 表达应生动、形象。生动、形象的表达是宣传产品和增强受众信赖的必然要求。在功能诉求的表达上要求严谨与科学，并不排斥采用生动和形象的表达方法。因为科学说明并不是机械说教，严谨表达也不是生硬叙述。要想消费者更好地了解产品，就必然要用生动、形象的语言，打开消费者的心扉，减弱消费者与产品之间的陌生感，这样才能取得良好的效果。

(3) 运用对比增强说服力。突出表现产品功能的方式有很多，但它们之间所显现的效果往往会有一定的差别。其中运用对比的方式，不失为一种较好的手段，因为功能的优劣通过某些对比即可一目了然。需要注意的是，由于我国广告市场发展尚不成熟，消费者的层次差异较大，而且地域及文化的差异也很明显，为使广告市场健康地发展，并避免出现恶言攻击和矛盾，《中华人民共和国广告法》明确规定任何经营者所发布的广告不得贬低其他生产经营者的商品或服务，即在广告宣传中，不得采用和其他同类产品相比较的方式。这里所说的比较，是指自身产品的更新、改进比较或者泛比。

2. 情感策略

古人云："感人心者，莫先乎情。"因此，在广告创意中，大多数广告人都十分注重情感诉求的策略运用。这一策略也是所有创意策略中最温和、最常用的一种。但要真正发挥情感诉求策略的独特作用，还应在一定的范围和时机上掌握尺度。具体来说，应注重如下几方面。

1) 目标消费群呈现多元化时

一般情况下，每一个产品都有其特定的消费群体，可以将之称为目标消费群。有些产品适用面比较宽，男女老幼都适合；有的产品市场推广到一定程度后，导致消费层面扩张或企业有意延展消费对象，此时采用情感诉求策略比较容易照顾到消费层面，赢得他们的好感。采用功能诉求、名人推介、幽默化等诉求策略时，可能会因为消费者的理解力、审美情趣、接受习惯等诸多因素的个体差异而影响广告效果，而情感诉求策略则能利用温馨感人的形式打动不同消费者。所以，当产品的目标消费群呈现多元化特点时，采用情感诉求策略是明智且有效的。

2) 产品本身蕴涵感情因素时

有一些产品或服务本身是带有感情色彩的，或者是消费者在长期使用过程中已经约定俗成地赋予某一类产品情感象征，如钻石戒指、葡萄酒、化妆品、贺卡等。为这些产品、机构做广告推广时，通常可采用情感诉求策略，以加深受众对其情感认知的程度。享誉全球的钻石品牌de beers(戴·比尔斯)总是抓住人们把钻戒当做爱情信物的心理，通过极富感情色彩的求婚情节来诉求"钻石恒久远，一颗永流传"的广告主题。

3) 利用感情色彩浓郁的节日

所有的节日都有一定的纪念象征意义，都凝聚着一定的感情色彩。这种感情包括亲情、爱情、友情、乡情等。由于民族不同，会产生一些形式上的差异，但发自人们内心的真诚的感情是一脉相通的。比如元旦、春节、清明节、国际劳动节、儿童节、中秋节、重阳敬老节、国庆节，以及西方盛行的情人节、感恩节、圣诞节等。利用这些节日的时机进行产品宣传和推广，往往能吸引更多消费者，产生极好的推广效应。

情感诉求是一种软性宣传策略，其提出的观点、宣传的主张往往具有一定的冲击力和感召力。但由于其实质上的功利性(促销)，消费者在一定程度上具有抵触情绪，戒备心理相对较强。为了使消费者在不知不觉的情感诉求中产生共鸣、认可信息，就需要在广告策略运用中讲究方式，注重沟通效果。

✍ 案例链接 雕牌大打情感牌

雕牌洗衣粉投入巨额资金，在中央台、地方台、卫视台、有线台进行广告的"狂轰滥炸"，品牌知名度迅速提升，并在品牌塑造上大打情感牌。例如，借助当时"下岗潮"的出现，雕牌不失时机地抓住这一引起社会普遍关注的资源，借势进行品牌打造与传播，制作了"下岗片"：妈妈下岗了，家庭生活愈加拮据，并随着妈妈找工作的画面把情感推向了高潮，适时响起片中小主角的真情表白"妈妈说，雕牌洗衣粉，只用一点点，就能洗好多好多衣服，可省钱了。妈妈，我能帮您干活了"。随着下岗这一普遍社会现象的出现，这种宣传方式，引起了消费者内心深处的震颤以及强烈的情感共鸣，品牌迅速得以认同与提升。

　　资料来源：柏生，张伟.多维广告战[M].北京：中国经济出版社，2004.

3. 名人策略

　　采用名人广告策略在广告界是相当普遍的情形，其有效的特征在于，可以借助名人良好的公众形象、较高的知名度及美誉度，塑造企业及产品的形象，使观众因崇拜和喜爱广告中的名人而青睐产品。无数广告实践证明，名人广告的传播效应直接且影响深远。特别是在提升品牌的信任度上更是功效卓著。但由于名人广告策略的运用牵涉许多环节，如名人的甄选、名人的形象与产品和企业的关联等，在这些复杂的环节中，如果稍有不慎，就会影响整个广告效果。因此，在利用名人广告策略时，应注意如下方面。

　　1) 善于对名人进行细分与甄选

　　名人细分与甄选是确保名人与产品具有相关性的重要举措，也是适应不同类型的企业与不同特色产品要求的一个重要策略。比如，就化妆品类型的广告而言，它的消费主体无疑是女性，那么所选择的形象代言人应以影视或曲艺界的女艺人为最佳。因为她们本身就是产品的使用者，并且她们的气质与容貌正是许多女性消费者所期盼与追逐的。如果选用体育界的名人，其效果可能不会太理想。另外，不同的地区对广告明星的热衷偏好也有一定的差异，这往往与地方的文化背景、生活品位及既有观念有较大关系。因此，在利用名人策略时，结合地域以及名人与产品的相关性是非常重要的一个方面。

　　2) 名人的形象与产品的定位应一致

　　采用名人广告策略时，应考虑名人的外在形象和内在魅力，并结合产品进行定位。如果名人广告策略所选择的名人形象与产品定位不一致，就会给受众群体以不伦不类的感觉，其广告反应也不会良好，效果必然会大打折扣。只有做到定位适宜，才能相得益彰、事半功倍。

　　3) 产品与名人在广告中的地位应主次分明

　　广告的目的是推广品牌，提高产品形象。因此，名人在广告中的出现是为产品服务的，他作为一种表现与沟通的手段，只能从属于产品。如果对这方面认知模糊，就很容易造成名人与产品的角色错位，这无疑是创意上的败笔。

　　4) 巧妙地将产品与名人相结合

　　广告作为向消费者传递产品或品牌信息的工具，其创意是十分宝贵的。在采用名人广告策略中，既可以直接利用名人广告策略，也可以间接利用名人广告策略。所谓间接利用，就是指不需要名人直接传播，而是通过产品品牌的创意构想，使其发挥名人的广告效应。例如，浙江绍兴咸亨酿酒厂是从1986年开始生产黄酒、白酒的乡镇企业。由于该厂不断改进生产技术，狠抓产品质量，注重市场的广告宣传，已发展成为拥有一整套自动生产线的市重点骨干企业。其之所以能在较短的时间内脱颖而出，关键是用广告打响了"咸亨"商标,并在市场上树立了一定的信誉。

由于鲁迅小说的影响,人们对"咸亨酒店"很熟悉,也很想品尝"咸亨酒店"的绍兴酒。但消费者不知道绍兴酒厂的"咸亨"酒,这就需要通过广告告诉消费者,不但鲁迅笔下有"咸亨酒店",绍兴也有"咸亨"酒,使消费者产生品尝"咸亨"酒的欲望。因此,在广告宣传中,他们从树立"咸亨"酒的品格和形象着手,对广告的主题、表现风格、媒介选择、宣传时机等方面进行了精心策划。在广告主题构思上,他们在商标上做文章,借鲁迅的影响,突出"咸亨"商标,使消费者充分熟知"咸亨"商标,进而使消费者买酒就想到"咸亨"酒。

📝 案例链接　乔丹的名人策略

美国篮球巨星飞人迈克尔·乔丹(Michael Jordan)是全球无可争议的运动明星,他的巨大影响不仅表现在他的篮球事业上,而且扩及全球经济、商业层面。世界上狂热的乔丹迷不计其数,他们热衷于购买乔丹太阳眼镜,也会顺便买乔丹古龙水,实在手头紧张,买块乔丹香皂,或是乔丹贴纸也好。就像乔丹古龙水的广告语:切入,切入,切入,借此切入乔丹的世界里。与乔丹相关的产品还有耐克的飞人乔丹篮球鞋、萨拉·李公司的服饰、威尔逊运动用品等。一样的品牌,一样的产品,有了迈克尔·乔丹,就大不一样了。

资料来源:冯章. 广告创意与策划[M]. 北京:经济管理出版社,2009.

4. 幽默策略

幽默化广告创意策略是科学与艺术的智慧结晶。通过幽默化的广告表现可减少人们的压抑情绪,消除其对广告所持的逆反心理。它的重要作用还在于能克服众多宣传创意的弊端,如商业味太浓、艺术情趣匮乏、生动不足、刻板有余等,从而更好地达成广告目的。幽默广告的作用与价值日益受到重视和推崇,究其原因便在于其独特的魅力优势。要想运用好幽默化广告策略,还必须掌握好以下几条原则。

1) 以产品为主

有关机构曾经对幽默广告进行了效果测试,发现有许多消费者在被问及对广告的印象时,只是记住了幽默而淡忘了品牌。这违背了广告创意的初衷。因此,在运用幽默策略时,应紧扣产品主题,让消费者在充分享受乐趣的同时,自然深刻地接受广告的主导信息,不能为幽默而幽默。幽默是为广告服务的,它应力求诉求点准确、清晰,而不是主次失调、朦胧含糊。如果一则广告传播后,观众记住的只是幽默的情节,而不是品牌和商品,那么即使再幽默有趣,也是没有意义的。此外,广告创意人员还应善于策划产品的表现时机,即通过幽默的创意突出产品,给观众以眼前一亮、记忆深刻的感受。

2) 确定运用范围

尽管幽默是普遍为人所喜爱的,但就商业性的广告策略来说,并非所有幽默都能被人们接受,这与不同的消费者对广告的认知等有一定的关系。对于有些人来说,幽默可以增进理解与记忆；而对于另一些人来说，幽默可能会带来不好的感受。因此，能否运用幽默化的广告策略时，应具体根据产品及目标消费者来权衡。幽默化策略并不适用于所有的产品与企业，如果不加分析地笼统对待，往往会不伦不类的效果。具体来说，在运用幽默化策略时，一要注意选择适用产品。如休闲类的品牌及某些食物类宜采用幽默化策略；而一些庄重、严肃、功能性较强的产品或服务，如银行、保险、电器等就不适合采用幽默化策略。二要注意选择适当时机，即幽默化策略的采用应结合市场情况。当市场情况不太理想时，为了拉近产品与消费者之间的距离，增加亲和力，此时采用幽默化策略为宜。三要注意选择适合周期。任何一个产品都会经历从导入、发展、成熟到衰退的一个生命周期。这是品牌生存的客观规律，而产品经历的每一个时期所采用的广告创意策略都是各不相同的。一般来说，在产品市场的前期和中期，为了拓展市场、增强竞争力，大多采用功能诉求或名人广告策略，以充分显示产品优势；而到了后期，由于产品的不断更新，功能优势势必减弱，而增强的重点多在情感细节层面，此时比较适宜采用幽默化的广告策略，在诙谐亲近的氛围中赢得消费者的情感认同。

3) 重表现手段

如今，幽默化的广告策略日益成为国际流行的创意时尚，要想恰到好处地表现产品，幽默化还需要由具体的表现手段来实现。一般来说，在广告创意中，幽默效果的表现方式可以由以下几方面来完成。

(1) 运用夸张的手法。运用夸张的手法既可以强化特定的诉求点，也可以增强广告效果。

(2) 运用双关的手法。借助双关的修辞手法，有时可以起到言在此而意在彼的作用，从而产生令人捧腹的幽默效果。双关可以是谐音双关，也可以是词义双关。如冯巩、葛优为双汇火腿肠中所做的广告，其中有一句"省优、部优、葛(国)优"就运用了谐音双关的手法。

(3) 运用反常的手法。在广告创意与策划中，特意借助某种一反常态的事件，进而制造幽默氛围的表现方式。

加拿大一家广告公司为横滨轮胎制作了一条电视广告，情节是：四只老鼠偷吃奶酪，猫发现了它们，老鼠赶忙驾车逃跑，猫紧追其后。老鼠在前面时而加速，时而急转弯，时而又急刹车，猫被折腾得狼狈不堪。追赶中，车子撞翻了牛奶，从四溢的牛奶上驶过，车子却一点没有打滑。一番惊心动魄后，车子终于停在老鼠洞口，老鼠们平安到家，猫却因为惯性没站稳而扑了个空。广告语是"现在你胜券在握"。在生活中，人们喜爱猫而讨厌老鼠，在这里，广告人反其道而行之，让猫处处露拙，而老鼠却充满智慧，整个情节因此而滑稽有趣。产品高超的防滑性能，在轻松的幽默气氛下得以充分展现。这则广告曾荣获美国莫比广告奖。

(4) 运用比喻的手法。比喻是最为常见的一种艺术表现方式。恰当地运用比喻不仅能够准确地传达诉求点，而且可以产生神奇的幽默效果。比如，"达克宁"借用"野火烧不尽，春风吹又生"的诗句，说明脚气带给人的无穷烦恼，并用一双手连根拔起脚底的野草这个形象的比喻传达"达克宁"对付真菌具有标本兼治的突出疗效，从而使刻板的药品广告形象化、生动化，将广告的信息快速、清晰地传递给消费者。

📝 案例链接 　"双汇"火腿肠广告

数年前，著名喜剧演员冯巩、葛优曾经为"双汇"火腿肠做了一则幽默味十足的广告。一开始，葛优做沉思状，冯巩神秘兮兮地问："冬宝，干嘛呢？"葛优毫不含糊地答："想葛玲！"听了这两句对话，观众便会想起电视连续剧《编辑部的故事》中葛优(饰李冬宝)与吕丽萍(饰葛玲)的纠葛——冬宝死乞白赖地追求葛玲的一幕幕情景，情不自禁地大笑。尤其是最后由冯巩念出来的广告口号"双汇火腿，省优、部优、葛优"，加上葛优那大智若愚的"傻"笑，令人忍俊不禁。

该广告播出之后，在社会上引起了强烈反响。同时，"双汇"火腿肠也在全国畅销了。幽默广告是以"笑"为中心的重要表现形式，这和当代广告注重娱乐、艺术和美的发展趋势基本上是一致的。从本质上看，幽默属于喜剧范畴，是一种调节精神的艺术，它能使人在轻松愉快之中接受产品的信息。正如莎士比亚所说："幽默和风趣是智慧的闪现。"

资料来源：河南火腿肠产业如何崛起为全国市场领跑者[EB/OL]. (2025-03-20)[2025-04-27]. https://baijiahao. baidu.com/s?id=1827121197552264711&wfr=spider&for=pc. 有删改

5. USP理论

罗沙·理夫斯提出建立每个产品"独特的销售主张"(unique selling proposition，USP)，然后反复使用，将它传达给受众。他认为，一个成功的USP必须具备以下3个条件：具有一个特殊的产品利益；必须是独特的，是竞争对手没用过的；必须具有销售力。

李德林漱口药水的广告语是"消除口臭"，这则广告直接、简洁、有力，消除口臭就是消费者使用漱口水想得到的利益。这则广告持续使用了32年，为厂家带来了巨大的利润。

霍普金斯为喜立滋啤酒提炼的广告语是"喜立滋啤酒是经过蒸汽消毒的"。其实生产啤酒的人都知道，所有品牌的啤酒瓶都是经过蒸汽消毒的，但别人从未提及过。当喜立滋抢先说出来后，效果不同凡响。它的弦外之音是，其他厂家的啤酒瓶没有经过蒸汽消毒！因此，喜立滋啤酒由原来的品牌排行第五位跃升为第一品牌。

很多人将宝洁公司的广告称做"两半"，因为这个公司的广告经常是以这样的形式出现：画面的左边，是使用宝洁产品前的人物形象；画面的右边，是使用宝洁产品后的人物形象。画面两边为同一个人，唯一的区别就是使用宝洁产品与否，经过对比，右边画面中的人物形象更加美观。宝洁公司将这种广告形式和广告风格反复应用在各类产品中，如洗发水广告、香皂广告、润肤露广告中，不仅没有激起人们的反感，反而加深了人们对产品和品牌的印象。宝洁公司是品牌多个产品齐头并进、公司多元化运营的典范，其成功之处在于对广告形式的"坚持"。

在国内，脑白金的广告可谓在人们的骂声中生存，人们骂得越响，它出现得越频繁。细想起来，这种做法也有一定道理。试想，如果人们平时说话和聊天时都能时不时提及该广告，无形中就起到了宣传和广告的作用，可以让不知道的人知道，让不关注的人关注，一传十，十传百，百传千。一些本来不关注这个广告的人，也加深了对产品的认知。况且，人们只会批评"那个广告太差劲"，而不会批评"那个产品太差劲"。另外，持续长时间的统一口号倡导"今年过节不收礼，收礼只收脑白金"，强化了语言的力量，深深地印入人们的脑海中，构成一种强迫记忆。"脑白金"创造了神话般的销售额，其成功就在于对广告形式的坚持。

一味地坚持未必是好事，首先需要衡量坚持的代价，判断是否值得，不可盲目坚持。

6. 品牌形象论

奥格威早在20世纪60年代就强调品牌形象是企业最重要的资产之一。品牌形象简单地说就是消费者对产品或品牌的感知。一个品牌通常有几个不同的形象，其中最为突出的且能被增强而区别于同类产品的就是该品牌的形象。品牌形象通常可以采用拟人的方式加以描述，比如某品牌是年轻、冲动、活泼、有魅力的、充满活力的、有想法的女性，或某品牌是老成、传统但不拘束的男性。

品牌形象理论产生于产品同质化时代，在产品完全同质化的基础上，谁更有独特气质，谁就能脱颖而出。

📝 **案例链接**　　**亨氏番茄酱的中国形象——海狸先生**

出生：传说海狸先生诞生于一片神秘的番茄田，被亨氏家族收养，成为厨房里的小帮手。

身高和体重：机密！但它总爱踮脚去够橱柜顶端。

年龄：据传相当于人类的30～40岁，却保有童心。

血型：未知(但性格中有A型血般的严谨，偶尔表现出O型血的洒脱)。

特征：说话带美式口音，总把"tomato"挂在嘴边，喝完番茄汤后胡须会翘起。

性格：固执但可靠，热衷完美主义，有点挑剔却充满热情，外表严肃但内心藏着幽默感。

主要特征：经典、值得信赖、略带复古感。

技能：调配秘方、修理瓶盖(从不失手)。

喜爱的东西：新鲜番茄、玻璃罐、家庭聚餐、孩子的笑脸。

讨厌的东西：变质食材、粗心大意的厨师。

朋友：胡萝卜先生、洋葱小姐(蔬菜界的挚友，共同打造美味)。

最喜欢的地方：美国的番茄农场(常坐在田埂上思考"酸甜平衡"的哲学)。

其他方面：海狸先生是厨房里的"老顽固"，总强调"天然纯正"，但也爱偷偷和孩子们打番茄仗。虽然它总板着脸说教，但它熬出的浓汤能让全家人忘记烦恼。它坚守百年配方，却又偷偷研发新口味，这种矛盾感让人又爱又嫌！

资料来源：小小番茄酱如何玩转150年的创意 | 经典广告主系列第①弹[EB/OL]. (2022-08-03)[2025-04-27]. https://zhuanlan.zhihu.com/p/549310296. 有删改

广告中，最常见的莫过于产品广告和品牌广告，尽管品牌广告对于销售额的影响不大，但是适合企业中长期的发展战略。产品的生命周期可能非常短暂，但是一个品牌从创办、维系到衰亡，通常要经历漫长的时间。

奥美广告公司在品牌管理方面具有绝对的话语权。在《360度品牌管家》这本书中，奥美将自己比喻为"360度品牌管家"，其使命是成为"珍视品牌的人最重视的代理商"。奥美所做的一切，都围绕着品牌：建立品牌、保护品牌，让品牌不断地产生利润。奥美认为，每一位顾客都是唯一的。为此，奥美强调以尽可能个性化的方式与顾客沟通。多年来，奥美根据不同国家、不同行业的特点，发展了一系列独到的沟通技巧，帮助企业进行卓有成效的品牌沟通。摩托罗拉、IBM、柯达、中美史克、空中客车、LG、旁氏、肯德基、德芙、雀巢、可口可乐、统一、上海大众、中国移动、红塔集团等，都是奥美的合作伙伴。

"大大小小的事情，都会与品牌建设有关。因为每个品牌都有自己的故事，我们可能会有各自不同的接触时间和体验方式去感受。而那些大大小小的事情其实都是故事的一部分，深刻影响品牌关系。很多时候，这些事情远非我们的直接控制范围之内。"因此，奥美坚持从全方位看待品牌，围绕着一个品牌，努力从各个方面寻找各种元素和线索，以捕捉更多与消费者之间的关联，而后对这些事实进行归纳，丰富品牌故事。

奥美在和顾客的合作中，不仅巩固了顾客行业内老大的地位，也使其营销策略成为行业内的标杆，引领着行业内广告的发展方向和趋势。奥美认为，项目成功与否的关键之处是与客户之间要有信任与配合，而这种信任与配合一般需要时间和非常开放的深度讨论后才能达成共识，只有品牌战略、资源调配、推动力和执行力等方方面面都环环相扣，项目最终才能取得成功，"360度品牌管家"成功的重要标准是能否促进销售。对于一个优秀的品牌而言，保障产品质量是重中之重。

7. 固有刺激法

李奥·贝纳于1935年8月在美国芝加哥创办了李奥·贝纳广告公司，后来又创办了芝加哥广告学校，由此他被尊称为"芝加哥广告学校之父"。李奥·贝纳先生于1971年逝世，但李奥·贝纳广告公司仍然是当今世界最大的广告公司之一。

李奥·贝纳认为，创意与策划的秘诀就在于找出产品本身固有的刺激。固有的刺激也称为与生俱来的戏剧性。广告创意与策划最重要的任务是把固有的刺激发掘出来并加以利用，也就是说，要发现生产厂家为什么要生产这种产品以及消费者为什么要购买这种产品。一旦找到这些原因，广告创意的任务便是依据固有的刺激——产品与消费者的相互作用，创作出吸引人的、令人信服的广告，而不是靠投机取巧、靠噱头、靠蒙骗或虚情假意来取胜。按照这种理念，在广告文案写作中，李奥·贝纳认为，不论你要说什么，一般情况下，根据产品和消费者的情况，要做到恰当，只有一个字能够表示它，只有一个动词能使它形象化，只有一个形容词能描述它。对于创意人员来说，一定要去寻找这个字、这个动词和这个形容词。同时永远不要对"差不多"感到满足，永远不要依赖欺骗(即使是聪明的欺骗手段也不要用)去逃避困难，也不要依赖闪烁的言辞去逃避困难。

1) 运用固有刺激法的经典案例

李奥·贝纳运用固有刺激法最成功的一则广告是他为"青豆巨人"做的广告。为了向消费者传达广告主在收割和包装青豆过程中表现出的精心细致以及消费者对"新鲜"的渴望，李奥·贝纳在"青豆巨人"的广告中特别强调其"在月光下收割"。这个成功的创意成为广告界的经典范例。

广告标题：月光下的收割

广告正文：无论日间或夜晚，异人的豌豆都在转瞬间选妥，风味绝佳……从产地到装罐不超过3个小时。

李奥·贝纳解释道，如果用新罐装做标题是非常容易说的，但是月光下的收割兼具新鲜的价值和浪漫的气氛，并包含着关切。"在月光下收割"，这在罐装豌豆的广告中的确是难得一见的妙句。

2) 三种背离固有刺激法的做法

在1960年的一次讲演中，李奥·贝纳先生从3个方面论述了与固有刺激法相背离的做法，他也是以罐装豌豆"青豆巨人"为案例来做解释的。

(1) 自吹自擂。李奥·贝纳认为，有这种习惯的撰文人员可能会这样写"青豆巨人"的广告——"如果你想要最好的豌豆，你就要青豆巨人。青豆巨人经过精心种植与装罐，保证使你最后对味道满意。因为它们是同类产品中最好的，所以这些大而嫩的豌豆在美国最畅销。今天就在你买东西的食品杂货店中买一些吧。"

(2) 夸大之词。李奥·贝纳指出，有这种倾向的创意人员可能会醉心于这样的文案——"在蔬菜王国中的大颗绿宝石。你从来不会知道一颗豌豆可以像这样——似露一般甜蜜，像六月清晨那样新鲜并洋溢着豌豆的芬芳。这不是一般的豌豆，这是青豆巨人，是蔬菜王国中的大颗绿宝石。把它端到烛光盈盈的餐桌上，如果你的丈夫把你的手握得更紧一点也不足为奇。"

(3) 舞文弄墨。这类人会这样写——"这种豌豆计划永远终止蔬菜战争。青豆巨人，它只不过像玉米粒那么大，剥豌豆的人轻易就能剥下。青豆巨人有一个保证豌豆永存于世的计划——豌豆在大地，善意满人间。"

8. 实施重心法

威廉·伯恩巴克(William Bernbach，1911—1982)是广告创意与策划领域最有影响力的人物之一，也是著名广告公司BBD公司的创始人之一。威廉·伯恩巴克出生于美国纽约，从小受过良好的文化熏陶，在纽约大学获得文学学士，大学毕业之后，威廉·伯恩巴克凭借出众的文笔杀入广告界，先在葛瑞等一些广告公司工作了七八年，并于1947年和他人合伙成立了DDB广告公司。DDB公司的名称，源于三位合伙人多伊尔、戴恩和威廉·伯恩巴克的姓氏的第一个英文字母。自DDB公司创立之后，威廉·伯恩巴克担任总经理一职，直接创作了大量引起轰动的广告作品，使公司的业务蒸蒸日上，迅速跻身于美国最大的广告公司之列。

20世纪50年代，威廉·伯恩巴克提出了实施重心法。他认为，广告信息策略"如何表达"可以独立成为一个实施过程，广告的技巧不在于"说什么"——每家广告公司都知道说什么，而在于"如何说"。

按照他的观点，实施风格是广告中起决定作用的特征，有效广告的秘诀便是抓住问题，然后将其变成一项图像刺激而又诚实可信的优点。杰出的广告创意不是夸大，也不是虚饰，而是要竭尽创意人员的智慧使广告讯息单纯化、清晰化、戏剧化，使它在消费者脑海中留下深刻而难以磨灭的记忆。广告创作最难的事就是使广告讯息排除众多纷杂的事物而被消费者所认知和接受，广告必须制造足够的"噪声"才会被注意，但这些"噪声"绝非无的放矢、毫无意义。

周密地实施重心法需注意以下事项。

(1) 尊重受众。广告不能以居高临下的口吻与意图接触的人们交流。

(2) 手法必须干净、直接。威廉·伯恩巴克说："假如你不能把你想要告诉消费者的内容浓缩成单一的目的、单一的主题，你的广告就不具有创新性。"

(3) 广告作品必须出众，它们必须具有自己的个性和风格。威廉·伯恩巴克说："我认为广告上最重要的东西就是要有独创性与新奇性。"

(4) 不要忽视幽默的作用。幽默可以有效吸引人的注意力，使人得到一种收听、收看和阅读的补偿。

思考题

1. 什么是广告创意？它有何特点？
2. 简述广告创意过程。
3. 简述广告创意思维的方法。
4. 广告创意的常用技法有哪些？
5. 简述常用的广告创意策略。

章末案例

农夫山泉竟然是一家"广告公司"

一瓶平淡无奇的水，在农夫山泉看来，从研发设计到工厂建造，处处有故事。

"你可能不知道，你正在品尝的是长白山的春夏秋冬。"农夫山泉的一名销售人员站在台前介绍说。他面前的50张桌子上摆放了100瓶玻璃瓶装矿泉水。它们是农夫山泉在2015年推出的高端线新产品天然矿泉水和气泡矿泉水，水源取自长白山的莫涯泉。这件事被不断强调，而销售人员此刻所面对的，是农夫山泉的近百位餐饮客户、专业试酒师以及媒体。

在过去的一年中，这句极具煽情意味的广告词在你经过的电梯间里、你的手机上、你的电脑或电视屏幕里反复出现。现场观众被要求把两个口味的矿泉水倒进杯子里，然后分别配合品尝4款不同风味的点心。"虾饺和豆沙酥搭配天然矿泉水口感十分温润，而烤牛肉条和三文鱼搭配气泡水则能在吞咽时感到清冽。"销售人员引导说。

这大概是农夫山泉自创立20年来最郑重其事的一次产品介绍了。5月20日，2016年度酒单大奖颁奖典礼在上海静安区的香格里拉大酒店举行，它紧邻上海高端商务区之一的静安嘉里中心。农夫山泉以赞助商身份参会，它是众多酒品牌当中唯一的一个水品牌。用农夫山泉总经理助理周震华的话来说，这次采用的广告营销方式十分精准——你可能不知道，农夫山泉其实是一家"广告公司"。

在饮用水界，农夫山泉的广告文案容易流传，这和农夫山泉创始人兼总经理钟睒睒关系密切。深入人心的广告语"农夫山泉有点甜"就是钟睒睒本人的创意。钟睒睒一直以来都将自己定义为一名广告人，他曾经公开向媒体宣称，"我做这么多年企业，就是为了可以随心所欲地做广告创意"。

一直以来，农夫山泉都被业界视为由钟睒睒个人主导的一家公司。曾经，他意识到纯净水因为缺乏矿物元素而对人体无益，多番向媒体表露"不做纯净水，只做天然水"的决心。

甚至公开用不能在纯净水里开花的水仙花做试验，将占据绝大多数饮用水市场份额的纯净水厂商逼到死角。至今，农夫山泉与纯净水生产商华润怡宝仍处在长期暗掐的竞争中。2013年遇到公关危机时，钟睒睒也公开反击，被指善于运用舆论完成"事件营销"。农夫山泉每一款新品的产生都带有钟睒睒鲜明的个人风格。根据周震华的描述，农夫山泉的创意往往是"拍脑袋"想出来的。

其中，钟睒睒起主导作用，他的个人偏好、擅长之处对农夫山泉的每一款产品起着决定性作用。作为辅助，内部研发部门的主要工作是负责提供一些针对消费者需求的观察。和老板聊聊他的某一个想法或梦想，是他们的工作常态。和以往任何一款产品一样，2015年2月上市的高端矿泉水也来自钟睒睒的"一时兴起"。

在农夫山泉的官方产品介绍里，这款高端水主打低钠淡矿泉。它来自长白山的莫涯泉，那里有低钠淡矿泉(钠含量小于20mg/L)，为稀有水源，适宜长期饮用。这款天然矿泉水线上售价定在35元至45元(750mL)的区间内，主要销售渠道则仅限于一些高端或进口超市，以及酒店等餐饮渠道——那是法国的依云、雀巢公司的圣培露等外资品牌的市场，本土品牌鲜有胜出者。

不过，挺进高端佐餐市场，并非农夫山泉的初衷。1954年出生的钟睒睒最初的想法颇有老一代民营企业家的特点，他认为在适当的高端社交场合及礼仪环境下，例如总理的谈判桌上，中国领导人和消费者应该有一款高端的玻璃瓶矿泉水。"玻璃瓶水是充满了对文化、文明的承载和对水的理解的产品，代表了中国的制造业水平。"十几年前，钟睒睒就在为这个想法寻找水源地了。他甚至为此"不计成本"，但周震华并未透露农夫山泉为这瓶水支付的具体成本。

其实，没有任何一家公司在创造一款用于销售的产品时会真的不计成本。不过，更大规模的投入，意味着更高程度的有利可图。找水源的过程充满不确定性。据农夫山泉介绍，十年间，他们的团队共找了78次水源，才最终找到理想的莫涯泉。

随着时间的流逝，创立于1996年的农夫山泉，其最经典的红瓶盖水也已存在近20年，年销售额高达150亿元，共有8个水源和15家工厂。而依云和巴黎水等外来品牌在高端水市场掀起的挑战也愈演愈烈，确定水源地已使农夫山泉付出较高的成本。钟睒睒意识到，这款高端矿泉水最好能带动农夫山泉的品牌升级，以便有效应对竞争局面及转型压力。在他看来，对中国制造来说，相比淘汰低端产业、转型做其他产业，远不如升级现有品牌来得更有效和实际。

定位清晰后，广告公司的工作核心当然仍是讲好一个故事。

钟睒睒对产品定位做了细化。他认为高端水市场的诉求绝不是解决口渴的问题，而应该是消费升级过程中出现的佐餐需求。"20年前，人们喝包装水，因为他们口渴。如今，他们用来消除一些酒中的酸涩感。所以哪里有酒，哪里就应该有包装水。"这也是为什么农夫山泉要以赞助商的身份出现在酒单大奖的颁奖现场——这里的每一个品牌都有可能是它的潜在客户。

为了有效营销，农夫山泉还计划未来专门针对目标客户举办产品分享晚宴——不同的餐点，搭配不同口感的水。无论在广告里，还是在产品发布场合，销售人员都不会忘记强调一件事，这款高端水产品拿下了5项全球设计大奖，包括被誉为设计界奥斯卡的国际包装设计大奖Pentawards铂金奖、第17届国际食品与饮料杰出创意奖(FAB Awards)、2015 D&AD木铅笔奖、2015年The Dieline国际包装设计大奖，以及2015年The Design Week Awards(2015年设计周奖)。

事实上，一款新产品的诞生总要遵循公司的研发及设计周期。从研发角度来说，农夫山泉至今仍在养生堂旗下一个名叫"北京万泰生物医药"的研发系统平台之下。在周震华看来，这是使农夫山泉保持市场竞争力的重要因素，"我们不是用研发饮料的人在做饮料，而是用研发医药、保健品的人来做饮料"。当农夫山泉内部的研发团队考虑是否采用一个特殊物质时，会把这个问题交由万泰生物医药的研发人员去完成。例如，为保证产品不变色变质，饮料品牌通常会选择全包。而农夫山泉旗下的"东方树叶"快速成为中国市场上第一个采用透明塑料瓶的茶饮，正是因为该产品借用了医疗业保存天然物质的研发积淀。

从流程上来看，万泰生物医药实际承担了农夫山泉部分基础研发工作，这在客观上也提高了研发的效率。相比之下，农夫山泉为瓶子的设计付出了更多的时间与精力。以外包装设计方案为例，农夫山泉花了3年时间找到5家全球顶尖的设计公司，比较了58稿共300多个设计之后，才拍板决定。

农夫山泉的要求是设计一款独特的、融合长白山生态环境的包装。但有些设计方案太像酒瓶了，很难让中国消费者意识到这是矿泉水；有些印上了凶狠的老虎，让消费者产生了距离感；有些做得过于写意，辨识度存在问题；有些设计本身很不错，但色彩搭配又犯了中国人的某些禁忌。

令人满意的方案最早出现在2012年6月。但因受限于制瓶和印刷工艺难以将其完全付诸现实，农夫山泉只好忍痛放弃，再重新寻找合适的设计公司。"我们制造不出来他的设计，只能让他重新调设计，可是怎么调都调不出来。"周震华介绍说。难以调整的原因在于瓶口很细，而当人的手握住瓶子上半身时，必须考虑到力度的分配，以至于细微调整都有可能出现问题。同时，为了确保水的折射足够清透，瓶子的底部必须很厚。但问题是，农夫山泉找了几乎所有能找的生产厂家试做，但得到的样品底部总是倾斜而不平整。另外，农夫山泉想让瓶子看起来更干净且没有杂质，这意味着玻璃成分当中不能含铅。最终设计版本是农夫山泉把长白山的"四季"装在外形像水滴的玻璃瓶里。"我的工作就是让自然元素真正成为瓶子的一部分，让消费者立刻感觉到对长白山大自然的敬畏，仿佛身临其境喝了一口水。"英国设计工作室Horse的合伙人Sarah Pidgeon说："我们观看了无数玻璃瓶的圆形，最后我们呈现出的样子像自然界中的一个水滴。"瓶身设计采用了雕刻图案的手法来描绘长白山典型的4种动物、3种植物和1种典型的气候特征。每个图案都会配以相关数字和文字说明，每一个数字则指代一个具体的故事。比如说，1000代表在长白山栖息着全球仅存的1000只中华秋沙鸭，89就代表长白山共有89种蕨类植物，而270则说明长白山一年的冰雪覆盖期长达270天。

抚松工厂的设计花费了来自挪威的设计团队将近3年的时间。从厂房设计到观景台设计，设计师们不得不在这个国家森林保护区里小心翼翼地设计不影响其自然环境的方案。观景台下面支撑的部分，设计得像树枝一样，才能保证在工厂内能够听到外面的声音。挪威奥斯陆建筑学院教授Jan Olav Jesnsen为新工厂铺设了一条景观步道，整条走道由基件拼接而成，不用时可随时拆除。他先使用木桩固定好位置，确定地底下没有树根之后，再把桩打下去。如果遇到树根，则只能绕开那一带重新寻找位置。为确保拆除后也不会留下痕迹，桩基没有使用水泥。

总之，农夫山泉具备讲述故事的能力——产品研发及设计过程，包括工厂建造过程，都可以实现一定的品牌溢价。

2015年2月，农夫山泉位于长白山的抚松工厂正式投产，地址位于露水河国家森林公园距离莫涯泉3.5公里之处。与农夫山泉的抚松工厂隔空相望的，是同样强调长白山"世界三大黄金水源"特征的恒大冰泉，以及韩国农心品牌。另外两大优质矿泉水产地是欧洲的阿尔卑斯山和俄罗斯的高加索山。抚松工厂为此专门引进了全球范围内技术最高级别的无菌生产线。农夫山泉会特地强调这条生产线所带来的意义是生产100万瓶水也不会出现

1瓶带菌的水。

同时，抚松工厂的建成还代表了农夫山泉新的开始，甚至是一次"全面升级"。5月11日，农夫山泉有史以来第一次采用明星代言，高价邀请韩国人气组合BIGBANG作为新产品茶π的形象代言人。在东方树叶被列入"最难喝的饮料名单"之后，农夫山泉推出了瓶身色彩鲜艳、风格清新的新产品。茶π的4个口味，也刚好跟BIGBANG相搭配。

资料来源：农夫山泉竟然是一家"广告公司" [EB/OL]. (2016-07-14)[2025-03-01]. http://mt.sohu.com/20160714/n459222265.shtml. 有删改

思考题： 饮用水品牌进军高端市场该采用怎样的广告策略？

文化旅游产业
创意与策划

绍兴咸亨酒店

咸亨酒店是我国首家鲁迅文化主题酒店,紧邻鲁迅故里,深厚的文化底蕴,璀璨的饮食文化,成为绍兴旅游瞩目的焦点。咸亨酒店之所以长盛不衰,靠的是鲁迅文化的影响力和酒文化的吸引力,以及"咸亨人"不断地创新发展。到绍兴的游客,很多是出于对鲁迅这位伟人的崇敬,体验伟人作品中所刻画和打造的那种人情风貌。他们跨进"咸亨",或小酌浅饮,或吟诗作画,或对酒当歌,醉而忘返,体验到了一种浓浓的酒文化氛围。在这里,游客能品尝到与酒始终相伴的绍兴菜,如糟鸡、糟鱼干、醉蟹、醉腰花、酱鸭,这些糟醉风味的绍兴菜,具有以酒调味,以酒增香的独特风味;而茴香豆、咸煮花生、油炸臭豆腐成了游客首选的"过酒坯"。在这里,游客还能品尝到酒店采用传统方法勾兑的陈酒,被誉为绍兴黄酒中的珍品——太雕酒。它以酒质醇厚、香气浓郁、爽口顺喉的特点,受到各地游客的欢迎。在这里,游客更能目睹那些常年的老酒友,每天必到酒店,要上一碗酒和一小碟"过酒坯",三五成群地围坐在临街的店堂内,慢饮细品,谈天说地,让人既陌生又亲切,再现了鲁迅笔下的古越风情。

资料来源:绍兴咸亨酒店[EB/OL]. (2024-12-01)[2025-03-01]. https://baike.baidu.com/item/%E5%92%B8%E4%BA%A8%E9%85%92%E5%BA%97/1175108.

11.1 文化旅游产业概述

没有文化的旅游就没有魅力,没有旅游的文化就没有活力。在经济全球化的浪潮下,旅游业进入了一个与时俱进、更新调整的时期。21世纪以来,随着世界各地文化旅游活动范围的极大拓展、文化旅游活动内容的不断丰富以及文化旅游品牌的精心打造,文化与旅游紧密结合发展的趋势日益明显。旅游产业与文化产业有机融合发展呈现一片大好形势,极大地提升了旅游产业的文化品格、经济效益和社会价值。

文化旅游是旅游产业发展到一定阶段的产物,旅游产业必须借助文化和文化产业来提升内涵、质量和竞争力。纵观国内外,发展文化旅游已成为许多国家、城市和区域的重要发展战略。此外,在现代社会,人们工作、心理压力较大,发展文化旅游产业可以改善人们的身心状况,解除紧张疲惫感,同时有利于增长知识、开阔视野、丰富阅历,激发上进心、创造力和灵感,提高文化素养,这些都有助于社会的稳定、和谐与进步。作为一个新兴的综合性产业,一个搭建在文化与旅游之间的桥梁,文化旅游产业在文化经济领域发挥着日益重要的作用,将从根本上推动中国旅游产业与文化产业的双赢发展。

▊ 11.1.1　文化旅游的概念

　　文化是旅游的灵魂，旅游是文化的载体。文化和旅游的"联姻"使文化产业和旅游业实现了双赢，并形成一个新的产业——文化旅游业。文化旅游业是一种新兴的综合性产业，它关联度高、涉及面广、辐射力强、带动力大，具有生态性、可持续性、高附加值等特点。相关文献将文化旅游活动的范围界定为对下列文化遗产资源的使用："考古遗址、博物馆、城堡、宫殿、历史建筑、著名建筑物、废墟、艺术品、雕塑、工艺品、画廊、节日、盛事、音乐舞蹈、民间艺术、剧院、原始文化、亚文化、民族社区、大小教堂以及能够代表民族及其文化的其他东西。"世界旅游组织认为，文化旅游是"人们出于文化动机而进行的移动，诸如研究性旅行，表演艺术文化旅行，参观历史遗迹，研究自然、民俗和艺术，有关宗教朝圣的旅行，节日和其他文化事件的旅行"。

　　由此，我们可以了解到，文化旅游是通过旅游实现感知、了解、体察人类文化具体内容之目的的行为过程。文化旅游产业是文化产业的一个重要组成部分。近年来，我国学术界和一些省、市政府部门对文化旅游产业的认识存在泛化现象，许多人把旅游业主体作为文化产业的组成部分，包括旅游交通企业、旅游住宿企业、纯自然观光型景区等。其实，这是把旅游文化与文化旅游混为一谈了。真正的文化旅游产业主要是指由人文旅游资源所开发出来的旅游产业，是为满足人们的文化旅游消费需求而产生的一部分旅游产业。它的目的就是提高人们的旅游活动质量。

　　文化旅游的核心是创意。创造一种文化符号，然后销售这种文化和文化符号，并强调文化旅游的"文化"是一种生活形态，而"产业"是一种生产营销模式，两者的连接点就是"创意"。因此，可以将文化旅游理解为"蕴含人为因素创造的生活文化的创意产业"。

▊ 11.1.2　文化旅游的特征

　　文化旅游具有以下几个特征。

1. 知识密集性

　　文化旅游产品蕴含大量的知识信息，它是一种知识密集型旅游产品。文化旅游能为旅游者提供大量丰富的科普知识、历史知识、社会知识，旅游者能在旅游过程中接受艺术熏陶，提高文化修养，得到某些感悟与实现精神的升华。例如，徽州民居的许多楹联具有教育意义，或者崇尚孔孟之道，或者注重教化，或者抒情言志，或者劝人积德行善，或者教人治国济世，认真品读，大有茅塞顿开之感。

2. 超强综合性

　　旅游产业本身就是一个综合性极强的产业，而文化旅游又赋予其更为丰富的内容。从旅游环节的角度看，文化旅游产业是集吃、住、行、游、购、娱、健、闲、体于一体的产业，并为每一个旅游环节赋予了更为丰富的文化内容；从产业关联的角度看，文化旅游产业是集"旅游产业""文化产业""休闲娱乐产业""艺术产业""体育产业"及商业等于一体的庞大产业，产业边界越来越模糊。从某种意义上讲，文化旅游产业已经发展成一个无所不包的产业，具有超强的综合性。

3. 延展性

延展性是指以一项文化旅游产品为核心可以衍生一系列的其他产品。文化旅游产业的文化含量高，附加值大，通过深度开发与创新，能够挖掘和衍生一系列新产品，具有超强的延展性。文化既是旅游产业的重要内容，也是旅游产业的重要环节与表现形式，通过文化创意活动的挖掘，可创造出一系列意想不到的新型旅游产品。例如，大型实景歌舞剧《印象刘三姐》和《长恨歌》的演出，成功地带动了当地文化旅游产业的发展。此外，文化旅游的延展性还表现为旅游产品内涵的功能延展。例如，导游在讲解过程中适当引入精彩的典故，可以提升游览项目的档次，增加旅游产业的附加值。

4. 载体性

文化旅游产业的发展不是孤立的，它必须以历史文化景点、文化艺术场所、演出会展场所等为载体。文化旅游产业的发展程度与这些载体的品质和密集程度息息相关。文化渗透到现代文化旅游业的9个环节中，使得每个环节都具有丰富的文化内涵，这9个环节与相关的历史文化景点、文化艺术场所、演出会展场所等构成了文化旅游的产业链。一般来说，文化景点的演出场所布局得越密集、越完整，文化旅游产业链就越长。完整的文化旅游产业链不仅包括吃、住、行、游、购、娱、健、闲、体9个环节，还包括一系列相关的文化景点与场所。在文化旅游产业的发展中，其载体起着越来越重要的作用。因此可以说，文化旅游产业的载体是文化旅游产业链以及文化产业发展的关键性因素。

5. 体验性与参与性

静态的文化观赏是一种传统的低层次的旅游方式。现代文化旅游倡导的是文化体验与文化参与。由于时代的变迁和发展，静态观赏历史古迹已经无法满足当代人对文化旅游的需求，人们对文化旅游的体验和参与程度的要求越来越高，人们渴望在体验和参与的过程中感受文化的价值和魅力。此外，从市场主体的角度看，文化旅游市场的主体以中青年人群以及"身心年轻"的老年人群为主，客观上存在对具有参与性、体验性的文化旅游活动的需求。因此，体验性与参与性越来越成为文化旅游的核心和本质要求。

6. 创意性

运用文化符号创造出"无中生有"的文化吸引物是当代文化旅游产业发展的显著特点。如今的文化旅游不仅仅与历史古迹相联系，更多是通过文化创意来实现的，好的创意本身就可能成为文化旅游的吸引点。例如，没有任何旅游资源的迪拜与阿布扎比每年能够吸引众多游客的秘籍就在于好的创意。当地通过全新理念设计的现代超豪华购物中心(七星级的金帆船酒店、超豪华的文化广场、超豪华的清真寺等现代建筑和创意产品)，吸引游客从世界各地前来，带动了阿联酋文化旅游产业的大发展。此外，举办大型节事活动，如各式选秀活动、博览会等，也能够带来巨大的产业联动效应，促进文化旅游产业的发展。

7. 精品性

从产品的角度看，文化旅游产品资源的品位较高，它是人类历史的结晶，也是在历史发展中沉淀下来的人类精神与物质行为的精品。这些精品，既有在人类历史发展中各类精英的精神行为结晶，如价值观念、学术思想等，也有各类精英的物质行为结晶，如以物质形态遗存的建筑物及其内涵文化。

8. 民族性与国际性

文化旅游的景点，一方面应具有民族性，它是一个民族精华的代表；另一方面应具有国际性，它既是民族领先的，又是世界一流的，也是被世界认可的高品位的民族精品，因而同时具有国际性和世界性。可以说，文化旅游产业所反映的文化内涵是民族性与国际性的统一。

■ 11.1.3 中国文化旅游产业发展概况

文化旅游发展政策是在应对国际金融危机的大背景下出台的。2008年由美国次贷危机引发的国际金融危机，对我国经济社会转型发展提出了严峻挑战，文化产业和旅游业的产业调节功能及其对"保增长、扩内需、调结构、促改革、惠民生"的作用被高度重视。旅游业兼具经济功能和社会功能，具有资源消耗低、带动系数大、就业机会多、综合效益好的特点，逐渐成为国民经济的战略性支柱产业。

经过近10年的快速发展，文化产业在国民经济中的增长性、带动性和辐射性日益凸显。统计资料显示，近年来我国文化产业每年保持15%的增长速度，远超GDP和第三产业的增速。在这近10年间，国家也相应出台了各种激励政策，以发展文化旅游产业。

2009年以来，国务院相继出台了《文化产业振兴规划》和《关于加快发展旅游业的意见》，标志着文化旅游产业成为国家战略性产业。2009年，文化部与国家旅游局(现两部门合并为文化和旅游部)联合出台的《文化部 国家旅游局关于促进文化与旅游结合发展的指导意见》是我国第一份关于文化旅游发展政策的文件。自此开始，文化旅游的概念及其相应的制度安排陆续出现在各级、各类文件之中。

近年来，中央层面出台的文化旅游发展政策主要体现在《文化产业振兴规划》《国家"十二五"时期文化改革发展规划纲要》《"十四五"文化和旅游部发展规划》等文件之中，具体情况如表11-1所示。

表11-1 我国文化旅游发展政策相关介绍

发布时间	发布机关	文件名称	文化旅游发展政策内容
2009年8月	文化部、国家旅游局	文化部 国家旅游局关于促进文化与旅游结合发展的指导意见	打造文化旅游系列活动品牌；打造高品质旅游演艺产品；利用非物质文化遗产资源优势，开发文化旅游产品；实施品牌引领战略，引导文化旅游产品开展品牌化经营；鼓励主题公园、旅游度假区设立连锁网吧、游戏游艺场所；举办文化旅游项目推介洽谈会，推动文化旅游企业开展合作；深度开发文化旅游工艺品(纪念品)；加强文化旅游产品的市场推广；积极培育文化旅游人才；规范文化旅游市场经营秩序

(续表)

发布时间	发布机关	文件名称	文化旅游发展政策内容
2009年9月	文化部	文化部关于加快文化产业发展的指导意见	促进文化与旅游相结合,以文化提升旅游的内涵,以旅游扩大文化的传播和消费。打造文化旅游系列活动品牌,扶持具有地方、民族特色的文化旅游项目;建立《文化旅游节庆活动扶持名录》和《国家文化旅游重点项目名录》;鼓励对演艺与旅游资源进行整合,在知名旅游景区打造高品质、有特色的演艺精品;在有效保护的基础上,对历史文化名城、文物古迹进行科学的开发与利用,合理开发传统手工技艺类和表演类非物质文化遗产;深度开发文化旅游工艺品,提升品位,拓宽市场
2009年12月	国务院	国务院关于加快发展旅游业的意见	大力推进旅游与文化、体育、农业、工业、林业、商业、水利、地质、海洋、环保、气象等相关产业和行业的融合发展;丰富旅游文化内涵,把提升文化内涵贯穿到吃、住、行、游、购、娱各环节和旅游业发展全过程;旅游开发建设要加强自然文化遗产保护,深挖文化内涵,普及科学知识;旅游商品要提高文化创意水平,旅游餐饮要突出文化特色,旅游经营服务要体现人文特质;要发挥文化资源优势,推出具有地方特色和民族特色的演艺、节庆等文化旅游产品;充分利用博物馆、纪念馆、体育场馆等设施,开展多种形式的文体旅游活动;集中力量塑造中国国家旅游整体形象,提升文化软实力
2010年7月	国务院办公厅	贯彻落实国务院关于加快发展旅游业意见重点工作分工方案的通知	深化旅游业改革开放,优化旅游消费环境,倡导文明健康的旅游方式,加快旅游基础设施建设,推动旅游产品多样化发展,培育新的旅游消费热点,提高旅游服务水平,丰富旅游文化内涵,推进节能环保,促进区域旅游协调发展,加强规划和法治建设,加强旅游市场监管和诚信建设,加强旅游从业人员素质建设,加强旅游安全保障体系建设,加大政府投入,加大资金支持,完善配套政策和措施
2013年2月	国务院	国民旅游休闲纲要(2013—2020年)	旨在落实职工带薪年休假制度,加强旅游基础设施建设,完善旅游公共服务,推动旅游业与相关产业融合发展,丰富旅游休闲产品,提升旅游休闲品质
2016年12月	文化和旅游部	"十三五"旅游业发展规划	明确了"十三五"时期我国旅游业发展的指导思想、基本原则、发展目标、主要任务和保障措施,强调要推进全域旅游,促进旅游业转型升级
2018年3月	文化和旅游部	关于促进全域旅游发展的指导意见	提出了全域旅游发展的总体要求、主要任务和保障措施,强调要加强旅游基础设施建设,提升旅游公共服务水平,推动旅游业与相关产业融合发展
2021年12月	国务院	"十四五"旅游业发展规划	总结了"十三五"旅游业发展成就,分析了"十四五"旅游业面临的发展机遇和挑战,提出了"十四五"旅游业发展目标,围绕七方面重点任务作出系统部署
2023年9月	国务院	关于释放旅游消费潜力推动旅游业高质量发展的若干措施	提出推进文化和旅游深度融合发展,推进文化和旅游产业融合发展典型示范,提出了一系列具体措施来释放旅游消费潜力,推动旅游业高质量发展

2013年4月25日，十二届全国人大第二次会议表决通过了《中华人民共和国旅游法》(以下简称《旅游法》)。这成为我国旅游业发展纳入法律体系的标志，也成为我国旅游业发展的转折点。至此，我国旅游业形成了由国家大法、国务院条例、部门规章组成的完整的法律法规体系。

2014年，在党中央、国务院的正确领导下，在各级党委、政府的高度重视下，旅游发展环境不断改善。全国人大开展《旅游法》执法检查，推动了《旅游法》的贯彻落实。国务院出台《关于促进旅游业改革发展的若干意见》(国发〔2014〕31号)，提出了新时期旅游业改革发展的方向和任务。国务院成立旅游工作部际联席会议，创新了协调商议旅游业改革发展重大问题的机制；与中宣部、中央文明办共同开展提升中国公民出境旅游文明素质宣传活动，营造文明旅游的社会氛围。各省、区、市深入贯彻落实国发31号文件，强化了旅游统筹协调机制，海南、北京、云南、江西、广西、西藏6个省、区、市先后成立旅游发展委员会；海南、云南、上海等地修订了旅游条例；山东、浙江、甘肃、安徽等省先后出台贯彻落实国发31号文件的政策文件；旅游综合改革深入推进，共设10个市、县开展国家旅游综合改革试点。

2021年12月，为贯彻落实《中华人民共和国国民经济和社会发展第十四个五年规划和2035年远景目标纲要》，根据《旅游法》，文化和旅游部会同相关部门共同编制了《"十四五"旅游业发展规划》(以下简称《规划》)。《规划》在五个方面作出安排部署：一是优化布局，提供游客出行新选择。支持各地依托特色地理景观、自然资源和生态资源，完善综合服务功能，建设一批山岳、海岛、湿地、冰雪等多方面的旅游目的地。二是树立精品，打造品质旅游新标杆。以世界遗产地、国家5A级旅游景区和国家级旅游度假区、重大度假项目为基础，建设一批富有文化底蕴的世界级旅游景区和度假区。大力发展红色旅游，规范发展乡村旅游。三是顺应趋势，为群众提供旅游休闲新空间，培育文化特色鲜明、旅游休闲消费旺盛、生态环境优美的国家级旅游休闲城市，建设国家级旅游休闲街区。四是促进合作，共筑创新发展新优势。推进旅游与科技、教育、交通、体育等多领域相加相融，形成多产业融合发展新局面。五是筑牢基础，激发市场主体新活力。充分利用好各项扶持政策，切实为旅游市场主体纾困解难，充分发挥各类市场主体投资旅游和创业创新的积极性。

11.2 文化旅游产业创意与策划的基本理论

旅游业属于创意文化产业，没有高明的创意难以做好旅游策划。文化旅游创意策划就像一股难以抗拒的洪流，汹涌奔腾地将智慧符号的现代价值扩散到旅游业的每个角落。很难说是现代旅游业派生了这些特有的智慧符号，还是这些智慧符号成就了现代旅游业的发展。但有一点可以肯定，即使在一个完全陌生的环境中，文化旅游产业创意与策划也一定会让游客在瞬间找到一份亲切与熟悉感。

■ 11.2.1　文化旅游产业创意与策划的概念

古人说:"凡事预则立,不预则废。""预"就是对未来要做的事情的预测和安排,其中就包含创意与策划的思想。纵观各地旅游开发的成功经验和失败教训,科学的策划是成功的首要因素,没有创意的策划或策划的受众不明确是失败的主要原因。

所谓文化旅游产业创意与策划,是指旅游策划者为实现旅游组织的目标,以文化旅游资源为基础,通过对旅游市场和旅游环境的调查、分析和论证,创造性地整合旅游资源,别出心裁地设计和策划旅游方案,谋划对策,然后付诸实施,以便使旅游资源与市场密切结合,从而获得最佳经济效益、社会效益和生态效益的运筹过程。有专家认为,文化旅游产业策划的本质是思想、文化、创造、发现、理想等。文化旅游产业策划需要创意,创意是文化旅游产业策划的核心。创意是指运用创造性思维,对某一特定事物状态及相关因素进行联想和假想,从而创造出一种意图、意象和意境等。

■ 11.2.2　文化旅游产业创意与策划的作用

1. 为旅游企业、相关政府部门创造社会和经济价值

21世纪是知识经济时代,知识经济的一大特征是智力、智慧产业将得到进一步发展,社会所需的知识比任何时代都要丰富得多。文化旅游策划机构的价值越来越取决于对知识的应用能力。这种能力包括思想、智力、方略等方面。智能与财富结合在一起,才会爆发出巨大的能量。

2. 充当智囊团、思想库,是企业决策者的亲密助手

首先,文化旅游产业创意与策划接触面大、实践范围广泛。从规划到营销的每个环节,策划活动都参与其中。其次,文化旅游产业创意与策划的案例精彩、形式多样。在文化旅游产业创意与策划的成功案例中,有不少精彩绝妙的概念、理念、创意和手段。再次,文化旅游产业策划的思想活跃、理论丰富。由于众多策划人努力实践,勤奋耕耘,在创造许多精彩的项目典范和营销经典的同时,还梳理出不少闪光的策划概念和思想,总结出富有创见的创意与策划理论。这些都给旅游企业以智力、思想、策略上的帮助与支持,帮助旅游企业创造更多的经济效益。

3. 为旅游开发成功保驾护航

文化旅游开发建设需要经历市场调研、项目选址、投资研究、规划设计、建筑施工、营销推广、旅游接待等一系列环节,某一环节出现问题,都会影响旅游开发进程,甚至使景区建设"胎死腹中"。旅游策划参与其中的每个环节,通过概念设计及各种策划手段,可使开发的景区适销对路,从而占领市场。

11.2.3　文化旅游产业创意与策划的性质

1. 创造性

创造性也称原创性、新颖性、独特性。文化旅游产业创意与策划必须产生具有新颖性的构想。创意是金，贵在出新。创造性是文化旅游产业创意与策划区别于一般旅游发展构想的根本特征，也是文化旅游产业创意与策划的灵魂和生命，还是判定文化旅游产业创意与策划水平的首要指标。

2. 内隐性

创意是文化旅游产业创意与策划的核心环节，不同于旅游设施建设、服务提供与管理行为，创意是一种表面上看不见、摸不着的内在心理活动，也是一个思维活动过程。

3. 关联性

与其他领域的创意与策划一样，文化旅游产业创意与策划也依赖元素重组或异态混搭。也就是说，文化旅游产业创意与策划必须与多种要素相互关联。同时，旅游产业的无边界特征和旅游需求的多元化趋势，使文化旅游产业创意与策划和其他领域的创意与策划相比，具有更为突出的综合性。

4. 符号性

文化旅游产业创意与策划的符号性又称为象征性，是指经由创意生产出的旅游产品(旅游创意的终极对象)不同于日常用品，它可以产生丰富而独特的旅游体验，具有象征意义和符号价值，能够吸引游客的"眼球"。

5. 增值性

旅游创意与策划可以"无中生有"，可以变废为宝，可以点石成金，可以锦上添花，可以化腐朽为神奇，可以变梦想为现实，能够大大推进旅游资源价值的实现过程，提高旅游产品的价值和旅游企业的效益，这就是文化旅游产业创意与策划的增值性。

11.2.4　文化旅游产业创意与策划的特征

作为知识与智慧的集中体现，文化旅游产业创意与策划具有以下几个特征。

1. 宏观战略性

文化旅游产业创意与策划是对项目地旅游业发展的宏观把握、战略引导，也是对项目地社会、经济、文化、市场、资源等条件的宏观性、全局性、战略性把握与控制，主要从全局、整体、宏观、战略的角度解决项目地旅游发展在关键因素、特殊思想、特有理念、核心主题、阶段目标与主体战略等层面的问题。

2. 意象功效性

文化旅游产业创意与策划强调"概念"在策划研究中的作用，并以"意象生成""宏观控制""弹性发展""突破创新"的核心趋向而区别于传统旅游策划。它实现了由传统旅游策划的完整"展现"到意念性"启迪"的转变。文化旅游产业创意与策划以一种开放性、理念化、非现实性形态为项目地旅游业的发展提供战略发展思路。

3. "研""策"并重性

文化旅游产业创意与策划在对项目地旅游业发展的构思谋划过程中，注重"策划"与"研究"的齐头并进，在"策划"中展现其"研究性"的特色，在"研究"中体现其"策划性"的特性。文化旅游产业创意与策划是"策划"与"研究"并重的统一体。

4. 灵活普适性

文化旅游产业创意与策划的灵活普适性主要体现为：时间上的灵活性，即文化旅游产业创意与策划可根据项目地的市场需求，高效、灵活地控制编制时间；策划空间、应用领域、编制内容、参与主体上的普适性；策划空间上的灵活性，既适合大空间领域，又适合中小空间领域；策划内容上的灵活性，既可从宏观层面把握，又可从中观、微观层面引导控制。

5. 创新研究性

文化旅游产业创意与策划在编制过程中，更注重理念、理论、主题、方法、战略、结构上的创新研究。这就要求策划人员在文化旅游产业创意与策划的过程中应注重特有理论、特殊理念的提炼与应用，加强核心主题、关键方法、主体战略、空间结构的创新研究，从整体上把握核心项目的创意策划研究，并使以上各个层面与规划区的空间布局、景观环境、文化背景、社会经济等内容相统一，继而实现项目地未来旅游业的持续、健康发展。

■ 11.2.5 文化旅游产业创意与策划的分类

文化旅游产业创意与策划的类型非常丰富，主要包括发展旅游战略策划、旅游形象策划、旅游营销策划、旅游产品策划、旅游品牌策划、旅游商品策划、旅游服务策划、旅游节庆活动策划、旅行社策划、酒店策划、旅游景点策划、旅游演艺策划等。现对其中比较重要的策划进行简要说明。

1. 旅游战略策划

旅游战略策划主要是宏观意义上的旅游发展战略策划，即在分析旅游发展的机会、必要性及可能出现的问题的基础上，对旅游发展战略思想、战略目标及战略重点的谋划。旅游发展战略包含的内容十分宽泛，其策划的重点应集中在宏观或国家及地区的层面上，尤其是一个地区的国际旅游业发展层面上，即侧重在研究旅游开发的必要性、机会和旅游开发所带来的问题的基础上，制定未来旅游发展战略。旅游发展战略是综合性的，既包含政策表述，又包含实施内容。

例如，《吉林省冰雪产业高质量发展规划(2021—2035年)》，提出建设"世界级冰雪旅游目的地"，打造"西冰东雪"产业格局(西部冰上运动、东部雪场集群)战略。依靠丰富优质冰雪资源和厚重的冰雪文化底蕴，吉林省积极加强旅游基础设施建设，努力提升冰雪旅游品牌，实施产业融合创新。建成万科松花湖、万达长白山、北大湖等12家大型滑雪度假区，雪道总长度超350公里，其中长白山滑雪场获评"全球最佳滑雪度假区"。连续举办25届"中国长春冰雪节"和"吉林国际雾凇冰雪节"，2023年雾凇冰雪节吸引游客860万人次，拉动消费超120亿元。开展"冰雪+文化"的长白山《冰封天池》实景演出、查干湖冬捕非遗体验等活动。

2. 旅游形象策划

旅游形象(TIS)在国外又称为旅游地形象，是旅游地区域内外公众对其总体的、抽象的、概括的认识和评价，它是旅游地的历史、现实与未来的一种理性再现。在旅游资源的开发规划过程中，旅游形象的塑造具有举足轻重的作用。如果一个旅游地的形象模糊混乱，就很难对潜在的旅游客源群体形成吸引效应，同时还会使现实的旅游者经历平淡，降低其重游率。而个性鲜明、亲切感人的旅游地形象是形成庞大旅游市场的源泉，并可以在旅游市场上形成较长时间的垄断地位。

例如，20世纪90年代，冰岛旅游业因形象模糊(地热、火山、极光等资源分散宣传)导致游客认知混乱，客源以科考团队为主，大众游客占比不足30%。冰岛旅游部门提炼了"火与冰之地"(land of fire and ice)口号，将火山与冰川的冲突美学作为国家旅游符号。设计了蓝色冰川与红色岩浆交融的抽象图形，官方宣传片80%镜头聚焦火山喷发与冰洞探险的极致对比。2010—2023年，国际游客从48万增至230万，形象认知度提升至87%。通过极致化地理特征符号和多感官体验设计，冰岛成功将"危险的自然禁区"转化为探险胜地。

3. 旅游营销策划

旅游营销策划是指旅游产品或旅游服务的生产商在识别旅游者需求的基础上，通过确定其所能提供的目标市场并设计适当的旅游产品、服务和项目，以满足这些市场需求的过程。旅游营销策划分为战略性策划和战术性策划。战略性策划具有长远性、整体性和宏观性；而战术性策划是具体的、可执行的。旅游营销有以下几种方法：旅游品牌营销、旅游体验营销、旅游网络营销、旅游整合营销、旅游互动营销等。

2012年前，故宫面临"文化距离感强、年轻游客流失"的困境，30岁以下游客占比不足12%，国际游客停留时间平均仅2.3小时，文创产品年收入仅6亿元。为了有效吸引年轻人，故宫将旅游定位从"皇家禁地"转向"文化超级IP"，确立"让文物活起来"的核心战略，制定2013—2025年《"平安故宫"工程方案》。提取"故宫猫""千里江山图""紫禁城二十四节气"等年轻化符号，构建"严肃与萌趣并存"的新形象，打造"紫禁城365"App，用户可通过VR体验养心殿早朝、御膳房烹饪等体验活动，微信公众号推出《故宫日历》每日文物故事，用户打开率超行业均值3倍。在故宫博物院的"数字故宫"营销战略实施后，2023年35岁以下游客占比提升至52%，国际游客平均停留时间延长至6.8小时。

4. 旅游产品策划

旅游产品策划是在对旅游资源进行市场调查，通过创意形成、创意筛选、市场定位、概念形成和市场可行性分析后，为产品开发做好先导的过程。成功的产品策划包括4个标准，即定位准确、凸显核心吸引力、游玩方式适应游客需求、投入产出合理。对产品策划而言，最重要的是确定游玩方式，又称为"玩法"。创意的最大难点，也是最核心的点，就是玩法。旅游产品策划的最高境界是创造全新的生活体验，形成人们向往的生活方式。

例如，河南作为文化大省长期面临"有资源无产品"的困境，历史文化厚重但呈现方式单一，年轻游客占比不足20%。全省文旅收入长期徘徊全国第12位，与资源禀赋严重不匹配。经过精心策划准备，河南以"黄河文明""中原粮仓"为精神内核，拒绝与西安、洛阳的古都定位同质化，锁定25～45岁文化中产群体，主打"戏剧+思考"的深度体验需求。创新实施了沉浸式交互体验，在《李家村剧场》，要求观众参与"粮食分配"投票决定剧情走向，在《光与影》剧场，游客用手机扫码触发不同灯光叙事。旅游产品的创新，带来了丰厚的回报，首年营收破12亿元，3年实现回本。

5. 旅游节庆活动策划

旅游节庆活动是文化现象和经济活动的双重载体，举办节庆活动的实质是以展示独特文化为手段，通过加强人流、物流、资金流和信息流的流动性来促进经济、文化和社会全面进步。旅游节庆活动作为促进地方社会发展的一个非常活跃的经济因素，它可以凭借其较高的产业关联度、巨大的经济带动力等特性推动区域经济发展。从这一意义上说，旅游节庆活动也是节庆经济。地方通过举办节庆活动，可以达到塑造主题形象、带动地区经济全面发展的目的。因此，大力发展旅游节庆活动逐渐在经济领域引起了政府的广泛关注。

例如，西双版纳泼水节原为傣族新年宗教仪式，2010年前仍属区域性民俗活动，存在三大痛点：第一，文化变现能力弱，游客停留时间仅1.2天，人均消费不足600元；第二，安全管控难，粗放式泼水引发年均30余起冲突事件；第三，产业关联低，未形成食、住、行、游、购、娱完整链条，2015年节庆综合收入仅8亿元。因此，经旅游相关部门分析后，将传统泼水仪式细分为"浴佛祈福—全民狂欢—文化展演"三阶段，首日由108名高僧主持南传佛教祈福大典。节期从3天延长至21天，前7天举办"澜湄国际音乐节"，后14天开展"雨林秘境探险"，启用5G+AI监控系统，实时监测100个泼水区人流密度，自动触发分流警报，并设立"无水文化区"(非遗集市、贝叶经制作)，满足非参与型游客需求。实施新的举措后，2023年接待游客278万人次，旅游综合收入91亿元，较2015年增长10倍。成功的旅游节庆必须完成"文化仪式—体验产品—经济系统"的三级跳。当一瓢清水既能洗净灵魂又能浇灌产业之树时，传统节庆便真正实现了从文化资本到经济资本的惊险一跃。

6. 旅游演艺策划

旅游演艺是旅游业和演艺的结合，融合了旅游风景的柔美与歌艺表演的刺激，形成一种如梦似幻的唯美画面，给人无限遐想，被称为新时代的"精神桑拿"。当前，"旅游演出，阳光娱乐"已成为我国群众文化生活的重要内容之一，国内旅游演艺消费需求日益旺盛，但有限的旅游接待能力无法满足巨大的市场需求，旅游演艺发展空间巨大。旅游演艺的快速发展是伴随着居民旅游需求水平的不断提高和国内旅游市场的不断扩大而出现的，也是在旅游和演艺的共同推动下迅速发展起来的。演艺拓展了旅游空间，是旅游业发展的助推器；而旅游业又为演艺发展创造了条件和环境，是演艺市场繁荣的重要动力。旅游与演艺携手带来的旅游演艺市场的蓬勃发展已成为国内文化产业引人瞩目的新景观。旅游演艺的诞生，拓展了旅游业发展的新天地，有利于旅游业的健康可持续发展。

例如，2006年前的华清宫景区面临"白天看池子，晚上看房子"的尴尬，游客平均停留时间不足2小时，夜间消费几乎为零。如何将唐代皇家园林与现代文旅体验相结合，成为破局关键。当地旅游部门研究后，决定以白居易《长恨歌》为蓝本，提炼"霓裳羽衣舞""七夕盟誓""马嵬兵变"三大核心场景，首创"真山真水真历史"的实景演出模式，将骊山作为天然幕布，用星空与灯光交织成70万平方米的动态舞台。在湖水投射3000平方米的莲花幻影，实现杨贵妃"踏波归来"的视觉奇观，48组智能威亚系统精准控制演员三维运动，安禄山叛军"从天而降"的压迫感震撼观众，在"梨园盛宴"场景释放定制唐风香氛，复原史料记载的"龙脑香"。经过策划后，2023年演出场次达500场(4—11月日均3场)，单日最高连演4场，累计观演人次突破1800万，门票收入超28亿元，净利润率达35%。

11.3　文化旅游产业创意与策划的方法

11.3.1　文化旅游产业创意与策划的思维方法

1. 联想系列方法

联想是由一种事物想到另一种事物的心理过程，由当前事物回忆过去事物或展望未来事物，由此事物想到彼事物，都是联想。在现实的联想中，"联"和"想"并不分开进行，而是"一气呵成"或转瞬之间完成的。例如，从嫦娥联想到登月飞船，就是由于想象力的作用把它们联系在一起。所以联想并不单纯是回忆，而是有想象力的微妙作用。而对于创意而言，重要的是把表面不相干的事物联系起来，而非单纯回忆、回想。奥斯本称创意活动中的联想是"依靠记忆力进行想象，以便使一个设想引发另外一个设想"。可以认为，联想是想象最初步的、最基本的形式。联想在创意过程中占有重要位置，善于联想，常常可以由已知达到未知，实现各种创意，所以有人说发明就是联想。"头脑风暴法"是联想系列方法的典型代表，它所遵循的自由思考、禁止批判、谋求数量和结合改善等原则，都为丰富的想象创造了条件。

2. 类比系列方法

类比系列方法是以两个不同事物的类比联想系列方法作为主导的创意方法系列，其特点是以大量的联想为基础，以不同事物之间的相同或类似点为纽带，充分调动想象、直觉、灵感等功能，巧妙地借助其他事物找出创意的突破口。与联想系列方法相比，类比系列方法更具体，并且是更高的一个层次，提喻法是类比系列方法的典型代表。类比系列方法包括拟人类比、仿生类比、直接类比、象征类比和幻想类比等。

3. 组合系列方法

组合系列方法是以若干不同事物的组合为主导的创意方法系列，其特点是把似乎不相关的事物有机地合为一体，并产生新奇性。组合是想象的本质特征，与类比系列相比，组合系列没有停留在相似点的类比上，而是进一步将两者组合起来，因此方法层次更高，它也是以联想为基础的。焦点法是组合系列方法的典型代表，它以一个事物为出发点(即焦点)，联想其他事物并与之组合，形成新创意。例如，玻璃纤维和塑料结合，可以制成耐高温、高强度的玻璃钢，很多复合材料都是利用这种方法制成的。

4. 臻美系列方法

臻美系列方法是以达到理想化的完美性为目标的创意方法系列，其特点是将创意对象的完美、和谐、新奇放在首位，并运用各种方法来实现，在创意中充分调动想象、直觉、灵感、审美等诸因子。完美性意味着对创意作品的全面审视和开发，因而属于创意方法的最高层次。联想、类比、组合是臻美的可靠基础，而臻美则是发展的方向。缺点列举法是较有代表性的臻美方法，它是指找出作品或产品的缺点，提出改进的希望，使其更完美、更有吸引力。作品或产品的完美是无止境的，臻美也是一个不断努力的过程。

▌ 11.3.2 文化旅游产业创意与策划的操作方法

1. 双筛法

"双筛法"是一种"协调思想"的产物，它主要致力于协调各种关系，特别是文化旅游策划过程中旅游专家、旅游开发者、旅游客源市场(旅游消费者)和旅游地居民之间的关系，有效地解决其间的多种矛盾。"双筛法"的主要目的是有效地组织各种资源，既面向市场，又面向旅游开发者，充分发挥旅游专家的主导作用，动员一切可以动员的力量，依靠一切可以依靠的力量，设计出适合的旅游创意项目，满足人们的旅游消费需要，实现旅游开发的经济效益。

在文化旅游创意策划中应用"双筛法"应做好如下几项工作：旅游资源普查或调查，旅游开发条件的调查，旅游资源和旅游开发条件的客源市场评价，旅游专家、旅游开发者与旅游地居民的意见调查，旅游产品的客源市场认可调查，最后确定旅游产品。总结起来，文化旅游产业创意与策划需要经过5个步骤、2次筛选，所以称为"双筛法"。

双筛法的5个步骤具体如下所述。

(1) 文化旅游资源普查及其市场评价和旅游开发条件的详细调查与市场评价。在文化旅游创意与策划的过程中，文化旅游资源的普查是至关重要的第一步，在对旅游资源进行评价时，应进行总量分析和均分值分析，以便在全国范围内进行比较。

(2) 旅游项目的专家创意。这里所说的"旅游项目的专家创意"，是立足于专家对旅游市场进行充分的调查之后所提出的旅游项目的创意。对于旅游项目的专家创意，应重视旅游资源、旅游市场、旅游开发条件的有机整合和系统协调的程度。

(3) 开发者与开发地区居民对于文化旅游创意的接受意向水平调查，这是第一次筛选。当专家创意的旅游项目产生后，通过座谈会和问卷调查的形式，充分收集开发者与旅游地居民的意见，进行一次交互式对话，确定一个有等级的旅游项目序列，同时对部分旅游创意进行修正与补充。

(4) 文化旅游创意修正与补充，旅游市场的认可意向调查，这是第二次筛选。在第一次文化旅游创意筛选的基础之上，先将文化旅游创意设计成客源市场调查表格，对客源市场的意见进行收集；然后，对问卷内容进行统计分析，得出结论。

(5) 文化旅游创意的最后确定。通过两轮的筛选，文化旅游创意的设计已经获得了各个方面的认可，可以进行最后的确认，如图11-1所示。

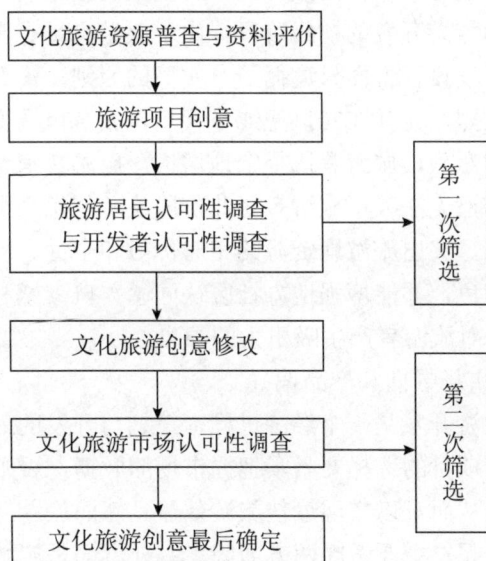

图11-1 文化旅游创意策划"双筛法"技术路线

2. RMP分析(资源、市场、产品分析)法

这种方法是由吴必虎提出来的，即以旅游产品为中心，进行R性分析(resources analysis)和M性分析(market analysis)，以此为基础进行P性分析(product analysis)，并最终提出旅游产品创意策划的方案，旅游产品创意(RMP)分析模式如图11-2所示。

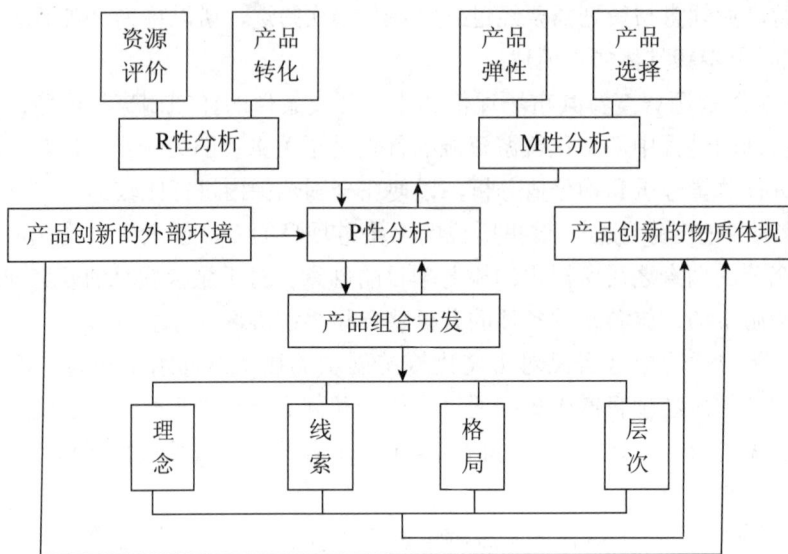

图11-2 文化旅游产品创意(RMP)分析模式

1) 资源(R性)分析:资源评价与产品转化

依托一定空间环境的旅游资源是旅游目的地借以吸引旅游者的重要因素,也是区域旅游开发的物质基础。旅游创意的设计必须立足于本地区的旅游资源,而不能凭空虚构,必须立足于"实"。在我国旅游开发的初级阶段,由于旅游市场是卖方市场,旅游资源本身就代表旅游主题,旅游开发设计方面只遵循了"实"的原则,没有进行创意或创意较少。但随着旅业竞争愈演愈烈,尤其在20世纪90年代后,旅游市场变成买方市场,旅游地增多,旅游替代地竞争非常激烈,旅游者选择余地增大,旅游者消费需求增高,以前那种无须创意或创意平庸的产品已无法吸引旅游者。此阶段旅游创意必须在旅游资源评价的基础上进行选择、加工和拔高,突出旅游地资源的相对优势和个性、特性,彰显地方精神。地方精神是指能体现地方特色,并能增强地方社区认同感、自豪感和凝聚力的深层次精神内涵,其独特性与唯一性是对旅游者产生吸引力的源泉。

2) 市场(M性)分析:市场导向和产品偏好

就市场经济而言,旅游开发是一个经济过程,策划与开发的最终目的是使旅游产品进入市场。所以,旅游创意项目的选择要紧紧把握市场的脉搏,否则,即使旅游资源价值再高,其价值也无法实现,从而难以实现最佳旅游效益。然而旅游创意是灵活多变的,如何根据市场需求来进行选择呢?主要考虑两方面因素:一方面是旅游发展趋势;另一方面是旅游客源市场的构成,尤其是文化层次构成。

3) 产品(P性)分析:产品创新和空间布局

旅游产品的创意要求遵循一定的操作性框架,即所谓的有理念、有线索、有格局、有层次的"四有产品开发模式"。这一框架模式反映了策划师对目的地的形象、文化历史背景、空间结构、开发重点等的系统界定,具体应做到以下几个方面。

(1) 构建旅游产品理念系统。理念系统是区域旅游发展规划和旅游产品开发的思想基础,它主要建立在地方性研究和受众调查分析的基础之上。一个缺乏产品理念的旅游区,其产品开发可能会出现混乱和冲突,不利于参与激烈的市场竞争。

(2) 揭示深厚的历史文化背景。作为任何一种旅游产品,其产品设计和景观规划一方面需要体现一定顺序的历史关系,我们称之为景观系统的时间线索;另一方面需要揭示地方历史文化传统,充分体现与众不同的精神内涵。唯有做到这一点.才能使旅游产品保持竞争力,延长产品生命周期,保持经久不衰的趋势。

(3) 组织优化旅游空间结构。根据资源特点、城市格局、市场需求、政府政策等若干要素,综合考虑旅游发展的空间格局问题。区域旅游空间结构,往往由若干不同层次的景观群落组成:最高层为当地最大的旅游活动中心,其次为主要的重点景区,最下层为散布全境的零星的"无围墙化"景点。这些无围墙化处理的景点,无形中延长了旅游者的滞留时间,使旅游者的总体花费增加,进而增加了当地的旅游收入。上述不同层次的景观群落通过有效的旅游线路和活动组织加以连接和整合,实现了旅游者的出游体验。

(4) 凸显重点旅游产品层次。考虑到投资能力限制和旅游地的空间层次结构,在构建一个地区的旅游系统时,应集中精力、突出重点,利用主要力量去建设关键的主控系统,通过重点产品或项目的建设来带动整个区域的旅游发展。

11.4 文化旅游产业创意与策划的原则和流程

11.4.1 文化旅游产业创意与策划的原则

1. 可行性原则

文化旅游策划的可行性原则是指策划方案应该能够实施并取得科学有效的结果。旅游策划的目的是解决问题,促进区域或者旅游企业的跨越式发展。旅游策划的基础是策划主体的内外部现状。因此,旅游策划的目标、实施条件等要符合策划主体的能力、实力以及外界政治、经济、法律法规、社会道德和环境的要求。为了保证旅游策划的可行性,在制定策划方案之前,需要对策划的利害性、经济性、科学性、合法性进行全面的分析。唯有如此,才能促进旅游策划的实施,因此,文化旅游策划要遵守可行性原则。缺乏可操作性的规划与策划是无用的废纸,文化旅游策划以运作实施为首要前提。

2. 创新性原则

创新性原则是文化策划的核心、本质和灵魂,能否打破常规、标新立异、出奇制胜,决定了文化旅游策划的成败,衡量旅游策划优劣的重要标准关键在于能否实现创新和突破。文化旅游策划的创新原则应体现在策划的观念层面、操作层面和现实层面上。模仿而来的策划给人以似曾相识的感觉,从而失去吸引力,很难达到预期效果。

从旅游组织的角度来讲，文化旅游策划的创新主要是为了进一步拓展生存和发展的空间，创造一种有特色、有新意、有内涵的旅游构件和要素；从旅游者的角度来讲，文化旅游策划的创新主要是为了获得一种轻松愉快的新鲜旅游体验，暂时进入一种与日常生活有强烈差异的生活状态。

3. 独特性原则

文化旅游策划的独特性是指文化旅游策划不能因循守旧、墨守成规，而要勇于和善于标新立异、独辟蹊径，形成独特的策划方案。在策划过程中，要寻找、发掘和利用旅游资源的特色。旅游资源经开发后，不仅应保持其原有的特色，还应使其原有特色更加鲜明、有所创新和发展。此外，还要避免破坏旅游资源原有的特色。

4. 人本主义原则

人本主义原则是指把以人为本，遵循人体生理与心理的规律，满足人类审美、修学、交流、康体、休憩及整个生活方式需求作为第一要义的原则。对于个体而言，人们总是从修学、审美、休憩、康体、交流等某种或几种需求结合出发，开始旅游生涯。当旅游多年，积累丰富经验后，开始寻求不同于日常生活也不同于一般旅游的体验式旅游。当体验式旅游积累到一定的程度后，一部分人会把旅游作为一种生活方式，一种定时或不定时的与工作、日常生活同样重要的生活方式，一种自我实现中不可缺少的生存方式。

5. 文化性原则

文化是旅游的灵魂，也是文化旅游创意与策划的灵魂。文化旅游策划的本质就是通过旅游文化的营造和表现，把抽象、静态的文化符号变成旅游者可感知和体验的旅游要素。缺乏文化基础、文化背景和文化内涵的策划，一定是没有生命力的旅游策划。国内比较成功的主题公园项目的策划，如杭州的宋城、西安的大唐芙蓉园以及国内比较成功的主题演出剧目，如《印象刘三姐》《印象武隆》等都体现了这一点。

6. 弹性原则

旅游需求是随着时间的变化而不断变化的，因此文化旅游策划必须保持相当的弹性，为后续策划留有余地。只有优化旅游策划的系统结构，文化旅游策划才有弹性。文化旅游策划系统结构的合理跨度和层次可以使其目标更加明确，运转有序，保持充分的弹性和稳定。而当前我国一些主题公园在开发和策划过程中，由于没有很好地遵循系统弹性分层原则，整个过程缺乏系统的层次链，往往在开园时很热闹，随后冷冷清清，趋于萧条。

7. 效益原则

文化旅游策划的目的是充分挖掘文化旅游资源的潜在价值，追求经济、社会和环境三方面最大的综合效益。在规划中应选准突破口，尽快收回投资，获取利润。在取得经济效益的同时，还应注意社会效益，更应注意生态环境的保护和建设，从而使旅游区真正实现可持续发展。

■ 11.4.2　文化旅游产业创意与策划的流程

文化旅游创意与策划流程主要包括6个阶段，即研究阶段、认识阶段、分析阶段、整合阶段、提取阶段、形成阶段，每个阶段层层连接、环环相扣、彼此联系、相互作用，最终构成了文化旅游创意与策划特有的流程。

1. 研究阶段

研究阶段是文化旅游创意与策划编制之前，旅游地与编制单位协商之后的第一步工作。该阶段的主要内容是在双方协商并达成意向之后所开展的实地考察、基础资料搜集以及调查研究等工作。该阶段重在对现场进行细致入微的考察、勘探，尽可能多地收集编制单位编制创意策划案时所需要的旅游地资料，以便下一阶段工作的有序进行。

2. 认识阶段

在旅游地编制文化旅游创意与策划前期，还有一个认识的过程，即认识阶段。此阶段是编制单位从宏观的、全局的角度对旅游地的区域环境、发展背景和政策环境进行深入的了解和认识，力争从区域的角度、整体的角度对旅游地的情况有全面的认识。

3. 分析阶段

分析阶段是文化旅游创意与策划的重要环节，应在研究阶段、认识阶段的基础上，通过文献分析法、问卷调查法、现场考察法等方法，分别对旅游地的区域现状、发展现状、资源现状、市场现状、发展背景、基础资料进行全面系统的分析整理，从宏观的角度把握旅游地发展的阶段和趋势。若分析阶段的工作没有做足、做好、做细，就无法把握旅游地的核心发展命脉，就可能出现旅游地发展与策划案背道而驰、南辕北辙的局面。因此，分析阶段在编制旅游创意与策划中占据着举足轻重的作用。

4. 整合阶段

整合阶段是编制文化旅游创意与策划时的又一重要环节。该阶段的主要任务是在分析阶段的基础上，整合旅游地的分析资料、资源以及主题概念和理念等。

5. 提取阶段

提取阶段是编制文化旅游创意与策划的核心环节，也是对旅游特殊理念、核心概念、形象主题的提炼。文化旅游创意与策划编制单位在整合、分析旅游地基本情况的基础上，提炼旅游地发展的核心命脉，并在此前提下提出旅游地发展的形象主题。富于表现力的创意策划主题是旅游资源与旅游需求的最佳结合点，一般应该具备以下特点：形式新颖，与众不同；富于思想性；简洁明快，通俗易懂；富于艺术表现力，具有市场感召力。

6. 形成阶段

编制文化旅游创意与策划的落脚点与归宿就是形成阶段的各项工作。该阶段的主要内容包括发展战略的形成、概念主题的形成、形象理念的形成、空间结构的形成、项目布局的形成以及产品、项目设计的形成等。因此，文化旅游创意与策划的形成阶段应在综合、全面分析与研究旅游地区域现状、资源现状、市场现状、背景现状的基础上，在整合、提取的前提下，系统地对形成阶段的各项内容进行高效、高质的策划与设计。

思考题

1. 如何理解创意是文化旅游的核心？
2. 简述文化旅游创意与策划的性质。
3. 举例说明双筛法创意策划过程。
4. 如何理解文化旅游产生创意与策划的原则？

章末案例

杭州《宋城千古情》对文化旅游发展的启示

《宋城千古情》是宋城股份公司打造的一台立体全景式大型歌舞，该剧以杭州的历史典故、神话传说为基点，融合世界歌舞、杂技于一体，运用现代高科技手段营造如梦似幻的意境，给人以强烈的视觉震撼。从1997年《宋城千古情》推出至今，已经上演了20多年，《宋城千古情》现已成为杭州旅游市场一台标志性的文艺演出，每年都吸引众多游客前来观看，被海外媒体誉为与拉斯维加斯"O"秀、法国"红磨坊"并肩的"世界三大名秀"之一。《宋城千古情》是宋城一绝，刀光剑影，炮声震天，美女如云，如梦如幻。那它的成功给我们带来了什么启示呢？

一、文化与旅游的深度融合

宋城项目启动之初，其决策层就清醒地认识到：旅游的背后是文化。所以，宋城主题公园以建筑为形、文化为魂，把文化和旅游紧密捆绑在一起，使两者有机融合，形成互补、相互拉动，并以《宋城千古情》为引擎，通过"主题公园+旅游文化演出"的模式搞活市场。

如今，游客为了观看《宋城千古情》而到宋城，因为宋城，大量游客在杭州逗留时间至少延长一天。按照惯例，景区产品带动相关消费产业比为1∶7。从这个角度来说，《宋城千古情》为杭州创造了许多边际效应，带动了相关产业的发展。

宋城集团还适时抓住机会，推出不同民俗浓郁的传统文化节庆活动和旅游相关联的娱乐活动，如针对杭州天气炎热的特点推出的"泼水节"，深受游客青睐，让游客在等候观看《宋城千古情》时可以参加这些活动，同时看完《宋城千古情》后仍可以参加这些活动，从而把"主题公园+旅游文化演出"模式推向成熟。

宋城的最大优势就是整合力，这种整合是对资源、理念、文化的整合，其产生的裂变效应巨大。如今《宋城千古情》已不仅仅是一场演出，而成为杭州的城市标志和文化符号，既是文化精品，也是一个全新的旅游产品，又是对杭州这个千年古都的悠久历史和深厚文化的全面而生动的总结。通过《宋城千古情》，人们可以触摸到杭州这座城市的灵魂。

二、整合多种元素制造意外效果

《宋城千古情》的成功在于它打破了一般室内舞台演出常规，带给观众意想不到的视觉冲击。例如，在"美丽的西子、美丽的传说"部分，断桥在观众席间合拢，当白娘子和许仙正要在桥上牵手时，桥又从中间断开，突然间雷电交加、大雨滂沱，雨雾喷向观众，许仙被一道电光吸入金山寺，霎时间整个舞台变成一片汪洋，白蛇、青蛇在波涛中显现，水位翻滚升高，法海在金山寺上拼命施法，白娘子困在空中的雷峰塔里挣扎，之后洪水滔天的舞台忽然又平静下来，观众个个目瞪口呆。又如，在"宋宫宴舞"板块，除了展现我国各地极具民族特色的舞蹈精华外，还巧妙合理地加入美国"百老汇"、法国"红磨坊"的舞蹈元素，极尽奢华。

题材是古代的，但表现的是最现代、最流行的时尚元素。如第一场"良渚之光"，就是在舞台中央放置一张巨大的蹦床，演员们不断在蹦床上腾空穿梭，做出各种惊险动作，将舞蹈、杂技、体育项目等整合在一起，使得整场演出非常饱满。又如第二场"金戈铁马"，则采用电影电视的特技拍摄手法，让观众感觉仿佛是在欣赏电影。在服装设计上，又融入了国际最新理念，在粉红色的荷花演出服上配以三朵同色调争奇斗艳的荷花装饰灯，使古典美丽与现代风韵在每一件演出服里完美融合，令人耳目一新。

此外，收缩、移动、升降等世界先进的舞台机械，观众移动席、LED高清大屏幕、旋转式三棱柱、摇臂、吊篮等设备，强化了舞台效果，这场声光视听盛宴，让观众在心灵深处极为震撼。

三、不断创新是艺术的根本

宋城集团用12年打造《宋城千古情》的实践，就是一个不断创新的过程。董事局主席、《宋城千古情》总导演黄巧灵，曾做过记者，当过基层文化单位领导，同时又是个学者，熟知文艺市场魔棒的运行规律，深知观众对文化产品的心理需求。所以，《宋城千古情》上演之初，黄巧灵就定下一条硬性指标：这台节目必须一月一小变，半年一中变，一年一大变。宋城艺术团从上到下，把注意力都集中到创新上来，从硬件设施入手，全方位对节目细节进行挖掘和创新，吸纳各国、各地演出的闪光点，通过不断提炼、整合变成自己的创意，想方设法在舞台上实现。经过十多年的千锤百炼和不断创新，《宋城千古情》已逐步走向成熟，成为演艺界的艺术精品，赢得了广大观众的认可。

四、整合营销，集约竞争

宋城的营销模式是"统一策划、统一营销、统分结合、相互分工"，它以杭州旅游市场为核心，以上海及华东地区为目标，积极扩大在"西湖一日游"市场中的占有率，在华东建立500家旅行社的委托代理网络，使长期客户占旅客总量的50%以上；注重企业公共关系，组织各种有冲击力的社会公关活动，扩大影响，提升注意力；把在景区举办各种大型节庆活动和文体竞赛作为营销的重要手段。通过举办活动既更新了景区文化，又丰富了文化内涵，活动本身也成为吸引旅客的一大亮点。

宋城集团的这种营销模式被称为"整合营销"，其特点是信息的横向传播，双方是平等关系，用"沟通"来取代"促销"，使产品反映消费者的需求。在实施过程中，更注重不同传播工具及手段优势的整合，降低企业宣传成本，使企业的价值形象与信息以最快时间传达给消费者。通过这些措施，宋城的营销计划得以顺利实施，达到了预期效果。

可以说，《宋城千古情》在国内外游客眼里已经不仅仅是一场演出，它已经名副其实地成为杭州城市的一个标志、历史文化的一个符号，就像巴黎有红磨坊，纽约有百老汇，到了杭州这座城市就必须先看《宋城千古情》，因为它传承了一座城市的历史文脉，播种了一座城市的历史文化，诠释了一座城市的文化底蕴，它与这座城市完美地融合在一起，并成为这座城市的文化之魂，它为这座城市留下了难忘的历史记忆。这也就是文化对于旅游发展的重要性吧。

资料来源：杭州文化创意产业经典案例研究——《宋城千古情》[EB/OL]. (2010-07-17)[2025-03-01]. http://blog.sina.com.cn/s/blog_5d5558050100jk83.html. 有删改

思考题： 请你谈谈《宋城千古情》的创意成功之处。

第12章

会展业创意与策划

→ **章前引例**

德国汉诺威展览

德国汉诺威展览公司是会展服务机构十大品牌之一，始于1947年，它是世界领先的展览公司，世界上规模较大的工业技术博览会，全球最有影响力的消费电子、信息及通信博览会。

总部位于德国汉诺威市的德国汉诺威展览公司成立于1947年，拥有世界上最大的展览场馆——汉诺威展览中心，总占地面积约100万平方米，室内展览面积达49.6万平方米，由27个现代化展馆组成。公司的展览主题主要是资本货物。每年举办的汉诺威工业博览会是世界规模第一的展览会，而汉诺威消费电子、信息及通信博览会则是全球最有影响力的展览会。

2023年参展商超过4000家，分别来自60多个国家，中国连续7年成为最大海外参展国。随着人工智能技术的发展，工业自动化与机器人、数字工业等也成为主要的展览内容，2023年展览会便顺应趋势，聚焦"工业转型——创造可持续价值"，展示碳捕集、AI驱动制造等前沿技术。

德国汉诺威展览不仅是全球工业创新的"超级枢纽"，更是技术革命与商业生态融合的典范，其成功密码在于，以技术前瞻性定义展会主题、以生态化运营构建产业共同体、以可持续理念引领行业变革。对于中国企业而言，这里既是展示硬实力的竞技场，更是洞察全球工业趋势的战略高地。

12.1 会展业概述

■ 12.1.1 会展的概念

会展是指会议、展览、大型活动等集体性的商业或非商业活动的简称，具体是指在一定的地域空间内，许多人聚集在一起形成的、定期或不定期、制度或非制度的传递和交流信息的群众性社会活动。

会展的外延非常广泛，包括但不限于：博览会，如世界博览会，这是典型的会展活动；展销活动，如中国进出口商品交易会，主要侧重于产品展示和交易；大型会议，如世界妇女大会，侧重于信息交换和政治行为；文化活动与节庆活动，如旅游节，具有文化传播和娱乐性质。

与会展紧密相连的会展经济是指以会议、展览和节事活动作为发展经济的手段，通过举办大规模、多层次、多种类的会议、展览和节事活动，带动源源不断的物流、人流、商流、资金流和信息流，从而创造商机、吸引投资、推动商贸旅游业的发展，进而拉动其他产业发展的一种经济现象和经济行为。会展在城市经济的发展中起到重要作用。

会展产业可以从两个角度来划分，一是从相关行业的角度，可以将其划分为展览业、会议业、体育业、旅游业等；二是从事业产业的角度，可以将其划分为会议、展览、体育赛事、旅游节庆等。

12.1.2 中国会展业发展趋势

1. 专业化趋势

在过去相当长的一段时间内，我国会展业在办会展的过程中追求"全能型会展"，希望一个会展能够包罗万象。但是这样的愿望在实际运作中往往会面临经费、组织、管理等诸多困难，其最终结果便是导致展会特色不鲜明、吸引力不强。因此，走向专业化是中国会展业的必然选择。会展的专业化发展强调以专业的精神和专业化的诉求吸引参展商和参观者。会展业的专业化包含三个方面的内容，即展会内容的主题化、场馆功能的主导化和活动组织的专业化。在一些会展业发达的国家，某些国际性品牌展览会总是固定在某个或几个场馆定期举行，这样既有助于会展公司和场馆之间开展长期合作，又有利于培育会展品牌。

2. 全球化背景

随着中国与世界各国经济关系的日益密切，大批海外企业希望利用中国展会推广自己的产品、服务或企业形象，同时不少海外会展商也瞄准了中国这个全球最大的市场。巨大的竞争压力逼迫国内的会展企业在理念和技术层面不断创新，而相应的管理部门也要适时调整管控水平，熟悉国际规则，提高服务质量。

3. 创新化趋势

会展作为一项协助参展企业推销企业产品、服务或企业形象的活动，必须得到企业的认可。只有先把自己推销出去，才能更好地帮助推销别人的东西。千篇一律的会展组织、布置和服务，只会让参展商和参观者感到厌烦，要想在竞争日益激烈的会展市场中站稳脚跟，会展企业必须不断开拓创新。

4. 品牌化趋势

品牌是企业发展的灵魂，会展业要想做大、做强，也同样需要着力塑造品牌。纵观全球会展业较为发达的国家，几乎都拥有自己的品牌会展，甚至有会展名城。因此，中国会展企业当前迫切需要借助品牌力量发展自身，以利于未来更有效地参与国际会展竞争。

12.2 会展业创意

12.2.1 会展业创意的概念

会展业创意是指在会展活动过程中，根据企业或组织的需求和目标，通过独特的思维方式和方法，创造性地提供会展方案，以实现企业品牌推广、产品宣传、交流合作等目标的活动。会展业创意的核心是要找到一种切合实际的方式来展示和推广企业或组织的形象和产品，让参与者能够获得最大的价值和最好的体验。

12.2.2 会展业创意的原则

会展业创意应遵循以下几项原则。

1. 目的性原则

会展业创意应有一个明确的目标，所有的创意必须围绕这个核心目标展开，以确保达到预期效果。

2. 艺术性原则

会展业创意应能提升会展项目的吸引力，凸显参展企业的形象和意图，提升会展项目的观赏性和互动性，从而增强观众对会展内容的理解和记忆，进而提升会展项目的整体效果和影响力。

3. 功能性原则

会展业创意应考虑实际功能，兼顾合理规划展示区域和细节设计，确保为参展人员提供舒适和高效的工作环境。

4. 创新性原则

在会展业创意中，应注重对新技术的使用，以适应不断变化的市场需求和技术发展。如可运用虚拟现实(VR)、增强现实(AR)、全息投影等技术，为观众提供沉浸式的观展体验。

12.2.3 会展业创意的方法

根据不同的利益相关主体(会展主办者、参展商、观众和服务商)，可将会展业创意分为会展项目创意、展台设计创意、场馆设计创意。其中，最主要的创意集中在会展项目创意里，它又可分为主题创意、营销创意、运营创意(现场管理)。会展业创意的目标是达到整体利益最大化，实现双赢甚至多赢。会展业创意的常用方法有以下几种。

1. 模仿创造法

人类的创造活动大致可分为两个阶段：第一阶段为初期创造活动，这一阶段的创造依赖模仿；第二阶段为后期创造活动，这一阶段则侧重在模仿创造的前提下进行再创造。可见，创造通常由模仿开始。模仿创造法在人类的创造历史上占有重要的地位，在会展业的创意中，模仿创造法是运用最为广泛的创意方法，会展业的运作所涉及的相关部门和工作人员繁多，往往具有相对固定的流程。因此，与之相应的会展创意多从以往的会展创意中吸收部分元素进行再创造。

2. 逆向思维法

逆向思维法是指为实现某一创新或解决某一常规思路难以解决的问题，而采取的以反向思维解决问题的方法。逆向思维法对会展创意非常重要，会展创意人员须从参展商或参观者的角度进行思考，设计出符合参展商和参观者心理预期的创意。逆向思维具体包括换角度思考、换位思考和发散性逆向思考三种方法。换角度思考是指对事物从常见的角度思考后另辟蹊径，从其他角度进行思考。换位思考则是将事件或现象的正反两面特征全部或部分独立后进行思考。发散性思维是指由一点到多点，由点及面，由此及彼，进行多向度思维的方法。

3. 同质异化法

同质异化法就是对一些人们早已熟悉的事物从新的角度运用新的方法进行再处理，将熟悉的事物陌生化的方法。如前所述，新创意往往产生于对过去创意的超越创新之上，会展创意人员应积极从过往熟悉的事物中提炼出有价值的元素，进行新的阐释，从而形成更好、更有价值的会展创意。

4. 移植嫁接法

移植嫁接法原是环境工艺创新的一种重要方法，在创意领域，所谓移植嫁接就是要嫁接、改造创意的不同元素，从而创造全新的创意。在会展创意中，我们可以借鉴来自影视、艺术、广告等各种门类中的创意元素，丰富展会的形式和内容。

12.3 会展业策划

12.3.1 会展业策划的概念

会展业策划是指会展策划主体为达到一定目标，对会展业相关信息及其发展趋势进行理性分析和需求洞察，并在此基础上为未来一段时间的特定会展活动进行创造性地设计、组织或参与，并通过具有较强引导性和执行性的行动计划和行动方案来确保预期目标得以实现的过程。这里的会展策划主体可以是会展活动的举办方，也可以是会展活动的参展方。会展业策划需要在会展活动开始之前进行，并贯穿会展活动的始终。

根据会展策划的主体，可将其分为举办方会展策划、参展商会展策划。其中举办方会展策划又可分为政府举办的会展策划、公司举办的会展策划。根据会展策划的层次，可将其分为宏观会展策划、普通会展策划、微观会展策划。根据会展策划的规模，可将其分为大型会展策划、中型会展策划、小型会展策划，也可分为整体会展策划、单项会展策划。根据会展策划的进程，可将其分为会展前期策划、会展中期策划、会展后期策划。

12.3.2 会展业策划的特点

1. 针对性

会展策划是具有针对性的活动，它是会展理论在会展活动中的具体运用。在进行会展策划时，应明确会展活动的目的，以及举办会展旨在解决什么问题。譬如，有的会展以特定消费群体的生活方式为依据，具有鲜明的主题，这就要求在进行策划时必须围绕主题组织展品、开展活动。

2. 系统性

会展策划是对整个会展活动的运筹规划，因此具有系统性的特点。

系统性表现在策划时要针对会展的各个方面、各个环节进行权衡，通过权衡，使企业目标特别是通过参展而实现的企业市场营销目标具有一致性，使其在产品、包装、品牌、价格、服务、渠道、推销、广告、促销、宣传等方面保持统一性。系统性可以减少会展策划的随意性和无序性，提高效率。

随着会展理论研究的不断深入，近年来有学者提出"立体策划"的概念，也可以说是会展策划系统性的一种表现。

3. 变异性

《孙子兵法·虚实篇》中说："兵无常势，水无常形。能因敌变化而取胜者，谓之神。"这里的"神"是指战术上的灵活性、变通性。市场永远是千变万化的，会展策划也必须充分考虑到市场的变化。例如，原定于2020年10月举办的世博会因客观原因延期至2021年，国际旅行限制导致线下观众锐减。又如，全球加速数字化转型，使实体展会模式受到很大冲击。面对市场的不确定性，策划者应具备在确定性框架内拥抱不确定性的能力，将变异视为发展契机而非威胁。

4. 可行性

可行性是指会展策划方案在现实中要切实可行。没有可行性的策划方案，即使写得再精美，也只是纸上谈兵。一般说来，会展策划方案必须经过分析论证才能实施。分析论证策划方案的可行性主要围绕策划的目标定位、实施方案以及经济效益等方面进行。

12.3.3　会展业策划的原则

会展策划是为综合性、大规模的会展活动提供策略的指导和具体的计划。它必须遵循市场经济的客观规律和会展活动的基本原则。

1. 借势原则

所谓借势，就是借助别人的优势为己所用，优秀的会展策划人要懂得"巧借东风为我用"的策划理念，借势有借大势、借优势、借形势之分，亦即通常所说的"三借"原则。

(1) 借大势。对于会展活动来说，全球会展经济的发展是大势，某一会展企业的战略发展也是大势，大势即指事物的战略性发展规律，掌握大势有利于在会展策划时保持主动性。例如，在秉承科学发展观、构建和谐社会的今天，会展策划应乘势而上，高效、节俭、务实地办会展，遵循可持续发展的大势，才是会展业的健康发展之路。

(2) 借优势。一方面要了解掌握本部门、本单位的优势，另一方面要了解掌握竞争对手的优势，知彼知己，才能百战不殆。在产品同质化竞争日益激烈的今天，从企业参展的策划来说，要想在某一展会上脱颖而出，就必须发挥企业的优势，或是拿出具有独特性或创新性的展品，或是向目标客户提供周到的服务，或是设计出新颖别致的展台，精心策划，以己之长，取得竞争优势。

以达沃斯论坛为例，首先，瑞士得天独厚的中立政治和文化地理的优势，为世界经济论坛的建立和发展提供了优越的条件，瑞士地处欧洲中南部，经济发达，交通便利，语言和宗教信仰多样，是欧洲多元文化的集中地。其次，论坛总部所在地日内瓦优越的经济环境为世界经济论坛的建立和发展创造了良好的条件。最后，日内瓦地处风景宜人的莱蒙湖畔，依山傍水，景色秀明，夏无酷暑，冬无严寒，自然条件优越。论坛年会地点达沃斯是瑞士著名的旅游滑雪胜地，自然条件和人文环境无与伦比，凭借这些优势，使得达沃斯论坛闻名遐迩。

(3) 借形势。形势一般指当前事物的发展方向，一个国家，一个企业，首先要制定战略发展目标，也就是长期目标。但事物发展总是要起伏变化的，往往一些新的变化，使我们不得不修改既定的方针。对于会展策划来说，掌握市场变化的信息很重要，策划人要胸怀大局，积极面对变化，随时拿出符合事物发展规律的主意、方法、措施。

2. 目的性原则

举办会展活动，从大的方面来说，或者是为了促进地区经济的增长，或者是为了传递有关的信息、知识、观念，或者是为了打造城市品牌，促进经济一体化发展，总有一定的目的性；从展览的组织者和参展厂商方面来说，或塑造展会品牌，或塑造企业形象，或凸显公司知名度，也都有某种特定的目的性。因此，在会展策划过程中，应该遵循目的性原则，具体在策划过程中，应针对某一特定的问题进行市场调查，在会展的决策、计划以及运作模式、媒体策略等方面都必须有针对性地进行。

3. 操作性原则

会展策划不仅要为会展活动提供策略指导，还要为它们提供具体的行动计划，从而使会展活动能够在总体策略的指导下顺利进行。会展的实施是会展策划的直接目的，因此会展策划应有充分的可操作性。会展策划的操作性原则要求在做策划方案时结合市场的客观实际情况，以及企业、会展公司的具体情况和实施能力来进行，否则就是纸上谈兵。

4. 创新性原则

创新性是会展策划所追求的目标。在市场经济条件下，要达到万商云集、闻名遐迩，会展的新颖性是必不可少的。会展的"新"首先体现为策划的"新"。

会展策划的创新性主要表现为会展理念的创新、目标的选择与决策的创新、组织与管理的创新、会展设计的创新等。

5. 有效性原则

任何会展活动都应产生一定的效果，而且必须达到预期效果或者超出预期效果。会展活动的效果不应仅仅凭借会展策划者的主观臆想来预测，而是应通过实际的、科学的会展效果预测和监控方法来把握。

6. 规范性原则

规范性原则包括以下三个方面。

(1) 遵守法律原则。我国会展方面的法律规范主要包括国务院部委颁布的行政法规和其他一些规范性文件，如《中国加入世贸组织(WTO)服务贸易谈判中关于展示和展览服务中的承诺和减让》《展会知识产权保护办法》以及国家工商行政管理局(现为国家市场监督管理总局)发布的《商品展销会管理办法》《展览会的章程与海关对展览品的监管办法》等。

(2) 遵守伦理道德。会展策划不能违背人们的价值观念、宗教信仰、图腾禁忌、风俗习惯。

(3) 遵循行业规范。会展策划应做到管理规范、程序合理、操作有方、竞争有序，同时深刻把握会展经济内在规律。

12.3.4 会展业策划的内容

会展策划是一项综合性工程，涉及多方面内容，具体包括会展调查与分析、会展决策与计划、会展运作与实施、会展效果评价与测定。

1. 会展调查与分析

市场调查是会展策划的基础，也是必不可少的第一步。

一般情况下，市场调查要根据本地或本区域的经济结构、产业结构、地理位置、交通状况和展会设施条件等特点，围绕市场开展。市场调查的主要内容包括会展环境调查、会展企业情况调查、会展项目情况调查、会展市场竞争情况调查以及参观商、支持协助单位等情况的调查。完成调查后，应对调查结果进行分析。只有在充分了解市场潜力、市场限制以及市场动态等信息的基础上，才能有的放矢地进行策划。

2. 会展决策与计划

影响会展决策的要素有营销需要、市场条件、营销方式、内部条件等。会展决策与计划应从分析决策的要素入手，先确定会展的基本目标、集体目标和管理目标，然后决定战略安排、市场安排、方式安排等。

会展计划是指根据会展主办方的发展战略或经营意图，通过充分利用现有信息和资源，判断事物变化发展的趋势，全面构思、设计和选择合理、有效的方案，以达到预期目标的活动。会展计划是会展企业进行会展项目立项、方案实施、品牌树立和推广、相关活动开展、营销及管理等方面的总体部署和前瞻性规划，涉及立项、方案实施、品牌树立和推广、相关活动开展、营销及管理等方面。通过会展计划，可以全方位设计会展活动的过程，找出最佳解决方案，以实现企业的目标。

3. 会展运作与实施

会展运作与实施是会展活动的中心环节，也是会展策划的重心之所在。在这个阶段，会展策划人员应根据《会展策划书》进行广告宣传工作，组织招展招商工作，开展会展设计工作以及与会展活动策划相关的具体工作。

会展宣传的主要方式包括媒体广告和户外广告等。对于媒体广告(包括专业媒体，如报纸、杂志、网站等；大众媒体，如电视、主导性报纸等；新媒体，如App、视频平台等)，主办者可以围绕不同的会展特点和亮点来进行宣传。除此之外，还可以通过新闻发布会、行业研讨会等形式来传播会展信息。对于户外广告，可利用人流量较大的公共场所，以海报、灯箱、广告牌、宣传布幅、彩旗等形式进行宣传。

组织招展招商工作要求充分宣传、认真选择。在招展招商的准备阶段，需要建立潜在客户名单，设计并发放参展说明书，熟知参展中的知识产权问题等。

会展工作筹划的步骤：第一，按实际需要将工作分为招展招商组团、设计施工、展品运输、宣传联络、行政后勤、展台工作、后续工作等；第二，在各大类工作之下详细列明具体事项；第三，梳理各项工作之间的关系；第四，定期检查工作进度和质量，及时发现并解决问题，以保证整体工作的协调运作。

4. 会展效果评价与测定

计划、实施、评估，是现代经营管理的三个步骤。会展效果评价与测定是全面验证会展策划实施情况必不可少的工作。当整个会展策划、实施工作结束后，会展人员应及时进行评估，总结经验，寻找问题，并写出评估测定工作总结报告，为以后的会展工作准备可借鉴的历史参考文献，以不断提高会展策划的水平。

会展评估工作一般可分为以下两个方面：一是对展会环境、展会筹办工作及展会后台工作的评估，这一部分工作在展会结束时完成；二是对展台工作及展会前台工作进行评估，这一部分比较复杂，先在展会结束时对展台工作进行评估，然后在展会的后续工作过程中跟踪评估。

12.3.5　会展业策划的方法

方法是对具体行动方案所产生的反映，是制定方案的一种手段。会展策划方法是指利用现存的可利用资源，选择最佳手段完成策划目标的过程。会展策划方法多种多样，应选择何种方法进行策划，不仅要看会展策划团队所能利用的资源条件，还要看策划者本身所具备的学识、能力和素养。

现代管理常用的策划方法有以下几种，这些方法同样也适用于会展策划。

1. 系统方法

系统方法的主要原理是把事物看成一个完整的系统，这个系统既包括自身组成要素的各个方面，又包括各要素间的联系以及各相关事物间的关系与地位。系统方法要求从系统的一方面或几个方面或整体出发，对策划对象进行不同角度的整体分析。

采用系统方法通常有以下5个步骤。

(1) 确定策划目标。从系统的整体要求出发，提出需要解决的中心问题，确定会展活动所必须达到的目标与希望达到的目标。

(2) 综合拟定方案。根据既定的会展策划目标，制定可以实现的各种方案。

(3) 分析评价方案。策划所形成的各种方案各有优缺点，应通过分析、比较和评估，确定具有最佳价值标准、满意程度高的方案。

(4) 系统选择，策划优选。通过综合分析、比较和计算，从诸多备选方案中选出最优化的方案。会展策划人员应该提出书面的策划报告，由会展项目主管部门决定最终方案。

(5) 跟踪实施、调整方案。策划人员应跟踪方案执行情况，以便及时发现问题，修改、补充原方案，最终实现策划目标。

2. 头脑风暴法

所谓的头脑风暴法，是指采用会议的形式，如召集专家开座谈会征询他们的意见，把专家对历史资料的解释以及对未来的分析，有条理地组织起来，最终由策划者做出统一的结论，在这个基础上，找出各种问题的症结所在，提出针对具体项目的策划创意。

在举行会议时，策划人员要充分说明策划的主题，提供必要的相关信息，创造一个自由的空间，让各位专家充分表达自己的想法。因此，参加会议的专家的地位应当相当，以免产生权威效应，从而影响另一部分专家创造性思维的发挥。专家人数不应过多，适中为宜，因为人数过多，策划成本会相应增加，一般5～12人比较合适。会议的时间也应当适中，时间过长，容易偏离策划案的主题；时间过短，策划人员很难获取充分的信息。这种策划方法要求策划人员具备很强的组织能力、民主作风与指导艺术，能够抓住策划的主题，调节讨论气氛，调动专家的兴奋点，从而更好地挖掘专家潜在的智慧。

运用头脑风暴法易于获取广泛的信息和创意，易于互相启发、集思广益，在大脑中掀起思考的风暴，从而启发策划人员的思维，进而想出优秀的策划方案。

3. 德尔菲法

所谓德尔菲法，是指采用函询的方式或电话、网络的方式，反复咨询专家们的建议，然后由策划人员做出统计，如果结果不趋向一致，那么就再征询专家，直至得出比较统一的方案。

运用德尔菲法时，专家们互不见面，可避免产生权威压力，因此，大家可以自由地、充分地发表自己的意见，从而得出比较客观的策划方案。但要求专家具备与策划主题相关的专业知识，熟悉市场情况，精通策划的业务操作。根据专家意见得出结果后，策划人员需要对结果进行统计处理。但是这种方法缺乏客观标准，主要依据专家判断，由于次数较多，反馈时间较长，有的专家可能因工作忙或其他原因而中途退出，影响策划的准确性。

4. 智能放大法

智能放大法是指对事物先有全面而科学的认识，然后在这种认识的基础上对事物的发展做夸张的设想，再运用这种设想对具体项目进行策划。

由于这种方法受到一定的时间、地点以及人文条件的制约，具体操作需要策划人员自己来准确把握。这种策划方法容易引起公众议论，形成公众舆论的焦点，进而很快拓展其知名度，成为炒作的原料。"没有想不到的，只有做不到的"，是这种策划方法遵循的原则。但是这种策划方法并不是一味地往大处想，而是在现有的客观条件下，合理地考虑到公众的心理承受力。也就是说，智能放大法是有一定风险的，太过于夸张，容易导致策划向反面发展，从而彻底改变策划的初衷。

需要指出的是，不论采取哪种策划方法，都必须围绕会展目标进行。从根本上来说，会展策划是调动一切可能利用的资源，运用科学合理的方法与手段，对会展项目的开展进行筹划、指导运作、实施的过程。会展策划所采用的方法是否得当，往往取决于策划方案是否可行。

总之，会展作为一种营销方式，在开拓市场、巩固市场等方面发挥着重要作用。但是会展是一项复杂、浩繁的工程，它的工作环节很多，为了保障其可行、顺利、有效地开展，必须重视会展的策划工作。有学者指出，只有当会展被认为是最有效的营销方式时，才决定举办会展；而在决定举办会展后，能够激发创意，有效地运用手中的资源，选定可行性方案，达到预期目标或解决一个难题，就是策划。会展策划在整个会展过程中扮演着重要的角色。

12.3.6　会展业策划的流程

大型展会如世博会的策划，不仅要考虑经济因素，还要考虑政治因素、社会文化因素等，因而，有时国家有关部长乃至元首都会参与其中。在我国，虽然展会市场化的进程在加快，但不少大型展览会还带有政府行为的色彩，因此，其决策规划情况更加复杂。这里，参照国际展会的一般惯例，就一般展会的策划流程进行概述。

1. 成立策划小组

会展策划工作需要集合各方面的人士进行集体决策，因此，首先要成立一个会展策划小组，具体负责会展策划工作。一般而言，会展策划小组应由以下几种人员组成。

(1) 项目主管。一般由总经理、副总经理或业务部经理、创作总监、策划部经理等人员担任。在会展公司里,业务主管(贸易展会经理)具有特殊地位,他是沟通会展公司与展会服务承包商、参展商的中介。一方面,他代表会展公司与展会服务承包商、参展商等洽谈业务;另一方面,他又代表展会服务承包商、参展商等监督会展公司一切活动的开展。

(2) 策划人员。一般由策划部的正、副主管和业务骨干来担任,主要负责编拟会展计划。

(3) 文案撰写人员。专门负责撰写各种会展文案,包括会展常用文书、会展业务社交文书、会展业务专用文书、会展业务推介文书、会展业务事务文书、会展业务合同协议文书、会展业务法律文书以及会展策划案等。文案撰写人员应能精确地领悟策划小组的集体意图,具有很强的文字表述能力。

(4) 会展设计人员。专门负责进行各种类型的视觉形象设计。会展设计人员是策划小组很重要的组成部分,因为在整个会展策划过程中,诸如各种类型的广告设计、展示设计、展示空间设计等都需要设计人员的参与。设计人员必须具有很强的领悟能力和很强的将策划意图转化为文字、图画的能力。

(5) 市场调查人员。能够进行各种复杂的市场行情调查,并能够写出精辟的市场调查报告。

(6) 媒体联络人员。要求熟悉各种媒体的优势、劣势、刊播价格,并且与媒体有良好的关系,能够按照会展策划的部署,进行媒体规划,争取最佳的广告宣传效果。

(7) 公关人员。能够为会展公司创造融洽、和谐的公众关系氛围,获得各方面的支持帮助,同时能够从公关的角度提供建议。

在会展策划过程中,由项目主管负责,各方面人员需要通力配合、协调一致,共同做好会展策划工作。

2. 进行市场调查

市场调查是指以科学的方法,有系统、有计划、有组织地收集、调查、记录、整理、分析有关产品或劳务市场等信息,客观地测定与评价,发现各种事实,用以协助解决有关营销的问题,并作为各种营销决策的依据。

会展市场调查是会展策划的基础。从传播学的角度来看,市场调查是会展策划者为了了解市场信息,把握市场动态,进而确定会展目标和主题,编写会展策划方案,选择会展策略,检查会展效果等所必需的调研工作。只有在系统地收集有关市场与相关背景的资料,并加以科学概括分析的基础上确立的会展策划,才能卓有成效地实现其总体目标。

在执行市场调查时,不仅要考虑本区域的优势产业和主导产业,还要考虑重点发展中的行业、政府扶植的行业等。具体分析行业市场状况时,要摸清市场的归属,即买方市场还是卖方市场等。

主办者需要将市场调研的重点放在以下4个方面。

(1) 市场前景分析(如政策可行性、市场规模及类型等)。

(2) 同类展会的竞争能力分析。

(3) 本次展会的优势条件分析。

(4) 潜在客户需求调查。

总之, 在瞬息万变的市场中, 如果没有科学的市场调研和预测做先导, 会展的策划、运作就很难达到预期的目的。

3. 决定会展策略

做出会展决定是一个决策过程, 因此应有相应的程序。在一般情况下, 会展决策应考虑营销需求、市场条件、营销方式、内部条件等因素。在充分地进行市场调研与预测之后, 接下来, 需要进行会展目标市场的定位与制订会展营销计划。

以展览会为例, 组织者在进行目标市场定位时需要考虑以下几个因素。

(1) 展览会的类型。组织者首先要明确自己所主办的是什么类型的展览会, 因为政府主办的展览会、公益性质的展览会和商贸展览会在具体操作模式和策略的制定上有很大区别。

(2) 产业标准。导致展览目标市场定位复杂的原因之一是举办一次展览会往往要涉及多个产业。如举办一场汽车展览会, 组织者除了要考虑汽车生产企业外, 还要努力吸引销售、运输等汽车需求较大的企业, 甚至包括一些研究机构等。

(3) 地理细分。不同地区的参展商和专业观众有着不同的需求特征及营销反应, 因此地理变量经常被作为划分展览市场的依据。在进行地理细分时, 展会组织者不仅要分析不同国家的参展商对展览会的个性化要求, 而且要弄清参展商在本国的具体分布, 这样才能行之有效地进行决策。

(4) 行为细分。行为细分是指根据参展商的参展动机、购买动机、购买状态或对展览会的态度等进行划分, 其中参展动机被认为是进行展览市场细分的最佳起点。决定会展策略应在充分掌握现有相关资料的基础上进行, 如宏观政策环境、企业经营实力、会展市场竞争状况、顾客满意程度等。例如从会展营销的角度来说, 一份会展营销计划应包括会展营销现状分析、企业(或具体会议、展览会、节事活动)SWOT分析、营销目标的确立、市场营销组合策略、具体的行动方案、营销预算费用以及营销计划的执行与控制等。

4. 制定媒体策略

现代社会是一个信息社会, 人与人之间、企业与企业之间都需要交流, 而信息交流的主要载体便是各种各样的媒体。实施有效的媒体策略对会展活动组织者至关重要, 会展组织者要根据有限的广告预算以及举办会议、展览会、节事活动的需要和条件, 来选择合适的媒体。在选择媒体的类型时, 需要综合考虑目标受众的媒体习惯、产品性质、信息类型以及广告成本等因素。

在市场经济的冲击下, 中国传媒的市场化步伐越来越快。市场化程度的提高, 带来了媒体的迅速成长或衰落, 会展专业媒体也不例外。因而, 在制定具体的媒体策略时, 必须要分析媒体在会展活动中的成长策略。以展览活动为例, 在制定策略上, 要综合考虑媒体在宣传活动中、在联系活动中以及在提升展览企业形象活动中的成长策略等。例如, 若从提升城市形象的角度分析, 在一次大型的国际会议、展览会或节事活动中, 城市政府面向媒体的主要工作包括以下3点。

(1) 在会展活动开始之前, 政府需要媒体对展会前期的准备工作、展会的特点及创新性等做大量宣传报道, 具体方式有举行记者招待会, 或组织专家学者讨论并在专门的媒体上发表声明，以吸引市民和潜在专业观众的注意。

(2) 在展会举办期间，继续组织有关媒体尤其是本地的主流报纸或电视台，对会展活动做进一步宣传，以满足不同公众对此次活动的关注需要。

(3) 活动结束之后，政府应鼓励媒体对此次活动的效应和成果等做总结性的报道，以加深公众的印象，并达到提升城市形象的目的。

若从参展商与媒体的角度来说，一方面，在展会开幕之前，参展商除了可以通过直接邮寄等方式与客户联系并邀请对方光临自己的展台外，还要积极利用各种形式的媒体对本企业的参展活动做大量的宣传，可以在报纸、杂志或参展手册上刊登广告，也可以利用展会主办者发行的展会快讯，宣传和介绍企业参展产品，以吸引专业买家来洽谈。在展会期间，还可以通过别出心裁的现场表演、公关事件，或召开新产品推介会等，来吸引媒体和专业观众的广泛关注。另一方面，为推广企业的品牌形象或提高产品的知名度，参展商必须与媒体保持良好的关系，并积极提供有价值的新闻，争取让媒体在展会期间对本企业给予更多的报道。

随着会展活动的不断升温，不仅是大众媒体，专业媒体也跟着热起来。纵观现有的会展杂志、报纸及网站的竞争格局和特点可以发现：专业刊物正走向多元化，刊物定位也更加鲜明，媒体的形式丰富多彩，互联网正在被深入地应用。因而，在会展的媒体策略制定方面，必须与时俱进，选择更加有效的媒体策略。

5. 制定设计策略

商业展览展示设计是以传达展览信息、吸引参观者为主要机能的有目的、有计划的环境、展台、展品设计。好的设计能够提高展会的品位，吸引参展者、参观者，对产品营销也起着潜移默化的作用。

一般而言，较大规模的展会活动，与会展有关的设计问题在开展前9个月就开始运作了。

从参展商的角度来说，设计不仅仅是一个展台设计的问题，在策划阶段就要考虑设计展览结构、取得展览公司的设计批准、制作展会宣传册等事项。

展台设计根据具体情况的要求有不同的设计原则、功能区分，所以其设计策略也是千变万化的。

我们以宣传材料的设计与制作为例。对于参展商来说，狭义的宣传材料主要指各种文字资料，如宣传册页、新闻稿件等。而事实上，宣传材料不仅仅限于现场分发给观众或记者的文字资料，它还包括很多形式，如直接邮寄资料、产品介绍、DVD、纪念包(手提袋)、酒店的户外广告或展会的每日快讯等。

在宣传材料外观的设计上，必须要尊重整体风格，同时，还要能形成强大的视觉冲击力。外观设计主要是解决材料的形状和大小两个问题，并要求设计富有人性化，便于人们携带。

6. 制定预算方案

良好的财务管理和预算控制是筹办会展最重要的因素之一，如果安排得当不仅能起到增加收益、提高效益的作用，而且便于管理者了解收入的来源及比例，分析主要的投入项目，确定主要的收入来源。预算是协助管理人员实现财务目标的一个工具，可以把预算视为一张地图，它能引导公司达到目标。为了达到这个目标，在制定会展预算时必须做到有计划、有步骤，不断更新信息。

一般说来，制定一份会展预算至少包括以下几方面内容。

(1) 历史数据。回顾过去的工作，基于历史数据，编制相对精确的新预算。

(2) 行政管理费。行政管理费包括项目共享的费用，如工资、奖金，以及复印、电话、信函来往、计算机等需要支付的费用。

(3) 收益。收益即预算带来的收入，包括拨款、预算、注册费、出售展品和纪念品的收入、赞助等。

(4) 固定费用。固定费用如印刷和邮寄宣传资料所需的费用。

(5) 可变费用。可变费用如餐饮费等。

(6) 详细开列的项目。在制定预算方案时应列明预算中的各个项目。

(7) 调整控制。预算是根据估计数据而制定的，因此预算不一定准确，需要不断地进行调整。

在会展项目中，为了衡量财务成果，必须先明确足以实现既定财务目标的预算开支。预算采用的方式，可视具体情况而定。

7. 撰写策划方案

会展策划就是会展的策略规划，为了会展的成功举办，必须对会展的整体性和未来性的策略进行规划。它包括从构想、分析、归纳、判断，一直到拟定策略、方案实施以及事后的追踪与评估过程。

会展策划与计划不同，会展策划有为达到目的的各种构想，这些构想和创意是新颖的，与目标保持一致的方向，并有实现的可能。将策划过程用文字完整地记录下来就是会展策划案。

广义的会展策划案涵盖经市场调查而产生的可行性研究报告、项目意向书、项目建议书以及广告策划方案、宣传手册等，包括围绕某次会展的展前、展期、展后的所有的策划文案。

8. 实施效果评估

展会的效果是长期的。展出者在重视并投入很大力量进行展台设计、产品展示、展览宣传、展台接待和推销等工作的同时，也应当投入相当的力量做会展后续工作。如果说会展相当于"播种"，建立新的客户关系，那么会展的后续工作就相当于"耕耘"与"收获"，将新的关系发展为实际的客户关系。会展的后续工作有很多，实施效果评估是其中的重要一环。

会展的效果评估内容也很丰富，有展会工作评估和展会效果评估。展会效果评估需要由展出者自己安排或委托专业评估公司来做。展会效果的评估内容有定性的内容，也有定量的内容，在条件许可的情况下尽量用定量的评估内容，这样能使评估的结果更客观、更有价值。

思考题

1. 简述我国会展业的发展趋势。
2. 简述会展策划的原则。
3. 简述会展策划的基本流程。

章末案例

2024年上海汽车文化节

2024年4月19日，上海汽车文化节(见图12-1)在上海市嘉定区隆重举行。主办方之所以选择在这一时间举办文化节，是为了覆盖春季旅游高峰，同时吸引国内外汽车爱好者及游客的广泛关注与参与。

一、主要创意

本次上海汽车文化节以"'上'海'嘉'速"为主题，围绕汽车文化、科技、运动与生活四大核心要素，打造了一场集展示、体验、交流、互动于一体的汽车文化盛宴。文化节通过一系列创新策划，不仅展现了汽车产业的最新成果，还深入挖掘了汽车文化的深厚内涵，推动了汽车文化的普及与传承。

二、策划亮点

(一) 双赛联动，引爆汽车运动热潮

全球瞩目的F1中国大奖赛与FE电动方程式世界锦标赛上海站首次在嘉定区双赛联动，成为本次文化节的最大亮点。F1作为世界三大体育赛事之一，其回归中国不仅点燃了车迷的热情，也展示了中国汽车文化的国际影响力。FE电动方程式则代表了新能源汽车的未来趋势，与F1形成互补，共同演绎了汽车运动的激情与魅力。

(二) 科技赋能，展现汽车智能未来

文化节期间，众多车企展示了最新的智能驾驶、车联网、新能源等前沿技术。通过模拟驾驶舱、VR/AR体验区等互动设施，让游客亲身体验未来汽车的智能化与便捷性。同时，文化节还举办了多场技术论坛和研讨会，邀请行业专家共同探讨汽车科技的未来发展方向。

(三) 文化融合，打造沉浸式体验场景

文化节在展示汽车科技的同时，也注重汽车文化的传承与发扬。通过古董车巡游、汽车大咖品牌秀、汽车露营、汽车影院等活动，为游客营造了一个充满汽车文化氛围的沉浸式体验场景。此外，文化节还推出了多个主题展览，如汽车历史展、汽车设计展等，让游客在欣赏汽车之美的同时，也能深入了解汽车文化的历史与现状。

(四) 文旅结合，促进区域经济发展

本次文化节充分利用嘉定区的文化旅游资源，将汽车文化与旅游相结合，推出了多条主题旅游线路。游客可以在参观车展的同时，游览嘉定区的古镇、园林、博物馆等景点，感受嘉定独特的文化魅力。此外，文化节期间还举办了多场美食节、购物节等活动，进一步促进了区域经济的发展。

(五) 全民参与，共享汽车文化盛宴

文化节注重全民参与性，通过线上、线下相结合的方式，吸引了广大市民和游客的积极参与。线上方面，文化节通过社交媒体、官方网站等渠道进行广泛宣传，吸引了大量网友关注和讨论。线下方面，文化节设置了多个互动体验区，让游客亲身参与汽车文化的各项活动。同时，文化节还推出了多项优惠政策和福利活动，如门票优惠、购物折扣等，让游客在享受汽车文化盛宴的同时，也能感受到实实在在的实惠。

三、策划实施

为了确保文化节的成功举办，主办方在策划实施过程中采取了多项措施。首先，制定详细的策划方案和时间表，明确各项活动的具体内容和时间安排。其次，加强与车企、政府、媒体等各方面的沟通与协调，确保各项活动的顺利进行。最后，主办方加强安全管理和服务保障工作，旨在为游客提供安全、便捷、舒适的参观体验。

在宣传推广方面，主办方充分利用各种媒体资源，通过电视、广播、报纸、网络等多种渠道进行广泛宣传。同时，还邀请了众多知名汽车媒体和自媒体进行报道和直播，扩大了文化节的影响力并提升了知名度。此外，主办方还加强了与国内外汽车俱乐部的合作与交流，以吸引更多车迷和爱好者的关注和参与。

2024年上海汽车文化节以其独特的主题、丰富的活动、创新的策划和成功的实施，赢得了广泛的好评和赞誉。它不仅展示了中国汽车产业的最新成果和汽车文化的深厚内涵，还促进了区域经济的发展和文化的交流，为推动中国汽车文化的繁荣和发展做出了一定的贡献。

图12-1　2024上海汽车文化节宣传图片

资料来源：2024年上海汽车文化节[EB/OL]. (2024-04-20)[2025-03-01]. https://mp.weixin.qq.com. 有删改

思考题：结合本章内容，分析上海汽车文化节创意与策划的特色。

第13章

文化产业创意与策划
典型案例解读

13.1 从《舌尖上的中国》看中国纪录片的文化内涵①

《舌尖上的中国》火了，它不仅充分调动了无数观众的味觉，也深深触动了观众内心深处的情感家园。一些饭店借机推出在《舌尖上的中国》中出现的菜品，一些旅行社推出《舌尖上的中国》美食之旅，很多临近毕业的学生也纷纷在个人媒体账号上发表"舌尖上的母校"主题文章，回忆和记录校园生活中的美食……一部美食电视纪录片激起了人们情感的阵阵涟漪，引发了《舌尖上的中国》文化现象，同时让人们不禁深思：舌尖上的中国满足的仅仅是"舌尖"吗？它的传播成功之道何在？这些问题的答案正是本节所要探寻的。

13.1.1 《舌尖上的中国》的艺术特色

《舌尖上的中国》是一部以美食为题材的纪录片，因内涵丰富、极具特色而受到观众的追捧，给观众带来了丰富的视觉、情感、精神和文化享受。它的艺术特色体现在以下几个方面。

1. 味觉的满足

中国不乏山珍海味，但在传统观念里，美食往往出自名厨名店。《舌尖上的中国》放弃了传统美食片的老套路，搜集的都是原汁原味的"土货"——老包家腌笃鲜的腾腾热气、临安姚贵文豆腐摊上的阵阵炸香、大理老黄制作的诺邓火腿的肉香馥郁、台湾乌鱼子的绵密滋润……无不看得人们垂涎欲滴。城市餐馆的菜谱很多都是雷同的，而《舌尖上的中国》向人们展现的美味极具地方特色，充分调动了人们的味觉。

2. 视觉的满足

《舌尖上的中国》画面大气，细节考究，给观众带来了全新的美食视觉体验。一片薄薄的五花肉经过创作者的构思被制成惟妙惟肖的中国山水画，人们丝毫感觉不到油腻，体验到的是中国古典书画美；兰州拉面师傅甩动面条时的从容淡定，面条的纤细嫩白给观众留下了深刻的印象；淮扬文思豆腐精致细腻，厨师的刀工令人叹为观止。在第一集《自然的馈赠》中，画面在高原、山林、湖泊和海岸线之间切换，让观众感受到食物来源地的丰富与壮阔。

---

① 资料来源：文产团团影视说. 浅析纪录片《舌尖上的中国》成功的因素[EB/OL]. (2022-05-22)[2025-05-08]. https://baijiahao.baidu.com/s?id=1733519042266844399&wfr=spider&for=pc. 有修改

3. 情感的满足

《舌尖上的中国》不仅追求味觉的真实和画面的精美，而且揭示了蕴藏在这些美食之中的情感，正如该片执行总导演任长箴所说："我们记忆中好吃的东西都带着人的温度。"能让人们记住的美味往往都有一段饱含深情的故事，呼兰河畔的金顺姬对母亲制作的泡菜的眷恋，东北邻家妇女齐心合力做酱坯时忙碌的场面，平淡而富足的日子里姚贵文和王翠华相互"抱怨"的温情，苗家母亲送女儿龙毅上学时朴素的话语"满女啊(小女儿)，现在天快亮了，你自己走吧，这个天是越走越亮的，我要回家做事去了"……这一幅幅动情的画面揭示了蕴藏在美食之中的亲情、友情和爱情，让人们在享受美食的同时，也喝了一碗"心灵鸡汤"。

4. 精神的满足

《舌尖上的中国》广泛借鉴民族志传播学的相关方法，抽取中国各地的美食样本，讲述了一个个中国人为了食物顺应自然、改造自然的故事，如实记录中国人的美食生活。分集导演张铭欢和他的同事确立了选材的标准——拍摄承载中国人精神的食物！相较于一些快餐食品制作过程的规范、严谨和透明，《舌尖上的中国》展示的食品有点"土"、有点"怪"，但正是这种"土"和"怪"凸显了中华民族的智慧和精神，展现了中国人勤劳、乐观、豁达的精神品质。

5. 文化的满足

《舌尖上的中国》展现的不是中国精美绝伦的山珍海味，也不是技法非凡的帮派菜系，而是普通中国人的饮食流变，以及中国人千差万别的饮食习惯和独特的味觉审美体验。该片通过展现中国人在选取食材、制作食品方面的生存智慧，揭示了中国人的生活观和价值观，为观众认识和理解中国传统饮食文化开辟了一条新通道，让观众从中体会中华饮食文化的精致、悠久和绵长，体会这个古老国度的国民对待自然、对待生活、对待家庭、对待社会的态度。《舌尖上的中国》蕴藏着深厚的文化内涵，激发了中国人的文化自觉和文化自豪感。

■ 13.1.2 《舌尖上的中国》的成功之道

1. 视角独特而新颖

选材视角独特是该片成功的关键。首先，该片选择了一种关系视角。它把着力点放在人与美食、人与人、人与自然的关系上，探索中国人如何因地制宜地从脚下的土地中撷取、收获食材，揭示中国人的一些基本价值取向。这种关系视角为揭示和展现文化、情感等更多主体留下了空间。其次，它选择了一种平民视角。采摘松茸的丹真卓玛、普通的挖藕人圣武和茂荣、看管竹园的老包等都是现实生活中的普通民众，选择这些普通民众作为叙述主体，更加真实、更加感人。

2. 具象化传播

网络时代，空泛的议论很难激起人们的兴趣，《舌尖上的中国》很清楚这一点，因此在传播过程中采用具象化的表达方式。该片将中国美食的宏大主题浓缩在一个个感人的小故事中，每一道美食都通过一个真实的故事来展示。每个故事都经过精心选材，凸显故事的变动性、情节化和人情味。故事中的人物、地点、语言等都是原生态的、真实的，观众观看纪录片，既能欣赏美食，又能倾听感人的故事。有网友感言，看到第6集中阿刘在盐田中忙碌劳作的身影、素琼一大早带着家人摘辣椒的画面，便想起自己远在老家的父母，情到深处不禁潸然泪下。

3. 诉诸情感唤醒

与《大国崛起》和《走向和谐》等纪录片采用理智型传播方式不同，《舌尖上的中国》采用情感传播路线，充分调动观众的情绪，给观众带来丰富的情感体验。《舌尖上的中国》没有采用宏大叙事，而是注重对情感的挖掘和表达，记录一菜一羹背后的人情温暖。看到这部充满温情的纪录片，有人想起小时候在农村生活的艰辛，有人体会到母爱的厚重，也有人体验到人性的温暖和厚实，不同的人通过不同的视角从中解读出不同的情感，诉诸情感的传播方式取得了很大的成功。

4. 主题巧妙涵化

将宏大命题微观化是本片的一大特色，7集系列片呈现了诸多美食以及由美食衍生的故事，这些素材不是杂乱无章的，将它们串联起来的是人与食物、人与自然以及人与人的关系主题，而这个主题的展现不是靠空洞的说教来完成的。《舌尖上的中国》没有正面宣扬中国饮食文化的博大精深，始终采取故事化的叙事方式，将中国饮食文化巧妙地融入美食的生产过程中，融入美食独特的制作工艺中，融入平常百姓的饮食生活中。解说词中有这样一段描写："松茸出土后，卓玛立刻用地上的松针把菌坑掩盖好，只有这样菌丝才能不被破坏，为了延续自然的馈赠，藏民们小心翼翼地遵守着山里的规矩。"通过这一细节，可以看出创作者对环保、人与自然和谐相处、可持续发展等理念的观照。这些主题的表达很含蓄，没有大段的刻意议论，而是在紧要处用简短的一两句话点题，因为之前已经做好了铺垫，关键处的升华不仅不会让人感到突兀，而且能让人感受到片子所传达的人文关怀和历史韵味，让人感觉片子很有韵味、很深刻。

5. 正确选择传播时机

近几年来，食品安全事件频出，人们对工业化流水线生产出来的食品产生了很大的疑虑，到底还有没有安全、健康的食物？在这一背景下，《舌尖上的中国》呈现的原生态健康美食让人们找到了传统美食的可贵之处和食物中蕴含的人情味。文化学者于丹认为："在一个普遍议论食品安全的时代，《舌尖上的中国》给予中国人一种很朴素的乡土里长出来的信任。在我们不需要那么多的化学添加剂、不需要现代工艺流程的时候，我们中国人本来就吃得挺好。"

6. 文本信息权威多源

观看《舌尖上的中国》可以发现，片子的叙事都是通过制作和享受美食的普通民众来完成的，他们是故事的讲述者，同时也是故事的创造者和参与者，这种信源能让观众感受到朴实的信任和真诚。纪录片的解说词融汇多学科知识，地理学、化学、生物学、民俗学、历史学等多学科知识巧妙登场、少而精当，使文本信息异常丰满。这种解说文本的编织打破了以往单纯文学叙事的窠臼，避免了空洞说教的呆板，让人可感可信。

7. 剪辑精准到位

"在人类文化研究中，对研究对象的考察通常分宏观和微观两个层面，反映在纪录片中就是全面与深度。"《舌尖上的中国》在选材和画面的剪辑上也同样观照了这两个维度，既有不同季节、不同地域的画面切换，也有关注小人物命运的特写。在《主食的故事》一集中，宁宁与外婆一起做宁波水磨年糕的画面，就运用了特写。该片不仅观照宏观与微观，而且注重画面的动静搭配，整个片子以轻松畅快的叙述节奏和精巧细腻的画面来推进，既清新自然，又蕴含跳跃的律动，在行云流水中传达出勃勃生机。

8. 巧妙运用新技术

与文字记录相比，影像纪录片对音频、视频、图像等的技术要求要高很多，也正因如此，影像纪录片能够更加形象和真实地反映客观存在。为了保证拍摄画面的高质量，节目组首次使用了2012年才投放市场的拍摄设备SONY F3，拍摄了大量的浅景深镜头，使微观呈现更具震撼力。《大国崛起》和《走向和谐》等历史纪录片出于还原历史的需要，较多地运用动漫、特技等虚拟手法和虚拟元素，而《舌尖上的中国》记录的是现实的中国饮食，因此更加注重拍摄原生态的真实画面，这种真实呈现具有更强的可感性。

9. 音乐浑然天成

《舌尖上的中国》创作团队非常重视音乐在纪录片中的运用，其配乐全部由专业音乐人倾情打造，具有很多可圈可点之处。该片共有19首原创音乐，由国内极具国际化风格的青年影视作曲家阿鲲担纲创作。主题音乐《劳作的春夏秋》用三个段落再现耕作中的三个重要季节，第一段用激进的弦乐与高低跳跃的木管乐器表现万物复苏的勃勃生机；第二段用双簧管的甜美音色将一股清凉之风带到了夏季，低音部持续跃动的弦乐继续进行着欣欣向荣的接力，仿佛为在田间辛苦劳作的人们送去抚慰；第三段音乐的旋律变得热闹、奔放，表现了收获的喜悦。这一主题音乐同时衍生出全片其他配乐，既做到了全片音乐风格的统一，又保证了必要的创新，音乐和画面、叙事节奏的配合相当默契，让人在"品味"美食的同时又享受了一场听觉盛宴。

13.1.3　《舌尖上的中国》的成功启示

《舌尖上的中国》是国内第一部商业化运作的纪录片，取得了很大的成功，堪称中国纪录片创作史上具有里程碑意义的作品。它本身包含许多有待发掘和思考的话题，给人们带来很多启示。

1. 民族化的坚守

"越是民族的，就越是世界的。"《舌尖上的中国》的成功在很大程度上源于其对民族特色和民族性的坚守，它选取中国题材、中国视角来展现中国独特的美食生态，彰显了文化自信。在倡导文化大发展、大繁荣的今天，在推进文化体制改革的当下，我们的文艺创作者应该从《舌尖上的中国》汲取有益的养料，应在坚持民族性的基础上去挖掘和创作文化精品，只有这样，才能被观众和世界认可；只有这样，中国纪录片或者影视产业的大发展、大繁荣才能成为现实。

2. 国际化的传播

北京大学艺术学院院长王一川在接受采访时表示，他们曾做过一项调查，发现在提及中国文化时，外国大学生首先想到的是美食，然后是服装，接下来才是绘画艺术。可见，通过美食传播中国文化是一条捷径。这一点在戛纳电影节上得到了充分印证。据报道，《舌尖上的中国》参展引起了广泛关注，问询量在所有参展作品中位居第二，法国、德国、韩国等电视台纷纷表示要购买版权准备播出。我们想要发出中国声音，塑造中国形象，但常常找不到突破口，找不到好的传播素材，《舌尖上的中国》的成功，为我国国际形象传播开辟了一条新通道。

3. 产业化的运作

据报道，《舌尖上的中国》播出后，不少旅游机构纷纷推出"舌尖上的旅行"等主题线路，或在原有热门线路行程中增加"美食"比重，吸引不少游客咨询预订；淘宝商城上，"舌尖上的美食"销量猛增；相关实体餐馆的生意也异常火爆。从中我们可以看出，一部成功的纪录片可以引起连锁的产业效应，带来可观的经济收益。多年来，中国影视产业难以取得长足发展，其主要原因就是中国影视产业链条单一。今后，纪录片可以采取商业化、产业化的运作模式，以纪录片创作播出为载体，推动相关衍生产品的发展。

13.2 从《哪吒之魔童闹海》看中国动画的文化回归[①]

《哪吒之魔童闹海》于2025年1月29日在中国大陆上映，作为中国动画电影的现象级续作，该影片不仅延续了前作《哪吒之魔童降世》的票房神话，更以鲜明的文化自觉完成了对中国传统神话的现代重构。这部影片通过"颠覆性叙事""视觉美学再造"与"哲学内核激活"的三重路径，引领中国动画从技术追赶转向文化自信的深度回归。

---

① 资料来源：文产团团影视说. 浅析纪录片《舌尖上的中国》成功的因素[EB/OL]. (2022-05-22)[2025-05-08]. https://baijiahao.baidu.com/s?id=1733519042266844399&wfr=spider&for=pc. 有修改

■ 13.2.1 《哪吒之魔童闹海》剧情介绍

《哪吒之魔童闹海》的故事发生在天劫之后，哪吒和敖丙的灵魂虽然得以保留，但他们的肉身即将魂飞魄散。为了拯救他们，太乙真人决定使用七色宝莲为二人重塑肉身。然而，重塑肉身的过程充满了重重困难和挑战。申公豹放出了被囚禁的四海龙王，从而引发一场大战。哪吒为了守护陈塘关，与四海龙王展开了一场惊心动魄的战斗，而哪吒和敖丙的关系也随之经历了深刻的转变。灵珠魔丸的同源设定引爆了双生羁绊，哪吒为了救敖丙，不惜闯入昆仑夺取琼浆。同时，申公豹家族的惊天反转、南极仙翁的黑化炼丹等情节，都为电影增加了戏剧性和深度。

在叙事与主题设计方面，《哪吒之魔童闹海》实现了从"命运抗争"到"自我认知"的哲学升华。影片延续了前作对个体命运的追问，但将主题从"我从哪儿来"的存在焦虑深化为"我是谁"的本质探索。这种主题的升级是通过哪吒、敖丙、申公豹三个角色的成长困境来实现的——哪吒在神性与魔性的撕裂中完成自我接纳，敖丙在家族使命与道义抉择间重构身份认同，申公豹则以抗议身份歧视映射现实压力。

影片的角色塑造突破了传统的善恶对立，赋予角色以人性灰度。哪吒的"小爷是魔，那又如何"的宣言，既是对传统规训的解构，也暗含存在主义式的自我肯定；敖丙从家族责任意识到价值观觉醒的转变，体现了责任与本真的冲突；申公豹的"黑手套"隐喻，则揭示了权力结构对个体的异化。

■ 13.2.2 《哪吒之魔童闹海》的艺术特色

1. 叙事重构：神话母题的当代解码

(1) 角色设定的去符号化。角色设定的去符号化具体体现在两个方面，首先是哪吒的"人性悖论"。影片摒弃传统神话中"剔骨还父"的悲情标签，将哪吒塑造为"魔性与神性交织"的复杂个体，其天生魔丸的设定暗喻当代青年对命运的反抗焦虑，如"我命由我不由天"的口号，实为对《周易》"天行健，君子自强不息"的朋克式诠释。其次是龙族的身份困境。敖丙从"反派宿敌"转为"灵珠化身"，龙宫被重构为镇压妖兽的囚牢，影射传统文化中"非我族类"的偏见，呼应现代社会对少数群体的身份认同议题。

(2) 家庭关系的现代转译。家庭关系的现代转译具体体现在两个方面，首先是李靖夫妇的养育困境。影片打破"严父慈母"的刻板印象，殷夫人以女将形象上阵杀妖，李靖暗中以命换符，体现"父母之爱子，则为之计深远"的东方伦理，与"80后""90后"的育儿观形成跨时空对话。其次是师徒关系的祛魅，太乙真人的方言与嗜酒设定，消解了传统仙人的崇高性，其"不靠谱"的教学方式反衬出"教育的本质是唤醒而非塑造"的道家思想。

2. 视觉革命：传统美学的技术重生

(1) 水墨美学的数字转译。将山河社稷图以粒子化呈现，通过3D流体模拟技术，将《千里江山图》的青山绿水转化为可游可居的动态世界，每秒12万粒子运算重现"吴带当风"的笔意。将天劫咒以书法特效的方式呈现，天雷化作狂草笔触，符咒结印融入金石篆刻，用算法生成的传统艺术符号，构建起东方玄幻的视觉语法。

(2) 神话生物的赛博格化。敖丙的机械鳞甲设计灵感源自榫卯结构，每片龙鳞嵌入道家符文LED灯效，传统图腾与科幻机甲碰撞出"蒸汽朋克式东方主义"。同时，海夜叉采用生化设定，将妖兽黏液与敦煌壁画的"飞天"飘带元素相融合，毒液攻击轨迹模拟《写生珍禽图》的工笔线条，让暴力美学浸润古典意趣。

3. 哲学觉醒：文化基因的创造性转化

(1) 宿命论的解构与重建。宿命论的解构与重建具体体现在两个方面，首先是灵魔双生的辩证哲学。灵珠与魔丸的共生设定，暗合《道德经》"祸兮福所倚，福兮祸所伏"的辩证思维。哪吒最终以魔丸之躯行救世之举，打破"非黑即白"的二元对立，诠释"阴中有阳，阳中有阴"的东方智慧。其次是封神榜的元宇宙隐喻。姜子牙手中的封神榜化作数据流界面，封神之战被重构为"系统重置"，批判算法时代对人的异化，呼应庄子"圣人不死，大盗不止"的警世寓言。

(2) 集体记忆的唤醒机制。在陈塘关的城寨美学表现方面，建筑融合福建土楼的防御结构与《清明上河图》的市井烟火，孩童踢毽子场景植入老北京童谣，在奇幻叙事中植入文化乡愁。在混元珠的宇宙观表达设计方面，其能量运转模式参照《周易》六十四卦象，爆发时的太极图阵与量子纠缠形态同构，将道家宇宙观与现代物理学嫁接起来。

■ 13.2.3　文化回归的产业启示

1. 文化深挖：从资源消耗到基因编码

(1) 注重对神话宇宙的体系化开发。建立"东方神话数据库"，对《山海经》《封神榜》《搜神记》等IP进行现代性解构，如将"哪吒敖丙"的共生关系扩展为"灵魔宇宙"的哲学框架。同时参照漫威"无限宝石"模式，将"混元珠""山河社稷图"等道具设定为跨作品能量核心，实现多IP联动。

(2) 加强传统美学的技术转译。开发"国风渲染引擎"，将水墨皴法、青绿设色转化为3D建模参数，如"天劫咒"的狂草粒子特效已申请图形专利。当前，全球动画市场对中国风视觉的接受度显著提升，2023年"东方玄幻"类游戏、动画海外收入增长57%。

2. 技术突围：从代工思维到标准制定

(1) 加强核心技术的自主攻坚。针对"毛发渲染""流体模拟"等"卡脖子"技术，设立国家动画实验室(参考美国皮克斯USD联盟)，开发开源工具链。当前，中国动画电影特效制作成本仍比好莱坞高30%，主因插件授权费占比超40%。

(2) 实现AI创作工具的本土化。训练"国风动画大模型"，输入吴道子、八大山人等画作数据集，生成符合东方美学的分镜与角色设计。当前，追光动画已用AI生成《白蛇2》中"修罗城"76%的建筑概念图，效率提升5倍。

3. 产业重构：从单点突破到生态闭环

(1) 实现工业化流程再造。建立"动画制片人中心制"，推行模块化生产(如将"打斗场景""情感文戏"分包给垂直工作室)，缩短制作周期。《哪吒之魔童闹海》的制作周期为4.5年，而迪士尼《冰雪奇缘2》的制作周期为3年，工业化差距明显。

(2) 促进衍生品价值链延伸。开发"文化科技衍生品"，如敖丙机械鳞甲蓝牙耳机、山河社稷图AR沙盘，瞄准Z世代科技消费场景。相较于日本动漫的衍生品收入，《哪吒之魔童闹海》的衍生品收入仅为票房的0.8倍，市场开发潜力巨大。

4. 全球化叙事：从文化输出到价值共鸣

(1) 注重哲学内核的普世化表达。将"我命由我不由天"升级为"destiny is a choice"，用"灵魔共生"隐喻全球化时代的身份焦虑，突破文化折扣。《哪吒之魔童闹海》海外版新增"元宇宙封神榜"的支线剧情，影射Web3.0时代的权力博弈。

(2) 实现发行渠道的在地化改造。与Netflix、Crunchyroll共建"东方神话频道"，针对欧美市场强化"道家哲学"标签，在东南亚市场主打"龙文化共同体"。2023年，中国动画在东南亚的流媒体点击量超日本动画12%，但单集收益仅为后者的1/3。

5. 政策杠杆：从扶持补贴到生态培育

(1) 建立动画人才"双轨制"。据调查，在中国动画从业者中，仅有7%系统学习过传统文化课程，这与中国动画的发展不相匹配。艺术类院校应增设"神话符号学""国风技术美术"专业，同时应设计职业培训体系，开发"AI动画师"认证课程。

(2) 构建风险共担机制。设立国家动画投资基金，对《西游记》《山海经》等超级IP开发实行"首部曲保底发行"，降低创新试错成本。例如，韩国文化产业振兴院对《与神同行》系列提供30%的制作费补贴，有力地推动其成为全球最卖座的漫改电影之一。

13.2.4　中国动画未来的发展

文化孕育不是孤立存在的，它与时代的变迁、民族的发展息息相关，中国动画正是在五千年积累的文化环境中不断成长、成熟的。在全球化背景下，动画艺术承载着文化传播功能，成为一种传播媒介和文化符号。动画艺术的精髓，是将某种精神文化附着在动画形象上进行传播。观众接受和喜爱一个动画形象，便很容易接受这个动画形象作为视觉符号所传播的精神文化内容。在动画产业发达的国家，如日本、美国都积极将文化资源运用到动画作品的制作中，通过动画形象的传播，将本土传统文化渗透到受众的心灵深处。中国本土艺术形式，如水墨画、书法、剪纸、泥塑、年画、壁画、雕刻等，有着广泛的受众群体，为中国动画提供了创作源泉。

民族文化是一个国家的精神支柱，关系民族的生存与发展乃至国家的前途和命运。在科技经济全球一体化的巨大冲击下，西方社会以强势经济为后盾，对东方展开"文化殖民主义"，试图把东方文化纳入自己的文化体系中来。比如，好莱坞制作的动画片《花木兰》对中国文化的曲解随处可见。因此，对本土文化进行发掘，塑造真正意义上具有中国特色的民族形象是中国动画未来的创作方向。这不仅涉及动画产业的发展，更关乎对我国传统文化的传承与发展，具备文化上的战略意义。

在经历了漫长的现代艺术发展历程之后，现代主义对于"新"的追求逐渐淡化，"新"已不再是衡量艺术的标准，如今衡量艺术的标准更倾向于在艺术中有没有"根"的体现。后现代艺术是我们这个时代的新产物，它的真正所指被忽视。后现代艺术追求的是"回归文化"，它是一种寻根的艺术——寻找和重新发现民族文化。如何实现民族文化的回归，正是我们在推动动画产业发展时应该思考的问题。在动画艺术中呈现的主题，应该回归到民族文化中去探索。

从古至今，东西方文化累积使得我们拥有各式各样的文化资源。在这样庞大的艺术宝库中，我们需要一种归属感，这种归属感正是民族文化带给我们的。鲁迅曾经说过："只有民族的，才是世界的。"古往今来，民族文化是我国各种艺术创作的源泉，动画也应如此。

13.3 快手：社群经济背景下移动短视频应用平台的商业模式[①]

随着互联网技术的迅速发展，大数据、云计算、社交媒体、内容产业实现了互动融合，为文化企业的发展和转型创造了新的市场机遇和商业模式。随着4G技术的完善成熟和5G技术的试验推广，手机移动端网速大幅度提升，而流量使用费用逐步下降，进一步推动了移动短视频业务的发展。同时，大数据支撑下的社群经济正逐渐成长为一种综合性的经济社会发展模式，并且已经成为文化企业转变商业模式的重要突破口。对于社群组织的建设和维护，正是移动短视频应用平台——快手取得成功的关键所在。

13.3.1 快手的发展历程

快手是一家专注于短视频传播的互联网平台型公司，它以自身强大的社群组织为基础，通过营造独特的社区文化氛围，形成了庞大的社交群体，借助于强大而稳定的社群用户迅速发展起来。快手科技发布的2024年第二季度及中期业绩显示，快手平均日活跃用户同比增长5.1%，达3.95亿；平均月活跃用户同比增长2.7%，达6.92亿。与微博、微信公众号等自媒体的"粉丝经济"模式不同，快手的"社群经济"模式使其成为成长迅速的互联网服务平台并取得巨大成功。

快手最初的定位是工具型应用软件。自2013年开始，短视频业务在移动互联网领域迅

---

① 资料来源：宋文. 基于包容性创新的短视频平台企业商业模式研究——以快手为例[D]. 烟台：山东工商学院，2023. 有修改

速崛起，快手开始探索企业转型之路，企业定位逐渐由功能型工具转向服务型平台。在近10年的发展历程中，快手主要经历了初创期、转型期和发展期3个阶段，如今已经成为我国移动短视频应用平台领域内的佼佼者。

1. 初创期(2011年3月—2012年11月)

快手的前身是诞生于2011年3月的"GIF快手"，其最初的定位是移动端GIF图制作工具，主要业务内容是移动端GIF图制作和分享功能的验证。2012年4月，快手获得晨兴资本A轮融资数百万美元；同年11月，快手从纯粹的应用工具开始尝试转型为短视频社区，致力于成为用户记录和分享生产、生活的平台。此阶段，产品用户群的快速扩张并没有给公司带来销售收入，只是通过微博的分享和传播实现了用户量增长。同时，公司还需要投入大量资金进行产品市场推广与维护，面临较大的资金压力。

2. 转型期(2012年11月—2015年1月)

经过半年的探索和尝试，快手逐渐转型为短视频内容分享平台。2013年7月，"GIF快手"正式从应用工具转型为短视频社区。2014年11月，由于产品转型，App名称中去掉了"GIF"，正式改名为"快手"。此时，快手主要有三类内容，即美女自拍、小孩、宠物。互动内容的缺乏，导致其社区文化氛围不浓，难以形成稳定的受众黏合度。此后，快手着重开始营造社区文化氛围，增加用户与用户之间的互动内容。用户可以在社区中上传图片，其他用户可以对其进行点赞、评论以及回复等，通过社区建设，快手逐渐形成了流量和用户交互。2015年1月，快手获得了数千万美元的B轮融资，由红杉资本和晨兴资本联合投资。此阶段，快手的社区文化逐步走向成熟，对用户去标签化，社区中所有人的作品有同样的曝光率，差异化的运营方式开始显现雏形。低门槛、重内容、轻达人的运营策略，获得了大量普通用户的青睐。快手通过不断的产品核心功能迭代优化，增加了社交属性并强化了互动体验，增强了用户在社区内的黏性并提升了用户活跃度。

3. 发展期(2015年1月至今)

去标签化的用户设置，促使快手的社群用户数量飙升。2015年6月，快手用户突破1亿；2017年4月，快手注册用户超过5亿，日活跃用户达到6500万人；2017年11月，快手日活跃用户数已经超过1亿，总注册用户已经超过7亿，每天产生超过1000万条的新视频内容；截至2024年12月，快手日活跃用户数为4.01亿。随着用户数量的急速增长，快手获得了众多互联网投资公司的青睐。2016年3月，快手完成C轮融资，约为2.5亿元，市值估值达到20亿美元；2017年3月，快手宣布完成新一轮3.5亿美元的融资，由腾讯领投。2018年，快手宣布完成了一轮4亿美元的融资，同样由腾讯领投。2019年，快手完成了Pre-IPO融资，由腾讯领投，金额近30亿美元。至此，快手成立以来，已经完成9轮融资，背后的投资方包括腾讯投资、博裕资本、云锋基金、淡马锡(Temasek)、红杉资本中国、百度投资并购部、五源资本、DST Global等，BAT等大互联网公司悉数入场。此阶段，快手重点关注运营社区内容的数据化建设和完善，引入人工智能系统，重新设定算法，加入了用户间相互关注、私信、查看附近的人等功能。此外，快手开始加入视频直播序列，探索盈利模式的多元化。

■ 13.3.2 快手的商业模式分析

对于互联网文化企业而言，其商业模式的核心在于满足用户的精神体验需求，其基础是科技优势和产品差异性，其支撑是营销过程中的盈利模式。快手的商业模式关键点在于社群经济的建立，其核心竞争力是满足社区用户的生活表达和被关注的精神需求，其基础是基于社区用户平等理念的大数据算法推荐，其支撑是符合社区文化氛围的营销手段。

1. 核心竞争力：清晰的用户定位和差异化的功能定位

快手社群用户资源的稳定和持续增长，得益于其一直追求的清晰的用户定位和差异化的功能定位。

(1) 清晰的用户定位。当前，国内主要的移动端视频应用平台主要有抖音、快手、Bilibili、微信视频号等，这些应用平台多将用户定位为年轻人，其中抖音的用户定位是年轻的音乐爱好者，Bilibili的用户定位是二次元爱好者。快手的用户定位与其他移动短视频应用平台明显不同，快手社群成员以广大普通人群为主，他们多生活于二三线城市和农村地区，这些地区的人群也正是网络中的普通大多数，也是容易被忽略的大多数。

(2) 差异化的功能定位。快手属于典型的专业化服务平台，它既不以媒体型平台见长，也不以工具型平台取胜，而是以风格鲜明的互动社区留存用户。快手的用户定位为二三线城市和农村地区的普通人，与抖音、Bilibili等应用平台上时尚的年轻人相同，这些草根群体也有着情感交流和获得价值认同的需要。

2. 模式基础：先进的互联网科技与优质的视频内容

清晰的用户定位凸显了快手的鲜明特征，即操作技术的简单化和信息推送的精准化。一方面，由于快手的社区用户以学历低、收入低的普通人群为主，它摒弃了复杂的App操作技术，以降低用户的上手难度。操作方式也是"简单粗暴"、一步到位，用户只需点击右侧相机图标，就可以直接进入视频录制或者直播状态。另一方面，大数据下的产品逻辑比较简单，算法推荐既不干扰用户，也实现了用户的去标签化。另外，快手是一个致力于提供生活视频分享功能的服务型平台，视频内容质量的高低直接关系到用户数量的多少，同时，对视频内容的有效监管又是规避政策风险的重要举措。快手有意识地与其他移动短视频应用平台泛娱乐化的内容生产相区别，注重垂直化内容的生产，从而为用户提供丰富优质的视频内容。

3. 支撑体系：成熟的营销策略与多元化的盈利手段

快手在营销推广的过程中，既注重通过拓宽渠道提升传播广度，也重视通过话题互动提升用户参与度。一方面，快手积极对接现有的传播渠道，允许快手用户通过原有的社交账号登录微视频平台，如微信账号、QQ账号等，这不仅简化了用户初次使用的操作程序，而且降低了用户对新产品的陌生感，无形当中打通了社交网络的传播渠道。同时，快手借助热播的综艺节目，以冠名、广告植入等方式，拓宽产品的推广渠道，扩大产品的影响力，塑造品牌的形象。

社群经济的兴起，改变了互联网平台传统流量变现的盈利方式，开始转向关系变现的盈利方式。由于快手拥有丰富的社群成员资源，传统的流量变现一直是其主要的盈利方式。通过与各大移动互联网通信企业合作，借助于庞大的用户基数，快手在流量分成的问题上占据主动地位，这也是支撑快手运营的主要资金来源。随着社群组织的不断发展壮大，快手开始尝试由"流量变现"向"关系变现"转变。快手的社群成员主要集中于三四线城市以及农村，这是一个被主流互联网公司看不上或者说啃不下，却充满红利的市场。快手依托在这些区域的市场优势，基于企业发展初期积累的主播资源和社区文化氛围切入直播市场，直播打赏分成成为新的盈利方式。此外，快手已经开始布局信息流广告业务的开展，以丰富自身的盈利手段，从而逐步构建起立体的企业盈利体系。

13.3.3　以快手为代表的移动短视频应用平台的发展趋势

从一定意义上来看，快手的发展历程是我国移动短视频应用平台领域发展的缩影。因此，快手在市场竞争、盈利手段、后台技术、视频内容等方面面临的挑战，也是其他移动短视频应用平台亟须应对的问题。针对这些问题和挑战，我国各移动短视频应用平台应在平台定位、视频制播推送、垂直化生产、品牌营销和盈利手段等方面进行探索，以逐步完善自身的商业模式，推动整个行业的健康发展。

1. 平台定位差异化，精准定位社群用户

在社群经济运行的过程中，用户全程参与了视频内容的生产、传播、营销和消费，用户需求的个性化和精细化要求在此过程中被提高，并且逐渐形成社群用户的分野态势。因此，移动短视频应用平台要想在激烈的市场竞争中占据一席之地，应充分发挥差异化的平台定位的关键作用。对于移动短视频应用平台而言，差异化的平台定位的目标是实现社群用户的精准捕捉，途径是应用平台提供差异化功能。当前，移动短视频应用平台的用户定位主要包括：以快手为代表的普通用户定位和以抖音为代表的网红、明星定位。用户定位的精准化取决于平台功能的差异化。因此，在未来的发展过程中，移动端视频应用平台应不断探索服务功能的创新和优化，通过向用户提供差异化的功能服务，满足特定社群用户群体的需求，以达到细化用户群体和增强平台用户黏性的目的，进而使平台的发展更为专业化。

2. 制播推送智能化，准确把握社群用户需求

移动短视频应用平台的发展，是以科学技术的进步为支撑的。从短视频的制作编辑到移动端的推送，都要依托于大数据和算法推送的智能化，这样才能实现对社群用户需求的准确把握。由于大多数移动短视频应用平台的用户缺乏专业的视频制作编辑知识，上传到云端的短视频普遍存在制作水平粗糙的问题。因此，需要加强智能化技术的融合和转化力度，进而引导和帮助用户更为专业、精细地进行视频的采集、编辑和直播。特别是在视频的剪辑环节，可以借助智能化的技术实现自动化、智能化的视频包装，以提高视频的质量，满足社群用户的审美需要。此外，依托用户大数据的积累和机器算法，在视频上传者和观看者之间建立一条协调的数据链条，不仅可以快速地帮助用户找到他们感兴趣的短视

频内容,而且可以帮助视频上传者准确找到喜欢他们内容的用户,以缩短云端短视频的传播路径,及时准确地契合社群用户的需求。

3. 内容生产垂直化,提升社群用户的忠诚度

移动短视频应用平台用户忠诚度的高低,归根结底取决于视频内容质量的高低。因此,生产和传播丰富、优质的视频内容,才能提升移动短视频应用平台的市场竞争力。相较于传统媒体的"一对多"传播模式,移动短视频采取"一对一"的方式直接融入用户的生活,用户对有用性的需求更强,对感兴趣的内容的深度要求也更高,而过去泛娱乐化的视频内容过于繁杂,难以精细化、专业化,很容易造成用户流失的局面。所以,深度聚焦于满足特定群体需求的垂直视频内容的生产和传播,是未来移动短视频应用平台发展的重要趋势。垂直化生产短视频内容,通过在特定领域甚至专属领域精耕细作,不仅可以让视频内容更有深度,而且能够开拓视频内容生产的空间,有助于差异化竞争的实现,进而提升平台的黏性和用户的忠诚度。此外,移动短视频应用平台还需要在技术和运营方面加大投入,通过加强内容把关与健全监督举报机制,来增强自我监管能力,净化平台的视频内容。

4. 产品营销品牌化,扩大社群的影响力

移动短视频作为一种全新的互联网内容生产和传播方式,深受社群用户的喜爱,促使大量资本涌入,加剧了各应用平台之间的竞争。要想在激烈的市场竞争中突围,就要注重产品的品牌化营销,以扩大社群的影响力,加固社群经济运行的根基。对于移动短视频应用平台而言,一方面,要发挥手机媒体的属性优势,鼓励用户参与,通过平台与用户的协同创意过程,以高效的互动方式逐步实现品牌构建。移动短视频应用平台应树立用户在社群品牌建设中的主体地位,通过设置话题、举办活动等方式,加强与用户的互动,激发用户的创新潜力,借此提升平台的知名度和用户黏度。在此基础之上,通过用户的分享传播,借助互联网的社交属性进一步优化品牌战略。另一方面,应重视与其他媒体的合作,通过冠名、广告植入等方式,借助热播影视剧、综艺节目提升知名度;通过与其他手机应用平台的合作,丰富品牌的营销体系,提升品牌的传播力度。

5. 盈利手段多样化,提高社群服务的质量

持续盈利,是支撑移动短视频应用平台发展的不竭动力,也是不断提高和优化社群服务质量的财力基础。当前,短视频用户数量的激增并未带来应用平台盈利模式的多样化,反而使很多平台停留在"吃老本"的初级阶段,严重影响了平台的进一步发展。对于移动短视频应用平台而言,不断增强自身的造血功能,丰富平台的盈利模式,是未来发展的重要方向。庞大的用户基数和用户数据,是移动短视频应用平台特有的优势资源。利用和借助这一优势资源,一方面,平台可以深挖内部盈利空间,通过用户订阅、打赏、付费观看、提供增值服务、会员服务收费等方式,逐步摆脱单一盈利模式的局限,丰富平台的盈利体系;另一方面,平台要善于借助和利用外部力量,通过广告商付费、流量导入电商等方式,开拓平台外部的盈利空间。总之,移动短视频应用平台应该尝试探索通过多种方式将短视频的高点击量与互动量转化为商业价值,建立纵横一体的盈利体系。

13.4　"长白天下雪"全媒体营销策划①

　　2024年的冬天，冰雪旅游现象级"爆红"，"长白山的雪""哈尔滨冰雪大世界""吉林的雾凇""鄂温克族的驯鹿表演""查干湖冬捕"等，在这个冬天火遍大江南北。本案例以吉林省"长白天下雪"全媒体营销为分析对象，解读冰雪营销策划的奥秘。

　　吉林省位于北纬41度到46度之间的冰雪黄金纬度带，是世界三大以粉雪为特色优势的滑雪胜地和冰雪旅游目的地(长白山脉、阿尔卑斯山脉、落基山脉)之一。北京联合大学中国冰雪旅游研究中心主任、研究员张宪玉认为，从全国乃至全世界范围来看，拥有"北京冬奥激发、南北差异巨大、十亿人口级、世界上最大"的单体冰雪消费市场是中国冰雪旅游发展的最大优势，为吉林打造中国冰雪强省、世界级冰雪旅游目的地带来了重大机遇。自2022年起，吉林省推出了"长白天下雪"这一品牌概念，并通过全媒体营销策略成功打造了具有广泛影响力的冰雪旅游品牌。

13.4.1　创新创意

1. 品牌概念的创新

　　"长白天下雪"作为吉林省冰雪旅游的品牌概念，其本身蕴含丰富的文化内涵，体现了鲜明的地域特色(见图13-1)。长白山作为吉林省的标志性景观，冰雪资源丰富，形成了独特的冰雪文化符号。将这一符号作为品牌名称，不仅突出了吉林省冰雪旅游的核心竞争力，还提高了品牌的辨识度，也增加了品牌的记忆点。在品牌宣传方面，通过制作一系列以长白山雪景为背景的微电影，来讲述与雪相关的感人故事。这些故事通过细腻的情感刻画，展现长白山下的人间温情，既增强了品牌与消费者之间的情感连接，又能让观众在观影过程中产生共鸣，从而对"长白天下雪"品牌产生深刻印象。

图13-1　长白山主峰

———————
① 凤凰网旅游. 吉林——"长白天下雪"吉林省域全媒体营销案例荣获"文旅好品牌"年度铜级案例及年度省域及城市品牌优秀案例[EB/OL]. (2024-11-20)[2025-05-08]. https://i.ifeng.com/c/8edyiq7lX7Z. 有修改

2. 国风元素的融入

在品牌宣传中，巧妙地将国风元素融入其中。例如，在《长白天下雪》MV中，呈现了大量长白山的雪景，包括高耸入云的山峰、银装素裹的树木、晶莹剔透的冰晶以及皑皑白雪覆盖的广袤大地(见图13-2)。这些画面展现了长白山的壮丽与神秘、冰雪世界的纯净与宁静以及吉林冰雪的壮美景色和深厚的文化底蕴，使品牌更具吸引力和感染力。同时，策划一系列冰雪文化体验活动，如冰雪雕塑制作、传统冰雪运动、民族服饰试穿拍照等，让游客在参与过程中深入了解长白山的冰雪文化。长白山景区内还设置了专门的体验区，配备专业教练和工作人员进行指导，旨在提升游客的体验，增强游客对长白山冰雪文化的认同感，从而扩大景区的影响力。

图13-2 长白山天池

3. 科技融合与跨界合作

利用VR和AR技术，开发"长白天下雪"虚拟旅游项目。游客可以通过佩戴VR设备，身临其境地探索长白山的冰雪世界，体验滑雪、雪地徒步等极限运动，感受雪域高山的壮丽与神秘。同时，将AR技术应用于景区导览，为游客提供更加丰富、互动性更强的信息展示。另外，与知名时尚品牌合作，推出"长白天下雪"系列主题产品，包括服装、配饰、家居用品等，将长白山的冰雪元素融入设计中，如雪花图案、冰川蓝色彩等，打造既时尚又有文化特色的产品。此外，举办冰雪时尚秀，邀请国内外模特在长白山下走秀，展现冰雪与时尚的完美融合。

13.4.2 策划特色

1. 全媒体矩阵的构建

为了充分发挥全媒体优势，构建了包括央视网、人民网、新华网、腾讯、新浪等在内的近20个平台的全媒体矩阵。这一矩阵覆盖电视、网络、社交媒体等多个渠道，实现品牌信息的全方位、多角度、立体式传播。

2. 线上线下融合的推广

在推广过程中，注重线上、线下的融合。线上方面，通过短视频平台、社交平台等渠道开展短视频大赛、话题挑战、全民种草等活动；线下方面，通过召开品牌全球发布会、冠名高铁列车等方式扩大品牌的影响力。这种线上、线下相结合的推广方式，不仅提高了品牌的曝光度，还提升了游客的参与度和体验感。

3. 创意内容的持续输出

为了保持品牌的新鲜感和吸引力，不断推出创意内容。如与长光卫星合作推出卫星遥感创意雪道图、打造冰雪文化虚拟数字人"初一"与"玄龙"等。这些创意内容不仅打破了雪季时空限制，还为游客提供了全新的冰雪旅游体验。

▌13.4.3　营销方式

1. 强推广：多维度趣味性创意解构品牌情绪

通过创意制作并发布以国风为主题的《长白天下雪》MV和基于吉林省特色冰雪资源的宣传片，以多维度趣味性创意解构品牌情绪。通过构建一系列与长白山雪景相关的感人故事，如家庭团聚、爱情见证、梦想实现等，将品牌情感融入其中。每个故事都从不同的角度触动人心，让受众在情感共鸣中记住品牌。同时，召开品牌全球发布会并冠名高铁列车等举措也进一步扩大了品牌的影响力，提升了品牌的知名度。此外，推出限量版长白山雪景纪念品，如手绘明信片、定制雪雕模型等，既能满足游客的收藏和送礼需求，又能提升品牌的独特性和纪念价值。

2. 强互动：依托短视频平台开展互动活动

依托抖音、快手、视频号等短视频平台开展一系列互动活动，如短视频大赛、话题挑战等。在当今数字化时代，短视频平台已成为品牌与消费者互动的重要阵地。依托短视频平台开展互动活动，不仅能增强用户的参与感，提升用户黏性，还能有效提升品牌的曝光度和影响力。围绕"长白天下雪"这一主题，设计一系列创意挑战赛，如"最美雪景挑战赛""雪景才艺秀"等。这些活动吸引了大量网友参与并生成了大量冰雪创意短视频(见图13-3)，累计播放量近20亿次。互动活动不仅增强了游客的参与感和体验感，还提高了品牌的传播效果。

图13-3　长白山雪景

3. 强创新: 依托新技术、新手段打破时空限制

在营销过程中,注重运用新技术、新手段。如与长光卫星合作推出卫星遥感创意雪道图,打破了雪季时空限制;打造冰雪文化虚拟数字人,实现与元宇宙的对接等。这些高质量的图文内容被央视新闻、新华社等主流新媒体相继转载,极大地扩展了"长白天下雪"品牌的信息覆盖面并提高了到达率。这些创新举措不仅为游客提供了全新的冰雪旅游体验,还增强了品牌的科技感和未来感。

13.4.4　案例启示

1. 精准定位品牌概念

"长白天下雪"的成功首先得益于精准的品牌定位。在推出品牌概念时,景区充分考虑了自身的资源优势和市场需求,将冰雪旅游作为核心竞争力进行打造。这种精准定位不仅使品牌更具辨识度,还增强了品牌的市场竞争力。

2. 充分利用全媒体优势

在营销过程中,景区应充分利用各种媒体资源,发挥全媒体优势,构建全媒体矩阵,实现品牌信息的全方位传播。这种传播方式不仅能提高品牌的曝光度,还能增强传播效果。

3. 注重创意内容的输出

创意内容是吸引游客的重要因素之一。在营销过程中,景区应不断推出创意内容。创意内容不仅能增强品牌的吸引力和感染力,还能提升游客的参与度和体验感,从而提高游客的满意度和忠诚度。

4. 强化线上、线下融合

线上、线下融合是旅游营销的重要趋势之一。在营销过程中,景区应注重线上、线下融合,通过线上活动吸引游客参与线下体验,以形成互动效应,从而增强品牌的互动性和体验感,进而提高游客的满意度和忠诚度。

参考文献

[1] 约翰·霍金斯. 创意经济：如何点石成金[M]. 洪庆福，等，译. 上海：上海三联书店，2006.

[2] 陈放，武力. 创意学[M]. 北京：金城出版社，2001.

[3] 谢梅，王理. 文化创意与策划[M]. 北京：清华大学出版社，2022.

[4] 赵晶媛. 文化产业管理[M]. 北京：清华大学出版社，2021.

[5] 胡智锋. 中国影视文化创意产业发展创新研究[M]. 北京：中国传媒大学出版社，2014.

[6] 胡惠林. 文化产业与管理[M]. 天津：南开大学出版社，2007.

[7] 胡惠林. 中国文化产业发展战略论[M]. 上海：上海人民出版社，2012.

[8] 杨东篱. 文化市场营销学[M]. 福州：福建人民出版社，2014.

[9] 罗立彬. 文化市场营销学[M]. 北京：高等教育出版社，2013.

[10] 王永章，李冬文. 国际文化产业典型案例选编[M]. 北京：北京出版社，2008.

[11] 王大勇. 电影营销实务[M]. 北京：中国民主法制出版社，2011.

[12] 丁培卫，王育济. 广告创意与文案策划[M]. 福州：福建人民出版社，2012.

[13] 陈海娟，郎会成. 娱乐业营销[M]. 北京：企业管理出版社，2000.

[14] 李思屈. 文化产业概论[M]. 杭州：浙江大学出版社，2004.

[15] 严三九. 文化产业创意与策划[M]. 上海：复旦大学出版社，2008.

[16] 陈少峰，等. 中国文化旅游产业报告2015[M]. 北京：华文出版社，2015.

[17] 何鸿. 艺术品市场管理与研究[M]. 杭州：中国美术学院出版社，2011.

[18] 张晓明. 中国文化产业发展报告(2015—2016)[M]. 北京：科学文献出版社，2016.

[19] 唐任伍. 文化产业创意与策划[M]. 北京：北京师范大学出版社，2014.

[20] 宫承波，要力石. 出版策划[M]. 北京：中国广播电视出版社，2007.

[21] 派恩，吉尔摩. 体验经济[M]. 夏来良，鲁炜，译. 北京：机械工业出版社，2002.

[22] 许传宏. 会展策划与管理[M]. 武汉：华中科技大学出版社，2019.

[23] 高小康. 文化产业创意与策划[M]. 南京：南京大学出版社，2014.

[24] 哈罗德·L. 沃格尔. 娱乐产业经济学[M]. 支庭荣，等，译. 8版. 北京：中国人民大学出版社，2013.

[25] 张岱年，万克立. 中国文化概论[M]. 北京：北京师范大学出版社，2023.